テキスト経営学［第3版］

基礎から最新の理論まで

井原久光 著

ミネルヴァ書房

第3版の序

　本書は，講義ノートをテキストにするということから始まった。適当な教科書が見つからず，板書中心の授業をしていたが，学生の中から「教科書が欲しい」という声があがって，それに応えようとしたのである。

　当初は自分のクラスだけで細々と使っていくつもりだったが，多くの大学で採用していただき，中小企業診断士や公務員試験を受験する方々からも思わぬ反響を頂戴したことから，すぐに第2版にあたる「増補版」を出すことができた。第2版はIT革命が声高に叫ばれた時代に新しいビジネス用語を精力的に取り入れようと試みたものである。

　その後も，環境変化に応じて細かい修正を加えてきたが，商法の改正や新会社法の制定，戦略論の新しい動きなどには，既存のページ枠では対応できなくなった。そこで，今回は，第3章（企業の分類）と第15章（経営戦略論）を大幅に書き換え，第19章（財務管理理論）も一部修正した。

　第3章は，出資や責任のあり方を考える企業形態論として知られるが，特殊法人や民営化という今日的な問題の材料も提供している。合同会社やNPO法人や独立行政法人のように新法によって生まれたものも含め，協同組合や相互会社まで体系的に整理できたと思っている。

　第15章は，SWOTチャートやファイブフォース分析を加え，ポジショニングアプローチからリソース・ベースト・ビューや創発型戦略論に向けた流れを整理した。競争優位の源泉を何に求めるかという論争は決着していないが，理論の流れを整理したことで，経営戦略論の核心が浮き彫りになったと考えている。

　今回の改訂にあたっては東洋学園大学の同僚である中井和敏教授や，日産時代からの友人である横溝会計事務所の横溝範治氏から有益なアドバイスをいただきました。また，浅井久仁人さんはじめミネルヴァ書房編集部の方々にも大変お世話になりました。ここにお礼を申し上げます。テキストは「鮮度が命」と考えております。まだまだ改善すべき点が多々あると思いますので，皆さまのご指導をお願い申し上げます。

2008年1月　　　　　　　　　　　　　　　　　　　　　　　　　著　者

まえがき

　本書は経営学のテキスト的役割を果たすもので，基礎的用語や概念および理論を簡潔に解説しながら，「経営学とは何か」をわかりやすく紹介するものである。また，経営学という視点を通じて「現代社会とは何か」あるいは「組織とは何か」を考えていく材料も提供している。その意味で，学生のみならず，広く企業経営者やビジネスマンにも適切な入門書としたつもりである。

　本書の第一の特色はストーリー性にある。全体構成を，「導入的な概要」（第1編）→「歴史的な理解」（第2編）→「組織と個別管理の理論」（第3・4編）という形でまとめ，全体像をつかんだ上で，経営学の流れを歴史的に見直して，最後に組織や個別の理論が理解できるようにしてある。史的記述でも，各理論が登場してきた時代背景を述べながらそのエッセンスを概括して，ストーリー的に読みながら経営理論の変遷を学べる内容になっている。

　第二の特色は十数年の授業経験に基づいた記述にある。実際の講義ノートをベースにしているので，学生にわかりやすい例をあげ，賃金の仕組み（236ページ）など実社会ですぐに必要となる基礎知識も取り入れている。「ケーススタディ」や「演習問題」を通じて学生やビジネスマン自身が考えていける内容にもなっている。用語の説明も学生から質問のあったものを参考にするなど受講生側から見た内容にしたつもりである。

　第三の特色は豊富な図表と目次・脚注・索引にある。授業中に板書する図式やＯＨＰを積極的に盛り込み，基礎的用語については，その場でフットノート的に脚注を活用できるようにしてあり，索引も英語や略語および人名を併記するなど辞書的な活用もできるようにしてある。

　その他の具体的な特徴は以下のとおりである。

1. 経営学を社会科学の一つとして位置づけ，隣接科学である経済学や社会学との比較において理解できるように考慮している。
2. 研究者の「生い立ち」を加えている。それを知ることがそれぞれの経営理論を理解するために役立ち，理論の生まれた時代的な背景を知ることができるか

らである。
3. 各章は一回の講義内容に合わせてボリュームを調節し，講義回数に応じた章だてとしてある。①→**1**→（１）→㋐→(1)の順に小項目に分けてあるが，項目は細かくし，予習・復習の際に便利なように，それらをできるだけ目次にも入れてある。
4. 「演習問題」は，各章の復習を兼ねるとともに，他の章との関連も考慮した課題を選んでいる。横断的に読むことで経営学の全体像を確認するためである。
5. 同様の狙いから，他の章と関連のあるものは，そのつど（第○章○○ページ参照）として参考にすべきページを明記している。
6. 重要な用語は**ゴチック体（太字）**で強調し，解説の必要な言葉はすぐに参照できるようにフットノート的に囲い，見やすいように「右ページの下」に置いている。また，原則として**ゴチック体（太字）**の語は索引に選んでいる。
7. 図表は，見やすいように「直近のページの上部」に配置してある。
8. 誤解を招きやすい文章には「フォレットは<u>行動科学者でない</u>」のように下線を引いて強調している。

　本書は，旧版『テキスト経営学』に寄せられた要望に応えながら，IT 革命の進展にともなう経営環境や経営理論の変化に対応して書き直したものです。第15章（経営戦略論）を中心にすべての項目を見直し，新たに第21章（現代社会と企業）をたて，社会の国際化・情報化・成熟化に関する重要事項や新しい理論を追加しました。限られた時間と紙幅の中で，細かい改訂作業にご協力くださった浅井久仁人さんはじめミネルヴァ書房編集部の方々にお礼申し上げます。

　旧版を企画したときには，講義ノートを書物にする程度に考えていましたが，多くの大学で採用していただき，中小企業診断士や公務員試験を受験する方々からも思わぬ反響をいただき，「書くことの重大さ」を知りました。まだまだ改善すべき点が多々あると思います。皆さまのご指導をお願い申し上げます。

　　2000年10月

　　　　　　　　　　　　　　　　　　　　　　　　　　著　　者

テキスト経営学 [第3版]
―― 基礎から最新の理論まで ――

目　次

第3版の序
まえがき

序章　現代社会と経営学──経営学を学ぶ意義 ……………………………… 1

第1編　経営学と企業の特徴

第1章　経営学とその位置づけ ……………………………………………… 6

1　経営学とは ………………………………………………………………… 6
　（1）研究対象…6
　（2）成り立ち…7
　（3）研究領域…7

2　経営学の位置づけ ………………………………………………………… 8
　（1）科学の分類…8
　（2）社会科学の特徴…9

3　経営学と隣接科学 ………………………………………………………… 10
　（1）形式科学と経営学…10
　（2）自然科学と経営学…12
　（3）社会科学と経営学…13
　（4）人文科学と経営学…16

第2章　企業の特徴 ……………………………………………………………… 17

1　資本主義的な生産単位としての企業 …………………………………… 18
2　営利組織としての企業 …………………………………………………… 18
3　合理的人間組織としての企業 …………………………………………… 19
4　システムとしての企業 …………………………………………………… 20
5　ゴーイング・コンサーンとしての企業 ………………………………… 20
6　人間プラスアルファの企業 ……………………………………………… 22
7　社会的存在としての企業 ………………………………………………… 22
8　創造・革新機能をもつ企業 ……………………………………………… 24

第3章　企業の分類 ……………………………………………………………… 27

1　さまざまな分類 …………………………………………………………… 27
2　出資と目的による分類（公企業と私企業）……………………………… 28

3　公企業の分類 ……………………………………………………………… 29
　　　　　（1）根拠法規に基づく公企業の分類…29
　　　　　（2）民営化…32
　　　　ケーススタディ：渋谷の街探訪
　　　4　私企業の分類 ……………………………………………………………… 35
　　　　　（1）私企業分類のポイント…36
　　　　　（2）出資者数に基づく分類…39
　　　　　（3）個人企業…39
　　　　　（4）法人企業と非法人企業…40
　　　　　（5）営利法人の分類…42
　　　　　（6）非営利法人の分類…44

第4章　株式会社の特徴と仕組み …………………………………… 48

　　1　株式会社が多い理由 …………………………………………………………… 48
　　　　　（1）企業の要請と出資者の要望…48
　　　　　（2）株式会社の仕組み…49
　　2　株主保護の仕組み ……………………………………………………………… 50
　　　　　（1）株主総会…50
　　　　　（2）取締役会…50
　　　　　（3）監査役…51
　　3　所有と経営の分離 ……………………………………………………………… 52
　　　　　（1）株主の無機能化…52
　　　　　（2）経営者支配論と経営者革命論…53
　　　　ケーススタディ：所有と経営に関する日本的特徴

第2編　経営理論の流れ

第5章　経営学の発生 ……………………………………………………… 66

　　1　経済学とアメリカの誕生 ………………………………………………………… 66
　　　　　（1）アメリカの産業化…66
　　　　　（2）未熟練工の発生と大量生産…68
　　2　経済学から経営学へ …………………………………………………………… 69
　　　　　（1）「見えざる手」から「目に見える手」へ…69
　　　　　（2）経営学の必要性…70

　　　　（3）機械技師の経営学…70
　　ケーススタディ：分業をめぐる解釈の違い（経済学と経営学と社会学の比較）

第6章　テイラーと科学的管理法 …………………………………… 78

1　テイラーとその時代 ……………………………………………… 78
　　（1）生い立ち…78
　　（2）初期の作業研究…79
　　（3）科学的管理法の確立…81

2　科学的管理法の背景と理論 ……………………………………… 82
　　（1）課業管理…84
　　（2）作業研究…85
　　（3）指図票制度…86
　　（4）新しい賃金制度（率を異にした出来高払い）…86
　　（5）新しい組織（職能別職長制）…86

3　テイラーの業績と限界 …………………………………………… 87
　　（1）テイラーの業績…87
　　（2）テイラーについての批判…88

第7章　ヘンリー・フォードとフォーディズム …………………… 91

1　フォードとその時代 ……………………………………………… 91
　　（1）生い立ち…91
　　（2）自動車王としての成功…92

2　フォーディズム …………………………………………………… 95
　　（1）機会の重視…95
　　（2）サービスの精神…95
　　（3）賃金動機…96
　　（4）フォーディズムとフォード・システム…96

3　フォード・システム ……………………………………………… 97
　　（1）標準化…97
　　（2）移動組立法…98
　　（3）フォード・システムの実際…98
　　（4）フォード・システムの意義と影響…99
　　ケーススタディ：フォードとGM

目　次

第8章　ファヨールと管理過程論 …………………………………………105

1　ファヨールとその時代 ………………………………………………105
　　（1）生い立ち…105
　　（2）理論研究と著作の発表…106

2　管理職能の独立と分離 ………………………………………………107
　　（1）6つの企業活動…107
　　（2）管理活動の分離…108

3　管理過程論 ……………………………………………………………109
　　（1）5つの管理要素…109
　　（2）管理過程（マネジメント・サイクル）…110

4　管理原則 ………………………………………………………………111
　　（1）14の原則…111
　　（2）ファヨールの渡し板…112
　　ケーススタディ：テイラーとファヨールを比較する

第9章　メイヨーと人間関係論 …………………………………………118

1　メイヨーと初期の研究 ………………………………………………118
　　（1）生い立ち…118
　　（2）ミュール紡績部門の調査…119

2　照明実験 ………………………………………………………………121

3　ホーソン実験 …………………………………………………………122
　　（1）リレー組立試験室…122
　　（2）面接調査…123
　　（3）バンク配線作業観察室…124
　　（4）ホーソン実験の成果…126
　　（5）レスリスバーガーとディクソンの解釈…127
　　（6）人間関係論の生まれた背景…127

第10章　行動科学と統合理論 ……………………………………………129

1　フォレット ……………………………………………………………129
　　（1）生い立ち…129
　　（2）統合による解決…130

　　　　（3）命令の非人格化（状況の法則）…131
　　2　リッカート……………………………………………………………131
　　　　（1）生い立ち…131
　　　　（2）監督者の分類…131
　　　　（3）組織の改善（連結ピン）…132
　　　　（4）グループダイナミックスと組織開発…133
　　3　アージリス……………………………………………………………133
　　　　（1）生い立ち…133
　　　　（2）パーソナリティの成長 VS 効率の追求…134
　　　　（3）混合モデル…136
　　4　マズロー………………………………………………………………137
　　　　（1）生い立ち…137
　　　　（2）欲求段階説…138
　　　　（3）欲求段階説の特徴…140
　　　　（4）欠乏動機と成長動機…141
　　5　マグレガー……………………………………………………………142
　　　　（1）生い立ち…142
　　　　（2）伝統的管理への批判…142
　　　　（3）X理論…143
　　　　（4）Y理論…145
　　6　ハーズバーグ…………………………………………………………146
　　　　（1）生い立ち…146
　　　　（2）人間観（アダムとアブラハム）…147
　　　　（3）動機づけ―衛生理論…148
　　　ケーススタディ：行動科学にみられる統合主義

第11章　近代管理論からコンティンジェンシー理論へ………………154
　　1　バーナード革命………………………………………………………154
　　　　（1）システム的な組織観…155
　　　　（2）内部統制から外部適応へ…156
　　　　（3）意思決定の重要性…156
　　　　（4）条件性理論への影響…156
　　2　サイモンの意思決定論………………………………………………157
　　　　（1）論理実証主義…158

　　　　（2）意思決定の複合体系…158
　　　　（3）管理人仮説…158
　　3　数値的意思決定論 …………………………………………………159
　　　　（1）コンピュータの発達と意思決定論…160
　　　　（2）情報処理的意思決定論（サイアート＝マーチの理論）…160
　　4　コンティンジェンシー理論 ………………………………………162
　　　　（1）バーンズ＝ストーカーの研究…163
　　　　（2）サウスエセックス研究…164
　　　　（3）ローレンス＝ローシュの研究…165
　　　　（4）適合と調和の概念…166
　　　　（5）コンティンジェンシー理論の限界…167
　　5　組織間関係論 ………………………………………………………167
　　　　（1）資源依存パースペクティブ…168
　　　　（2）組織セット・パースペクティブ…169

第3編　経営組織の特徴と理論

第12章　組織とは何か……………………………………………172

　　1　近代化と官僚制 ……………………………………………………172
　　　　（1）組織と集団…172
　　　　（2）近代化と組織…172
　　　　（3）官僚制…173
　　　　（4）官僚制の逆機能…174
　　2　伝統的組織論（古典的組織論）……………………………………174
　　　　（1）組織原則（管理原則）…175
　　　　（2）一般的組織形態…179
　　　　（3）管理階層…180
　　3　新古典的組織論 ……………………………………………………181
　　　　（1）非公式組織の重要性…182
　　　　（2）社会人（社会的人間）の仮説…182
　　　　（3）モラールとモチベーション…183
　　4　近代組織論 …………………………………………………………184
　　　　（1）伝統的組織論の矛盾と曖昧さ…184

（2）協働体系（システム）としての組織…186
　　　（3）組織均衡論…187
　　　（4）組織道徳…188
　　ケーススタディ：組織論の背景にある人間観の違い

第13章　基本的な組織形態…………………………………………191

1　ライン組織（直系組織）…………………………………………191
　　　（1）ライン組織の特徴…191
　　　（2）ライン組織の長所と短所…193

2　ファンクショナル組織（職能組織）……………………………194
　　　（1）テイラーの職能別職長制…194
　　　（2）ライン組織との比較…195
　　　（3）ファンクショナル組織の長所と短所…197

3　ライン・アンド・スタッフ組織…………………………………198
　　　（1）ラインとスタッフ…199
　　　（2）ライン・アンド・スタッフ組織の構造…200
　　　（3）ライン・アンド・スタッフ組織の長所と短所…201
　　ケーススタディ：職能の分化と組織形態の変化

第14章　さまざまな組織形態………………………………………205

1　職能部門制組織と事業部制組織…………………………………206
　　　（1）職能部門制組織…206
　　　（2）事業部制組織…207
　　　（3）プロフィット・センターとコスト（サービス）・センター…208
　　　（4）職能部門制組織の長所と短所…209
　　　（5）事業部制組織の長所と短所…210
　　　（6）分社制とカンパニー制…212

2　ブランド・マネージャー制とプロジェクト組織………………212
　　　（1）PM（BM）制…212
　　　（2）プロジェクト組織…214
　　　（3）PM（BM）制やプロジェクト組織の長所と短所…215

3　マトリックス組織…………………………………………………216
　　　（1）複数の組織の統合体…216
　　　（2）多次元組織…217

　　　　（3）マトリックス組織の長所と短所…218

　4　戦略的事業単位（SBU）……………………………………………………219
　　　　（1）プロダクト・ポートフォリオ・マネジメント（PPM）…219
　　　　（2）SBUの長所と短所…219

　5　情報革命と組織…………………………………………………………221
　　　　（1）フラット組織とネットワーク組織…221
　　　　（2）変わる組織構造と管理者の役割…221
　　　　（3）企業外部との連携…223
　　　　（4）権限委譲と組織文化の重要性…224

第4編　個別の管理論および経営論

第15章　経営戦略論……………………………………………………226

　1　経営管理論から経営戦略論へ…………………………………………226
　　　　（1）チャンドラーの「組織構造は戦略に従う」…226
　　　　（2）アンゾフの成長戦略論…227
　　　　（3）SWOT分析…228
　　　　（4）プロダクト・ポートフォリオ・マネジメント（PPM）…229

　2　競争戦略論……………………………………………………………231
　　　　（1）ポジショニング・アプローチ…231
　　　　（2）資源ベース論（RBV）…233

　3　戦略のフレームワーク………………………………………………234
　　　　（1）戦略における基本概念…234
　　　　（2）戦略立案のプロセス…235

　4　創発型戦略論…………………………………………………………236
　　　　（1）計画的戦略論の限界…237
　　　　（2）創発型戦略論…237

第16章　人事管理とリーダーシップ論…………………………………240

　1　人事管理とは…………………………………………………………240
　　　　（1）人事管理と労務管理…240
　　　　（2）人事管理の歴史と人的資源管理…241
　　　　（3）人事管理の主な機能と部署…243

2　人事管理の実際 …………………………………………………… 244
      （1）人事考課の実際…244
      （2）賃金管理の実際…245
   3　教育とジョブ・ローテーション ………………………………… 248
      （1）企業内教育…248
      （2）ジョブ・ローテーション…249
   4　リーダーシップ論 ………………………………………………… 250
      （1）リーダーシップの役割…250
      （2）リーダーシップ資質論…251
      （3）リーダーシップ類型論…251
      （4）リーダーシップ状況論…254
   5　人材開発と組織開発 ……………………………………………… 257
      （1）人材開発…257
      （2）組織開発…258
      （3）経営戦略とHRM…259

第17章　マーケティング論 ………………………………………… 260

   1　マーケティングの誕生 …………………………………………… 260
   2　マーケティング・コンセプトの変遷 …………………………… 261
      （1）生産・製品志向のマーケティング・コンセプト…261
      （2）販売志向のマーケティング・コンセプト…262
      （3）顧客志向のマーケティング・コンセプト…263
      （4）社会志向のマーケティング・コンセプト…265
   3　マーケティング戦略 ……………………………………………… 266
      （1）企業目標…267
      （2）環境分析…267
      （3）自社能力分析…268
      （4）戦略の構築…269
      （5）マーケティング・ミックス…271
   4　個別戦略（個別のマーケティング活動） ……………………… 271
      （1）製品戦略…272
      （2）価格戦略…273
      （3）流通戦略（販売チャネル／物流・戦略）…274
      （4）プロモーション戦略（広告／販売促進・戦略）…274

　　　　（5）新しいマーケティングの流れ…275

第18章　生産管理論 …………………………………………………… 277

1　生産管理論の変遷 ……………………………………………… 277
　　　　（1）科学的管理法の検討…277
　　　　（2）フォード・システムの検討…278
　　　　（3）オートメーションとIE・OR…281
　　　　（4）戦略的生産管理論とかんばん方式…282

2　生産管理に含まれる個別管理 ………………………………… 283
　　　　（1）生産要素別の管理論（設備管理・資材管理・作業管理）…284
　　　　（2）目的別の管理（品質管理・原価管理・工程管理）…285

第19章　財務管理論 …………………………………………………… 289

1　財務諸表 ………………………………………………………… 289
　　　　（1）貸借対照表…289
　　　　（2）損益計算書と利益処分計算書…292

2　財務分析 ………………………………………………………… 294
　　　　（1）収益性・効率性の分析…294
　　　　（2）安定性の分析…295

3　損益分岐点分析 ………………………………………………… 296
　　　　（1）損益分岐図表の構造…297
　　　　（2）オペレーティング・レバレッジ…298

4　資本構成とレバレッジ ………………………………………… 299
　　　　（1）資本構成…299
　　　　（2）ファイナンシャル・レバレッジ…300

5　企業評価と投資計画 …………………………………………… 301
　　　　（1）現在価値…301
　　　　（2）資本コスト…302

第20章　日本的経営論 ………………………………………………… 304

1　日本的経営論とは ……………………………………………… 304

2　日本的経営の特徴 ……………………………………………… 305
　　　　（1）日本的経営を支える「三種の神器」…305

（2）その他の特徴…307
　　　（3）ワンセットとしての特徴…309

　3　日本的経営の長所と短所 …………………………………… 311
　　　（1）日本的経営の長所…311
　　　（2）日本的経営の短所…312

　4　日本的経営の成功と変質 …………………………………… 313
　　　（1）日本企業の成功…313
　　　（2）日本的経営の変質…314

第21章　現代社会と企業 ……………………………………… 317

　1　企業の国際化と結合 ………………………………………… 317
　　　（1）国際貿易の理論…317
　　　（2）国際化の発展段階理論…318
　　　（3）企業の結合と集団化…319
　　　（4）国際的な企業結合…320

　2　情報化と新しいビジネスモデル …………………………… 321
　　　（1）ネットワーク化とサプライチェーン…321
　　　（2）コア・コンピタンスとアウトソーシング…322
　　　（3）ベストプラクティスと継続的業務改革…322
　　　（4）スピード経営とナレッジマネジメント…323

　3　成熟社会と企業 ……………………………………………… 325
　　　（1）組織文化の理論…325
　　　（2）リスク・マネジメント…326
　　　（3）社会的責任と社会貢献…328

人名索引／略語索引／事項索引

序　章	現代社会と経営学
	──経営学を学ぶ意義──

　現代社会について，自由で豊かな社会であるという人もいるであろうし，画一的で管理された社会であるという人もいるであろう。はたして現代社会は「自由な社会」なのであろうか「管理された社会」なのであろうか。同じリンゴでも切り口により違って見えるように，現代社会も切り口（視点）によって異なるようである。ここでは，やや単純に歴史を振り返って，現代社会の特徴を考えてみよう。

　人類が定住し，集落（つまりは社会の原形）を作り上げるきっかけになったのが**農業革命**である。この時より，人間は自然に手を入れ，計画的に生産活動を行うようになった。第一次産業中心の「農業社会」の誕生である。この社会の経済的基盤は，農業のベースとなる土地であり，収穫は年貢という形で吸収され再配分されていた。この社会的仕組みが近世まで続いたのである。

　イギリスに始まった**産業革命**（工業革命）は，第二次産業中心の「工業社会」を作り上げた。工業社会は，生産量によって自由に移動する労働力を必要とするため，土地に縛られていた人々の開放を前提とする。それを実現したのが，フランス革命に代表される**市民革命**である。この市民革命と産業革命を通じて，封建的な土地や共同体に縛られていた人々は，「市民」となり「労働者＝消費者」となった。また，経済の基盤は，農業のベースだった土地から，工業を発展させる資本に移り，「資本主義」社会が登場する。

　イギリスの産業革命は，膨大な工業技術を産み出した。最初，工業技術は，交通機関や工場のような公共の場所で使われたが，産業革命の波がアメリカに移るにしたがって，家庭の中に浸透し始めた。

　現代では産業化の影響が深く家庭に浸透している。代表的な例が家電製品であり，自動車である。20世紀は「家電とモータリゼーション」の世紀であった。今や，電気が止まり自動車がなくなったら我々の生活は維持できなくなるだろう。

その意味で現代社会は，**大量消費社会**＊ともいえる。

身の回りを眺めてみよう。家電製品や自動車なしに生活できないことは指摘したが，衣料・ファッション産業，食品・外食産業，住宅・不動産など，衣・食・住の全般にわたって企業の製品が我々の生活を支えている。「消費」という側面で，企業の影響は非常に大きくなっている。

消費の反対に「労働」という側面でも，企業の影響は大きい。農業などの第一次産業に従事する人々は大幅に減り，多くの人々が企業から賃金を得る従業員になっている。いわゆるサラリーマン（サラリーウーマン）化である。農業ですら市役所や農協に勤める兼業農家が増え，人々は何らかの組織に属するようになっている。

労働の対極にある「余暇」という側面でも，企業の影響力は増大しつつある。テニス・ゴルフ・スキーなどのスポーツを楽しむにしても，ディズニーランドのようなレジャー施設を利用するにしても，音楽を聴くにしても旅行をするにしても，企業の創り出すサービスや空間で余暇を楽しむ場面が多くなっている。こうした現象は「余暇の企業化」とよぶことができるかも知れない。

企業の影響は生活全般に及んでいる。企業の研究開発する「技術」が生活を左右するようになっている。公害や有害食品，薬害などによって企業が私たちの「健康」に及ぼす影響も増大している。そして，マスメディアや情報教育産業が発達するにしたがって，「文化」も企業の影響をうけている。

現代社会の切り口はさまざまだが，その底流に産業化を見てとるならば，その担い手としての企業は無視することはできない。現代社会とはまさに「企業社会」と見ることができる。

ところで，私たちはなぜ経営学を学ぶのだろうか。もちろん，実際に経営の現場で経営学を活用したいと考えている者や将来ビジネスを始めたいと願っている者もいるであろう。しかし，多くの者は，必ずしも経営者になるとは限らない。経営学は，はたして経営者のための学問なのであろうか。

学問には，かなり専門的で特殊な職業の者が学ぶものと，教養的でさまざまな人々が広く学ぶものがある。たとえば，医学は医師になるための学問であるが，政治学は必ずしも政治家の学問とはいえない。高等学校で学ぶ「政治・経済」などは広く一般教養として学ぶものである。それは，政治家だけではなく国民全体

が，政治の仕組みについて，理解する必要があるからである。

　百年前ならば，企業の規模も小さく企業が社会で果たす役割は相対的に小さかったので，経営について学ぶ意義は，専門的で特殊な職業の者に限られていた。たとえば，テイラーが始めた科学的管理法は，生産現場で作業管理を行なっていた監督者のために考え出されたものであった。

　しかし，この百年間で企業が日常生活に及ぼす影響力は大きく変わってきた。個人レベルでも社会レベルでも，企業の影響を顕著にうけている「企業社会」では，企業経営はもはや一部の経営者のものとはいえない。

　政治の仕組みが，政治家だけでなく広く国民全体が理解しなければならないように，企業の仕組みや経営のあり方についても，多くの人々が関心をもって考えていく必要が生じている。

　経営学のテーマは，個人レベルでは，生活や人生のあり方にも通じる。たとえば，企業目標と個人の意欲を結びつけることは，「従業員の動機づけ」という経営課題であるが，「自己啓発や人生目標」という個人の問題にも直結する。

　同様に，企業や経営のあり方を考えることは，経済・社会レベルでも重要である。たとえば，企業の環境問題，社会的責任や企業倫理，地域社会や国際社会における企業のあり方などは，社会全体や地球規模で考える問題である。

　実は，経営学はテイラーの時代から，必ずしも管理者のためだけのものではなかった。科学的管理法の本質は労使協調による共存共栄の思想（88ページ参照）にあり，経営学は従業員の満足や社会的な精神革命を最初からテーマにしていた。

　経営学を学ぶ一つの意義は，個人や組織や社会を見る目を養うことにある。本書でも企業の仕組みや経営理論の流れやリーダーシップなどについて触れるが，そのような切り口を通じて個人や組織や社会のあり方を考え直していく機会が得られれば幸いである。

　大量消費社会とは，大量消費を前提として，大量生産や大量販売，大量輸送，大量広告などが機能する社会。

[演習問題]

[1] 現代社会については，ダニエル・ベル（Bell, D.）の「脱産業社会」，ロストウ（Rostow, W. W.）の「経済発展の理論」，ガルブレイス（Galbraith, John Kenneth）の「新産業国家論」などがある。現代社会を論じた文献を参考にしながら，現代社会について自分なりに整理しなさい。

[2] 本書では企業の影響を消費，労働，余暇，技術，健康，文化という側面から見ているが，企業の影響はそれだけにとどまらないはずである。自分独自の視点から企業と現代社会の関係を分析しなさい。

[参考文献]

ベル／内田忠夫ほか訳『脱工業社会の到来』上・下，ダイヤモンド社，1975年（Bell, Daniel, *The Coming of Post-Industrial Society : adventure in social forecasting*, Basic Books）。

ガボール／林雄二郎訳『成熟社会』講談社，1973年（Gabor, Dennis, *The Mature Society*, Martin Secker & Warburg Ltd., 1972）。

ガルブレイス／鈴木哲太郎訳『ゆたかな社会』第 2 版，岩波書店，1970年（Galbraith, John Kenneth, *The Affluent Society*, The Atlantic Monthly Company, 2nd ed., 1969）。

ロストウ／木村健康・久保まち子・村上泰亮訳『経済成長の諸段階』ダイヤモンド社，1961年（Rostow, Walt, Whitman, *The Stages of Economic Growth - a non-communist manifesto ; 2nd ed.*, Cambridge Univ. Press, 1971）。

第 1 編

経営学と企業の特徴

第1章　経営学とその位置づけ

1　経営学とは

　経営学には普遍的な原理に基づく体系がない。むしろ，企業経営という現象を，実際的かつ多面的に研究しようというもので，その見方は研究者によって異なる。クーンツ（Koontz, H.）は，経営理論の多様さを密林にたとえて「マネジメント・セオリー・ジャングル（management theory jungle）」とよんだほどである。

　一般的に経営学をとらえてみたい。まず，組織や機構を動かすことを「運営」といい，企業を運営し事業を営むことを「経営」とよぶことにしよう。「経営」は Administration または Management の訳語で，企業を組織化し管理したり一定の方向に向けて動かすこと，あるいは企業活動に関するさまざまな意思決定を行なうことを意味している。

　したがって，企業を運営する人は「経営者」であり，経営現象について学ぶ学問が「経営学」である。社会科学はさまざまな社会現象を研究しているが，そのうち，経営学は経営という現象を取り上げている。

　もちろん，経営現象といっても多様である。だが，経営学では，企業の行動はどのように決められ，どのように実行されるのか，その仕組みや社会との関係はどのようになっているかが主なテーマとなる。

（1）研究対象

　経営学の研究対象は「経営現象」である。経営学が，経営（企業の運営）に関するさまざまな研究である以上，もっと単純に経営学の対象を絞れば，経営の主体である「企業」ということになる。

　特に，経営学の対象となる企業は，資本主義経済下で高度に分業化され組織化

された近代的企業である場合が多い。経営学が，産業革命後に成長した近代企業を分析対象とするからである。

もちろん，今日では病院や学校や政治・宗教団体など，非営利組織の経営も重要になっており，厳密には企業以外を研究対象とする場合もあるが，そのような非営利組織の経営を考える上でも，企業（営利組織）の活動や運営に対する理解がベースになっている。

（2）成り立ち

イギリスで産業革命が起こると，経済が社会に及ぼす影響が大きくなり，経済の仕組みを解明する**経済学**が生まれた。古典経済学が発達したのが19世紀のことである。

19世紀後半になり，産業革命が欧州各国やアメリカに波及すると，産業活動の主体である企業を解明する必要が大きくなった。資本主義が発達し経営規模が大きくなるに従って「企業の運営をいかに行なうか」が問題となったのである（第5章69ページ参照）。

20世紀に入ると，アメリカでは，テイラーが科学的管理法を唱えるようになり**経営管理論**が確立され，ドイツでも経営現象を独立して取り上げる**経営経済学**が発達するようになる。これらが経営学の2つの大きなルーツになったが，それぞれ異なる視点やアプローチをもっていた。

アメリカの経営管理論は，経営者のための実践的な管理論で，経済学ばかりでなく社会学，心理学など多様な学際的アプローチを内包している。これに対してドイツ経営経済学は，経営者のためというより社会と企業活動との関係を社会科学的に解明しようとしており，経営の経済学的研究が中心で，主に経済学の手法を取りいれている。

日本では，アメリカ経営管理論およびドイツ経営経済学がともに受け容れられ，特に，第二次世界大戦前は，アメリカ的なものを「経営学」，ドイツ的なものを「経営経済学」とよんでいた。しかし，戦後は，アメリカ的な経営学が強く浸透した結果，名称としては「経営学」が一般的になった。

（3）研究領域

経営現象は複雑で多岐にわたっており，経営学の研究領域もさまざまである。

また，各理論体系の呼称やその包含関係については，研究者によって異なる見解がある。ここでは，入門的な理解のために，あえて代表的な経営理論を単純に定義した。

まず，企業を社会（体制）との関係において広くとらえるか，経営者の視点に立つかによって，研究分野が区分される。前者には，「ドイツ経営経済学」があるが，アメリカ的経営学でも，所有形態によって企業を分類する**企業形態論**がこうした視点に立っている。

アメリカ的経営学は，ミクロ視点（経営者の立場）に立っているが，その中でも一般的な管理原則や経営管理の構造などに関する理論を**経営管理論**とよぶ。これは，ヒト・モノ・カネ・チエなど管理対象別に固有の理論体系をもっている。

> ヒト（人的資源）の管理：人事管理論，労務管理論
> カネ（資金や資本）の管理：財務管理論，財務会計論
> モノ（物的資源）の管理：生産管理論，物流管理論，購買管理論
> チエ（情報資源）の管理：情報管理論

この他に，別の視点で企業活動を分析する研究領域もある。企業の意思決定を中心に研究する**意思決定論**や経営組織のあり方などをテーマにする**経営組織論**，企業の外部環境への適応を最大の関心にする**経営戦略論**などである。また，商品企画，流通や広告・販売促進など企業と市場との接点に関する研究のことを**マーケティング論**とよぶ。国際的な企業経営に関する研究は**国際経営論**とよぶことができる。歴史的研究では，経営学の理論を歴史的に研究する分野が**経営学史**であり，個別企業の経営を対象とする研究が**経営史**である。

2　経営学の位置づけ

経営学は学問領域として科学全体の体系の中でどのような位置づけにあるのだろうか。科学体系を整理してみたい（図表1-1）。

（1）科学の分類

科学は，事物の構造や法則を解明する目的をもっている。そのため，哲学や宗教，芸術とも結びついていた。アリストテレスの時代においては哲学と一体であったし，ルネッサンス期の科学者は同時に優れた芸術家であった。やがて，

図表 1-1　科学の分類

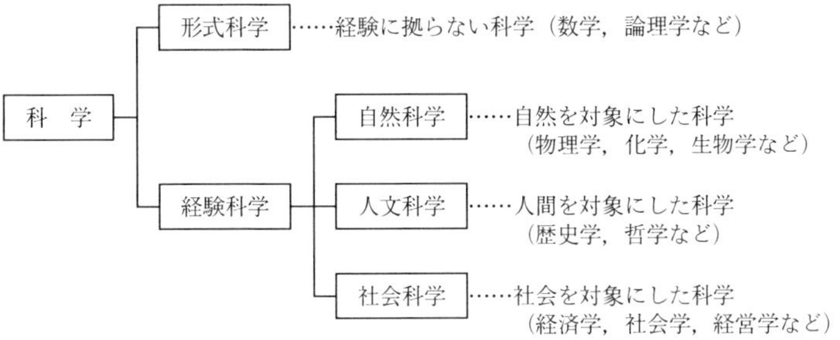

```
                 ┌─ 形式科学 …… 経験に拠らない科学（数学，論理学など）
                 │
科　学 ──────────┤              ┌─ 自然科学 …… 自然を対象にした科学
                 │              │             （物理学，化学，生物学など）
                 │              │
                 └─ 経験科学 ───┼─ 人文科学 …… 人間を対象にした科学
                                │             （歴史学，哲学など）
                                │
                                └─ 社会科学 …… 社会を対象にした科学
                                              （経済学，社会学，経営学など）
```

ニュートンらを輩出した科学革命を経て，自然科学が発達し，産業革命期を経て，その手法が社会科学にも応用されるようになり，今日のような科学体系ができ上がった。

　科学は，形式科学（formal science）と経験科学（empirical science）に分類される。

　形式科学とは，先天的な公理を対象にして経験や経験的概念によって束縛されない科学で，形式論理学や純粋数学が代表的である。

　経験科学とは，経験に基づいた経験的事実を対象にした科学で，形式科学に対して実質科学ともよばれる。経験科学はさらに，研究対象により「自然科学」「人文科学」「社会科学」に区分される。以下にその定義を簡単に紹介しておこう。

　自然科学とは，自然現象の法則を探求する科学で，物理学，化学，生物学などが代表的である。

　人文科学とは，「天文」（天文学など）や「地文」（地質学など）に対する用語で，人間的自然を対象とする科学である。具体的には，哲学，歴史学，文学などが含まれる。

　社会科学とは，人間社会を研究対象とする経験科学で，具体的には，法学，政治学，経済学，社会学などが含まれている。経営学も，この社会科学の一つである。

　　ただし，この区分を厳密に受け取って諸科学を狭くとらえることは禁物である。ここでは，経営学の位置づけを知るために，単純化して示しただけである。

（2）社会科学の特徴

　社会科学は冒頭で述べた「2つの革命（市民革命と産業革命）」を起因として

生まれた。したがって，社会科学の対象とする「社会」は近代以降の「産業社会」を指す場合が多い。文化人類学などで原始的社会を研究対象とすることもあるが，その場合も近・現代社会を考える上で研究される場合が少なくない。

社会科学も科学である以上，人間社会におきている現象を科学的に説明するために，自然科学のような法則や原理を見つけだして，人間行動や社会的現象を測定し計量化しようとする。ところが，社会科学は，自然科学に比べて実験室的な実験が難しい。

人間は物質ではないから，人間行動や人間集団としての社会的現象を物質の運動のようにとらえることができない。予測や調査結果が対象としている人間（集団）の行動を変えてしまうことが起きるし，その予測と結果が一回限りで終わってしまう。

そこで，社会科学では，さまざまな分野の研究成果を活用して人間行動や社会的現象を多元的に見ていこうとする。このような複数の科学の統合的な研究方法を**インターディシプリナリー・アプローチ**（interdisciplinary approach）とよんでいる。国（nation）を越えて関係を深めることを国際（inter-national）というように学問分野（discipline）を越えて進める研究だから**学際的**（inter-disciplinary）**研究**と訳される。

3 経営学と隣接科学

経営学も，企業という人間組織を対象としている以上，さまざまな研究領域の成果を活用した学際的研究が積み重ねられている。経営学と関連の深い隣接科学をあげながら代表的な理論や業績を簡単に紹介してみたい。

（1）形式科学と経営学

形式科学と経営学の関係は，特に数学や数学の一分野である統計学との関連において顕著である。これらの科学との関連は，一定の条件の中で数理的・論理的に結論を導き出すために用いられたり，確率や統計的な予測で活用されることが多い。

① 数学との関連

数学的手法を積極的に取り入れている経営学の分野を**経営数学**とよんでいる。

特に成功している経営数学の分野にオペレーションズ・リサーチ（Operations Research＝略してOR）がある。このORは，第二次世界大戦中に欧米で作戦研究の中から生まれたもので，戦後，経営管理の技法として取り入れられた。数値的な解答方法が取られることからマネジメント・サイエンス（経営科学）とよばれることもある（第18章281ページ参照）。

たとえば，意思決定論におけるゲームの理論の応用では，複数の企業があらかじめ決められた選択肢の中から意思決定を行ない結果を競うことがある。最近は，コンピュータの発達で複雑なシミュレーションができるビジネス・シミュレーション・ゲームができているが，それらの基礎は数学者フォン・ノイマン（von Neumann, J. L.）と経済学者モルゲンシュテルン（Morgenstern, O.）のアイデアによる。

また，生産管理の分野では複数の製品の生産量比を決定するために線形計画法（Linear Programming＝LP）が使われるが，このLP法は，目的関数と制限関数を組み合わせて最大値や最小値を求める数学の関数問題である。この関数は変数が3つ以上になると図解では解答できないのでシンプレックス法とよばれる方法が使われる。

研究開発，工事計画，出店計画，新製品発売計画など，スケジューリングで活用されているパート法（Program Evaluation and Review Technique＝PERT）やクリティカル・パス・メソッド（Critical Path Method＝CPM）も所要時間を扱った数学の応用である（第18章288ページ参照）。

スーパーのレジや航空会社のカウンター，トイレやエレベーターの数などの決定に幅広く使われている「窓口サービスの理論」は，コペンハーゲンの電話会社で働いていたオランダの数学者アーラン（Erlang, A. K.）が考案した待ち行列モデル（queuing model）に基づいているが，これも確率論の応用例である。

複数のブランド間で顧客が銘柄を変える場合に，マルコフ連鎖（Markov chain）とよばれる過程が生じるとされているが，この過程は推移確率行列とよばれる数式を解くことで得られる。

② 統計学との関連

統計学は確率論と同じように不確定事象を扱うという意味で古くは数学の領域外とされていたが，17世紀になって数学の一分野として仲間入りしてから急速に進歩した。特に，不確定要素がつきものの人間社会を対象とする社会科学では統

計学的な手法の活用が必要であり，今日では経営学的に応用されている。

簡単な**市場調査**を行なう場合でも，母集団の信頼度を測ったり，サンプリング数を決定する際に統計学の応用が必要になる。そこで，経営に関係する統計学だけでも一つの研究領域となっており，この分野を**経営統計学**とよんでいる。

市場調査に限らないが，需要予測などでは複数の要因の中から最も関係の深い要因を選ぶ必要がある。このような場合に，必ずといってよいほど活用されるのが**回帰分析**（regression analysis）である。多くの変数の相関関係を見る場合にはグラフでは示せないが，多重回帰分析という手法で計算することができる。

③ コンピュータとの関係

数学的手法の延長上にはコンピュータがある。コンピュータは膨大な計算を処理するために便利であるが，コンピュータ活用の第二の理由は，数学的処理ができない問題への応用である。経験則など数学的にはモデル化しにくく，数学では解けない問題もプログラミング化して解答を得ることができる。このような経験則のプログラミング化を**ヒューリスティック・プログラミング**（heuristic programming）とよんでいる。

第三は，現実に実験できない問題への応用である。原子力発電の事故予測などは実際に実験することはできないが，コンピュータならばある程度の事態が計算できる。現実の経営の場面でも，実際には時間も費用もかかってできない実験をコンピュータで予測することができる。また，市場の動向や将来の投資計画などもさまざまな要素を変数として加えることで予測することができる。このようなコンピュータを活用した予測を**コンピュータ・シミュレーション**（computer simulation）とよんでいる。

このようなコンピュータの利用が多くなった背景には，コンピュータ関連技術の発達もあるが，経営学の中でも情報処理に重点を置く**経営システム論**や環境条件を予測して適応しようという**コンティンジェンシー理論**が発展してきたためでもある（第11章162ページ参照）。

（2） 自然科学と経営学

企業は機械的かつ人間的な場で，物理的現象や生物現象と共通の法則をもっているため，企業組織を物理現象や生物界にたとえてとらえる傾向もある。

たとえば，カオス（chaos）とゆらぎ（fluctuation）の理論は物理現象のみならず

昆虫の生態や植物の発生・育成範囲など生物界でも広く見られるものである。最近の組織論では，企業組織の活動が予期せぬ方向に向かうこともカオスやゆらぎと関係が深いと考えられている。

クーン（Kuhn, T.）は自然科学の発展が累積的・連続的なものではなく，突然大きく革命的に変わることを**パラダイム**（paradigm）という概念で説明したが，この概念は組織変革の理論に応用されている。

経営学でインプットより大きなアウトプットをあげる効果を**シナジー効果**とよぶが，シナジー（synergy）は，2つ以上の筋肉や神経が結合された結合関連作用を意味する生物学の用語に起因する。

条件に応じて組織構造が変わるという**コンティンジェンシー理論**も環境適応の理論でシステムズ・アプローチの延長にあるが，このようなシステム的な視点は，生物の循環機能をシステムと見たり，生態系をシステムとして見る見方にもヒントを得ている。

また，経営学と生物学の関連で最近注目されているのは**進化論的アプローチ**である。企業の中には環境に合わせて組織を変えずに存続する企業もあってコンティンジェンシー理論では充分説明できないことがあるが，進化の過程では，何億年も同じ形態で生き延びている生物もある。このような生物の環境適応の方法を探ることは経営学においても重要な研究である（第21章326ページ参照）。

（3）社会科学と経営学

社会科学の主要な対象は産業社会であり，産業社会を担う企業を分析する経営学は，社会科学の中でも重要な領域を占めている。

① 経済学との関連

次章でも「生産単位としての企業」を説明する際，経済学の成果を参考にするが，経営学は同じ経済現象を研究対象にするという意味で経済学と密接な関係をもっている（第5章72ページ，ケーススタディ参照）。

経済学と経営学の接点にあるのが**マネジリアル・エコノミックス**（managerial economics）とよばれる領域である。これはクラーク（Clark, J. M.）やダベンポート（Davenport, O.）によって手掛けられディーン（Dean, J.）によって体系化されたもので，経済学の生産量や価格決定の理論を企業の意思決定に活用していこうというものである。

② 社会学との関連

　経営学と社会学は同じ人間集団や組織を研究対象とする研究分野として密接な関係がある。たとえば，ホーソン実験は，経営学でも**人間関係論**の流れを作ったが，このホーソン実験の成果は**産業社会学**という社会学の一分野を確立することにもなった。

　産業社会学は，産業にかかわる集団や社会関係を探求する社会学の一分野であり，すでにデュルケム（Durkheim, E.）やウェーバー（Weber, M.）が産業組織の研究を行なっていたが，このホーソン実験を受けて，職場集団，特に非公式組織（インフォーマル・グループ）に焦点をあてながら，労使関係やホワイトカラー集団の問題を社会学的に追求するようになった。

　経営学は，公式組織の合理的側面を重視したり，経営者の視点に傾くこともあるが，これに対して産業社会学は個人や社会の視座をもって同じ企業組織を探求しており，経営学にとって有益な示唆を与えてくれている（ホーソン実験については第9章121ページ参照）。

　1920年代から1930年代にかけてドイツで成立した社会学の一分野に**経営社会学**がある。この経営社会学も，産業社会学と同様に産業組織の社会的・人間的側面を研究するもので，ベルリン工科大学の経営社会学研究所を中心にブリーフス（Briefs, G.）らが展開したものである。

③ 会計学との関連

　会計学[*]は簿記方（book-keeper）が会計士（accountant）として職業を確立し会計制度が整ってくるに従って学問として成立した。その意味で経営学とは別の成立過程を経ているが株式会社制度の発展と密接に結びついており，会計学と経営学の関係は極めて深く共通点も多い。たとえば，企業の利潤追求においては会計学上の合理的な処理が必要であり，資金の調達・運用には会計学の手法が不可欠である。特に，経営分析や財務分析では会計学的な知識が必要である。

④ 心理学との関連

　心理学[*]と経営学の関連も深い。科学的管理法が広まるとともに，疲労の問題が**労働心理学**として研究され，従業員の適性が**心理テスト**として測定されるようになった。ホーソン実験では，グループ・ダイナミックスなどの集団レベルの心理が問題になり，**社会心理学**や**産業心理学**という新しい分野が開かれた。

　また，人事管理やリーダーシップ論ではマズローの欲求段階説を始めとする**人

図表 1 - 2 　経営学と隣接科学

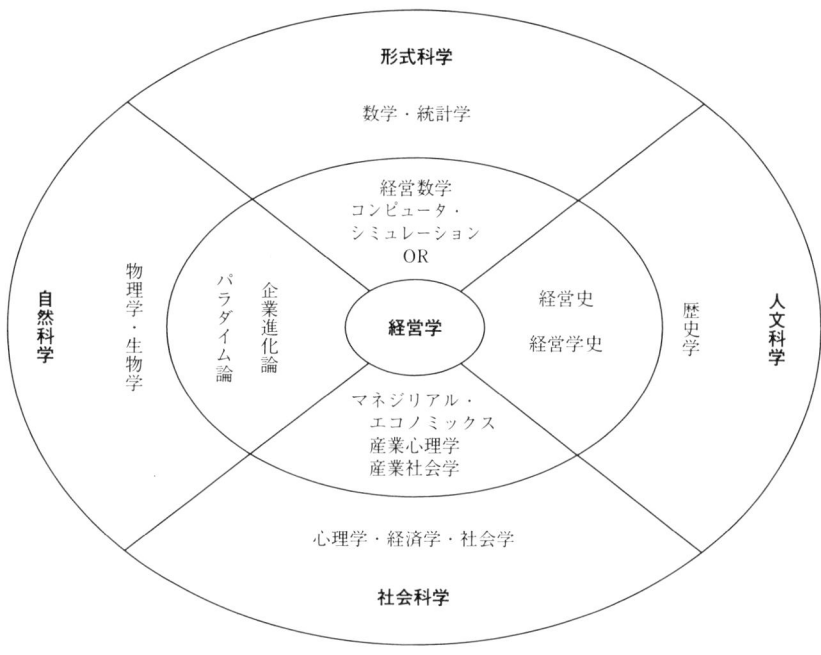

▶この図は経営学の一部をあげて，その広がりを示したものである。
　このような区分が明確にあるわけではない。

間主義的心理学が応用されている。さらに，マーケティングの分野では，消費者行動や消費者心理を探求するために心理学や心理学的手法が活用されることもあるし，広告宣伝の効果を測定する場合などにも活用される。

　会計学は，経営学の一部とされることもある。しかし，本来は会計原則に基づいて規則正しく資金の流れや資本・資産のあり方を整理するための学問で，組織のあり方や方向性を問題にする経営学とは区別する必要がある。本書では会計原則を活用して企業のあり方を検討する分野として財務管理論をあげ第19章で解説している。
　心理学は，自然科学と位置づけられることもある。人間の心の動きそのものは社会現象とは言えないが社会的人間の行動は社会科学的に分析できる。会計学も含め学問の区分は便宜的であることを知ってほしい。

(4) 人文科学と経営学

　経営学と人文科学との関係も無視できないものが多い。特に，歴史に関しては，企業や産業あるいは経済全体の史的動向を整理する**経営史**（business history）という一分野がある。これは経営の実際を史的に検証するものであるが，そのエッセンスをまとめることで経営理論と比較することも可能であり，経営理論の発展にも貢献している。

　たとえば，チャンドラー（Chandler, Jr. A. D.）は，デュポン，GM，シアーズ，スタンダード石油などアメリカの大企業の活動を史的に検証して，事業部制という組織論や経営戦略論の発展に寄与した。

　また，経営学理論の変遷を整理する**経営学史**も，理論の生成と発展に寄与している。隣接科学との関連や経営学全体の体系づくりのためにもかかせない分野である。

　以上は，経営学が関連する諸科学のごく一部について紹介したものだが，上記で触れなかった研究分野でも関連の深いものもある。経営学の関心が，個人（人間）や組織や社会にわたる幅広い領域に広がっているために，多様な研究領域と密接な交流が求められており，今後もこのような学際的な研究は拡大する方向にあると思われる。

[演習問題]

[1] 経営学がインターディシプリナリーな学問とよばれる理由をあげて，その具体的な例を述べなさい。

[2] 経営学と隣接科学について，本書のゴチック体で書かれた部分を経営学辞典などで調べて，さらに理解を深めてみよう。経営学の広がりの大きさを知ることができるであろう。

[参考文献]

神戸大学経営学研究室編『経営学大辞典』中央経済社，1988年。
占部都美編『経営学辞典』中央経済社，1980年。
大阪市立大学経済研究所編『経済学辞典』岩波書店，1965年。
見田宗介・栗原彬・田中義久編『社会学事典』弘文堂，1988年。
林達夫ほか監修『哲学事典』平凡社，1971年。
青沼吉松『産業社会学』慶應通信，1975年。

第2章 企業の特徴

　企業とは何であろうか。経営学が「企業に関する学問」ならば，企業についての明確な答えが当然用意されているはずである。

　ところが，経営学では，企業に関する厳密な定義（仮説）や基本的モデルをもうけていない。まるで読者を煙に巻くようであるが，経営学では「現実の企業を理解することが目的」であるために，最初から<u>結論を先に置くような定義はもうけない</u>のである。

　どの学問にもいえるが，対象を厳密に定義すると深く見える一方で狭くとらえてしまうおそれがある。水を H_2O と化学記号で定義すると化学反応は説明できるが「雪解けの水」のような文学的なとらえ方はできなくなる。経済学は，「利潤最大化を追求する」**経済人仮説**にたったため，企業の人間的側面を十分分析することができなくなった。

　これに対して，経営学は広く隣接科学を活用し，さまざまなアプローチを包括している。企業とは何かという答えも，記述的な概念から数理的モデルまで多様である。ある程度一致した前提にたって実証可能な範囲で仮説検証を積み重ねていくのが経営学で，このような経営学のあり方を**中範囲の理論***（theory of the middle range）とよぶ。

　したがって，企業について厳密には定義していないものの，経営学が前提とする企業概念には共通した特徴がある。ここでいくつか紹介しよう。

　中範囲の理論とは社会学者のマートン（Merton, R.K.）の用語で，研究対象の規模や理論的一般性が中範囲である理論のことをいう。この意味で経営学と社会学は共通点をもっている。

1　資本主義的な生産単位としての企業

　経済学では、経済を、**家計***，**企業***，**財政***の3つの固体経済に分ける（図表2－1）。この3つのうち、企業は、社会的に市場で評価される「唯一の生産単位」である。家計や財政が主に「消費する経済単位」であるのに対して、企業はもっぱら生産活動を行なっている。家計における主婦の労働や、政府の公共事業は、生産的活動であるが、市場を通じて社会的に評価されない。

　これに対して、企業は市場で評価される商品（財とサービス）を生産しており、全体経済を実質的に支えている。そして、その成果が賃金や利息（配当）として家計に還元され、税金という形で財政の経済的基盤を作っている。

　ただし、生産単位のうちでも特に「資本主義経済における経済単位」を企業とよぶ。中世までの手工業者や商人は、財やサービスを生産していたが「企業」とよぶにはふさわしくない。企業という概念は、産業革命を経て生産手段（土地や工場）と労働が分離した結果、従業員を雇用するようになって生まれた。

　生業的で、生産手段と労働が未分離の「個人企業」もあるが、通常の企業概念は、個人では所有できない生産手段をもち「会社」として位置づけられる資本主義的な事業体である（「会社」の分類は第3章35ページ参照）。

2　営利組織としての企業

　企業が、政府・学校・教会・協同組合などと異なる特徴は「利益」を追求するところにある。政府（公共団体を含む）は公共への奉仕を第一とし、学校は教育の普及向上をめざし、教会（宗教法人）は宗教的な目的をもち、共同組合は組合員の相互福祉を目的としている。したがって、税金や寄付という形で資金を集めることができるが、これに対して、企業は「利益」をあげなければ存続できない**営利組織**である。

　企業はそのために「効率」や「成長」も志向する。なぜなら、効率によって利益が左右されるからであり、**規模の経済***（economies of scale）や**範囲の経済***（economies of scope）によって利益も増大するからである。

　その意味で、企業は、大量購入による購入コストの削減、大量生産による「量

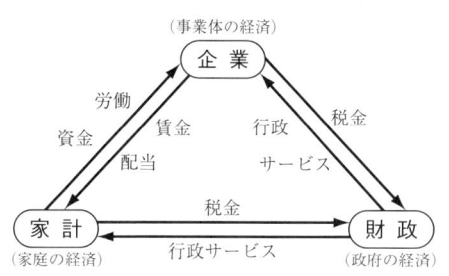

図表 2-1　全体経済と個体経済

```
              （事業体の経済）
                 企 業
           労働          税金
        資金   賃金  行政
           配当   サービス
      家 計 ←―――税金―――→ 財 政
    （家庭の経済） 行政サービス （政府の経済）
```

産効果」，大型機械による効率的生産，大量流通や大量広告のメリットを志向する大量消費社会の担い手である（序章2ページ参照）。

③　合理的人間組織としての企業

　利益・効率・成長の追求は**経済性**という共通の原理に支えられている。経済性とは「最小の犠牲で最大の成果を得ようとする合理性」に基づいている。営利組織と**合理的組織**は表裏一体といえる。

　企業のもう一つの特徴は，明確な共通目的をもつ**公式組織**にある。企業間や企

　家計とは，個人や家庭の経済のことで，企業との関係では，労働や資金（資本）を提供する見返りに賃金や利息（配当）を得る。政府との関係では，税金を納める見返りに，道路整備や清掃事業など行政サービスを受ける。
　企業とは，事業体の経済のことで，家計との関係では，労働や資金（資本）の対価として賃金や利息（配当）を提供する。政府との関係では，家計の場合と同様に，税金を納めながら行政サービスを受ける。
　財政とは，政府の経済のことで，家計や企業から税金を受けながら，行政サービスを提供する。
　規模の経済とは「規模の利益」ともよばれるもので，同じ製品を作る際に得られる経済的な効果（利益）のことをいう。一回の購買／生産／販売の扱い量が大きくなると同じ固定費で済むので単位あたりのコストが削減できるし，予備の在庫やアイドル・タイム（待ち時間）を節約できる。
　範囲の経済とは，違う製品を同時に扱うことで得る経済的な効果のことをいう。業務拡大や多角化によるメリットのことで，デパートやスーパーが品数を増やすことで専門店より効率的な営業ができるようになったように，異業種の製品・サービスを取り込んで効率性を高めることを意味する。

業と従業員の関係は契約的であり，企業の立場で行動する際は，個人的な感情より合理的判断が求められる。企業内のコミュニケーションでは公式用語を用いる。顔見知りの地域社会や趣味同好会などの「集団」においてはフェイス・ツウ・フェイスの情報交換が主体だが，企業では文書で情報を確認することが一般的である。こうした企業に関する特徴も「合理性」としてまとめられる。

ただし，それだけではない。企業を「唯一の生産単位」や「利潤最大化を追求する合理的主体」と見るのは経済学の定義に近いが，経営学では営利性や合理性に加えて企業の人間的側面にも注意をむける。

企業には公式に定められた職務分担や伝達経路とは別に人間関係に基づく**非公式組織**があって，それが生産性に影響を与えているという見方である。社会学は，この非公式組織を社会単位として分析するが，経営学ではそれを営利追求（合理性）と結びつけてとらえる。

4 システムとしての企業

企業は，**経営資源**を投入（インプット）して，それらを組織内で変換（スループット）し，物的商品やサービスなどの製品を産出（アウトプット）するプロセスをもっている。そして，その対価として，売上・利益・信用などの成果を獲得している。ここでいう信用とは「顧客から得られる信頼」のことである。

さらに，企業は，市場から得たこれらの成果を，次のインプットの調達にあてる。売上や利益は，従業員への賃金，原材料の購入などの形で，再び経営資源の獲得のために使われ，顧客の信用によって「ブランド力」などの情報資源を増大させる。

そして，再び組織内で創造・変換して製品を市場に送り出しながら，「投入→変換→産出」のプロセスを繰り返している（図表2-2）。

5 ゴーイング・コンサーンとしての企業

企業は外から見ると「投入→変換→産出」のサイクルを繰り返しているが，内部的にも別のサイクルがある。たとえば，仕事は一般に何らかの予測をもって立案（計画）され，仕事が進め易いように組織化され，実際に仕事が実行された後

第2章　企業の特徴

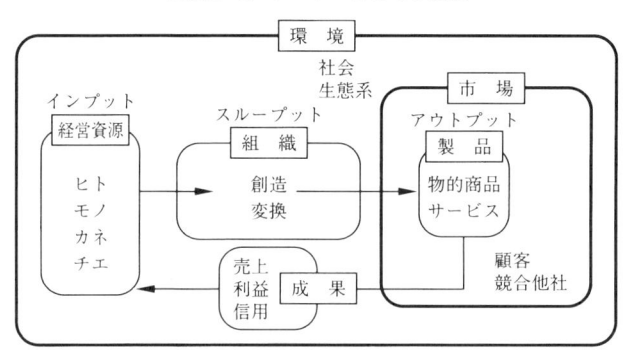

図表2-2　システムとしての企業

```
┌─────────────────── 環　境 ───────────────────┐
│                  社会                         │
│                  生態系        ┌── 市　場 ──┐ │
│  インプット    スループット    │ アウトプット│ │
│  ┌経営資源┐    ┌組　織┐      │ ┌製　品┐  │ │
│  │ヒ      │    │創　造│      │ │物的商品│ │ │
│  │モ      │──▶│変　換│─────▶│ │サービス│ │ │
│  │カネ    │    └──────┘      │ └────────┘ │ │
│  │チエ    │                   │   顧客     │ │
│  └────────┘    ┌売上┐         │   競合他社 │ │
│      ▲────────│利益│◀────────│            │ │
│                │信用│成果     └────────────┘ │
│                └────┘                         │
└───────────────────────────────────────────────┘
```

図表2-3　マネジメント・サイクル

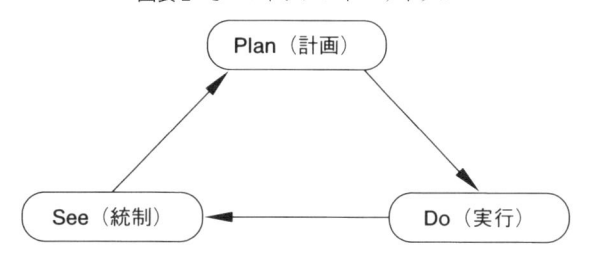

```
              Plan（計画）
              ▲      ＼
             ／        ▼
      See（統制）◀── Do（実行）
```

は，その結果を予測や計画に照らして評価されたり，調整される。そして，このプロセスが終わると再び「計画→組織化→実行→統制（評価・調整）」というサイクルを繰り返している。

これは，**管理過程**（management process）または**マネジメント・サイクル**（management cycle）ともよばれ，図表2-3のように簡略化して「Plan→Do→See」あるいは「P→D→S」のように示されることが多い（第8章111ページ参照）。

このように企業は，外から見れば「投入（インプット）→変換（スループット）→産出（アウトプット）」というサイクルを繰り返し，内部では「計画（プ

経営資源とは経営のために必要な資源や能力のことで，企業にとっては財産ともなるので「経営資産」とよぶ場合もある。具体的には以下のようなものがある。
　ヒト（人的資源）…経営者や従業員
　モノ（物的資源）…原材料や機械設備，サービス業の場合は店舗
　カネ（資金）…現金，借入金などさまざまな資金
　チエ（情報資源）…技術・特許などの知的所有権，信用力，ブランド力，流通支配力など

ラン）→実行（ドウ）→統制（シー）」というマネジメント・サイクルを繰り返している。

この循環は、山に降った雨が川を流れて海へそそぎ、大気となって再び山に降るように、永久に続く営みのように見える。そこで、このような企業の特徴を**ゴーイング・コンサーン**（going concern）または**永続事業体**とよぶ。

6 人間プラスアルファの企業

企業が他の人間集団と異なるのは、協力して仕事をする「協働の場」ということである。単純化した2人だけの企業の場合、その成果が2人分の仕事量にしかならないとしたら、わざわざ企業を作る必要はない。組織を作る理由は、2人で協働することで、3人分、4人分の仕事ができるからであって、2人のインプットよりその成果としてのアウトプットが大きくなるからである。このような効果を**シナジー効果***（synergy effect）という（第15章235ページ参照）。

そもそも「会社」は英語でコーポレーション（corporation）だが、その語源は「一緒」を意味するコ（co-）と「作業」を意味するオペレーション（operation）を合わせた言葉、つまり、「協力する」（co-operation）ことである。また、企業を**協働体系**と明確に位置づけたのはバーナード（Barnard, C. I.）である（第12章186ページ参照）。

また、企業が他の組織と異なるのは、人間に加えて機械・設備や資金やブランドなど諸機能を「プラスアルファ」として備えていることである。たとえ「電話一本で仕事をする」といっても電話・紙・机というツールが必要であり、モノ・カネ・チエなどの人間以外の構成要素を含むのが企業である。

これは、企業が生産・販売活動を展開して利益という成果を残す必要があるためで、特に現代企業においては機械設備やコンピュータの果たす役割は大きく、人間と機械が作る組織として**マン・マシン・システム**（第18章277ページ参照）ともよばれている。

7 社会的存在としての企業

企業は内的に「協働の場」だが、外的に見れば社会的存在である。企業は利益

第2章　企業の特徴

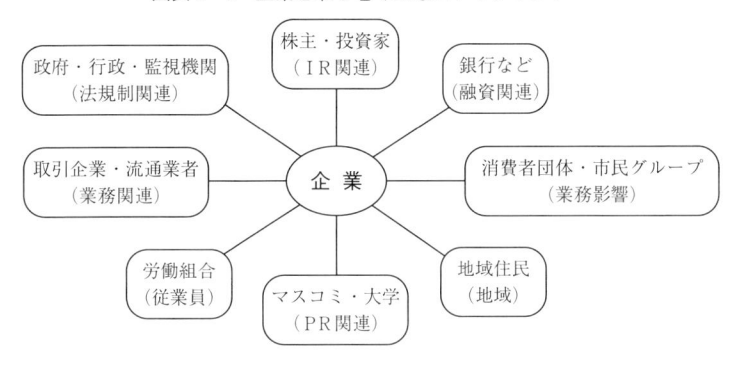

図表2-4　企業を取り巻く主なステイクホルダー

```
政府・行政・監視機関      株主・投資家       銀行など
（法規制関連）           （IR関連）        （融資関連）

取引企業・流通業者                         消費者団体・市民グループ
（業務関連）          企　業              （業務影響）

労働組合           マスコミ・大学          地域住民
（従業員）          （PR関連）            （地域）
```

を追求する合理的主体ではあるが，一方的に自分の利益だけを追求することはできない。

　取引先や納入業者，流通業者など関連企業と協力しなければならないし，銀行などの金融機関とも友好な関係を維持しなければならない。また，出資者である株主や機関（株を所有している企業など）へ利益を還元していかなければならないし，マスコミなどのジャーナリズムに対しても良好な関係を維持しなければならない。こうした出資者・投資家との関係を**IR**（investor relations）活動とよび，マスコミなどとの関係を**PR**（public relations）活動とよぶ。

　企業は各種の法律などに規制されているため事業を展開するために許認可を受けるなど制約を受けている。政府・行政機関や監視機関との関係も大切にしなければならない。

　消費者団体や市民グループなどとの関係にも配慮する必要があるし，工場進出や大規模店舗の出店などにあたっては地域住民や地域の商店街などとの関係を良好に保つ必要がある。さらに，従業員の団体である労働組合とも友好関係を維持する必要がある。

　このように，企業は周辺にさまざまな関係者をもっている。そのような企業を取り巻く利害関係者や利害関係集団のことを**ステイクホルダー**（stakeholder）とよぶ（図表2-4）。

シナジー効果には1＋1＝3以上になる量的効果とA＋B＝Cとなる質的効果が含まれている。たとえば，一人で考えつかないアイデアが複数で討議すると思いつくことがある。シナジー効果は企業間の合併などでも重視される。

ただし，ステイクホルダーとの関係は「近所との人間関係をうまくやる」程度の処世術では説明できない。なぜならば，企業は「販売」によって利益を得ているからである。国家は税金によって運営されているが，そうすることのできない企業は，本来何かを販売しなければ成立しない。

ところが，「販売」は当然「購買」されなければ「販売」にはならない。然るに，購買されるためには顧客のニーズを満足しなければならない。つまり，「企業の利益」は販売←購買←「顧客の利益」という構図をもって「顧客の利益」にその源泉を見い出さざるを得ない。ここに企業のもう一つの特徴がある。

8　創造・革新機能をもつ企業

「お客様を大切に」とか「社会に役立ちたい」など商人の心得にも「顧客志向」や「社会志向」がある。ところが，経営学で考える企業は単に顧客や社会の要求に従うという消極的なものではない。

シュンペーター（Schumpeter, J. A.）は，新しい製品，新生産方式，新たな販路，供給源の獲得，新しい組織（独占化あるいは独占の打破など）によって従来の市場に変革をおこす行為を**革新**（イノベーション＝innovation）とよび，革新をもたらしていく経営者を**企業者**（アントレプレナー＝entrepreneur）とよんだ。

ドラッカー（Drucker, P. F.）は，事業の目的は「最大利潤の追求」ではなく「顧客の創造」であるとし，市場創造の重要性を強調している。そして，そのために，2つの基本的機能，すなわち，マーケティングと革新（イノベーション）の重要性を説いている。

一般に市場に「適応する」ことは「市場の動向に従うこと」と誤解されがちだが，それは「順応する」ことであって「適応」とは異なる。「順応」は環境に対して受け身のまま自分だけが変わることで，「適応」は外部に意識的な働きかけをしながら適合状態を創り出すことである（図表2-5）。

部屋に入った時に異臭を感じてもしばらくすると気にならなくなった場合は「順応」したことになるが，異臭に耐えられなくて「窓を開ける」などの働きかけを行った場合は「適応」したことになる。

ドラッカーが重視したマーケティングの場合でも市場調査だけでは新製品を開発できない。消費者に何が欲しいかを尋ねても明確に答えてくれないものである。

図表2-5　企業と環境の関係

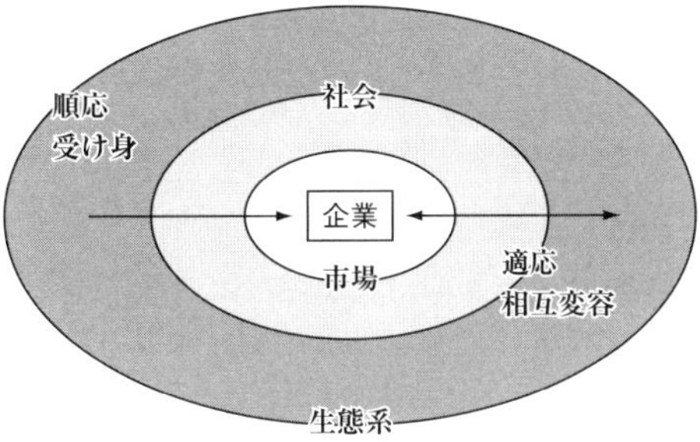

（順応・受け身／社会／企業／市場／適応・相互変容／生態系）

図表2-6　企業概念の拡張

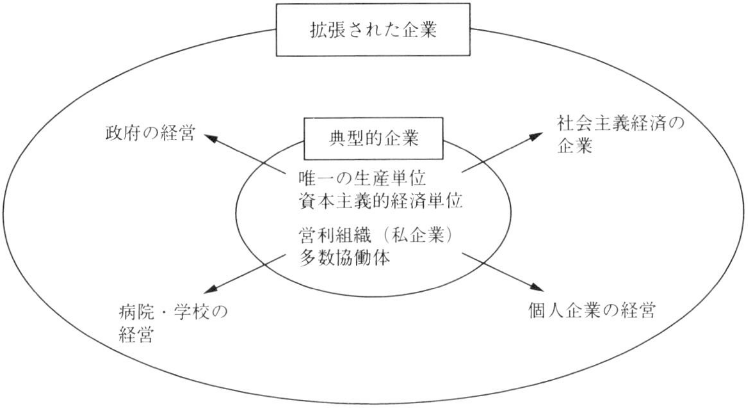

（拡張された企業／政府の経営／典型的企業：唯一の生産単位、資本主義的経済単位、営利組織（私企業）、多数協働体／社会主義経済の企業／病院・学校の経営／個人企業の経営）

消費者の要望にいち早く気づいて新しい製品やサービスを提供するのが企業であり，そのような適応活動こそ「市場創造」といえよう。図表2-5は，このような順応と適応の概念を含めて企業と市場や社会，生態系との関係を示したものである。

ただし，以上で述べた企業観はさまざまな視点から企業を切り取ったもので体系的なものではない。他にも企業の特色は数多くあげられよう。

たとえば，企業を法人という「法律上の主体」として見ることも可能である。また，「社会の公器」として社会的制度の一つと見たりすることもできよう。

現代社会とは何かを考えた時に，「同じリンゴでも切り口によって異なる形に

見える」と述べたが，企業も，視点によってさまざまに見えるわけである。

　本章では，企業を，私企業や「会社」組織，あるいは資本主義的経済単位として見ながら整理した。しかし，公企業（非営利組織）や個人企業もあるし社会主義経済でも企業概念が適用されることもある。たとえば，経営学では，生産単位でない財政（政府の経済）も経営的な視点から分析されるし，社会主義の企業も分析される。病院や学校のような非営利組織も経営学の対象となる。本章で取り上げた概念は，あくまで典型的な企業の姿であることを理解して欲しい（図表2-6）。

[演習問題]

[1]　ゴーイング・コンサーンという企業概念は，所有者（出資者）の意思から離れて企業自体が存続しようとすることを前提としている。どのような意義があって企業は自己維持的に存続できるのであろうか。

[2]　伝統的経済学では，企業は利潤最大化をめざす合理的主体と定義しているが，この定義では現実の企業行動を説明できないといわれる。なぜだろうか。具体的な例をあげて説明しなさい。

[参 考 文 献]

バーナード／山本安次郎・田杉競・飯野春樹訳『新訳・経営者の役割』ダイヤモンド社，1968年（Barnard, Chester I., *The Functions of the Executive*, Harvard University Press, 1938）。

ドラッカー／現代経営研究会訳『現代の経営（上・下）』ダイヤモンド社，1965年（Drucker, Peter F., *The Practice of Management*, Harper & Brothers Publishers, New York, 1954）。

シュンペーター／塩野谷祐一・中山伊知郎・東畑精一訳『経済発展の理論』上・下，岩波文庫，1977年（Schumpeter, Joseph A., *Theorie der Wirtschaftlichen Entwicklung*）。

第3章　企業の分類

1　さまざまな分類

　企業は，さまざまな尺度で分類することができる。たとえば，企業規模を尺度にすれば，大企業，中小企業，零細企業などに分類できる。企業規模は，資本金・従業員数・売上高などを基準にするが，数値的な基準は官庁や国ごとに異なる。

　地域的な広がりで見れば，地域に密着した地方企業，国内に基盤をもつ国内企業，海外に事業を広げている国際企業などと分けることもできる。輸出比率などを参考に国際化をはかるが，これも数値的な基準ははっきりしない。

　この他に，クラークの産業分類による業種別の企業分類がある。新聞の株式欄も，最初が「水産・農林」で，次のコラムが「鉱業」「建設」「食品」のように第一産業に近い業種から始まり，「繊維」「パルプ・紙」「化学」のように第二次産業のメーカー（製造業）が続き，最後に「サービス」という第三次産業の企業で終わっている（図表3-1）。

図表3-1　産業分類に準じた業種

産業分類	特　徴	具体的な業種の例
第一次産業	天然資源と直結	農林，水産，鉱業
第二次産業	加工・製造業	建設，食品，繊維，パルプ・紙，石油，ゴム，窯業，鉄鋼，非鉄金属，機械，電気機器，輸送用機械，精密機械
第三次産業	その他の産業	商業，金融・保険，不動産，陸運・海運・空運，倉庫，運輸関連，通信，電力・ガス，サービス，情報，教育

図表3-2　公企業と私企業

	出資者	設立目的	規則と競争
公企業 (第一セクター)	公共団体 (国や県)	公共の政策目標 (非営利)	特別な法律で規制 独占的で競争が制限
私企業 (第二セクター)	民間 (個人や私的団体)	利益を追求 (営利)	特別な法律はない 市場における自由競争
公私混合企業 (第三セクター)	公共団体と民間 (共同出資)	公共性と利益 (同時追及)	規制もあるが原則自由

② 出資と目的による分類（公企業と私企業）

　企業は，出資と目的の違いによって，分類することができる。出資は所有と関係が深く，所有は経営（支配）と結びついているので，古くから経営学の主要なテーマになってきた。これは，所有形態というカタチ（形態）を重視しているために，この分野のことは，**企業形態論**とよばれることが多い。

　この分類によれば，企業は大きく公企業と私企業および公私混合企業の3つに分類することができる（図表3-2）。

　公企業（public enterprise）とは，①国や都道府県，市町村などの公共団体が出資・経営する企業で，②公益性のために非営利を原則とし，③企業活動が特別な法律などで規制されている。このために，このような企業はしばしば独占が許されている。このような企業を**公共部門**あるいは**第一セクター**とよぶ。

　これに対して，**私企業**（private enterprise）とは，①個人・私的団体などの民間が出資・経営する企業で，②利益を追及する営利組織で，③（商法などで全体的な規制は受けるものの）その企業活動が公益性のための特殊法規で規制されることはない。そのため，原則自由の企業で，市場における競争に打ち勝っていく必要がある。このような企業を**民間部門**あるいは**第二セクター**とよぶ。

　第三に，公企業と私企業の中間的な形態をとる**公私混合企業**あるいは**公私合同企業**（mixed enterprise）もある。公私混合企業とは，①公共団体と民間の両者が出資・経営する企業で，②公共性と利益を同時に追及するもので，③（一部に特別な法律の規制がある場合もあるが）私企業のように独立採算的に利益を計上し，競争原理に従うものが多い。このような企業は**公私共同部門**あるいは**第三セク**

ターともよばれる。(但し,狭義の第三セクターという用語は,地方公共団体と民間の共同出資による株式会社形態の企業をさすこともある。)

3 公企業の分類

公企業は,いくつかの視点で分類できる。第一に,所有・経営母体が中央政府か地方公共団体かによって,政府系公企業と地方公企業の2つに分類される。第二に,形成の違いによって,法律に基づいて新設された公企業と,私企業から公企業になった公営化企業に分類される。第三に,企業形態や根拠法規によって以下のように分類される(図表3-3)。

(1) 根拠法規に基づく公企業の分類
① **行政企業(官庁企業:public enterprise)**
　行政組織(省庁や市役所など)そのものが経営母体となっている公企業で,(a)

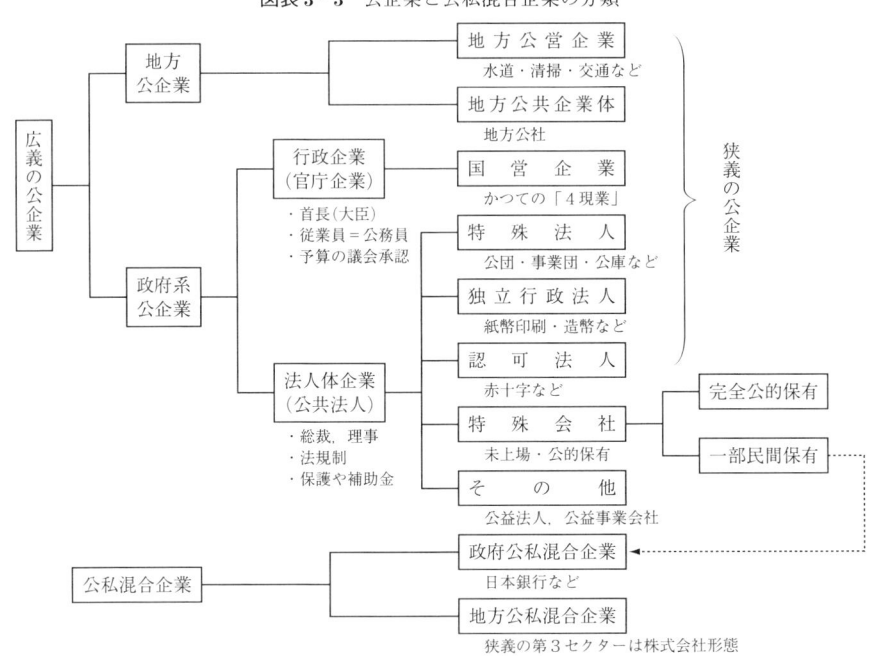

図表3-3　公企業と公私混合企業の分類

```
                    ┌ 地方公営企業
          ┌ 地方 ───┤   水道・清掃・交通など
          │ 公企業  └ 地方公共企業体
          │            地方公社
広義の     │         ┌ 行政企業    ┌ 国 営 企 業
公企業 ────┤         │ (官庁企業)  │   かつての「4現業」
          │         │ ・首長(大臣) ├ 特 殊 法 人          ┐
          │         │ ・従業員=公務員  公団・事業団・公庫など │
          │ 政府系 ─┤ ・予算の議会承認 ├ 独 立 行 政 法 人    ├ 狭義の
          └ 公企業  │             │   紙幣印刷・造幣など   │ 公企業
                    │             └ 認 可 法 人           │
                    │ 法人体企業      赤十字など           ┘
                    │ (公共法人)    ┌ 特 殊 会 社 ──┬ 完全公的保有
                    └             │   未上場・公的保有 └ 一部民間保有
                      ・総裁,理事   │
                      ・法規制     └ そ の 他
                      ・保護や補助金    公益法人,公益事業会社

公私混合 ─┬ 政府公私混合企業
企業      │   日本銀行など
          └ 地方公私混合企業
               狭義の第3セクターは株式会社形態
```

最高責任者（私企業の社長）は，大臣や知事，市長などの行政府の首長が兼ね，(b)職員（私企業の従業員）は国や市などの公務員で，(c)予算や会計報告は国会や県議会などの承認を要する。

かつて，郵政・国有林・印刷・造幣の各事業を「四現業」とよんだが，当時は，郵政省，林野庁，大蔵省印刷局・造幣局のように官庁が現業部門をもっていたので「官庁企業」ともいう。こうした**国営企業**（national public enterprise）に対して，地方の行政企業は，水道局（下水道事業），清掃局（清掃事業）や市営交通，町営病院などで，**地方公営企業**（local public enterprise）とよばれる。

② **法人体企業**（incorporated public enterprise）

法人（juristic person）* として行政府から独立した公企業のことで「公共法人」ともよばれる。公共法人は，さらに，特殊法人，独立行政法人，認可法人，特殊会社などに分類される。

③ **特殊法人**（government-affiliated public corporation）

各省庁が特別法に基づき設立した法人で，内閣官房が役員人事を行い，総務省が目的変更等を審査し，財務省が予算を認可する。最高責任者は総裁，会長などとよばれ，職員は公務員ではないが刑罰法規の適用について「みなし公務員」として扱われる。また，法人税や固定資産税などが免除され，資金調達面では国から融資（これを「**財政投融資**：government loan」という）を受けられる。

特殊法人という言葉は行政用語で，公社，公団，事業団，特殊銀行，公庫，金庫などとよばれるが，どの組織が特殊法人か明確ではない。たとえば，日本郵政公社やかつての三公社（次ページ）は特殊法人だが，住宅供給公社や道路公社は全額を地方公共団体が出資する地方公共企業体であり，日本交通公社は財団法人である。

④ **独立行政法人**（independent administrative agency 略して「**独法**」）

独立行政法人通則法で設立された法人で，通則にある「民間にゆだねた場合には必ずしも実施されないおそれがあるもの」という一文が示すように，民間に任せられない公共的事業や，独占を要する事業を，国に代わって担当する。

独立行政法人は，(a)職員が公務員である「特定独立行政法人」と，(b)民間並みの扱いになる「非特定独法（通称）」の2つに分類される。たとえば，印刷・造幣事業は，国立印刷局と造幣局が担当しているが，これらは公務員型の特定独

立行政法人であり，大学入試センターや国立科学博物館などは非特定独法である。

なお，国立大学は，国立大学法人法に基づく「国立大学法人」であり，非公務員型の独立行政法人に近い。

⑤ **認可法人**（authorized corporation）

民間等の関係者が発起人となるが，公共性などの理由から特別の法律により設立され，主務大臣が認可する法人のことをさす。たとえば，日本商工会議所（商工会議所法）や日本赤十字社（日本赤十字社法）がある。

認可法人という言葉も行政用語で，政府の補助金があったり，役員人事で監督官庁の認可を受けたり，特殊法人との違いは明確ではない。法人設立にあたり，国が設立委員を任命していれば特殊法人，民間からも設立委員が選出されていれば認可法人で，総務庁審査の対象となるのが特殊法人で，対象に入らないのが認可法人である。

いずれにしても，特殊法人や認可法人は，非効率で「天下り」先になりやすいとされ，廃止，統合，民営化の方向にある。このうち，民間人の資本によって運営されるようになった特殊法人（認可法人）を「民間法人化された特殊法人（認可法人）」という。

⑥ **特殊会社**（special company）

政府が設立した株式会社で，一般の株式会社とは異なり，それぞれ設立のための特別な根拠法（「私企業の分類」35ページ参照）をもち，主管の省庁によって監督されている企業のことをいう。

たとえば，特殊法人であった旧三公社（日本国有鉄道・日本電信電話公社・日本専売公社）は，JRグループ（東日本旅客鉄道株式会社などJR7社）・NTT（日本電信電話株式会社）・JT（日本たばこ産業株式会社）になったが，これらの企業は，JR会社法やNTT法（通称），たばこ事業法のような特別法で規制されている。特殊会社は公的資本の比率ではなく，特別な根拠法があるかどうかで

法人とは，法律の上で人格を認められ，権利・義務の主体になる組織や団体のことをいう。たとえば，組織が借金をした場合，（個人が返済義務を負うように）その組織が法律上の責任を問われる。これは組織が「法人」という人格をもつからである。個人は，法律上では，**自然人**（natural person）とよばれ，出生と同時に法律上の権利義務をもつ。

決まるが、上場せずに国や事業団が大半の株式を保有していたり、独占的な市場地位を得ていたりしているケースも多い。

特殊会社が株式会社形態をとる理由の1つは、完全民営化の可能性にある。たとえば、日本航空（JAL）は、かつて国営であったが、大蔵省（当時）が保有株を売却して私企業になった。ケータイのAUで知られるKDDIも国際電信電話株式会社（KDD）という特殊会社であったが、1998年に根拠法が廃止され、トヨタなどの出資を得て完全な民間企業になった。JRグループでも、JR東日本、JR東海やJR西日本は、株式が上場され根拠法から削除されている。

⑦　その他

事業の性格から公企業とされる企業がる。たとえば、日本銀行（正式呼称「にっぽんぎんこう」）は公的役割から公企業と考えられがちであるが、資本金（1億円）の45％は民間出資で証券取引所にも上場されている。したがって、公私混合企業である。また、公益法人（44ページ）も、その性格から公企業とする人がいるが、民間資本の出資という意味で「広義の私企業」である（図表3-6）。電気、ガス、鉄道などの公益事業会社（public utilities corporation）も、電気事業法、ガス事業法、鉄道事業法などで規制され、料金などで政府の認可が必要な公企業的性格をもつが、出資者が民間という意味で私企業といえる。

（2）民営化（privatization）

民営化とは、公企業が私企業になることであり、根拠法が廃止され、株式が売却されて私企業となることを完全民営化（complete privatization）という。ただし、完全に民営化されなくても私企業へ向かう方向（図表3-4の右矢印）に進んでいれば民営化であり、逆方向は公営化といえる。

たとえば、郵便事業は、官庁企業（郵政省→総務省）から特殊法人（日本郵政公社）を経て特殊会社（郵便事業株式会社）に移行している。他方、経営破綻した足利銀行が一時国有化されたように、国民の利益を守るために公営化されることもある。

なお、民間資金を活用した社会資本整備のことを**PFI**（Private Finance Initiative）というが、この方式による公営事業の民間委託のことも民営化ということがある。

民営化は、市場原理や私企業のノウハウを活用することで、行政の効率化や公

図表 3-4　民営化と公営化

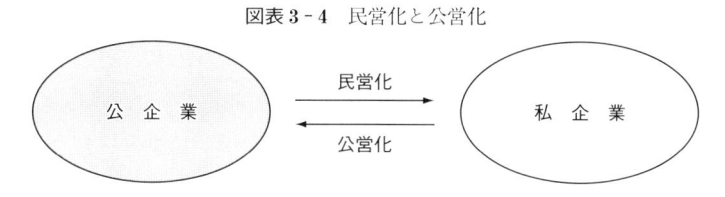

公企業　⇄　私企業
（民営化／公営化）

共サービスの向上，税負担の軽減などを実現しようとするものであるが，公共的なサービスをすべて市場（あるいは民間）にまかせることはできない。一般に，政府による経済介入を減らして，民営化を進める政府を「**小さな政府**（small government）」といい，その逆を「**大きな政府**（big government）」という。

ところが，以上の議論は，出資・経営責任・予算・従業員身分などの形式的・表面的な違いを述べたもので，経営の実際をふまえた実質的な点は考慮していない。渋谷の街を見ながら，その実態的な違いについて考えてみたい。

［ケーススタディ：渋谷の街探訪］

渋谷は渋谷川沿いの谷間にある。渋谷の「谷」は「谷間」のことで，地下街が作れないし駐車場スペースもとれない。人々は，道玄坂や宮益坂など長い坂を登らなければならないし，クネクネと曲がりくねった細い道を歩かなければならない。ゴミゴミした街もあり都市再開発が困難と考えられる。

新宿や池袋は谷間でないから，地下街も広いし，駅付近の駐車スペースも確保できる。新宿には水道処理場の跡地があったし，池袋には巣鴨拘置所の跡地があったので再開発も大規模に推進できた。常識からいえば，渋谷は発展しない街である。

渋谷の街の発展は，国鉄が渋谷川沿いに鉄道を敷設した明治時代にさかのぼる。しかし，国鉄は鉄道を敷いたが街は作らなかった。街づくりに最初に注目したのは，東急グループであった。東急グループは，慶應義塾大学（日吉キャンパス）や東京工業大学（大岡山）など東横線沿線に学校を積極的に誘致し地域開発を進めた。そして，駅ビル（東横百貨店）を建設して，駅に集まった客を「乗客」か

上場（listing）とは，取引所のような市場で株や商品が取引物件として登録されることをいう。証券取引所では投資家保護の立場から一定の資格や基準を設けており，その基準を上場基準とよび，上場基準を満たした株式会社を**上場企業**（listed company）とよぶ。

ら「消費者」にとらえ直した。

渋谷駅の東口と西口には東横文化会館と東急プラザがあり，ハチ公口には109-2，109があり，その坂道を登るとワン・オー・ナイン，東急本店，東急文化村と続く東急の商業施設が軒を連ねている。「109」や「ワン・オー・ナイン」とは「トー（10）キュー（9）」のことである。

人々の流れをよく見ると，ハチ公口から西武デパート方面に向かう人の流れは丸井の本館あたりで左に折れて，公園通りを登っていくことがわかる。その坂沿いにはシードやロフトやパルコなどがあり，西武グループの商業施設が連なっている。よく見ると，CDや本などぶらっと過せる街のスペースもある。

パルコから東急本店へ向かう方向にもスペイン坂を始め細く曲がりくねった道が続きその中に東急ハンズのような商業スペースがあり，西武グループのクワトロ・バイ・パルコのような店がある。

つまり，渋谷の街は，地下街や駐車スペースの制約，細く曲がりくねった道，登り下りのある坂道など立地上の制限を受けながら，東急や西武などの私鉄グループが鎬を削って消費者を取り込もうと工夫をしながら作り上げてきた街であり，それが，結果的には若者に人気のある街になったことがわかる。

渋谷駅周辺

公企業は規制によって自由な事業活動ができない。たとえば，旧国鉄は，鉄道事業法によって鉄道業以外の事業に進出することが制限されていた。その見返りに得たものは独占的な鉄道網であった。しかし，民営化するまでのキオスクに見られるように旧国鉄には集客の工夫のない商売が目だっていた。キオスクで売られている商品はオツリも少なくすぐに買えるような商品ばかりであるが，それは「乗客だけをターゲット」にし，「ホームに滞留が起きない程度に商売する」原則があったからである。

私鉄は，国鉄の網羅していない地域をカバーする補助的な交通機関に過ぎな

図表3-5　ケーススタディにみる公企業と私企業の比較表

	規制と競争	体質
公企業	事業領域が制限 独占的で競争が制限	お役所的・規則第一主義 親方日の丸的・予算志向
私企業	事業領域を拡大できる 市場における自由競争	積極的・顧客第一主義 利己主義的・利益志向

かったが，事業の範囲を鉄道業だけに制限せず，不動産事業，建設事業，百貨店・スーパーなどの小売業，ホテル・ゴルフ場経営などの観光業にも進出して沿線の地域開発を行なっていった。

公企業と私企業の違いは，出資形態や公共性だけにとどまらない。「規制（公企業）」に対する「自由（私企業）」，「独占（公企業）」に対する「競争（私企業）」という基本的な相違により企業体質に大きな違いが生じている（図表3-5）。

公企業は，規制と独占や保護の下にあるため，予算志向が強く，規則第一主義に陥る場合が多い。いわゆる「親方日の丸」的な「お役所的体質」である。

これに対して，私企業は市場における自由競争原理がはたらくので，利益志向が強くなりがちで，顧客第一主義をとる企業が多い。このため，行政改革の一環として，特殊法人の廃止や見直しが議論されている。

4　私企業の分類

私企業とは，(a)私人（民間人）が出資し，(b)自らの利益（営利）のために経営する企業のことである。この定義の前半(a)にしたがえば，協同組合のような共益法人も，学校のような公益法人も，NPOのような民間非営利組織も，出資者が民間という点で「広義の私企業」といえる（図表3-6）。

後半(b)については，(c)対外的に私的利益の獲得（profit making）を行い，(d)獲得した利益を対内的に出資者に配分（profit sharing）することを「営利」という。このため，相互扶助を目的としている相互会社などは，非営利とされる。したがって，（個人の利益のために経営する）個人企業と，（営利法人である）合名会社，合資会社，合同会社，株式会社を合わせて「狭義の私企業」という（図表3-6）。

第1編　経営学と企業の特徴

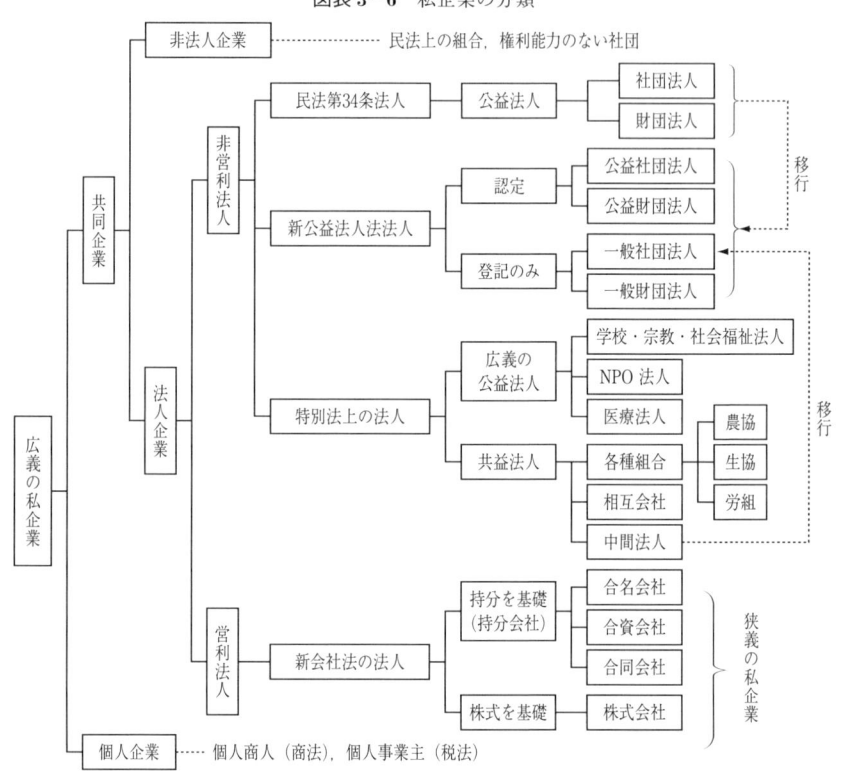

図表3-6　私企業の分類

```
                                                                  ┌─ 社団法人 ┐
                                    ┌─ 民法第34条法人 ─ 公益法人 ─┤           │
                                    │                             └─ 財団法人 │ 移行
                                    │                   ┌─ 認定 ─┬─ 公益社団法人 │
                    ┌─ 非営利法人 ─┼─ 新公益法人法法人 ─┤        └─ 公益財団法人 │
                    │               │                   └─ 登記のみ ┬─ 一般社団法人 ←
                    │               │                               └─ 一般財団法人
        ┌─ 共同企業 ─┤               │                   ┌─ 広義の ┬─ 学校・宗教・社会福祉法人
        │           │               │                   │ 公益法人 ├─ NPO法人
        │           │               └─ 特別法上の法人 ─┤          └─ 医療法人     ┌─ 農協
        │           │                                   │          ┌─ 各種組合 ─┼─ 生協   移行
広義の ─┤           │                                   └─ 共益法人 ├─ 相互会社  └─ 労組
私企業   │           │                                               └─ 中間法人 ←
        │           │                                   ┌─ 持分を基礎 ┬─ 合名会社 ┐
        │           │                                   │ (持分会社)  ├─ 合資会社 │ 狭義の
        │           └─ 営利法人 ─── 新会社法の法人 ─┤              └─ 合同会社 │ 私企業
        │                                               └─ 株式を基礎 ── 株式会社 ┘
        └─ 個人企業 … 個人商人（商法），個人事業主（税法）

非法人企業 …… 民法上の組合，権利能力のない社団
法人企業
```

（1）私企業分類のポイント

ここで，私企業の分類を理解する上で重要なポイント，①根拠法規，②出資と融資の関係，③出資者責任，④持分などを整理しておきたい。

① 根拠法規

根拠法規（governing law）とは，それぞれの会社の設立や解散などを基本的に規定する法規で，「広義の私企業」にあたる公益法人（各種特別法），NPO法人（特定非営利活動促進法），協同組合（各種の組合法），相互会社（保険業法）などは，個別の根拠法規をもっている。

これに対して，「狭義の私企業」は，個人企業は商法を根拠とし，合名会社など「4つの会社」は会社法を根拠法規としている。**商法**（business law）とは，商行為に関する法律であり，商人だけでなく，「4つの会社」の活動についても規

定している。**会社法**（corporate law）は，「4つの会社」に関する法律で，商法第2編を独立させ，2006年から施行された。

「狭義の私企業」が個別法をもたないのは，準則主義がとられるためである。**準則主義**（law-abiding principle）とは，法令に一定の要件をもたせ，その要件を満たせば官庁の許可を必要とせずに法人を設置できるという考え方である。

そもそも，会社は，ソキエタスやコメンダに起源をもち，株式会社は東インド会社にルーツがある（42，43ページ）が，初期は，国家の特許状がなければ設立できなかった。このような政府の許可を得て設立することを「許可主義」というが，ナポレオン商法典（1807年）やニューヨーク州一般会社法（1881年）などを経て，準則主義が私企業に取り入れられるようになった。この準則主義については，新公益法人制度による「一般社団法人や一般財団法人」の項目でもふれる。

なお，根拠法規は主に設立や解散に関するもので，企業は，それ以外にも，税法，労働法，独占禁止法，公害等の各種規制法，消費者保護法など，さまざまな法律にしたがわなければならない。そうした企業関連の法規をまとめて「企業法」という場合もある。

② 出資と融資

私企業の資金の調達方法には「出資」と「融資」がある。**出資**（equity participation）とは，資本を出すことであり，返済期間や利子は確定していない。企業側からすれば，自分の資金として長期間利用できるために，出資金は，会計上は**自己資本**（equity capital）として扱う。

融資（finance loan）とは，資金を融通することで，返済期間や利子が確定している。その資金は融通しているだけなので，融資を受ける側は返金の確約が必要である。そこで，企業は，これを一時的に借り入れた資金と考えて，会計上は**他人資本**（borrowed capital）として扱う。（第19章「財務諸表の構成」参照）

出資者（capital investor）とは，出資する人のことをいう。出資するということは，その資金をもとに企業経営を行うことであるから，出資は企業内部の人間と考えられる。

ちなみに，商法などでいう**社員**とは「社団法人の構成員」のことで「出資者（equity participant）」のこと意味し，日常語でいう「従業員（employee）」のことではない。したがって，株式会社でも社員とは法律上「出資者」のことであるが，株式会社の場合は社員のことを「株主（shareholder）」ともいう。

③ 出資者責任

　私企業は，**出資者責任**（liability of investor）によって区別される。出資者の責任とは，会社の**債務**を履行する責任のことで，債務を支払うことであるから**支弁責任**ともよばれる。特に，会社が倒産した場合，会社（法人）に帰すべき債務を出資者にまで求めることができるかどうかで，その責任は，**無限責任**と**有限責任**に分けることができる。

　無限責任（unlimited liability）とは，全財産をもって債務の履行に責任をもつことであり（出資の範囲とは関係なく）会社の債務が消滅するまで返済の義務がある。したがって，会社の財産で支払えない場合は，個人財産で負担しなければならない。

　これに対して，**有限責任**（limited liability）とは，全財産をもって債務の履行をする必要はなく，その一部をもって債務の支弁責任を負うことである。一般には，出資の範囲を限度額としており，出資した金額は戻ってこないが，それ以上は個人財産を処分してまで返済する必要はない。

　ただし，有限責任制の企業（株式会社や合同会社）でも，融資を受ける際に金融機関から個人保証（個人が企業の債務返済を保証する契約）を求められた場合は，経営者が個人の財産を提供しなければならず実質的な無限責任を負うことになる。

④ 持分譲渡（transfer of share）

　私企業は持分譲渡の条件によっても区分できる。**持分**（share）とは，(a)出資者の分け前と，(b)請求権を包含する言葉で，共有関係をもつ者同士が互いに一定の割合で所有する分量のことやその分量の請求権のことを意味する。**出資者持分**（proprietary equity）とは，企業活動の成果に対する権益ないし請求権のことで，具体的には，出資資格に基づいて企業に対し請求できる金額，あるいは出資者として有する権利義務のことである。

　この権利を，合名会社，合資会社，合同会社では，そのまま「持分」とよび，自由に譲渡できないように制限を加えている。このため，これらの会社は「持分会社」とよばれている。他方，株式会社の場合，株主が有する権利を「株式」とよび原則的に自由に譲渡できる。

　持分会社は，社員（出資者）が経営者となり，業務執行は原則として各社員が行い，監査役などの監督機関はなく，意思決定は原則として社員の過半数で決める。つまり，次に述べる「少数共同企業」である。

(2) 出資者数に基づく分類

出資者の数を基準にすると、私企業は、出資者が1人の個人企業（後述）と出資者が複数からなる**共同企業**（jointly-owned company）に分類される。さらに、共同企業は、出資者の数によって、少数共同企業と多数共同企業にわけられる。

① **少数共同企業**（closely-held company）

出資者の数が少なく、組織運営に社員の個性が強く反映されることから、企業の信用は人的資源に対する信用に依存している。このため、人のつながり（人的結合）が強い**人的会社**（独 Personalgesellschaft　英 personal company）ともいわれる。具体的には、新会社法の持分会社（合名会社・合資会社・合同会社）や旧有限会社法の有限会社などが含まれる。

② **多数共同企業**（openly-held company）

社員の数が多く、信用は財産である物的資源におかれている。このため、資本のつながり（物的結合）が強い**物的会社**（独 Kapitalgesellschaft　英 capital company）ともいわれる。株式会社は、多数の出資者を前提とする多数共同企業の仕組み（次章）をもつ。

（3）個人企業（individually-owned company）

個人企業とは、個人が全資本を出資し経営する企業であり、従業員が何人いようと出資者が1人ならば個人企業である。この点、1人で設立できるようになった株式会社（44ページ）も個人企業になりそうであるが、個人企業は、すべての権利義務が個人に帰属している個人事業者であり、「無限責任制」である。したがって、「有限責任制」をとる株式会社は個人企業ではない。

誰でも1人で商行為を行えば、法的には個人企業とみなされる。「会社」のような設立手続きは不要であるし、最低資本金の規定はないから、少額の資本で始

債務（obligatory duty）とは、金銭や物品を支払うべき法律上の義務のことである。借金を返済する義務が代表的。その反対に、**債権**（obligatory right）とは支払を求めることのできる請求権のこと。債権の代表的な例は、借金の返済を求める権利。

監査役（auditor）とは、会社の会計書類を監督・検査し、株主総会に報告する機関で、取締役などが違法行為を監視する役目をはたしている。（詳しくは「株式会社の特徴と仕組み」の項参照）公認会計士法にもとづき設立され、監査以外に、M＆Aや株式公開、経営などのコンサルティング活動を行う**監査法人**（audit corporation）とは異なる。

めることができる。ただし，商行為の中で債務が生じた場合，個人に責任がかかる。このことが，無限責任の意味で，家屋敷や土地を売却してまでも会社の借金を返済しなければならない。

　個人企業は，持分譲渡は自由だが，後を継ぐ者が有能でなければ，企業の永続性は保証されない。また，個人出資のために，資金調達に限界があり自ずと企業規模が小さくなる。個人商店，**個人企業家***など，さまざまであるが，一代限りの商店や生業(せいぎょう)として続けている小規模な会社が多い。

（4）法人企業と非法人企業

　共同企業は，法人格をもつ**法人企業**（incorporated enterprise）と，法人格をもたない**非法人企業**（unincorporated enterprise）に区分される。

　非法人企業は，法人格がないことから団体としての権利義務がない。この分類には「民法上の組合」や「権力のない社団」がはいる。ここで，一般的な「組合」と「社団」の違いにふれると，「組合」は組合員の権利義務など契約を重視するのに対して，「社団」は組織・機構を重視する。

① **民法上の組合**（association by civil code）

　民法上で認められた組合のことで，「民法組合」や**任意組合**（partnership at will）ともよばれ，2人以上が金銭・労務など出資しあって共同の事業を営む契約の団体をいう。具体的には，マンションの管理組合や**共同企業体***などがあるが，数人が集まって商売を始めるような場合に，明確な組織が定まっていない状態は任意組合と位置づけられる。任意組合は，法人格がないので，組合の名において不動産を取得したり，納税したりできない。組合員は無限責任で，ソキエタスにルーツがある。

② **匿名組合**（anonymous association または undisclosed association）

　商法上の組合で，当事者（匿名組合員）が，相手方（営業者）の営業のために出資し，営業から生ずる利益を出資者に分配する契約をさす。営業者が第三者に対する権利義務の主体になり，出資者の名は原則表れないので「匿名組合」とよばれる。営業者は無限責任，出資者は有限責任を負うもので，合資会社（42ページ）と同じように，コメンダにルーツがある。

③ **有限責任事業組合**（Limited Liability Partnership）

　有限責任事業組合契約に関する法律（LLP法）によって認められるように

図表3-7　任意組合と匿名組合とLLP

	根拠法規	出資責任	事業目的
任意組合	民法	無限責任	非営利・一時的事業も可
匿名組合	商法	無限責任（営業者） 有限責任（出資者）	営利性・継続性が必要
LLP	LLP法	有限責任	営利性・継続性が必要

なった組合で，(a)有限責任，(b)内部自治原則，(c)構成員課税に特徴がある。

　内部自治とは，組織の権限や利益処分など重要事項を内部の取り決めによって決めることができることをいう。構成員課税とは，組織に利益が生じても組織には課税されず，その利益を配分した構成員に課税される仕組みで，パススルー課税（pass-through tax treatment）ともよばれる。

　類似の組織にLLC（42ページ，「合同会社」参照）があるが，LLPは民法組合の特例として定めた「組合」であり，法人ではないため，法人格が必要な事業はできない。

④　**権利能力のない社団**（unincorporated association）

　同窓会や同好会やサークルのような**任意団体**（private organization）のことをいう。法人が法律上もつ権利義務の資格を**権利能力**（right capacity）というが，民法では，親睦団体には法人資格を認めないので，町内会や同窓会などは「権利能力（権力）のない社団」になる。ただし，中間法人法ができて，任意団体でも，中間法人（中間法人法廃止の後は「一般社団法人」）として法人格を持てるようになった。

　法人企業は，その性質から，(a)営利を目的とする**営利法人**（profit juristic person）と，(b)そうでない**非営利法人**（nonprofit juristic person）に分けられる。ここでいう営利とは，法人が得た利益をその構成員（社員）へ分配することを意味する。

　個人企業（起業）家（private entrepreneur）とは，1人で起業したベンチャー経営者のことなので，個人企業と混同しないようにしたい。
　共同企業体とは，1つの事業や工事を複数の建設業者などが受注し施工する合弁企業，つまりジョイントベンチャー（63ページ参照）のことをいう。共同出資による「共同企業」と混同しないようにしたい。

（5）営利法人の分類

営利法人は，持分を基礎とするか，株式を基礎とするかによって，持分会社と株式会社に分かれる。さらに，持分会社は，合名会社，合資会社，合同会社に分類される。持分会社は，定款による内部自治原則を認められており，これを「定款自治」という。

① **合名会社**（ordinary partnership または company of members with unlimited liability）

合名会社は**機能資本家**（経営機能を果たす出資者）が結合する企業形態で，無限責任社員のみで構成される。社員は全員が経営権（法律では「業務執行権」）を有する業務執行社員となる。組織は任意組合に似ているが，法人格をもつ点で任意組合と異なる。

出資した全社員が相互に連帯して無限責任を負うため，親子，兄弟，親戚，友人など信頼できる親しい人だけで構成されるケースが多い。このため，出資者数は自ずと制限されるので，少数共同企業であり，資金調達にも限界がある。

中世ヨーロッパでは，陸上交易の発達に伴って**ソキエタス**（societas）とよばれる機能資本家の結合が生まれた。これが，合名会社や任意組合に発展したとされる。ラテン語のソキエタスは，英語の society につながるが，日本語の「会社」はソキエタスの訳語ともいわれる。

② **合資会社**（limited partnership または company of both members with unlimited and limited liabilities）

合資会社には，業務執行社員として経営責任を負う「無限責任社員」と，資本は出資するが事業の経営には直接タッチしない「有限責任社員」の2通りの社員がいる。有限責任社員は，出資するが経営機能をはたしていないので，**無機能資本家**ともいう。

中世イタリアでは**コメンダ**（commenda）とよばれる海洋貿易契約があった。これは，コメンダトール（委託者）がトラクタトール（運送者）に商品を委託し，トラクタトールが貿易で得た利益の分配を受けるもので，委託者（当時は貴族）は出資するものの，運送者（船長）のようなリスクを負うことがなかった。これが，有限責任社員（出資のみ）と無限責任社員に分かれる合資会社や，匿名組合員（匿名で出資）と営業者に分かれる匿名組合のルーツとなった。

③ **合同会社**（limited liability company）

合同会社は，会社法によって新たに設けられたもので，「有限責任制」をとる

第3章　企業の分類

図表 3-8　主な会社の区分

企業形態	根拠法	出資者数	出資責任	重要事項の決定者（決定機関）や手続	持分譲渡	特徴その他
個人企業	商法	1人	無限責任	出資者個人	自由	生業的性格 資金調達に限界
合名会社	会社法	少数	無限責任	全社員 手続きは定款自治	制限①	親戚などで組織 起源ソキエタス
合資会社	会社法	少数	無限責任 有限責任	無限責任社員＝業務執行 有限責任社員＝非業務執行 手続きは定款自治	制限②	起源コメンダ
合同会社	会社法	少数	有限責任	社員の中から業務執行社員を選出できる 手続きは定款自治	制限③	会社法により有限会社を引き継いで誕生
株式会社	会社法	多数	有限責任	株主総会で決議 手続きは会社法	自由	最も数が多く一般的な会社
相互会社	保険業法	多数	有限責任	社員総会または社員総代会で決議。手続きは保険業法	自由	保険会社の形態 保険加入者が社員

制限①：無限責任社員の持分譲渡は会社の信用に重大な影響を与えるので，他の全社員の承諾が必要。
制限②：無限責任社員の持分譲渡には全社員の承諾が必要だが，有限責任社員の譲渡は無限責任社員の承諾があれば可能。
制限③：有限責任社員のうち，業務執行社員になった者の持分譲渡には全社員の承諾が必要だが，業務を執行しない有限責任社員の持分譲渡は，業務執行社員の承諾があれば可能。
　ただし，制限①から③までは，定款に別段の定めのない場合であるから，定款で異なる要件を設定することもできる。

「人的会社」である。米国の **LLC**（limited liability company）を参考に導入されたために「日本版 LLC」ともよばれる。LLP（有限責任事業組合）は，組合であり，法人格がないが，LLC（合同会社）は，営利法人である。

　内部自治が認められており，株式会社のような監視機関（取締役会や監査役）の設置が不要で，利益の処分についても株主総会による承認の手続きも要らない。有限責任社員だけで構成されるため，定款によって，代表権をもつ代表社員や，経営権をもつ業務執行社員を選出できる。

　合同会社は，**有限会社**（limited company）を引き継ぐものでもある。有限会社は，19世紀末にドイツで考案された **GmbH**（Gesellschaft mit beschrankter Haftung）にルーツがあり，旧「有限会社法」のもと商号の前に「(有)」と書く企業として定着していた。会社法ができて設立できなくなったが，有限会社はそのまま存続できるし，総会を開いて登記すれば，株式会社に変更もできる。

⑤ 株式会社（joint stock company）

株式会社については，後述（第4章）のとおり，①有限責任制，②持分譲渡の自由，③外部監視制度（取締役の設置や利益処分の方法など，会社法で規定されている），など多数の人々から資金を集めるための仕組みをもっている。

ただし，7人以上の**発起人**＊が必要とされていたが，現在は1人でも設立できるし，**公開会社**＊でない場合は，株式譲渡の制限を認められるので出資者が少ない株式会社も存在する。

その起源は，17世紀にイギリスやオランダの王室や政府から特許状を得て独占的に外国貿易や鉱山経営をした会社にあり，1600年に設立された東インド株式会社に1つの原型がみられる。

（6）非営利法人の分類

非営利法人は，根拠となる法律によって，公益法人（民法および特別法），NPO法人（特定非営利活動促進法），中間法人（中間法人法），協同組合（各種共同組合法），相互会社（保険業法），その他に分かれる（図表3-6）。

① 公益法人（public-interest corporation）

「狭義の公益法人」とは，祭祀・宗教・慈善・学術・技芸その他の公益を目的とし，民法（第34条）によって設立される社団法人や財団法人をさす。これに対して，「広義の公益法人」には，民法以外の特別法（私立学校法，宗教法人法，社会福祉事業法）によって設立された，学校法人や宗教法人，社会福祉法人がある。これらの法人は，非課税を原則とする。医療法によって定められた医療法人は課税されるため，上記の公益法人とは異なるが，その性格から「広義の公益法人」といえる。

社団法人（incorporated association）とは，一定の目的のもとに結合した人の集合体で，出資構成員（社員）が存在し，その会費や，総会の決定に基づいて運営される団体のことをいう。そもそも，**社団**（association）とは団体としての組織をもつ2人以上の集団で，広義の社団法人には会社のような営利社団法人や労働組合のような中間的社団法人も含む。

他方，**財団法人**（incorporated foundation）は一定の目的のもとに拠出され，結合されている財産の集まりで，社員は存在せず，基本財産の運用益と，設立者が定めた寄附行為によって運営される団体のことをいう。

しかし、これまでの公益法人は、公益性の判断基準があいまいで、主務大臣の許可によって類似法人が多数設立され、補助金や天下りの温床となっている、あるいは、行政のコントロールが強い上に、法人側でも情報公開やガバナンス（統治）がない、という批判があった。このため、準則主義を採用して、一定の要件が整っていれば、「一般社団法人」「一般財団法人」として法人格を取得できる公益法人関連法が成立した。

また、これにともない、各省庁に代わって、政府（内閣府）の第三者機関（公益認定等委員会）が公益性を判断し、一定の基準を満たした法人は、原則非課税の「公益社団法人」「公益財団法人」と認定されることになった。

② **NPO法人**（incorporated nonprofit organization）

NPO法人とは、特定非営利活動促進法（NPO法）に基づいて設立された非政府、非営利の民間組織のことをいう。所轄の官庁が認可する公益法人と異なって、NPO法人は、一定の要件が整っていて認証を受ければ設立できる。ただし、活動分野は環境、教育、福祉、まちづくり、科学振興など17分野に限られており、利益を目的としない非営利組織なので、得た利益は、株主や役員に分配できない。

こうした法律上の定義に対して、一般用語としての**NPO**（nonprofit organization）とは、民間が出資し、政府から自立している非営利を目的とした組織や団体のことをいう。NPOが注目されるようになった背景には、政府が公平性の原則から画一的な公共サービスしか提供できなかったり、国益や外交原則に縛られたりするからである。これに対してNPOは、非政府で政府から自立しているので、民間の発想や人的交流を通じて自主的な活動を展開できるとされる。

NPOの範囲については議論がある。日本では、法律や官庁に縛られる公益法人のような伝統的な**非営利組織**（non-profit institution）と区別して、**民間非営利組織やボランタリー組織**ともよばれる。たとえば、『国民生活白書』では、NPO

発起人（promoter）とは会社の設立をよびかける人のこと。株式会社の設立には、発起人が全株式を引き受ける**発起設立**（promotive formation）と、発起人は一部だけを引き受けて残りの株式について株主を募集する**募集設立**（subscriptive formation）の2通りがある。

会社法における**公開会社**（company without restriction on share transfer）とは、発行する株式の譲渡を制限しない会社のことをいう。一般用語としての「公開会社」は、株式を公開している上場企業のことをいうので混同しないようにしたい。

法人（NPO法に基づく法人）にボランティア組織（任意団体）を加えた範囲をNPOとしている。一方，米国では，公益法人も含めてNPOとよぶことが多い。また，NPOのうち，日本では，開発・人権・環境など，地球規模の問題に取り組むものを**非政府組織**（NGO: non governmental organization）と区別するが，米国では，NPOとNGOは同じものと考えられている。

③　**共益法人**（mutual benefit corporation）

　公益法人とも営利法人ともいえない企業形態として「共益法人」がある。共益とは，出資者の共通の利益のことで，労働組合や，農協・生協・漁協などの協同組合や，相互扶助的な目的で設立された相互会社などがある。このうち，労働組合は，労働三権（団結権，団体交渉権，争議権）に代表される労働者の権利を守るために，労働組合法に基づいて設立されるもので，次に述べる協同組合や相互会社とは異なる。

　共益法人は，公益法人と営利法人の中間に位置づけられる法人という意味で「広義の**中間法人**（intermediate corporation）」ともいわれる。これに対して，「狭義の中間法人」とは中間法人法に基づいて設立された社団法人のことをいう。この中間法人法は，公益法人関連法の施行をもって廃止される。

④　**協同組合**（cooperative corporation）

　共通目的のために組合員（出資者）を募り，事業体を設立して共同で所有し，管理運営していく相互扶助組織のことをいう。具体的には，農業協同組合（農業協同組合法），漁業協同組合（水産業協同組合法），生活協同組合（消費生活協同組合法），森林組合（森林組合法），事業協同組合（中小企業等協同組合法）など，個別の法律によって設立されている。

　協同組合は，人びとの結びつきによる自治的な協同組織であり，19世紀に始まった協同組合運動にルーツがある。株式会社では①出資者（株主）とサービス提供者（顧客）が異なり，②株主総会の議決が「1株1票」である（「所有と経営の分離」52ページ）が，組合では①出資者と顧客は同じ組合員であり，②総会の議決は出資金にかかわらず「1人1票」である。

⑤　**相互会社**（mutual company）

　相互保険を目的とする社団法人で，社員相互の保険を目的とすることから，商法上の会社ではなく保険業法によって定められている。保険会社以外の企業は適用されないので一般企業がこの企業形態をとることはできない。

保険加入者が社員（出資者）で，出資者は**保険料**を限度とする有限責任を負うが，有限責任に加えて持分譲渡の自由など株式会社と同様の特徴をもっている。ただし，社員に対して剰余金を分配しないため，非営利法人に分類される。**社員総会**が最高意思決定機関であるが，何百万人もの保険加入者が一同に会することは不可能なので，**総代**を選出し，**総代会**を設置することも認められているが，この機関がコーポレートガバナンス機能を果たすかは疑問視されている。わが国の多くの生命保険会社は相互会社であるが，より大きな資金を市場から調達して経営基盤を安定させることや，コーポレートガバナンスの強化などを目的として，相互会社から株式会社へ転換する企業も見られる。

⑥　その他の非営利法人

その他の非営利法人としては，監査法人，弁護士法人，税理士法人などの各士業法に基づく法人や，マンションの管理組合などがある。

[演習問題]

[1]　企業形態論は，静的で現実の企業とは乖離していると批判される。具体的にどのような点で現実の企業の姿と異なっているのであろうか。

[2]　合名会社は中世内陸商業（ソキエタス）を起源にもち，合資会社は中世海洋貿易（コメンダ）を起源にもつ。内陸での商業は外壁に囲まれた共同体を作り，海洋貿易はリスクを伴うものであった。起源の違いから合名会社と合資会社の特徴をもう一度整理してみよう。

[参 考 文 献]

神戸大学経営学研究室編『経営学大辞典』中央経済社，1988年。
占部都美編『経営学辞典』中央経済社，1980年。

（写真提供　共同通信社）

保険料（insurance cost）とは，火災・事故・死亡・病気などに備えて保険会社に支払う資金で，たとえば毎月積み立てる金額のこと。これに対して，実際に事故等にあった時に，保険会社から支払われる金額のことを**保険金**（insurance benefit）とよぶ。

第4章 株式会社の特徴と仕組み

　現代では株式会社が圧倒的に多い。大企業では例外なく株式会社の形態をとっている。なぜ，現代では株式会社が多いのであろうか。この章では，株式会社の特徴と仕組みを考えた上で，それがもたらす所有と経営の関係を考えてみたい。

1　株式会社が多い理由

(1) 企業の要請と出資者の要望

　企業は企業活動を活発にさせるために多額の資金を必要とする。たとえば，土地や工場や機械設備，店舗などの**固定資産**＊を必要とする。特に，企業規模が拡大してくると，個人的な資産や限られた親族の資金だけでは企業活動が維持できなくなる。それも，一度，土地や工場に投入した資金は，5年や10年で回収できるものではない。少なくとも数十年は利用することを考えて資金調達をする必要がある。つまり，企業側は，「多額」の資金を「長期」にわたって利用できることを望んでいるのである。

　これに対して，出資者は，ある程度ゆとりのある範囲で出資することが多いので，出資する金額に一定の限度がある。特に，個人投資家の出資する金額は，個人にとっては多額でも企業の側から見れば少額の出資金に過ぎない。

　出資者は，メリットの出たところで，速やかに資金を回収したいと考える。人の一生を考えれば，企業が固定資産として活用する期間（たとえば50年も100年），投資した資金の回収（返済）を待つことはできない。

　つまり，企業側は，多額の資金を長期間にわたって利用したいが，出資者側は相対的に少額の資金しか提供できないし，投資した資金も比較的短期間に回収したいと願っている（図表4-1）。

図表4-1　出資に関する企業と出資者の対立した構図

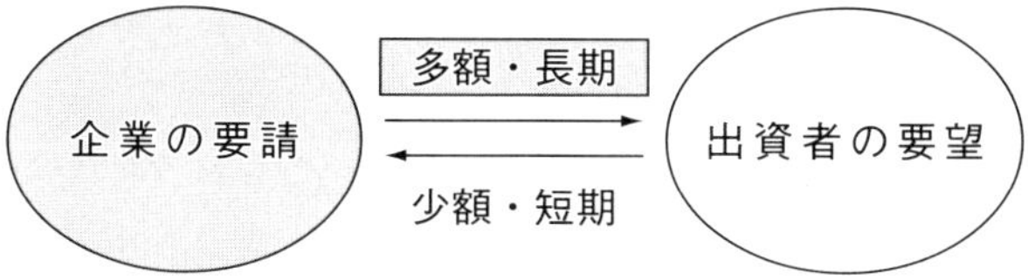

（2）株式会社の仕組み

このような企業と出資者との対立点をうまく解決したのが，株式会社の仕組みである。

① 資本の証券化

株式会社は，不特定多数の人々の出資を前提に少額の資金調達の仕組みをつくっている。これによって，出資者から見れば比較的少額で投資したものでも，それを集めた企業は，多額の資金を調達できる。

それは，多額の資本を分割して少額の**株式**（「持分を示す証券」あるいは「社員としての地位」を「株式」といい，その地位を表す有価証券を「株券」という）にすることで実現している。一株が額面で50円や500円の株式であれば，個人でも出資可能となる。このことを**資本の証券化**とよんでいる。

② 持分譲渡

株式会社は持分譲渡が自由である。株式は，証券会社を通じて株式市場で売買されるが，株券の裏にある名義人欄を書き換えれば，持分が譲渡されたことになる。

このようにすれば，出資者は比較的短期間に（好きな時に）株式を売って現金化することができる。ところが，企業側から見れば，株式売買は，株式の名義人の変更にすぎないので，出資金を返却する必要はない。ほぼ半永久的に資金を活用することができるわけである。

③ 有限責任

株式会社は出資者全員が有限責任であるから，出資する側も安心して出資でき

固定資産とは，通常，1年を越える長期にわたって収益を生む資産のことで，土地・建物・機械設備などの有形固定資本以外にも営業権などの無形固定資本がある（第19章290ページ参照）。

る。倒産した場合，出資金は戻らない（株券がただの紙切れになる）恐れはあるものの，それを限度とする有限責任であり，株主がそれ以上の負担を強いられることはない。

　もちろん，株式会社の他にも合同会社や相互会社など，有限責任制をとる会社もあるが，合同会社は持分譲渡が制限されているし，相互会社は保険会社に限られてしまっているので，自ずと株式会社が最も有利な形態となる。

④　株主保護

　株式会社には，株主の保護を目的とした仕組みがあり，出資者が安心して出資できるような配慮がなされている（次節参照）。

　このため，出資者から見れば，株式会社は安全な投資対象となっている。また，企業側から見ても，より多くの出資者を募ることができ，多額の資金を調達できることになる。

2　株主保護の仕組み

　株式会社は，少額の出資金を株式として多数の出資者から集め，それを株式市場で流通させる多数共同企業であるため，出資者（株主）は企業内部の実情を充分知らずに出資する場合が多い。そこで三権分立的な株主保護の仕組みがある（図表4-2）。

（1）株主総会

　株主総会は株主が集まって開く最高意思決定機関で，①**定款**＊の変更，②合併・解散・営業権譲渡の議決，③取締役や監査役の選任及び解任，④決算や利益配当の承認など最重要議題を討議・決定する。

　株主総会は，基本的な規則を株主が決定できるという意味で国家における三権分立の「立法」にたとえられている。

（2）取締役会

　株主総会で選任された取締役によって構成され，業務執行に関する意思決定を行ない会社の重要方針を決定する。取締役会で議決するものは①代表取締役の選任及び解任，②新株や社債の発行，③株式の分割，④株主総会の召集などだが，

第4章　株式会社の特徴と仕組み

図表 4-2　株式会社の株主保護の仕組み

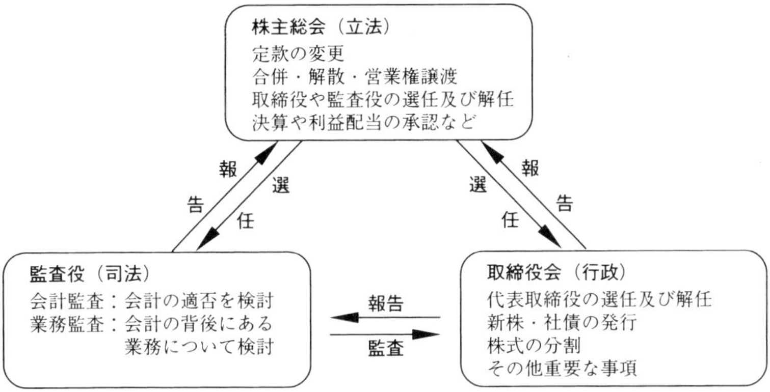

```
                    株主総会（立法）
                    定款の変更
                    合併・解散・営業権譲渡
                    取締役や監査役の選任及び解任
                    決算や利益配当の承認など
              ↗ ↙                    ↘ ↖
           報 選                        選 報
           告 任                        任 告
    監査役（司法）                            取締役会（行政）
    会計監査：会計の適否を検討    ← 報告 →    代表取締役の選任及び解任
    業務監査：会計の背後にある    ← 監査 →    新株・社債の発行
            業務について検討                   株式の分割
                                              その他重要な事項
```

出典：高原真著『企業のしくみ』（産能短期大学通信教育テキスト）20ページの図に筆者が加筆。

その他にも事業計画や予算，重要な機構改革なども議論する。

取締役会は，国の三権分立の図式では，株主に代わって業務執行を行なうという意味で「行政」に位置づけられる。

（3）監査役

監査役は株主総会で選出され，株主に代わって，会社の帳簿書類の調査を行ない，取締役会が株主総会に提出する財務諸表を監査して株主総会にその結果を報告する。監査内容は，**会計監査**[*]と**業務監査**[*]に分かれる。

この監査役は，株主に代わって業務執行機関（取締役会）をチェックするという意味で三権分立の構図では「司法」の役割を担っている。

このように，株式会社では，最高意思決定機関である株主総会が取締役と監査役を選出し，選出された取締役が株主の利益を代行して業務執行にあたり，監査役が株主の利益を守るべく会社の会計・業務の監査を行なう仕組みになっている。

定款（charter または article of association）とは私法人の組織や活動に関して定めた基本規則のことで，平たくいえば「会社の憲法」にあたる。
会計監査（accounting audit）とは，財務諸表が会計上の正当な処理を経ているかどうかや，経営成績や財務内容を適正に示しているかどうかを検討すること。
業務監査（operating audit）とは，会計の背後にある業務の進め方や組織のあり方などについても調査検討するもの。

3　所有と経営の分離

ところが現実には，さまざまな面で，このような株主保護の仕組みは形骸化している。

（1）株主の無機能化
① 株主総会の形骸化
　株主総会での議決は，通常の国政選挙のように1人1票ではなく1株1票であるために，大株主に有利な仕組みになっている。そのために，小口の株式しかもたない一般投資家は，実際には株主総会に出席せずに委任状を送付する程度で済ます場合が多い。
　その結果，総会屋とよばれる一部の圧力集団が議事に異議を唱えたり，それを抑えようとする企業の根回しで，短時間で形式的に議事が進行する「シャンシャン総会」が増え株主総会そのものが形骸化する傾向にある。

② 取締役会の形骸化
　株主の利益を代弁するはずの取締役会も形骸化している。それは，取締役会の手続きが商法で細かく規定されていることと関係する。
　取締役会の決議は，取締役の過半数が出席し，出席した取締役の過半数の賛成を得る必要があり，代理人の議決権は認められていない。また，議事録は監査役と出席取締役が署名して10年間本社で保管しなければならない。
　ところが，大企業ともなると，取締役の人数が何十名にもなっていたり，常任地が分散して，取締役会を開く度に過半数の取締役が出席できないことがある。このため，多くの企業では「常務会」や「経営会議」などの名称で主要取締役による意思決定機関を設けている。
　このような会議は，商法の制約を受けない任意機関であるため，面倒な手続きを必要としない一方，株主の権利との関係では，必ずしも株主の利益保護とは繋がらない立場に立つこともある。

③ 監査役の限界
　監査役は形式的には株式会社の会計書類の調査権をもち，会計監査ばかりでなく業務の進め方や組織のあり方にまで意見することができる。ところが，現実に

は，監査役は2〜3名で，サポートする常任のスタッフがいないために，経営のあらゆる側面にわたった監査をすることは不可能である。

また，監査役は形式的には株主総会で選出されるが，株主総会そのものが形骸化しているために，実質的には社長などのトップによって推薦され選任される傾向にある。このため，司法権が独立している国の三権分立のようなチェック機能を監査役に期待することは難しい。

このような，①株主総会の形骸化，②取締役会の形骸化，③監査役の限界に鑑みて，株主民主主義的な仕組みはうまく機能しているとはいえないが，それでも株式会社の数は増加している。それは次項で述べる**所有と経営の分離**と密接な繋がりがある。

（2）経営者支配論と経営者革命論

会社は誰が支配しているのだろうか。個人企業ならば，出資者＝経営者であるから，その会社の社長が支配していることになる。小規模の会社でも，ワンマン社長がいるが，大企業になると「出資者＝経営者」とはいえない。

① 経営者支配論

バーリ（Berle, A. A.）とミーンズ（Means, G. C.）は，1929年にアメリカの代表的な株式会社200社を対象に調査し，**筆頭株主***の**持ち株比率***を基準に5つの経営支配の形態を考えた。

(1) 完全所有支配：筆頭株主がその企業の発行する株式の80％以上を1人で所有している場合で，「所有者＝経営者」として企業を支配できるのが当然で「私的所有」ともよばれる。

(2) 過半数所有支配：50％以上80％未満の株式を1人の筆頭株主が所有している企業形態で，この場合も過半数の株式を所有しているのだから，筆頭株主が支配するのは所有形態から見ても妥当である。このような状態を「多数派支配」ともいう。

筆頭株主とは，最大多数の株式を所有している大株主のことをいう。また，**持ち株比率**とは，ある株主の株式保有率のことで，その株主が持っている株数を分子に全体の株数を分母にした比率のことである。ここで問題にしているには，筆頭株主がその持ち株比率を根拠に会社を支配できているかどうかということである。

(3) **少数派支配**：1人の筆頭株主が20％以上50％未満の株式を所有しながらも，第2位以下の株主が相対的に少ない株式しか持っていないためにその企業を支配している形態。たとえば，筆頭株主が25％しか所有していなくても第2位以下の株主が5％程度ならば筆頭株主は少数派であっても会社を支配できる。これを「少数所有支配」ともよぶ。

(4) **法的手段による支配**：**持株会社**[*]による支配や**無議決権株**[*]の利用により表面的には少数派と見られる株主が実質的に多数の株を支配している形態。この他にも，**議決特権株**を活用したり，**議決権株信託**による支配もあるが，仕組みは無議決権株の利用と同様である。

これらは経営に無関心な株主が議決権（自分の投票権）を高利回りな配当の見返りに譲る（あるいは信託する）法的な手続きと理解してよい。

すなわち，一部の者が議決特権をもっていたり，議決権を信託されていれば，外部の投資家は多数の株式を取得していても議決権を伴わないので企業の重要な意思決定に参画することはできない。逆にいえば，議決権のある者はその企業の一部の株しかもたない少数派であっても，実質的にその企業を支配できることになる。

このような持株会社や無議決権株の利用はアメリカでよく見られるもので，「法的支配」とよばれる。

ここで，もう一度整理してみよう。最初の3つの形態である「完全所有支配」「過半数所有支配」または「少数所有支配」は，株主（所有者）が絶対的多数あるいは相対的多数の株式を所有して実質的に企業を支配しているので「所有＝支配」の形態になる。

「法的支配」については，法的支配が株主によるものか，次に述べる専門経営者によるものかによって支配の実態が変わることになるが，持株会社や無議決権株式の利用ということが企業支配の根拠になっているので，この形態も，大きな枠組みでいえば「所有に基づく支配」ということができる。

しかし，バーリとミーンズは，これら4つの「所有に基づく支配」には属さない第五の経営形態があり，それが「所有に基づかない支配」を形成していることに注目した。この場合，筆頭株主を含めて全ての株主（所有者）が経営参加による企業支配の意志がなく，株主の意向は経営には反映されていないと，バーリとミーンズは考えたのである。そして，このような状態を**経営者支配**とよんだ。

第4章　株式会社の特徴と仕組み

図表4-3　日米における持株比率の調査

	アメリカでの調査		日本での調査		
	1929年	1963年	1936年	1956年	1966年
完全所有支配	12社（6%）	0社（0%）	12社（6%）	0社（0%）	0社（0%）
過半数所有支配	10（5%）	5（2.5%）	13（6.5%）	4（2%）	4（2%）
少数所有支配	46.5（23%）	18（9%）	93（46.5%）	64（32%）	76（38%）
法的支配	41（21%）	8（4%）	―	―	―
経営者支配	88.5（44%）	169（84.5%）	82（41%）	132（66%）	120（60%）
管財人の支配	2（1%）	―	―	―	―
合計	200（100%）	200（100%）	200（100%）	200（100%）	200（100%）
調査報告者	バーリとミーンズ	ラーナー	三戸・正木・晴山		

出典：高柳暁著『経営学30講』実教出版，1980年，93ページより作表。

以上のような分類に基づいて，1930年のアメリカ企業200社の支配形態を調査したところ，最も多かった支配形態は，所有関係をもたない第5類型（「経営者支配」）の企業で，全体の44%に達していた。

このような調査結果に基づいて，バーリとミーンズは，企業規模が拡大してくると，株式所有者が増大して，株式の分散の結果，1人で支配できるほどの大株主が消滅したと考えた。

この結果，所有者と経営者が一致しなくなって**所有と経営の分離**（**出資と支配の分離**）が進み，所有者に代わって経営を専門的に担当する**専門経営者**（professional manager）が登場する。

このバーリとミーンズの調査の後，1963年にはラーナー（Larner, R. J.）が同様の調査を行なったが，第5形態が84.5%も占めていることがわかり，バーリとミーンズが調査した1929年時点より経営者支配が強まっているこことを確認した。また，日本でも，三戸，正木，晴山らの調査が行なわれて，同様の結果が得られている（図表4-3）。

　持株会社とは，傘下の会社の過半数あるいは支配に必要な割合の株式を保有している親会社のことで，わが国では戦前の財閥の支配会社が代表例である。アメリカでは，ロックフェラー・グループなどで見られる**ホールディング・カンパニー**（holding company）がこれにあたる。
　無議決権株とは株主総会における議決権を与えられていない株式のことで，一般の選挙でたとえれば，20歳になっても選挙権を与えないようなものである。これに対して議決権をもっている株を**普通株**とよんでいる。

図表4-4 所有と経営の分離

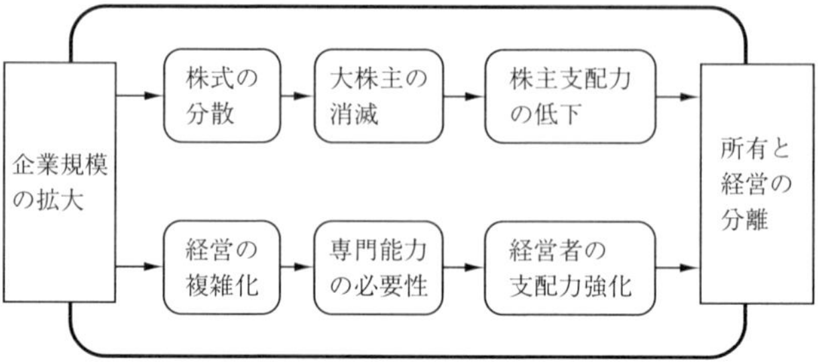

```
企業規模
の拡大
 ├→ 株式の分散 → 大株主の消滅 → 株主支配力の低下 ┐
 │                                                   ├→ 所有と経営の分離
 └→ 経営の複雑化 → 専門能力の必要性 → 経営者の支配力強化 ┘
```

出典：『公務員Ｖテキスト経営学』TAC株式会社，12ページより作成。

なお，ラーナーの調査では「少数派支配」はバーリとミーンズの調査のような「20％以上」ではなく，「10％以上50％未満の株式所有に基づく支配」に変更されている。

これらの調査は200社という比較的少ない数で行なわれているが，対象の200社は大企業ばかりで少数の大企業が全体の総資産の多くを占めているという点にも特徴がある。調査結果は一見すると資本家による独占化傾向を意味しているように思えるが，彼らによれば，独占的と見える大企業が，この調査によって専門経営者の支配にあることがわかった。この点が「所有と経営の分離」を物語っているというのである。

大企業になればなるほど株式の分散が進むのは当然で，このような「企業規模拡大→株式分散→所有株主消滅→専門経営者」という道筋で専門経営者の経営支配が強化されることを**経営者支配論**とよんでいる（図表4-4）。

② **経営者革命論**

これに対して，バーナム（Burnham, J.）は，株式分散からだけでは経営者支配は生まれないと主張した。バーナムによると，企業の成長は企業規模の拡大という量的な変化だけではなく，経営環境の複雑化に対応する質的な変化を伴う。環境の複雑化に対応するためには，経営者は専門的知識や特殊の専門能力をもっている必要があり，そのために専門経営者が登場するというのである。

たとえば，生産技術が進歩してくれば，経営者も技術的な知識をもっていなければならない。企業規模が拡大すれば資金の調達・運用方法も多様化してくるので，財務諸表を読み取るだけの会計的な知識も必要になる。また，法律問題の解決も複雑になるので法律の知識ももっていなければならない。

バーナムは，所有と経営の状態を4つのタイプに分類する。第一は生産の実際を担当する業務担当重役であり，第二は金融関係を担当する財務担当重役であり，第三は銀行などの金融資本家であり，第四は法的な所有者である株主である。

バーナムによると，第一の業務担当重役がいわゆる「経営者（manager）」であり，経営の複雑化・高度化に伴って，材料や従業員を取り纏め組織化して運営する「経営者」の役割が増大し，株主も金融資本家も必要でなくなり，第二の財務担当重役ですら第一の「経営者」に統合されてしまうというのである。つまり，第四→第三→第二→第一という過程で第一の職務を担当する経営者に支配の比重が移ってくる。

こうして，幅広い専門的知識や能力を習得した者が，所有者である株主に代わって，経営を行なうようになる。このような「企業規模拡大→経営の複雑化→専門知識の必要性→専門経営者」という考え方を**経営者革命論**とよんでいる（図表4-4）。

この議論をさらに進めたのがガルブレイス（Galbraith, J. K.）の**テクノストラクチュア**（technostrucutre）という概念である。テクノストラクチュアとは，企業の重要な意思決定に参画している知識集団のことである。ガルブレイスは，技術が進歩し，企業経営の計画性が高まってくると，一部のトップ・マネジメントで全ての情報を独占し判断することが不可能になる。そこで多くの技術者，研究者，専門スタッフを社内にかかえなければならなくなり，こうした専門家集団の助言や意思決定への参画が必要になる。

つまり，テクノストラクチュアには，株主から経営を任された専門経営者としての「トップ・マネジメント」と，それを支える「技術者や専門スタッフ」という2つの専門家集団が含まれる。

なお，「所有と経営の分離」は「所有」の部分を「出資」と置き換えていわれる場合があり，「経営」を「支配」と表現することもある。教科書によっては「出資と支配の分離」とよんだり「所有と支配の分離」と表現したりすることがある。

[ケーススタディ：所有と経営に関する日本的特徴]

日本企業の場合は，以上で述べたような経営者支配論や経営者革命論では説明しきれない日本企業特有の性格や歴史的経緯で「所有と経営の分離」が進んだように思える。

たとえば，日本では外国人投資家が日本企業を買収することが難しいといわれている。アメリカのピケンズ氏が小糸製作所の株式を買収した時もトヨタ自動車など関連企業の協力でピケンズ氏の所有するブーン・カンパニーが筆頭株主であったにもかかわらず経営権を取得することができなかった。

海外の資本家が日本企業の株を買い占めて実質的な支配権を獲得しようとしても，多くの日本企業は，複雑な株式の持ち合いのために大量の株式の買い付けが難しい。この辺について，トヨタ自動車の株主構成を見ながら説明してみよう。

機関化現象と「株の持ち合い」

日本企業の所有と経営の関係を考える上で，重要な現象は「株式所有の機関化現象」と「株の持ち合い」の傾向である。

金融業界再編前（1998年）のトヨタの株主構成を見ると，第1位は豊田自動織機製作所（5.1%）で第2位から第4位までは，さくら銀行（4.8%），三和銀行（4.8%），東海銀行（4.8%）と同じ持株比率で都市銀行が上位を占めていた。

第1位の豊田自動織機は，自動織機を発明した豊田佐吉（トヨタ自動車を設立した豊田喜一郎の父親）の作った会社で，豊田ファミリーの血筋をひく企業である。

2位から4位までの銀行の株主構成を見てみよう。

さくら銀行の株主は，①三井生命（3.4%），②太陽生命（3.4%），③日本生命（3.4%），④第一生命（2.6%）の順であり，第5位にはトヨタ自動車（2.6%）が入っている。

三和銀行の株主構成をみると，①日本生命（4.5%），②明治生命（3.2%），③大同生命（3.0%），④第一生命（2.3%）の順で，第5位にトヨタ自動車（2.3%）が入っている。

さらに，東海銀行の株主構成をみると，①トヨタ自動車（5.2%），②千代田生命（3.9%），③日本生命（2.7%）の順になっており，トヨタが筆頭株主だった。

この例から2つの特徴が読める。第一に，銀行や生命会社のような金融機関が上位を占めており，第二に，上位株主の株をトヨタ自身が持っており「株の持ち合い」が進んでいることである。

このように，個人株主ではなく「機関（組織）」である法人が大多数の株を所有している傾向を株式所有の**機関化現象**とよぶ。

わが国の場合，明治以降，急速な近代化をはかる上で一部の財閥や政商に重化学工業を始めとする主要産業が独占されていた。その財閥本社は一種の**持株会社**であったが，第二次世界大戦終了後，アメリカの強い指導もあって**財閥解体**が行なわれ，三井・三菱・住友などが所有していた株が市場に放出された。これは戦後の**株の民主化**とよばれ，全体に占める個人株主の比率は7割に達した。

ところが，その後，一貫して個人株主の比率は低下し，比率が逆転して個人株主の比率は3割程度である。戦後7割もあった個人株主の比率が低下して「株式の機関化現象」が進んだのである。

第一の理由は，銀行からの借入による成長であった。日本企業は高度経済成長の過程で積極的に設備投資をしたが，その設備投資は，株式市場の未発達もあり銀行からの借入金によることが多かった。**オーバーローン**（overloan）とは，預金を上回る金額を貸し出す「貸出超過」を意味するが，日本経済全体としても企業向け融資が過剰になる「オーバーローン現象」が起きた。このため，銀行の出資（株式所有）も増えていった。

第二の理由は，グループ化の動きである。一時は解体された旧財閥各社も高度成長期に再び三菱グループや三井グループのようにグループ化されていった。その際に，グループ各社で株式を相互に買う「株の持ち合い」が進んだ。株を持つのは企業同士であるから，相対的に企業（機関）の保有比率が上昇して機関化現象が進んだ。

第三には不況期における庶民の「株離れ」がある。たとえば，昭和30年代の高度成長期には多くの企業が東京証券取引所の二部に上場されたが，昭和40年前後の不況期に倒産して，市場を買い支えていた山一証券が破産するという事件があった。その結果，多くの個人投資家が「株は怖い」ものとして株を売ったり投資信託を解約したが，その株を買ったのが金融機関や一般企業などの法人（機関）株主であった。

第四には国際化への対応がある。昭和40年代の資本自由化の時代には，海外資本の資本参加を恐れて，多くの企業が企業同士で株式を持ち合うようになった。

だが，バブル崩壊を機に株価が下落すると「株の持ち合い」は「含み損」となり企業収益を圧迫するようになった。企業は保有株を減らす「持ち合い解消」に走り，それが株価をさらに押し下げるという悪循環が生まれた。現在では，海外の投資家である外国人株主の比率が増えつつある。

従業員中心の企業観

　機関化現象が進んだのも「株の持ち合い」が多いのも，「個人株主の比率が低い」ことに起因する。個人株主比率が低いのは「株の所有があまり魅力的でない」ことも一因になっている。

　たとえば，日本企業の配当は企業が利益を上げても一定の額で抑えられて株主に当期利益が還元されない。欧米では「企業は株主のもの」という企業観が支配的であるから，企業の利益は当然株主に還元されるが，日本では低い配当に抑えられている。

　欧米の株主総会では企業を「ユア・カンパニー（your company）」とよぶのに対して，日本の株主総会では「当社」や「弊社」とよんで「あなた方株主の会社」とはよばない。総会に出席している株主の方の意識も違う。欧米では個人株主が積極的に株主総会に出席して企業の報告に耳を傾けるが，日本では株主総会に出席する個人株主はまれで株主総会そのものが形骸化されている。

　すなわち，日本では「会社は従業員のもの」という暗黙の了解事項があるようで，個人株主は株価の値上がりだけに関心をもつ無機能株主になってしまっている。

経営者の違い

① 経営者（トップ）の経歴と所得

　欧米では「会社は株主のもの」という企業観のもとに，経営者は株主のために経営を任されている「専門経営者」という位置づけが明確になっている。

　したがって，経営者は「経営責任を果たせる人」として外部からスカウトされるケースが多く，有名なビジネススクールを出て経営学修士号（MBA）を取得した者やロースクールを卒業した者のような専門的知識を持つ者が選ばれることが多い。現場経験が長い者ではなく財務や法律の知識の豊富な人が好まれるのである。

　こうした専門経営者は，個人的に意思決定を下し，一人で責任を負うことが当然とされるので，高い年俸を保証される。その額は一般従業員の何十倍や何百倍にも達することすらある。

　これに対して，日本の経営者は「従業員と一体となった存在」あるいは「従業員から選び抜かれた者」という意識が強い。

日本企業では，部長，取締役，専務と昇進した者の中から社長が選ばれるケースが多い。外部からスカウトされるのではなく内部から昇進するのである。また，社長になる者のバックグラウンドは，生産や技術畑を歩んで来た者や営業畑の長い者など，どちらかというと現場経験が重視される。

　社長の所得も欧米と比較すると相対的に少なく，一般従業員の賃金の数倍程度という場合がしばしば見られる。もちろん，欧米ではあまり見られない役員用の社宅や運転手つきの社用車など，通常の所得以外の役得はあるが，それでも日本の経営者の報酬は相対的に低い。

② **経営陣の構成**

　社長だけでなく，経営陣の構成そのものに大きな差がある。欧米では「株主が会社をチェックする」ために社外重役を置くケースがほとんどで，その数も非常に多い。取締役の過半数を社外重役で占めることもしばしばである。これは「会社は株主のもの」という考えがあるからと思われる。

　これに対して，日本では社外重役はあまり登用されず，社外重役がいても銀行や親会社から派遣された者が中心で数人的にも2〜3名で全役員に占める割合は極めて低い。これも日本では「会社は株主のもの」という考えが薄いから外部チェック機構があまり強く働かないためと考えられる。

経営目標の違い

　一般的に，欧米企業が短期的業績と利益を重視するのに対し，日本企業は長期的業績とマーケット・シェア（市場占有率）を重視する傾向がある。

　欧米の企業は「会社は株主のもの」という前提にたっているから，企業の業績を短期間のうちに株主に報告する必要がある。そのために短期的業績に焦点を絞っていく傾向にある。1年を四等分した四半期ベース毎に業績が発表され，その度に経営者の手腕がチェックされる。そこで，経営者はわかりやすい業績の指標として利益や利益率，あるいは投資に対する利益の比率を示す**投資利益率**（return on investment = ROI）を重視する傾向にある（第19章300ページ参照）。

　これと対照的に，日本企業は「会社は従業員のもの」という考えが強く株主のチェックが厳しくないので，短期的業績を報告することに追われることなく事業の拡張に専念する傾向が見られる。日本でも1年に一度の株主総会では業績の報告がなされるし，半期ベースの決算が新聞などで発表されることもあるが，全体

第1編　経営学と企業の特徴

図表4-5　所有と経営に関する日本企業の特徴

```
              目標の特徴
           ┌─────────┐
           │ 長期的業績  │
           │ シェア重視  │
           └─────────┘
所有の特徴                    社内の特徴
┌─────────┐  ┌─────────┐  ┌─────────┐
│株式所有の機関化│  │日本企業の特徴 │  │長期（終身）雇用│
│ 株の持ち合い  │  │ 集団責任    │  │ 年功序列    │
└─────────┘  │会社＝従業員のもの│  │ 企業内組合   │
              └─────────┘  │ 社内教育    │
                            └─────────┘
           ┌─────────┐
           │ 相対的低所得 │
           │ 内部昇進   │
           │ 社外重役少数 │
           └─────────┘
              経営者の特徴
```

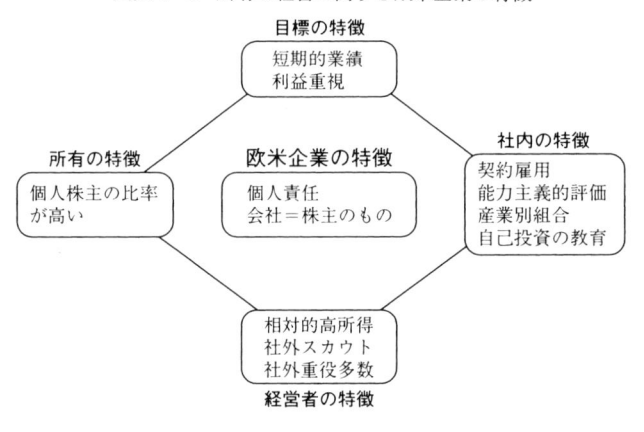

図表4-6　所有と経営に関する欧米企業の特徴

```
              目標の特徴
           ┌─────────┐
           │ 短期的業績  │
           │ 利益重視   │
           └─────────┘
所有の特徴                    社内の特徴
┌─────────┐  ┌─────────┐  ┌─────────┐
│個人株主の比率 │  │欧米企業の特徴 │  │ 契約雇用    │
│ が高い     │  │ 個人責任    │  │ 能力主義的評価 │
└─────────┘  │会社＝株主のもの│  │ 産業別組合   │
              └─────────┘  │ 自己投資の教育 │
                            └─────────┘
           ┌─────────┐
           │ 相対的高所得 │
           │ 社外スカウト │
           │ 社外重役多数 │
           └─────────┘
              経営者の特徴
```

としては，利益よりもマーケット・シェア[*]が重視される傾向にある。

　以上のような違いを図式化したのが図表4-5と図表4-6である。このように図式化してまとめてみると，それぞれ「所有の特徴」が「目標の特徴」や「経営者の特徴」さらに「社内の特徴」と密接に関連していることがはっきりしてくるであろう。そして，それが，図の中心に描いた「企業観の基本的相違」に由来していることにも気づくことができる（第20章309ページ参照）。

コーポレート・ガバナンス

コーポレート・ガバナンス（corporate governance）とは「会社の統治」と訳されるが，企業が誰のために，誰によって統治されているかということである。これは，どのような意思決定の過程や監査の仕組みを通して，利害関係者（ステイクホルダー）とかかわっていくかという経営の基本問題でもある。

現在，日本企業は「会社は従業員のもの」という伝統的な価値観の修正と，新たなコーポレート・ガバナンスの確立を迫られている。

第一は，競争激化と企業再編である。国際化や**業際化***が進展して，国境や業界の境を越えた激しい**大競争**（メガ・コンペティション＝ mega-competition）時代が到来しており，国際間や異業種間で**企業提携**（business tie-up）が本格化している。

企業提携には，資本の出資をともなわない**業務提携***もあるが，相互に株式を持ち合う**資本提携**を進めたり，共同出資の**合弁企業***を設立したり，**M&A***を行なうケースが増えている。こうした状況では「従業員の利益」よりも出資者の利害という「資本の論理」が優先しがちである。

第二は，日本的経営の変質である。インターネットの普及と情報技術（information technology＝IT）の発達は，既存のビジネスのやり方を根本的に変えつつある。内部昇進による「ゆっくりした経営者の育成」やマーケットシェアを重視する長期的な経営目標が，トップダウンによる即断即決の欧米的経営スタイルに遅れをとるケースが増えてきた。また，運命共同体的な価値観に縛られない従業員も若者を中心に増大しており，リストラなど企業側の都合もあって，実力主義

マーケット・シェアとは，市場における占有率のことで，一般には売上高や販売数量を分子にとって，全体の売上高や販売数量を分母にして計算する。日本企業は一時的な利益より長期的にマーケット・シェアを高めることを重視する傾向にある。
業際化（increasing interface between businesses）とは，市場における境界が低くなり，異業種間の競争が激化すること。
業務提携は，出資をともなわない契約設定によるもので，技術供与や共同技術開発などの技術契約，OEM（相手方ブランド商品製造供給）などの製造契約，共同販売や共同配送などの販売・輸送契約がある。
合弁企業とは，複数の企業が共同出資した設立された企業のことで，**ジョイント・ベンチャー**（joint venture＝JV）ともよばれる。
M&A（merger and acquisition）とは，複数の企業が合同する合併（merger）や一つの企業が他の企業の株式や経営資産を買い取って支配する買収（acquisition）のこと。

的な報酬制度が導入されつつある。

　第三は，企業の透明性を求める動きである。株主総会や監査役会の形骸化は粉飾決算や企業の私物化につながると批判されている。株主に対する責任を明確にするためにも外部監査役などチェック機能を拡充したコーポレート・ガバナンスが必要とされている。

　逆に，欧米（とくにアメリカ）では，①激しいM&Aやテイクオーバー（takeover＝株の買い付けなどによる経営権の奪取）によって企業経営が不安定になっている，②経営者が短期的利益ばかりに気をとられ本業がおろそかになっている，③年金基金などの影響力が強くなりすぎている，など「企業は株主のもの」という従来の考え方に批判の声も寄せられている。

　なお，以上は「所有と経営」という観点から見た狭義のコーポレート・ガバナンスで，「企業の社会的責任」という観点にたった広義のコーポレート・ガバナンスもある（329ページ参照）。

──────────────────────────────

演習問題

[1]　バーリとミーンズは，わずか200社の株式所有形態を調査しただけで「所有と経営の分離」が進んでいると結論づけた。何十万もの企業があるのに，わずか200社の動向だけでそのような結論を出した理由をバーリとミーンズの主張に合わせて考えてみよう。

[2]　無議決権株とは議決権をもたない株式のことである。選挙でたとえるならば選挙権をもたないようなものである。なぜ，無議決権株が発行できのであろうか。株主の無機能化とともに考えてみよう。

[参考文献]

バーリ＆ミーンズ／北島忠男訳『株式会社と私有財産』文雅堂書店，1958年（Berle, A. A. and Means, G. C., *The Modern Corporation and Private Property*, Macmillan, 1932）。

バーナム／武山泰男訳『経営者革命』東洋経済新報社，1965年（Burnham James, *The Managerial Revolution : what is happening in the world*, John Day Co., 1941）。

ガルブレイス／都留重人監訳『新しい産業国家』河出書房新社，1968年（Galbraith, John K., *New Industrial State*, 1967）。

日本経済新聞社編『日経会社情報 '98－Ⅰ』日本経済新聞社，1998年。

第2編

経営理論の流れ

第5章 経営学の発生

1 経済学とアメリカの誕生

　近代社会は「市民革命」と「産業革命」という2つの革命によって始まった。そして，この2つの革命が進行していたほぼ同時代に，経営学の先輩格にあたる経済学が生まれ，経営学が生まれ育った国（アメリカ）が独立した。

　その意味で1776年は記念すべき年といえるかも知れない。古典派経済学の創始者とよばれるアダム・スミスが『国冨論（諸国民の冨＝ *The Wealth of Nations*）』を発表し，アメリカが独立を宣言したのが，この同じ1776年だからである。

　そもそも産業革命は蒸気機関の発明による動力革命として始まった。それまで人や動物に頼っていた生産は，動力機関を備えた場所で行なわれるようになり，その生産現場（すなわち工場）に人と工程が集約された。

　そこで人と工程を結びつける工夫が必要になるが，そうした研究（つまり経営学）が発達するのは，大量生産システムがアメリカで確立してからのことで，産業革命初期（つまりイギリスでの）段階では，工場の外部で生じた変化の研究（つまり経済学）が先に生まれたのである。

（1）アメリカの産業化

　東部13州で独立したアメリカはやがて広大な国土を獲得し，多くの移民を受け入れた。第一次移民は，主に北ヨーロッパの白人だったが，同時に多くの黒人労働者がアフリカから連れて来られた。当時アメリカは農業国で，特に南部の大規模農業（プランテーション）では大量の農業労働者が必要だったから，黒人たちは奴隷としてタバコ栽培や綿摘みなどに従事させられた。

第5章　経営学の発生

① **広大な国土と鉄道（アメリカ的な産業・交通革命）**

　南北戦争（1861-65年）までアメリカは相対的には農業国であったが，この内戦の終了後に**産業革命**が進行し「一つの市場」をもった工業国家に変身する。たとえば，ベルが電話機を発明したのが1876年で，トーマス・エジソンが電灯を発明したのが1879年であるが，これら電信電話や電気以外にも鉄道・鉄鋼・自動車などアメリカの産業革命は「広大な国土」を克服するために進展する。

　どこの国でも，産業革命が**交通革命**をひきおこすが，アメリカの場合には「広大な国土」のために，その規模も質も大きく違っていた。1860年代からニューヨーク・セントラル鉄道やペンシルヴァニア鉄道などが路線を拡大し，1869年にはセントラル・パシフィック鉄道とユニオン・パシフィック鉄道が結ばれて大陸横断鉄道が完成した。

　アメリカの国内市場は一つになり，アメリカの農産物（小麦や綿花）はヨーロッパにも輸出されるようになった。鉄道建設は資本主義の発達に寄与した。鉄道の建設は今日でも国家的プロジェクトであるが，アメリカでは民間企業がこれにあたったのである。

② **鉄道のもたらしたもの**

　鉄道建設は大きな影響を与えた。第一は株式市場の発達である。鉄道建設にともない膨大な資金を調達する株式市場が発達した。ニューヨークのウォール・ストリートは今でも世界の金融の中心だが，アメリカの産業化にとって株式市場の発達は欠かすことのできない要素である。そして，株式市場の発展を背景にモルガンなどの金融王が登場する。

　第二に産業資本家の誕生である。広大な国土に鉄道を敷くために大量の鉄が必要となったが，そのためにカーネギーのような鉄鋼王が生まれた。また，ロックフェラーのように鉄道網を活用して石油の大量輸送を実現する石油王も登場した。鉄道がビッグビジネス時代の到来をうながしたのである。

　第三に鉄道は別の意味で産業界に影響を与えた。鉄道は線路の幅などの規格が統一されていなければならないので，産業界における標準化が促進された。さらに，鉄道を正確に運行するために地域的に離れた従業員や現場同士を結ぶ時間管理が徹底された。

　時計が発明されたから人間は「時間を守る」ようになったとは限らない。時間を守るべき状況（たとえば鉄道の時刻表）が生まれたから「時間を守る」ように

なったのである。

後に科学的管理法の項目で標準化や時間管理の重要性を学ぶが，このような経営管理の要素も「産業革命→交通革命（鉄道の発達）」とともにこの時代に生まれてきた。

たとえば，プアー（Poor, H. V.）は，鉄道会社の組織化の重要性，正確な情報伝達の必要性などを説いたし，マッカラム（MaCallum, D. C.）は，エリー鉄道の組織改革を行ない，職務記述書や組織図の作成，命令・責任・統制などについて具体的対策を提唱している。

（2）未熟練工の発生と大量生産

アメリカ産業化の第二の特徴は，広大な国土に対して「相対的に不足した労働者」である。南北戦争後の奴隷解放は黒人奴隷を工場労働者に変えたが，それでも労働力は不足していた。そこへ，南ヨーロッパから農業従事者などが大量に移住してきた。この移民（第二次移民）は，第一次移民が「自由を求めて」移住してきたのと対照的に「職を求めて」やって来た。

彼らは貧しい農民だったから産業社会に適応した熟練技術をもたなかった。アメリカ社会は，産業革命が進展する過程で，大量の未熟練労働者をかかえることになったのである。

鉄道や鉄鋼，石油などで巨大資本が市場を支配するようになったが，この頃，ロックフェラーによる石油関連の**トラスト***が形成されていた。トラストは，さまざまな産業で生まれて，貧しい者が大金持ちに成ることもあった。この成り金時代に貧富の差は拡大するが，わずかのチャンスでもアメリカン・ドリームが実現することにより，多くの移民がアメリカに集まった。

アメリカ産業化の第三の特徴は，プロテスタンティズムがフロンティア精神として西部開拓に向けられたことである。フリーランド（ただで自由な土地）を得た開拓民は，都市部に食糧（農産物）を供給するとともに，大量生産品の購入層となった。彼らは自作農で相対的に豊かだった上に，階層がなかったので，均質的な製品を受け入れ，巨大な市場が形成された。

第5章　経営学の発生

図表 5-1　2つの革命と2つの誕生

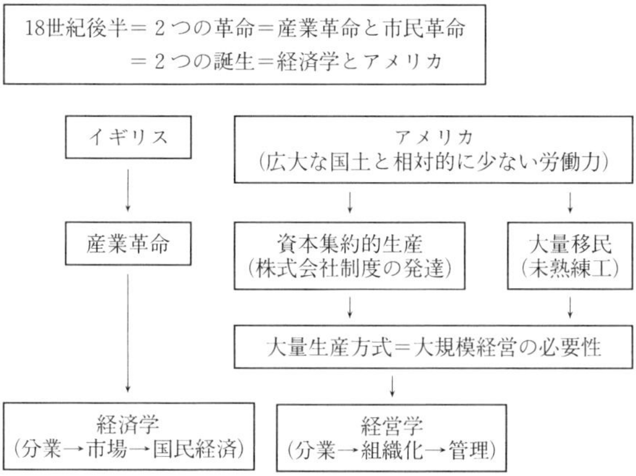

```
18世紀後半＝2つの革命＝産業革命と市民革命
         ＝2つの誕生＝経済学とアメリカ
```

```
イギリス        アメリカ
                (広大な国土と相対的に少ない労働力)
   ↓              ↓              ↓
産業革命      資本集約的生産      大量移民
             (株式会社制度の発達) (未熟練工)
                     ↓
              大量生産方式＝大規模経営の必要性
   ↓                            ↓
  経済学                        経営学
(分業→市場→国民経済)        (分業→組織化→管理)
```

２　経済学から経営学へ

(1)「見えざる手」から「目に見える手」へ

「生産規模の拡大→大量生産→大規模経営」という構図はどこでも見られるが，アメリカにおいて顕著であった。そして，その結果生まれた巨大資本は市場を支配する傾向を強めた。市場の独占化である。

イギリスの産業革命は，小規模企業が乱立する自由競争市場を想定できる状態にあった。価格は，アダム・スミスが「**見えざる手***(invisible hand)」にたとえたように，市場の需給関係で決定され，企業はその価格に応じた量を提供するに過ぎなかった。

ところが，アメリカにおいて実現した高度で大規模な産業化は，独占資本によ

トラストとは株式の信託（trust）を通じて市場の独占を目指す集権的な企業形態であるが，当時のアメリカでは砂糖，鉛，ウイスキー，板ガラスでもトラストが形成され巨額の富を得る事業家が生まれていた。

見えざる手（invisible hand）とは，自由市場における価格と需給バランスの自動調整機能のことである。価格が高すぎれば需要は減り，より安い価格の競争者が参入する。安すぎても需要が拡大するので新しい参入者を許す。一人の供給者で市場が独占できない時は価格は，神が「見えざる手」で調節したように均衡する。

る「目に見える手」の出現につながっていた。**商業社会から産業社会への移行で**ある。

アダム・スミスが「見えざる手」という市場メカニズムを強調したのは，分業の成果が市場を通じて交換される商業社会にあったからであるが，高度に発達した産業社会では，むしろ分業の成果は組織の効率的運営の追及に向けられる。

（2）経営学の必要性

巨大化した資本は，さまざまな問題を生み出した。特にフロンティアが消滅する19世紀末には問題が顕在化した。

第一に，巨大資本が市場のメカニズム（見えざる手）に任せず，積極的に見込み生産を行なうために，見込み違いによる生産過剰が受給ギャップを生み，19世紀後半から20世紀初頭まで景気変動の波が何度もアメリカ経済を襲うことになる。やがて，景気循環はその振幅を広げ，通常の不況の域を越えて「恐慌」とよばれるような深刻な状況を迎えるようになった。

そこで，独占資本の成長に対してシャーマン反トラスト法（1890年）を始めとする独占禁止法が制定され，経済学でも自由放任主義を批判する勢力の台頭が見られ，やがてセオドア・ルーズベルトが掲げた「公共の利益重視の経済政策」に結びつく。

第二に，巨大資本の形成は労使対立の激化を招いた。労働者の組織としては労働騎士団が形成され，職業別労働組合がさまざまな職種で作られていった。そして1886年には多くの職業別労働組合が合同してアメリカ労働総同盟（American Federation of Labor = AFL）が結成された。

第三の問題は，上記の2つの問題とは異なる性質のものだった。社会的制度や市場の仕組みという政治学や経済学や社会学がテーマとする問題ではなかった。それは生産現場のかかえる内部的な問題だった。**組織的怠業**[*]の問題がそれである。

これは，恐慌や労使問題ほど社会的に注目されなかったが，企業経営者にとっては一層深刻な問題だった。要は「どのように生産現場を管理するか」という経営の問題だったのである。

（3）機械技師の経営学

当時，大量生産方式の原理と技術をそなえたアメリカ的製造システム（The

American System of Manufacturing）とよばれる生産形態が出現しており，東部ニューイングランド地方では，軽金属工業，火器，柱時計，錠前などの産業部門で採用されていた。

ところが，機械そのものは大量生産の仕組みに合致していけるが，人間の作業は機械のように細分化したり標準化できない。そこで，人間の作業も組織化していく試みが始まった。そこで，元来は機械の効率的設計・改良にあたる機械技師が生産現場の管理法についても積極的に関与するようになる。

1880年にはアメリカ機械技師協会（American Society of Mechanical Engineers = ASME）が結成されていたが，この技師協会を中心に生産現場の改善や**能率向上運動**＊（efficiency movement）が展開されていった。

たとえば，タウン（Towne, H. R.）は，「経済学者としての技術者（The Engineer as an Economist）」という論文を1886年のアメリカ機械技師協会（ASME）で発表した。

後に述べるように，アメリカの経営学はテイラーによって始まったといっても過言でないが，そのテイラーは，同じ1886年にアメリカ機械技師協会（ASME）の会員となり，タウンの論文に刺激を受けて技師の使命を自覚したといわれている。

組織的怠業（systematic soldering）とは，自然的怠業（人間が生まれつきの本能として楽をしたがる怠け傾向）ではなく，他人や集団との関係で意図的に怠けることである。たとえば，集団的に生産ラインのスピードを落としたり，無断欠勤したり，サボタージュ（妨害工作）をしたりすることである。

ここで注意したいのは"systematic soldering"の訳語のニュアンスである。この語は，上記のように「組織的怠業」と翻訳するのが一般的だが「組織」という言葉から労働組合が戦術的に行なうストライキのような印象を残してしまう恐れがある。ところが，当時の労働組合の組織率はかなり低く，むしろ労働組合は専門職種をもつ熟練労働者のものだったのである。

したがって，"systematic soldering"の意味は，労働組合に加入していない大多数の未熟練労働者を含めて，小さな集団である現場単位で非公式に生産に非積極的な態度をとっていたことに問題の所在がある。因みに"systematic"の原義を重視して「体系的怠業」と訳している例もある。

能率向上運動は，「能率技師」とよばれる技師の指導のもとに効率的な経営をめざす運動のことである。テイラーの科学的管理法も広い意味では能率向上運動の一つとみることもでき，「能率」には「経営」という意味も込められている。本書では，一般的な「能率」は「効率」という言葉で表現している（187ページ参照）。

第2編　経営理論の流れ

[ケーススタディ：分業をめぐる解釈の違い（経済学と経営学と社会学の比較）]

　チャールズ・バベージ（Babbage, Charles）は，英国ケンブリッジ大学の数学教授で計算速度を早める「デファレンス・エンジン」を考案し，コンピュータの原形のようなものを考えていたことでも知られるが，1832年に合理的工場管理について研究した著書『機械および製造の経済について（On the Economy of Machinery and Manufactures）』を発表している。彼は「分業」に関する考察を通じて，工場管理にははっきりした原則があることを主張し，経営管理の理論化につとめた。その意味で，バベージはテイラーから始まる科学的管理法の源流に位置づけられる。

　アダム・スミス（Smith, A.）は，1776年に『国冨論』を発表しているが，その冒頭で，やはり分業について論じている。そして，スミスの研究は，古典派経済学の系譜を作り上げた。

　また，デュルケーム（Durkheim, E.）も1893年に『社会的分業論』で分業について論じているが，その中で彼が主張した「機械的連帯から有機的連帯へ」という仮説は，テンニース（Tonnies, F.）の「ゲマインシャフトからゲゼルシャフトへ」とともに社会学的な観察を代表するものである。

　同じ「分業」についての観察から，一つは経済学が生まれ，もう一つは社会学的観察が生まれた。そして，バベージも「分業」について論じ経営学の基礎を作った。

　そこで，同じ「分業」という現象に着目した3人の先駆的な研究者についてその立場の違いを比較して，経済学，経営学，および社会学の違いについて考えてみたい。

スミスの分業論

　スミスは，『国冨論』の冒頭でピンの製造工程が約18の作業に分割されることで1人1日あたり4800本以上のピンが生産されることを説明し，分業によって240倍から4800倍以上の効率が達成されると力説する。

　彼は，分業のメリットとして，①技術向上，②時間節約，③特殊機械の発明あげる。これはバベージの分業分析にも通じるものである。

　ところが，スミスは，このような分業の3つの効果を述べた後に「分業をひきおこす原理」に思いを巡らし，その原理を「交換」と結びつける。たとえば，グ

第5章　経営学の発生

レイハウンド犬は兎を追う際に手分けをして「ある種の共同動作」をしているようであるが，スミスは，これは同一目的物に対する激情が偶然に競合する結果で，分業ではないと考える。

なぜならば，グレイハウンド犬にあっては，分業で得た利得を「交換」したり「取引」することがないからである。つまり，スミスは，分業の原理を人間固有の「取引」に求め，分業で獲得した効果を「交換力（power of exchanging）」によって分かち合うことに関心を移す。

たとえば，狩猟民にあって，弓作りの名人は，自分の作った弓矢を肉と交換することで，自分自身が野原にでかけて行って狩猟するより多くの肉を得られることを発見し「武器製造人」になると説明する。

こうして分業は，市場と職業的な分化（**社会的分業**＊）の問題に転化される。得意な分野の成果を市場で交換すれば全体の利益が増大するという考え方で，リカードらの国際分業理論（307ページ参照）にも通じる。

ここにおいて『諸国民の富』という国民生産の概念に結びつき，経済学の問題に発展していくのである。簡略化していえば「分業→交換→市場→国民経済」という構図である。

バベージの分業論

バベージも同じようにピンの製造工程を分析して，分業で効率があがる理由として，①技能習得時間の節約，②見習期間中に消費される材料の減少，③労働者の心身が仕事に適応できるまでの時間節約，④工具取り替え時間の節約，⑤同一工程反復による熟練の獲得，⑥機械や工具の改良の6つをあげている。

これらは，スミスが指摘した技術向上，時間節約，機械改良の3つの理由とほぼ同じ分析をやや細かく分けたもので，スミスとバベージは，作業現場の工程に関する工程的分業については，ほぼ同じ見解をとっている。ところが，その後の分業についての両者の考察は大きく異なる。ここに経済学と経営学の分岐を考えるヒントがあるように思える。

社会的分業とは「社会において分化した職業が相互関連して全体的に統合されている様態」のこと。最初にピンの製造工程で述べた「工程的分業」が個人や組織にとって「内部の分業」であるとすれば，この「社会的分業」は個人や組織からすると「外部の分業」といえよう。

図表5-2　スミスとバベージの分業論

	関心の中心	人間の関係	企業観の違い
スミスの分業論	社会的分業 （マクロ的視点）	交換→市場 （横の関係）	企業＝個人 （見えざる手）
バベージの分業論	職能的分業 （ミクロ的視点）	職務→管理 （縦の関係）	企業＝組織 （見える手）

　スミスは，分業が「職業の社会的分化」を生み出し，その社会的な分業を通じて経済力が増大すると考えたが，これに対して，バベージの分析は社会的分業というマクロ的考察へと転嫁されることはない。

　弓作りの名人が「武器製造人」となった方が有利になるが，交換を通じて得る成果は副次的なものとして，分業に伴う「役職者（officers）」の「職務の慎重な配分」に関心を向ける。

　バベージは鉱山の職務に触れ，支配人・鉱山長・事務長・エンジン係長・坑夫長・地上作業長・営繕係長・鍛造品係長・資材係長・索綱係長の管理者を挙げて，その職務内容を「分業」していく。

　つまり，分業は，あくまで組織内部の問題としてとらえられ，作業現場における職能的な分業を通じて，最終的には管理の問題につながっていくのである。簡略化していえば「分業→職務配分→管理」という構図である。

　両者の違いをもう一度確認してみよう（図表5-2）。

(1) 関心の中心：スミスは，ピンの製造工程という個別的分業の考察から始めながらマクロ的な「社会的分業」に関心を向けている。これに対して，バベージは，あくまでミクロ的な工程の分業，すなわち「職能的分業」を分析している。

(2) 人間の関係：スミスの分業論は，「交換→市場」という関係の中で「横の関係」を強調している。なぜならば，「交換」は「対等の立場」で成り立つからである。

　これに対して，バベージの分業論では「職務を配分」するという形で管理の概念が登場する。職務の配置は（命ずる者とそれを受ける者を前提にしている以上）人間を上下に位置づける「縦の関係」を前提としている。

(3) 企業観の違い：スミスは，企業とは「出資者＝経営者」なる個人的私有物であり，「経済人」として個人と同じように行動するという「企業＝個人」

という企業観にたつ。これに対して，バベージは「企業≠個人」ととらえている。すなわち「企業＝組織」という企業観である。

デュルケームの分業論

デュルケームは，スミスやバベージと違い，分業が生じた理由を個人主義的あるいは功利主義的な動機に求めない。スミスやバベージは，分業がもたらす効率性や生産性など個人的経済的メリットに関心をもつが，デュルケームは，人口の増加に伴う社会的密度と社会の容積の増大という社会的要因を重視する。

個々人や企業のような個別単位のメリットではなく，社会に固有の事実が「事物のように」外在することを実証的に説明することに関心をもっているわけである。ここに，経済学でも経営学でも説明できない社会学的な分業論が見られる。

デュルケームによれば，社会は，もともと無機物のように同質的で未分化な人間が集まっている「ホルド」とよばれる原始社会であった。この「社会の原形質」ともいえる単純社会は，やがて相互に類似した氏族の連合する社会を形成する。このような社会は，生物でたとえれば環虫類など環節動物に似た社会であり，「環節型」社会ともいわれる。そのような社会における人間の関係は，無機物的で同質的な人間の関係という意味で「機械的連帯」とよばれる。

これに対して，分業の発達は，個別の職業や異質の個人的機能を生み出す。社会全体が個性的な諸個人の集合となり，相互に不特定多数の人間のために働くという相互依存の関係が作り出されるのである。

デュルケームは，このような，相互依存関係を「有機的連帯」とよんだ。この有機的連帯とは，有機体の各器官が分化しつつ全体として統一を保っているように，異質な諸個人や個別組織が分業による個性化を進めながら全体として社会全体が活発になる状況を述べたものである。

分業の意味

第一に，分業は生産の形態や規模を根本から変えた。個別の注文に応じる受注生産から一括して生産する大量生産への移行である。初期の生産は手工業的で小規模だったが，それでも余剰生産が生じた。

第二に，分業は消費者を生み出した。個別の注文に応じる受注生産では，顧客は「特定の個人」であったが，大量生産方式の対象とする顧客は，「不特定多数

の消費者」である。消費者が分業で生じた余剰生産を吸収した。

第三に、デュルケームが分析するように、人間の社会関係を根本的に変えた。分業の始まる前の自給自足的な村落共同体では、生産と消費が同じ場で行なわれていた。人間関係は顔が見える人間同士の直接的で人格的な関係であり、衣食住を始め医療・教育・文化活動など生活のあらゆることが地域内で行なわれていた。

ところが、分業によって、生産と消費は分離し、「生産の場」「消費の場」「交換の場」としての都市が発達した。人間関係は、商品や情報を介した間接的で物象的な関係となり、衣食住を始め医療・教育・文化活動など生活に必要なものが、地域外の（あるいは市場を通じた）専門家によって行なわれるようになった。*

第四に、分業は社会そのものを変えた。スミスのいうように、分業が社会的分業を進展させて、社会的分業の成果を「交換する場」としての「市場」の発達をうながした。商業社会の発達である。「市場」は、権力や身分によって左右されない「自由競争の場」でもあり、それが近代経済学の市場原理に結びつく。

第五に、分業のさらなる進展は、「商業社会」を「産業社会」に変えていった。交換の利益（市場経済のメリット）を蓄積させた資本家は、生産規模を拡大して分業をさらに促進したのである。

そして「産業社会」の到来とともに誕生したのが経営学である。バベージが彼独自の（経営学的）分業論を発表した19世紀初頭は、スミス的な（経済学的）分業論が支配的だった商業社会にあった。商業社会では、徒弟的な関係が生産現場にあり、**内部請負制度**が一般的で、経営管理の問題は重要視されていなかったため、彼の理論は広く受け容れられなかった。

ところが、産業革命が進展し、分業が「広大な国土」と「大量の未熟練工」をもつアメリカにおいて大規模機械工業として発展した時、（つまり本格的な産業社会が到来した時）経営学が誕生することになる。

第5章　経営学の発生

[演習問題]

[1]　スミス，バベージ，デュルケームの分業論を比較したケーススタディから，経済学，経営学，社会学の特徴を整理しなさい。

[2]　経営学がなぜアメリカで誕生したかを自分なりに考え，その理由をまとめなさい。

[参考文献]

バベージ／梅沢正訳「分業について」（メリル／上野一郎監訳『経営思想変遷史』産業能率大学出版部，1968年）。

デュルケーム／田原音和訳『社会分業論』現代社会学大系2，青木書店，1971年（Durkheim, Emile, *De la division du travail social : etude sur l'organization des societes superieures*, Felix Alcan, 1893）。

大内兵衛・松川七郎訳『諸国民の富』岩波文庫全5冊，岩波書店，1959年（Smith, Adam, *An Inquiry into the Nature and Causes of the Wealth of Nations*, Edited, with an introduction, notes, marginal summary and an enlarged index by Edwin Cannan, 6th edition, London, 1950. 2 vols）。

チャンドラー／鳥羽欽一郎・小林袈裟治訳『経営者の時代』上・下，東洋経済新報社，1979年（Alfred D. Chandler Jr., *The Visible Hand : The Managerial Revolution in American Business*, The Belknap Press of Harvard University Press, 1977）。

鈴木喬『経営組織の研究』同文舘，1992年。

大阪市立大学経済研究所編『経済学辞典』岩波書店，1965年。

　このような対比は，テンニース，ウェーバー，マルクスなどによって分析された「ゲマインシャフトとゲゼルシャフト」の対比にも見られるし，分業を起点とする社会関係の変化については，ジンメル（Simmel, G.）の都市論，ワース（Wirth, L.）の「アーバニズム」に代表されるシカゴ学派の研究など，さまざまな社会学者によって分析されており，分業はきわめて社会学的なテーマを提供している。

　内部請負制度（inside contract system）とは，親方が企業経営者に代わって現場管理を請け負う制度のことで，親方的な現場の職長（万能熟練工）は，人事やラインスピードまでも自分の裁量で支配することがあった。

第6章　テイラーと科学的管理法

フレデリック・W・テイラー（Taylor, Frederick W.）はアメリカ機械技師協会（ASME）の活動や当時の能率増進運動を集大成し，理論的に体系化した。今日では「科学的管理法の父（the father of scientific management）」とよばれている。

F. W. テイラー

1　テイラーとその時代

（1）生い立ち

弁護士の子供として1856年アメリカ東部のフィラデルフィアに生まれた。父母はクエーカーとピューリタンで怠惰を嫌うピューリタン的な勤労観を身につけたといわれている。フランス，ドイツ，イタリアなど海外で初等教育を受けて，ハーヴァード大学にも合格したが，目を悪くして入学を断念，1874年に19歳でフィラデルフィアのポンプ工場に入社した。

1878年，22歳でミッドベール・スチール社に入社，最初は機械工であったが，1880年に旋盤作業の組長，1882年に職長になり，1883年にはスティーブンス工科大学から工学修士の学位を得て，1886年にはアメリカ機械技師協会（ASME）の会員になっている。

この間，日給の現場作業者から現場監督者まで，生産現場におけるさまざまな職種を経験したことによって，当時の生産現場の実情や矛盾を熟知することに

なった。

　テイラーは，ミッドベール時代に，工作機械や作業工程の改善に取り組み，時間研究や動作研究に着手，さまざまな作業実験を行なった。後に後継者の一人となるガント（Gantt, H. L.）がミッドベール・スチール社に来たのもこの頃（1887年）であり，バース（Barth, C. G.）などテイラーとともに科学的管理法を確立した弟子が集まったのもミッドベール時代である。

　金属削りの研究は，1898年にホワイト（White, M.）が加わったことによってハイスとよばれる高速度鋼の発見につながった。高速度鋼は，高速で金属を削っても刃物のヤキが戻らないところからつけられた名前だが，発見者に因んでテイラー・ホワイト・ツール・スティールともよばれている。

　テイラーは，この高速度鋼のほか200の特許をもっていたためにコンサルタント業として独立できた。技術者としての基礎が固まったのがこのミッドベール時代である。

（2）初期の作業研究

　その後，1890年に35歳でミッドベール・スチール社を退職してからは，マニュファクチュアリング・インベストメント社（パルプ工場を経営する会社）など数社で工場管理を実践し，1898年にはベスレヘム・スチール社に移って，ズク運びやショベル作業の研究を行なった。

① ズク運びの研究

　1898年，スペイン戦争の影響でズク（銑鉄）の価格が上昇したため，ベスレヘム・スチール社は8万トンのズクを売却することにした。75人の作業者がこれにあたったが，1人が貨車まで運ぶズクの量は1日あたり12.5トンにすぎなかった。

　テイラーは，75人の作業者を調べ，体力のある4人に注目し性格や習慣や野心について調査した。その1人に1マイルの道を歩いてやって来るシュミットという作業者がいた。彼は粘り強い性格で，少しばかりの地所を買い込み自分で小さな家の壁を作っている「しまり屋」だった。そこで彼と交渉して日給を1.15ドルから1.85ドルまで引き上げるかわりに，テイラーの指示通りに働くことを承知させた。

　その結果，シュミットは1日に47.5トンのズクを運んだ。この成果をテイラーは「ズク運びにも科学がいる」としている。賃金も重要だが，賃金が欲しいとい

図表 6-1　テイラーのショベルの研究

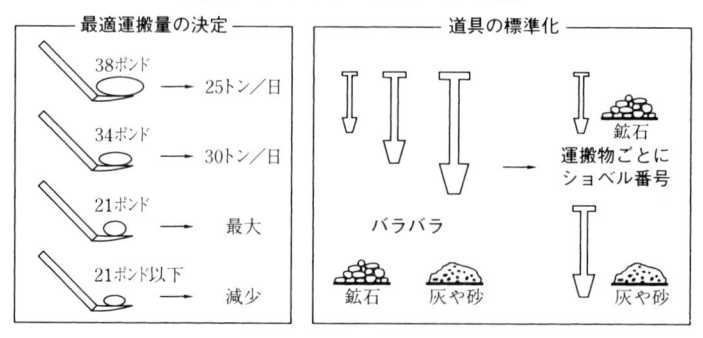

最適運搬量の決定
- 38ポンド → 25トン／日
- 34ポンド → 30トン／日
- 21ポンド → 最大
- 21ポンド以下 → 減少

道具の標準化
バラバラ（鉱石、灰や砂）→ 運搬物ごとにショベル番号（鉱石、灰や砂）

う欲望だけで47トンのズクを運び続けたら午前中にも疲れきってしまったというのである。

また，テイラーは，課業管理において「課業を一流工員の水準に設定する」という原理を5番目にあげているが，このズク運びの研究でも，シュミットというズク運びに適した人材を選別したわけである。

② ショベル作業の研究

ベスレヘム・スチール社では約600人の作業者がショベルを使って作業をしていたが，ショベルですくう物は形も重さもさまざまであった。また，作業者は好き勝手にショベルを選んでいたので作業量にバラツキがあった。

テイラーは，2人の作業者を選び，ショベルの大きさを変えながら1杯あたりの平均重量と作業量の関係を調べた。最初は，平均重量38ポンドで1日の作業量が25トンであったが，ショベルの大きさを小さくしてショベル1杯の平均重量を34ポンドにすると，1日の作業量は30トンに増大した。さらにショベルを小さくして平均重量を21ポンド前後にすると作業量は最大になり，それ以下では作業量も低下することがわかった。

次に，21ポンドを標準重量として，重い鉱石には小さいショベル，軽い灰には大きなショベルを使わせることにした。こうして8種類のショベルが選ばれ，これらを保管するために工具室が作られた。さらに，積み上げた材料の中にショベルを押し込む速さや高さ，材料を投げるときの時間もストップウォッチを使って測定された（図表6-1）。

このショベルの研究は別の改革も生み出した。600人もの作業者に迅速に適切なショベルを配付するためには事前に十分に日程や作業内容などを計画しておく

図表 6 - 2　ショベル研究の成果

	旧 制 度	新 制 度
労働者数	400-600人	140人
1人1日の平均トン数	16トン	59トン
1人1日の平均賃金	1.15ドル	1.88ドル
1トンの平均作業費用	0.072ドル	0.032ドル

出典：テイラー／上野陽一訳『科学的管理法』産業能率大学出版部，277ページ。

必要がある。このため「計画」という仕事の重要性が高まり，この仕事をする主任や事務員のために工務室が設置された。「計画部」の機能が強化されたのである。

　計画部は間接部門なので**オーバーヘッド・コスト***がかかる。しかし，テイラーの計算では1人あたりの作業量が平均16トンから平均59トンに大幅に増大するために平均作業費用は1人あたり0.072ドルから0.032ドルですんだ（図表6-2）。

（3）科学的管理法の確立
① **コンサルタントとしての活動**

　それまでの実験や研究は，コンサルタントとして独立して結実した。たとえば，フィラデルフィアのテイバー社は破産寸前だったがテイラーの指導を受けた6年後には生産高で3倍となり，製品価格を27％引き下げてなおかつ賃金は37％増大するという成果をあげた。リンクベルト社も，テイラーの指導のもとに数年にして生産高が2倍になった。

　こうした成果を背景に，テイラーはそれまでの研究を著書にまとめ，『出来高払い制私案（1895）』『工場管理（1903）』『科学的管理法の原理（1911）』などを出版し，同時に積極的に講演活動を行なった。

② **科学的管理法の命名**

　こうして科学的管理法が体系化されていったが，テイラーの手法に対する労働組合の反発も強くなった。労働組合が1909年にウォータータウン兵器廠での科学的管理法の導入に反対して，国会で審議されるようになった。また，翌1910年に

> **オーバーヘッド・コスト**とは事務員に支払う賃金など間接的な費用のこと。

は別の事件でテイラーの手法が公聴の場で議論された。東部の鉄道会社が運賃の値上げを要求したが，荷主側はこれに反対したのである。

ここで，荷主側の弁護士ブランデーズは，鉄道側の非効率を指摘するためにテイラーの手法を紹介したが，その際にギルブレイス，ガントらと相談してテイラーが時々使っていた**科学的管理法**という名をテイラー的な手法の正式名称として州際商業委員会で使用した。委員会にはテイラーらが招かれて発言し，「科学的管理法」という名が広まった。

③ 晩　年

晩年は，議会の証言に立たされたり労働組合の批判に応えることで，科学的管理法の擁護に腐心しなければならなかった。テイラーは，科学的管理法の本質を「精神革命」（労使対立から協調への精神的転換）にあると主張し続けたが，労働組合の反発はエスカレートしてアメリカ労働総同盟（AFL）は1913年と1914年の大会で科学的管理法を拒否することを決議した。

テイラーは，1915年，フィラデルフィアの病院で肺炎のために亡くなった。享年60歳であった。

② 科学的管理法の背景と理論

当時の監督者にとって最も頭の痛い問題の一つは「組織的怠業」にあり，作業者にとっての最大の悩みは「重労働への恐怖」であった。

その背景には，仕事に対する共通の尺度が欠如していたことがある。当時は，**目分量方式**（rule of thumb method）による仕事の割りつけや，現場での経験や勘あるいは習慣を優先する**成り行き経営**（drifting management）が一般的であったため，生産現場や現場監督者によってバラバラの管理がなされていた。

また，作業の成果（出来高）に応じて賃金が増える**単純出来高払い**が採用されていたが，その出来高払いの根拠となる**賃率**の基準がなかったために，さまざまな問題が生じていた。

当然のことだが，単純出来高払いでは，生産量が増加すると比例的に労働コストが増大する。ところが，当時はこの負担増に関して労使双方が納得する賃率の基準がなかったので，効率があがって作業者全員の賃金水準が上がると監督者が「賃率が高すぎた」と判断して賃率を下げる傾向にあった。

監督者は，アメリカ機械技師協会（ASME）の技師たちが提案する（単純出来高払いに改良を加えたタウン＝ハルシープランのような）賃金制度を取り入れてはいたが，問題の本質は賃金制度そのものにはなかった。賃金算定の根拠となる賃率の客観的基準がないところにあった。

結果は，働けば働くほど賃率が切り下げられ，作業者は「やればやるだけ重労働」であり「仕事をしすぎると損になる」と感じていた。当然，集団レベルでも「仕事をしすぎるな」という感情に支配され「働き者は迷惑（出る杭は打たれる）」という集団圧力が生じ，そこから**組織的怠業**が蔓延した。

重要なことは，「賃率は監督者側が支配していた」のに対して，「ラインスピードは作業者側によって決定されていた」ということである。当時は，**内部請負制度**の影響で職人的熟練工がラインスピードを支配していた（第5章76ページ参照）。

監督者側は「組織的怠業」の蔓延に手をやいていたが，その原因は作業者側がラインスピードを支配していたためであった。逆に，作業者は「重労働への恐怖」を常に抱いていたが，それはいつ賃率が下げられるかわからない状態にあったからであり，さらにその原因は監督者側が賃率を支配していたためだった。

このような賃率とラインスピードに関する双方の支配のさらに根本的な原因は何であったろうか。テイラーは，双方が「公正な賃率」と「公正なラインスピード」を決める客観的基準を持ち合わせていなかったことに原因があると考えた。そして，客観的基準の欠如が，労使相互の不信を生んで双方のトラブル（悩み）を増大していたと考えたのである。

そこで，テイラーは，仕事の内容と量について，労使双方から切り離した基準

単純出来高払い（piece rate plan）とは，出来高（生産量や作業量）に応じて比例的に給与を増加させる賃金制度で，今日フル・コミッション制ともよばれている賃金形態である。

たとえば，タクシーの運転手は，走行距離によって賃金が増えるが，これは走行距離を単位にした出来高払いである。現実には，走行距離がゼロの場合でも支払う固定給があるが，固定給部分がない場合を**フル・コミッション制**という。この賃金制度は，一般には，単純という言葉を付けずに「出来高払い」ともいわれるが，後に述べるようにテイラーが「差別的出来高払い」または「率を異にする出来高払い」とよばれる賃金形態を考え出したために，科学的管理法ではそれと比較して「単純出来高払い」とよんでいる。

賃率（wage rate）とは「賃金率」のことで，単位あたりの賃金を意味している。時間を単位とする「時給」も賃率の一つであるが，科学的管理法では，生産（作業）量と比例する出来高払いと合わせて用いるので「生産（作業）単位あたりの賃金」のことを意味することが多い。

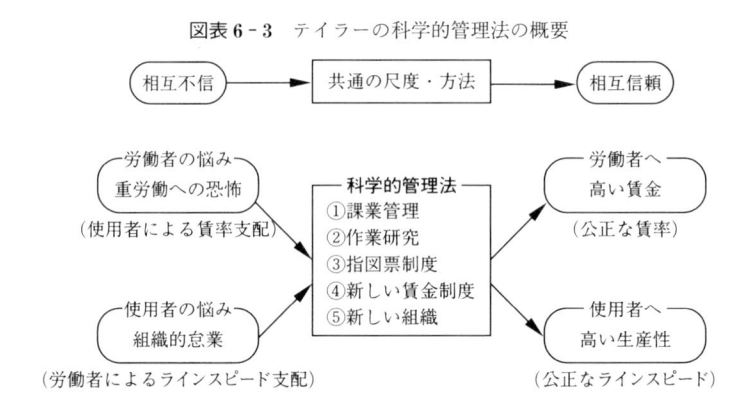

図表6-3 テイラーの科学的管理法の概要

や方法をもうけようとしたが，それが「科学」という名の基準や方法作りであり，後に「科学的管理法」とよばれるようになった管理手法である（図表6-3）。

テイラーは，科学的管理法について，①工具の古い体験的知識の打破，②工具の科学的選考と育成，③管理者と工具の親密な協働，④仕事と責任を管理者と工具で均等に区分する，という4つの原則をあげているが，この4つの原則にも現われているように，科学という共通の基盤を導入することで労使双方の「相互不信」を「相互信頼」に変えようと試みたのである。

彼の主張した科学的管理法の内容は，主なものとして，(1)課業管理，(2)作業研究，(3)指図票制度，(4)新しい賃金制度（率を異にする出来高払い），(5)新しい組織（職能別職長制）から成り立っている。以下，個別に見てみたい。

(1) 課業管理 (task management)

課業管理は，①課業設定，②標準的条件，③達成賃率，④未達成賃率，⑤熟練移転の5つの原理から成り立っている。この5つの原理は，作業研究，指図票制度，新しい賃金制度など，次に述べるテイラーの他の業績と深く結びついている。ここでは，それぞれの原理を簡単に述べるが，第一原則は作業研究，第二原則は指図票制度，第三と第四原則は新しい賃金制度と密接に結びついているので後述の説明と合わせて理解して欲しい。

① 課業設定の原理：課業を明確に設定することである。課業とは「公正に計画された仕事量」として，あらかじめ分析されたものであり，次の項目

で説明する「作業研究」に基づいて設定される。
② 標準的条件の原理：作業の条件や方法を標準化することで，これは，次の項目で説明する「指図票」によって明記されている。
③ 達成賃率，④ 未達成賃率の原理：課業を達成した場合には高い賃率の賃金を作業者に支払い，達成できなかった場合には低い賃率の賃金を支払うことである。これは「率を異にした出来高払い」を示している。
⑤ 熟練移転の原理：課業を一流工員の水準に設定することである。すでに，ズク運びの実験でシュミットが平均をはるかに上回る成績をあげたように，テイラーは課業管理を通じて全体の作業水準を引き上げようとしていた。

(2) 作業研究（work study）

作業研究とは，課業設定のために作業の内容と量を決定する研究のことであり，①時間研究*（time study）と②動作研究*（motion study）から成り立っている。この場合，観察対象は（熟練工・未熟練工の作業を問わず）あらゆる作業であるが，研究目標となる作業は「効率的な作業」あるいは「熟練工の作業」である。

熟練工の作業は，無駄な動作をせずに手慣れたやり方で無理なく一定の速度で作業を行なうことができるが，ムリ・ムダ・ムラのない合理的作業の過程をよく観察し，そのコツを科学的に分析し，一般の未熟練工に伝授することが，この作業研究の目的であった。

① 時間研究：一連の作業を細かい要素に分解し，個々の作業要素にかかる時間をストップ・ウォッチなどで測定し，標準時間を決定する研究のことである。
② 動作研究：動作研究とは，個々の作業がどのような動作から成るかを分析し，無駄な動作を省いたり新しい効率的な作業方法を見いだす研究である。

時間研究と**動作研究**は，しばしば混同されるが，ギルブレイス（Gilbreth, F. B.）は，時間研究を「仕事量を決定する技術」，動作研究を「無駄を最小限にする方法」として区別している。時間を測ることと，動作を工夫することは本質的に違うという見方である。ギルブレイスは，マイクロクロノメーターという測定器を使って動作研究を極め，自分の名前を逆に読んで命名した**サーブリッグ**（Therblig）という動作記号を考案した。

（3）指図票制度（instruction card）

　時間研究や動作研究の結果，課業の設定が行なわれるが，その内容を具体的に明記したものが**指図票**（instruction card）である。標準化には，①道具の標準化，②時間の標準化（同期化），③作業の標準化が含まれているが，指図票には，その全てがマニュアル化してあり，使用すべき道具や装置，標準作業時間や標準化された作業方法などの明細が記入されている。

（4）新しい賃金制度（率を異にした出来高払い）

　課業管理の第三と第四の原理で説明した「達成／未達成賃率」のことで，一般には**率を異にした出来高払い**（different piece rate system）とよばれている。
　図表6-4は「単純出来高払い」と「率を異にした出来高払い」を比較している。単純出来高払いは一個あたり30セントの報酬が追加的に与えられるので右肩上がりの比例直線が続く。比較のために10個の時点を見てみると3ドルが支払われる。
　これに対して，テイラーの提案した「率を異にする出来高払い」では，標準作業量を境にジャンプする折れ線グラフで示される。この図では10個の標準作業量を達成した場合には，成功報酬として3.5ドルが支払われるが，10個未満の場合は，標準に達成しなかったとして，一個あたり25セントが支払われる。
　図表で見るならば，aの部分が単純出来高払いを上回るプレミアム（報償金）部分であり，bの部分がそれを下回るペナルティ（罰則金）部分である。
　ここで重要なことは標準値の適否である。図でいえば10個の標準値が努力しなければ達成できない目標値なのか，工夫したやり方で簡単に達成できるものかの違いである。努力目標やノルマ（割当基準）であれば未達報酬のペナルティが負担になって労働強化につながるが，妥当な標準値ならばプレミアムが励みとなって生産性が向上する。
　すなわち，標準作業量を決定する作業研究がどれほど妥当なものであるかという問題が重要になるわけで，この新しい賃金制度は，課業管理の実際と密接に結びついている。

（5）新しい組織（職能別職長制）

　当時は，軍隊式のライン組織が一般的で，職長（班長）ごとに一つのグループ

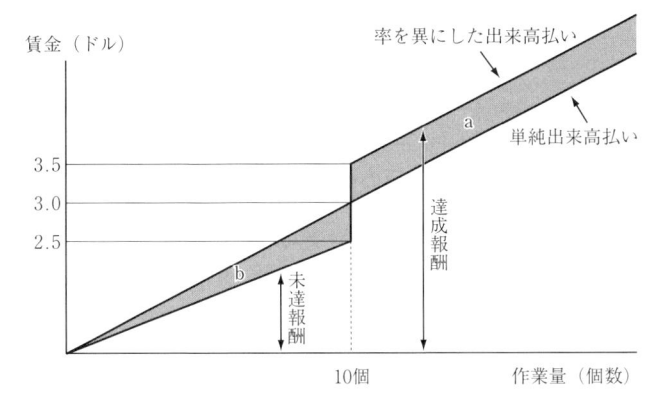

図表 6-4　率を異にする出来高払い賃金

賃金(ドル)　率を異にした出来高払い
単純出来高払い
3.5
3.0
2.5
達成報酬
未達報酬
10個　作業量(個数)

（班）が作られていた。そのため，仕事の割付や手順，検査基準なども職長の個人的な経験や勘に頼っていたので，グループ（班）ごとに作業量や速度，品質などにバラツキがあった。

　そこで，テイラーは，職長の機能を大きく計画機能と執行機能に分け，それぞれをさらに4つずつ合計8つの職能に分類した。

　このテイラーの職能別職長制は，ファンクショナル（職能）組織の原点ともいえるもので，計画部門を執行部門から分離・独立させたという意味でライン・アンド・スタッフ組織の源流でもある（第13章194ページ参照）。

③　テイラーの業績と限界

（1）テイラーの業績

① 管理概念の確立

　当時は目分量方式による仕事の割り付けや，成り行き経営とよばれる場あたり的経営が横行していた。生産現場では職長の個人的経験や現場の習慣に基づく管理が行われていたが，急速な機械化の進展と徒弟制的管理教育体制の崩壊を背景に，大量の未熟練工をかかえる大規模生産現場ではこのような経験的な管理手法は通用しなくなっていた。

　したがって，テイラーが「科学」という名のもとに，より客観的で，実証的な管理方法を提唱した意義は大きい。テイラーの科学的管理法は，後述するファ

ヨールの管理過程論などと結びついて伝統的管理論や古典的組織論という経営学の系譜を築き上げた。

② 生産管理の樹立

テイラーの第二の業績は,生産管理という経営学の独立した一分野を確立したことである。次に見るように,テイラーの科学的管理法は,ヘンリー・フォードによって,実践的なフォード・システムという生産方式となって結実する。

また,テイラーの科学的管理法の思想は,ギルブレイス(Gilbreth, F. B.),ガント(Gantt, H. L.)に受け継がれ,**インダストリアル・エンジニアリング**(IE = Industrial Engineering)という生産工学の流れを作った(詳細は第18章「生産管理論」282ページ参照)。

③ 精神革命としての科学的管理法

テイラーの第三の功績は,精神革命としての共存共栄の思想にある。彼の基本的な姿勢は労使協調による生産性向上にあった。

テイラーは『科学的管理法の原理』の最初に「管理の目的は労使の最大繁栄」にあるとし,従業員の繁栄とは高賃金ばかりでなく「生来の能力の許すかぎり最高級の仕事ができること」であると強調している。現在でいう自己実現を仕事の場で達成することを願っていたのである。

こうした労使協調による共存共栄の思想は,経営理念の考え方であり,テイラーの生きた時代を考えれば画期的な構想であった。しかし,テイラー自身が述べているように,科学的管理法にある細かな工夫や手法が注目されすぎたために「手法と真の本質をとりちがえて」受け取られたことが多かった。

(2) テイラーについての批判

① 管理と現場の分化

科学的管理法は,熟練工的徒弟制度が崩壊して大量の未熟練工を組織化するという要請に応えたものであり,そのため「計画と実行の分離」を前提にしていた。テイラーの科学的管理法は,作業方法や作業時間の決定を計画部門が管理するところにエッセンスがあるが,その結果,管理職と現場作業者,あるいは,頭脳労働者(ホワイト・カラー)と肉体労働者(ブルー・カラー)という2つの職能を明確に分離した。

そして,この2つの職能の対立は,資本家と労働者という階級闘争の激化と共

図表 6-5 テイラーの業績と彼の業績への批判

テイラーの業績	テイラーへの批判
1. 管理概念の確立 　　管理思想と具体的手法	1. 管理と現場の分化 　　労使対立の構図
2. 生産管理の樹立 　　フォードシステム 　　生産工学	2. 現場管理への傾斜 　　全体的視野の欠如 　　効率主義
3. 労使協調の思想 　　経営理念の考え方	3. 人間性の欠如 　　科学という名の労働強化

に, 20世紀初頭の労働争議の火種ともなった。

② **現場管理への傾斜**

　テイラーは, 現場作業者から出発し, 監督者, 技師を経て科学的管理法を確立した。したがって, 彼の発想はどうしても彼の生産現場での体験から離れることができず, 科学的管理法でいうところの管理は「生産現場の管理」に特定されてしまった。

　たとえば, 企業の活動には販売活動や財務活動もあり, それぞれの分野で販売管理, 財務管理の必要がある。また, トップマネジメントは, 生産管理・販売管理・財務管理などの個別管理をふまえて企業全体の方向性について管理する必要があるが, テイラーの理論には, そのような企業全体を見通す視野に欠けるところがある。

　それは, 効率主義に典型的に見られる。テイラーは, 上記のように, 「労使強調による共存共栄」という経営理念的な理想をもってはいたが, その理念を達成する手段を「直接的な効率の追及」に求めた。これも後述するが, メイヨーらの研究に基づく人間関係論では, 人間的な管理が最終的には人々のやる気を引き出して効率を高めることがあると主張するが, テイラーにおいては, そのような「迂回的な効率の追及」は念頭になかった。ここでも, テイラーの管理論は視野の狭い管理論に終始している。

③ **人間性の欠如**

　今日でもテイラーの科学的管理法から, 人間がまるで機械の歯車のように単純作業を繰り返すチャップリンの映画「モダンタイムズ」を連想する人が多いと思われる。科学的管理法を推し進めれば, 人間の労働は単純作業に分解され, 同じ作業を反復させられ, 仕事は無味乾燥な画一的な仕事になっていく。

第2編　経営理論の流れ

　科学的管理法は労働組合や社会主義勢力から「科学という名の労働強化」として批判された。レーニンは1913年の『プラウダ』で「汗を搾り出す科学的方法」として批判し翌年にも「テイラー・システムは機械による人物の奴隷化である」と論じた。

　ただし，革命後のロシアでは，労働組合が積極的にテイラー・システムを導入し，そこからHOT運動を通じてノルマという概念が出てきたといわれており，ソ連の計画経済で科学的管理法の果たした役割は大きい。

［演習問題］

［1］　テイラーの生い立ちと時代背景が彼の経営理論に与えた影響をまとめなさい。

［2］　本書では第18章でも「科学的管理法」について解説している。両者を総合して，その特徴を整理しなさい。

［参考文献］

相馬志都夫「テイラー」（車戸實編『経営管理の思想家たち』早稲田大学出版部，1987年）。

テイラー／上野陽一訳『科学的管理法の原理』産業能率大学出版部，1969年（Taylor, Frederick W., *Principles of Scientific Management*, 1911）。

上野一郎『マネジメント思想の発展系譜——テイラーから現代まで』日本能率協会，1976年。

土屋守章『現代経営学入門』新世社，1994年。

工藤達男『経営管理論の史的展開』学文社，1976年。

フォード社の組立ライン

▶科学的管理法はフォードシステムとして結実する（次章参照）。

第7章　ヘンリー・フォードと
　　　　　フォーディズム

　ヘンリー・フォード（Ford, Henry）は，独自の経営理念に基づいて自動車工場を経営し，フォード・システムとよばれる大量生産方式を確立した。彼自身は経営学者ではないが，テイラー的なマネジメントを実践し，経営管理の重要性を広く知らしめた。

H. フォード

1　フォードとその時代

（1）生い立ち
①　農家の子供

　ヘンリー・フォードは，1863年にアメリカのミシガン州ディアボーンで農家の子供として生まれたが，このことが後に彼の経営理念に大きな影響を与えたと考えられる。フォードは自動車王として有名になるが，基本的な考え方の一つに，当時「金持ちの遊び道具」だった自動車を「農民も買える大衆の足」にしたいという願いがあった。おそらく自分が育った原風景の中に，農民たちが遠い泥道を歩いて作業場へ行ったり，牛や馬を使って農具や穀物を運んでいた姿があったのではないだろうか。

　しかし，フォードは農業にはあまり関心をもたなかった。テイラーも弁護士の家に生まれながら技師になったが，フォードも機械いじりが好きで，16歳の時にデトロイトの機械工場の徒弟になり，一度は父から譲られた森林を守るために故

郷に戻るが，1890年にはデトロイト照明会社の技師になった。「技術志向の時代」だったのである。

この照明会社はエジソンの経営する会社であった。後に事業家として成功したフォードはエジソンと親しく交友関係を続けることになるが，当時は発明王エジソンと肩を並べるアメリカの有名人になるとは想像もしなかった。

② T型フォードの完成

照明会社で技師としての職についたが，フォードは電気よりも内燃機関に関心を持っていた。彼は，**自動車**＊作りに没頭し，何度か試作を繰り返して1896年に最初の自動車を作ることに成功した。

フォードが自動車作りに没頭していた1890年代はまだ自動車がほとんど実用化されていなかった時期であり，フォード1号車（1896）は，デュリア1号車（1893），キング1号車（1896）などとともにアメリカにおける自動車実用車のパイオニアの一つだった。

その後，フォードは第2号車を1898年に完成し，翌99年にはエジソンの照明会社を退職して車作りに専念し始めた。最初，フォードは「アロー」や「999」とよばれた競争モデルで自動車レースに優勝し評判を高めたが，フォードの関心は「大衆の足」としての実用車の開発と生産にあった。

（2）自動車王としての成功

レースの賞金を元手に出資者を募り，1903年にフォード自動車会社を設立した。40歳であった。そして，A型から始めてアルファベット順に試作を重ね，1908年には一般大衆のあらゆる必要を満たすことのできる「普遍的な実用車」としてT型フォードを発表した。

当時は，小型の大衆車を作りたいというヘンリー・フォードと，大型の豪華モデルを作って欲しいという出資者との対立があったが，アルファベット順に試作を繰り返すうちに，結局はヘンリー・フォードの主張が勝る結果になった。

① T型フォードの特徴

T型フォードは，普遍性と不変性を兼ね備えた車である。普遍性とは，「誰にも乗ってもらえる」という意味で，不変性とは「長く使ってもらえる」車や「モデルチェンジをしない」車という意味である。

これらのコンセプトは，実用性や大衆性とも結びつく。実用性としては，運転

しやすく，悪路に強く，こわれにくい上に修理が簡単という特徴がある。大衆性としては，価格が安く，黒一色で飾りが少ないモデルという特徴をもっていた。

② T型フォードの成功

フォードは「金持ちの遊び道具」としての自動車を「大衆の足」と位置づける新しい着想によって，大衆自動車市場（マス・マーケット）を創造した。T型フォードは18年間で合計1,546万台も生産され，1920年代には街を走る車の2台に1台はT型フォードという状況になった。

図表7-1は1909年から1916年までのT型フォードの販売価格と販売台数，それにフォード社における従業員の平均賃金（時給）とフォード社の純利益を表とグラフにまとめたものである。

T型フォードの価格は当初の950ドルから360ドルに引き下げられている。これこそが「農民も買える実用車」を目指して行なった値下げであり，T型フォードが大衆車として受け入れられた理由である。この値下げの断行はこの後も続き，1920年代には275ドルまで引き下げられた。

これに対して，平均賃金の棒グラフを見てみると，1913年の0.27ドルが翌1914年には0.60ドルに引き上げられている。これが「賃金の倍額支給」であり賃金動機（後述）の経営哲学を反映している。賃金のグラフは上下しているが，これは平均賃金であり，当時は年々従業員数が急速に増加していたことを考えると個人ベースでは確実に収入が増えていたと考えられる。

販売台数と会社の純利益を見てみると，販売は当初の2万台弱からこの7年間で年間70万台以上まで拡大し，純利益も，当初の3億ドルから45億ドルへと増大している。

つまり，消費者にとっては製品の値段が引き下げられ，従業員にとっては賃金が高くなり，販売が伸びて会社が儲かるという，まさに「誰もが幸せ」な構図がここに見られる。

　自動車は，アイデアではレオナルド・ダ・ヴィンチやニュートンにまで遡ることができ，蒸気機関を利用した三輪蒸気車は1769年にフランスの陸軍砲兵将校ニコラ・ジョセフ・クニョー（Cugnot, Nicolas Joseph）大尉が実用化している。しかし，今日のような内燃機関によるガソリン自動車が実用化されたのはドイツのダイムラー（Daimler, Gottlieb）が二輪車を作り，ベンツ（Benz, Carl）が三輪車を作った1885年とされている。

第2編　経営理論の流れ

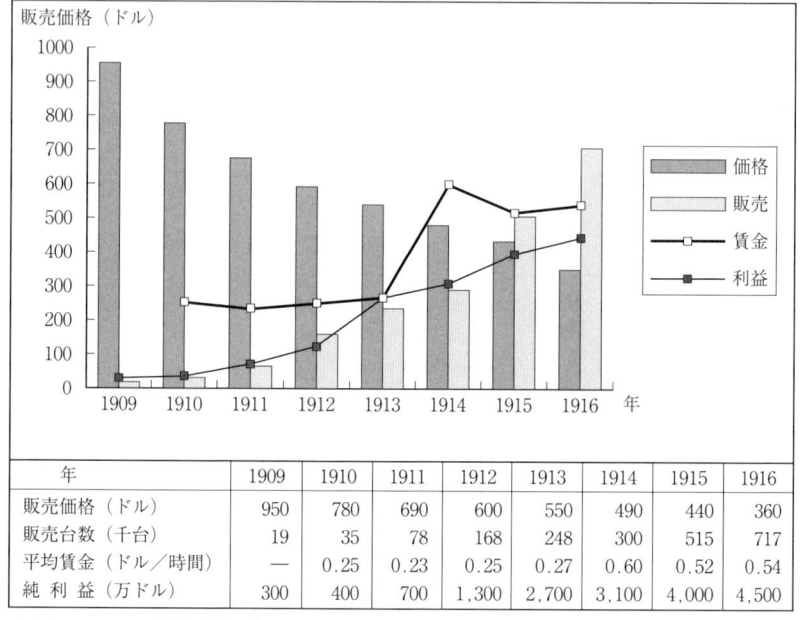

図表 7-1　T型フォードの成功

年	1909	1910	1911	1912	1913	1914	1915	1916
販売価格（ドル）	950	780	690	600	550	490	440	360
販売台数（千台）	19	35	78	168	248	300	515	717
平均賃金（ドル／時間）	—	0.25	0.23	0.25	0.27	0.60	0.52	0.54
純利益（万ドル）	300	400	700	1,300	2,700	3,100	4,000	4,500

出典：テドロー，近藤文男訳『マス・マーケティング史』ミネルヴァ書房，1993年，ほか。

　こうして，ヘンリー・フォードは「自動車王」として成功したが，この間に経営者として試行錯誤を繰り返して**フォーディズム**（独自の経営哲学）と**フォード・システム**（生産方式）を生み出した。

③　**T型フォードの不振と晩年**

　ところが，T型フォードは1920年代半ばから販売が頭打ちになりゼネラル・モータース社（GM社）に抜かれることになる。フォード社は，T型フォードの生産を中止し（最初の試作車とは別の）新型車A型フォードを発売するが，新車効果は一時的で，結局はクライスラー社にも抜かれ3位に転落してしまう。

　さらに，大恐慌（1929年）後の労働運動の高まりに対して，フォード社は私設警察を組織して弾圧したため社内は従業員同士が争う不穏な空気に包まれた。その後のヘンリー・フォードは一部の側近だけを重く用い，社長を譲った一人息子エドセルに先立たれたこともあって孤独で頑固な老人となっていった。1947年，84歳で生涯を閉じた。

2　フォーディズム

　フォーディズム（Fordism）とは，フォードが折に触れて発言している経営的な信念や基本姿勢などに関する総称であり「フォードの経営理念」と解釈できる。フォーディズム自体が最初からあったわけではなく，フォード・システム同様に試行錯誤の中で生まれてきたものである。

（1）機会の重視

　フォードは開拓で切り開かれた中西部で生まれ育ったわけで，フォーディズムは，開拓者精神の影響を色濃く受けている。フォードは，この世界には「開拓する者」と「追従する者」がいるという。開拓する者とは，自ら機会（チャンス）を発見してそのチャンスを実現していく人々であり，追従する者とは，機会を求めない人々である。

　開拓する者は，明日のために今日を犠牲にする（scrap today for tomorrow）人々であり，革新的，創造的な人間であると同時に，まずいやり方は積極的に改めてベストの仕事をする効率志向の人間像でもある。この思想が効率主義的フォード・システムと結びつくわけである。

（2）サービスの精神

　フォードは，企業は公共のサービス機関であり，大衆にサービス（奉仕）することで社会に貢献するべきであると考えた。したがって，利潤はサービスの手段と結果であって目的ではないと主張する。

　この場合，サービスとは，社会に役立つような品質に優れた製品を大量に提供することである。平易ないい方をすれば「より良いものをより安くより多く」という理念にしたがって努力することである。また，次の賃金動機でも触れるが従業員により高い賃金を支払っていくことも企業の社会的な奉仕の役割である。

　そのために，フォードは以下のような4つの経営原則を提示する。

　　① 未来への恐れと過去に対する崇拝の放棄：未来を案じたり過去にこだわることはない。失敗を恐れてはいけない。

② 競争への無頓着：物事に最善を尽くして実行すること。他人から事業を奪うことは犯罪である。
③ 利潤より奉仕を優先：利潤なくして事業は成り立たないが，利潤は優れた奉仕の結果である。
④ 安く買って高く売ることではない：公正に買い費用を極力抑えること。賭け，投機，詐欺的取引はその進歩を妨げる。

　未来や過去にこだわらず，競争にも気を取られずに，公正な心構えで誠実に最善を尽くすことが，大衆（社会）への奉仕であり，その道を真面目に進めば必ず利潤が得られるという信念である。アメリカ開拓者のピューリタン精神がうかがえる。ピューリタン精神には，開拓精神以外にも勤労精神や奉仕精神も含まれているが，勤勉に働くことで社会に奉仕していくべきだというのがフォードの考え方であった。

　ちなみに，フォードの「銀行嫌い」は有名で，得た利益を社内の金庫に保管していたといわれるが，この自主独立経営もフォーディズムの「サービスの精神」と無縁ではない。フォードによれば，銀行などの金融業者は，元本や利子の確保のみに関心をもって社会的な「サービス」の改善に努力していないというのである。

（3）賃金動機

　一般に企業は利潤（利益）を求めて活動すると考えられるが，フォードによれば，利潤を追及する「利潤動機」は一部の所有者や経営者が自分たちの個人的な資産や富を増やすためだけのものであり，その利益を従業員に還元しないという点で社会的奉仕の精神に反した理念であるという。

　それに対して，従業員に高い賃金を支払う「賃金動機」は従業員の生活水準を向上させ，雇用の確保に繋がる意味で企業の社会的な存在根拠を示すものだという。

　ただし，フォードは利潤追求を否定しない。フォードは「経営は利潤を得て運営されなければならない。さもないと経営は死滅する」と述べている。利潤そのものは悪いものではないが，奉仕の精神を忘れてはいけないというのである。

（4）フォーディズムとフォード・システム

　フォーディズムの核心は，社会（一般大衆）に対しては，安い製品を提供する

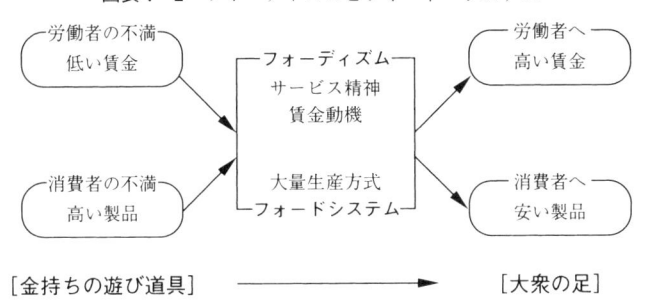

図表7-2 フォーディズムとフォード・システム

```
┌─労働者の不満─┐    ┌─フォーディズム─┐    ┌─労働者へ─┐
│  低い賃金   │→  │ サービス精神    │→  │ 高い賃金 │
└────────┘    │  賃金動機     │    └───────┘
┌─消費者の不満─┐  │           │    ┌─消費者へ─┐
│  高い製品   │→  │ 大量生産方式    │→  │ 安い製品 │
└────────┘    │ フォードシステム │    └───────┘
            └──────────┘
```

［金持ちの遊び道具］ ────────→ ［大衆の足］

という「サービスの精神」をもち，従業員に対しては高い賃金を支払う「賃金動機」をもって経営にあたる点にある。

結果的にフォーディズムによる経営は，自動車があこがれであった大衆の利益に合致し，賃金上昇によって，それまで自動車を買うことのできなかった労働者を車の消費者に変えていくことになった。フォード・システムという大量生産方式によって製品の価格を引き下げることができたし，その過程で賃金もさらに高くすることができたからである。

フォーディズムとフォード・システムは，「低い賃金」に不満をもっていた労働者に対して「高い賃金」を支払い，自動車という「高い製品」に手が届かなかった一般消費者に「安い製品」を提供することで受け入れられたのである（図表7-2）。

③ フォード・システム

フォード・システム（Ford System）とは，フォード社の採用した大量生産方式である。フォード・システムの基本は「標準化＝限定化＝細分化」と「移動式組立法＝生産の同期化」にある。

（1）標準化

フォードは，他のメーカー（自動車製造者）が，「個性的な」「手作り」の「高級な」車にこだわった時に，「単一車種」で「大量生産」する「安価な」車づくりを追及した。そのために，T型という車種に限定して生産することにしたのである。

同時に，単一車種のための専門工場を建設して，単一目的の専門機械や専門工

具を使用して，生産ラインを限定した。さらに，製品を単純な構造に設計して，製品を単純な規格部品に細分化した。生産ラインも作業手順と所要時間によって単純な作業でできるように細分化したのである。

（2）移動組立法

さらに，フォード・システムが大量生産に優れていたのは，それら細分化した工程が同時に稼働するように生産ラインを同期化，移動化したという点である。この方式は**移動組立法**（moving assembly method）とよばれる。

この方式は，作業工程を作業者がほとんど歩かず作業できる範囲で作業が完結するように細分化し，その作業工程を効率的に順序だてて並べ，製品を移動しながら組み立てていく生産方式で，「人が仕事（製品）の所に向かって行く」のではなく「仕事（製品）が人の所に向かって動く」ところに最大の特徴がある（第18章「生産管理論」279ページ参照）。

（3）フォード・システムの実際

① 移動組立法に関する誤解

通説に「移動組立法＝ベルト・コンベア・システム」とされるが正確ではない。移動組立法は，小さな部品の組立では作業者自身の手で次の作業者に製品を送ればすむことであり，作業工程を少し傾斜させて滑らせる重力活用でも可能である。必ずしも「移動組立法＝ベルト・コンベア・システム」ではない。

フォードは『私の人生と仕事』という著書で，屠殺した豚や牛の足をコンベアで吊るす缶詰め工場の製造工程からコンベア・システムのアイデアを着想したとしており，コンベア・システムはフォードの発明とされることもあるが，このシステムは以下のような試行錯誤の結果で生まれた。

② 移動組立法の誕生

本格的な移動組立法は1913年にハイランド・パーク工場のＴ型フォード生産ラインに導入されたが，最初の原始的な実験は1908年7月にピケット・アベニュー工場のＮ型モデル生産ラインで行なわれた。最初の実験は，フォードの部下であったソレンセン，ルイスと2人の助手で，シャシー・フレームをソリに乗せ，ロープで引いて組み立てた。

Ｔ型フォードが発表されたのは1908年であるが，実際に最初の車が引き渡され

たのは1909年の2月だった。T型フォードは950ドルで発売されたが，1000ドルを下回る自動車ということで発売当初から大量の予約があり，生産が追いつかない状況が続いた。そこで，競馬場の広大な跡地（60エーカー）にハイランド・パーク工場を建設し，機械設備を作業工程に合わせて合理的に配置した。

広大な敷地を得たこともあり，生産工程は細分化され長くなった。この長い工程を有効に活用するためには組立部品をいち早く組立工程に届ける必要があり，そのために改造が繰り返された。1912年までに24時間体制で増産して年間75000台を生産できるようになったが，それでも生産は注文に追いつかなかった。部品移動短縮の改良は繰り返され，2階で組み立てていたラジエーターを1階に降ろすためにベルト・コンベアが使われた。この方式が次々に他部門にも活用されるようになり，1913年8月には移動式の組立ラインが完成し1914年1月に稼働を開始した。

大衆需要がT型フォードによって喚起され，そのために増産体制が組まれて，大量の注文に追いつくための改良の中でフォード・システムが完成したわけである。したがって，ヘンリー・フォード自身はフォード・システムを発明したわけではないが，T型フォードの狙いが正しかったことや，需要に見合う供給体制を作るために設備投資や技術投資を積極的に推進したという点において「フォード・システムの生みの親」といえよう。

（4）フォード・システムの意義と影響

フォード・システムによって，自動車は「大衆の足」となってアメリカに欠かせないものとなった。自動車の普及によって19世紀には重要な産業だった鉄道業が斜陽となり，輸送手段や交通手段は完全に鉄道から自動車へ移った。自動車による**交通革命**である。

自動車の普及は交通革命に留まらなかった。アメリカ人の住環境と**ライフスタイル**を根本的に変化させた。たとえば，人々は町中（ダウンタウン）ではなく郊外に移り住むようになり，自動車で買い物ができるスーパー・マーケットが広まった。

フォードシステムは他の産業に波及して，大量の製品が市場に送り出されそれが消費されるようになった。いわゆる**大量消費社会**が誕生したのである。したがって，フォード・システムは交通革命だけではなく，社会的な革命も引き起こ

したことになる。

　加えて，その影響は製造業のみに留まらなかった。たとえば，トラクターなど農業機械が大量生産されて農業の近代化が進んだり，標準化された高品質の軍事兵器が大量生産されて軍事力の増大に結びついた。アメリカが第一次，第二次世界大戦を通じて世界的な軍事大国になったのもフォード・システムによるところが大きいといわれている。

［ケーススタディ：フォードと GM］

　T型フォードの初期の成功にもかかわらず，ヘンリー・フォードの会社は，1920年代半ばという比較的早い時期にゼネラル・モーターズ（GM）社に追い抜かれ，T型フォードの販売は1927年5月に中止せざるをえなくなる。

　T型フォードの販売が実質的に始まったのは1909年であるから，T型フォードの時代は18年にすぎなかったわけであり，長く伝えられているヘンリー・フォードの名声に比べると相対的に短かったといわざるをえない。

　さらに，フォード社は大恐慌（1929年）期に深刻な労働争議を経験するが，カンパニー・グーン（company goon）とよばれる私設警察を企業内にもうけ，労働者を弾圧するという事態まで招いた。

　フォーディズムの賃金動機にあるように，フォードの経営哲学は，労働者のために利益を還元するというものであったはずだが，そのフォード社が，大切な従業員を私設警察に監視させ弾圧させるような事態がなぜ起こったのだろうか。

機会の重視

　誰もが「大衆には手の届かない乗り物」と思っていた自動車を「大衆の足」として作り変えたのはヘンリー・フォードの「機会を切り拓く」勇気と決断によるものであろう。たとえば，現在でも小型飛行機やクルーザは庶民には手が届かないものであるが，これを各家庭に普及させたようなものである。

　ところが，その革新的・創造的な経営理念を掲げたフォード自身が，T型フォードに固執して逆に市場革新に遅れをとってしまった。T型フォードは，単一モデルで単一色であり，もともと馬車的なスタイルで四角く安っぽいイメージがあった。T型フォードは"Tin Lizzie"とよばれていたが，"Lissie"は"Elizabeth（エリザベス）"の愛称で「女の子」を意味し，"Tin"とは「スズ」や「ブ

リキ」の意味と「安っぽい」という意味がある。小型で愛らしい女の子のイメージとブリキ車のように安っぽいイメージが重なった愛称であろう。
　このような小型で丈夫で安い車は，最初の1台目としては好まれるが，2台目や買い替えの車になると，顧客の満足を必ずしも得られない。大衆が次に待ち望んでいたのは，高級感のある大型車であったのにヘンリー・フォードはそれが読みきれなかった。
　代替需要の発生で新しいタイプのモデルが売れる機会（チャンス）があったのに，フォード社は，そのトレンドから見離されてGMに追い抜かれてしまう。「機会の重視」を言葉ではうたいながら機会を逸してしまった。

サービスの精神
　ヘンリー・フォードは「顧客から始め，設計を経て逆戻りして最後に製造に到着する」と述べている。顧客へのサービス（奉仕）の精神を大切にした人である。ところが，既に見たように，顧客が「ゆったりとドライブできる車」を求め始めていたのにその顧客への奉仕を怠ってしまった。
　ヘンリー・フォードの有名な言葉に「黒でさえあればどんな色を注文しても応じます」という奇妙な表現があるが，これは彼が，市場の大半を占める大衆に焦点を絞ってその大衆のニーズに応える製品を追求したことを意味する。
　彼にとっての顧客とは製品の好みをもたない不特定多数の大衆であったが，大衆市場が成熟すると個々の消費者は「他人と同じものを求める」のではなく「他人と違うものを求める」ようになる。「誰もが乗れる車」は「誰も乗りたがらない車」になってしまう。
　ヘンリー・フォードは顧客へのサービス（奉仕）を念頭に置きながら，顧客のニーズが変化していることに気を配ることがなかった。顧客から出発する顧客志向を目指しながら，実際には製造から出発した生産志向の考え方に立っていたのである。それは，自動車作りにおいては誰にも負けないという技術者としての自負心が招く落し穴でもあった。
　たとえば，スイッチ一つでエンジンを始動するスターター・モーターが人気を集め始めた時も，ヘンリー・フォードは車の前にクランク棒を突っ込んでエンジンを始動するクランク式スターターにこだわった。当時はスターター・モーターの信頼性が低く故障が多かったので，こわれにくく確実にエンジンを始動できる

クランク式の方が顧客へのサービス（奉仕）と考えたのである。こうしてヘンリー・フォードは「市場への奉仕者」ではなく「市場への説教者」となってしまったのである。

賃金動機

賃金動機とは「賃金を上げて価格を下げることで需要を拡大させる」考え方であるが，この経営哲学は現実問題として実行するとなると大変な勇気が必要である。価格の引き下げは売上の減少に繋がる恐れがあり，その中で賃金を引き上げればコストだけが増大してしまうからである。

実際に，フォードは1913年から毎年，1台あたり60ドルの値下げを断行しているが，その中で，1914年に最低賃金を日給2ドルから5ドルに引き上げている。当時のフォードの販売台数は約20万台だから1200万ドルの減収を覚悟して賃金を倍にしようというものである。

これは現在ならば大学卒業者の初任給を1年で，20万円から40万円に引き上げるようなものであり，現代でも「賃金の倍額支給」を英断できる経営者はなかなか見つからないであろう。すなわち，賃金動機も「道を作る」という開拓者精神的なフォーディズムの現われなのである。

ところが，この賃金動機は，フォード・システム（大量生産方式）が市場のニーズにあっていたからこそ実現できたのであり，そうでなければうまく機能しない。フォードは，1929年の大恐慌の時も「賃金を上げ，価格を下げろ」と指示したが，フォードの自動車が売れなくなっていたこの時期には，消費者の購買力を刺激することができなかったばかりか，結局は工場の操業を短縮せざるを得なかった。

結果は，労働運動がエスカレートして従業員を弾圧することになってしまった。一部の資本家だけで利益を独占するのではなく利益を従業員にも還元しようとしたはずのフォードが大切な従業員を監視し弾圧するような事態に追い込まれてしまったのである。

GMの革新性

アメリカの19世紀の実業家は，巨大な資本を利用して企業買収を繰り返し独占と集中によって利益をあげるタイプが多かった。たとえば，鉄鋼王カーネギー，石油王ロックフェラー，金融王モルガンなどであるが，GMの創業者デユラン

トもその延長に位置づけられ，中小の自動車会社を次々に買収して大きな自動車会社を作っていった。

　ところが，1923年にGMの社長に就任したアルフレッド・P・スローン・ジュニアは，規模の利益だけではなく，分権的な事業部制を活用しながら，個々の市場のニーズを巧みに吸い上げていく新しいタイプの経営者であった。

　スローンは，1875年コネティカット州ニューヘブンで紅茶などの輸入商社を経営していた家に生まれた。10歳でニューヨーク・ブルックリンに移り，1895年にマサチューセッツ工科大学（MIT）を卒業と同時に小さなベアリング会社に入社した。やがて，そのベアリング会社の社長となったが，GMのデュラントがその会社を買収するとユナイテッド・モーターズ社の社長となり，GMが同社を吸収合併するとGMの取締役になった。

　スローンはGMの弱点を知り尽くしていた。GMの弱点は，さまざまな自動車会社を一つにしたために，車種がバラバラで価格帯でも重複したり，不要なモデルを抱えていた。

　さっそく，スローンは，車種を整理し，重複した中間車種や利益の上がらない車種を廃止・統合した。そして，T型フォードに対して高すぎたシボレーを値下げしてシボレーからオークランド，ビュイック，オールズ，キャデラックと下から階段のように登っていく車種系列（製品ラインナップ）を作り上げた。

　スローンは「あらゆるポケット（所得）に見合う車」を提供することで，GMの車で次々に高級車に買い替えられるようにした。ここでは，自動車は「丈夫で実用的な乗り物」ではなく「ステータスや成功の証」と位置づけられる。フォードが普遍的な製品（T型フォード）を不変的（モデルチェンジなし）に提供したのに対して，GMは幅広い製品群を変化（モデルチェンジ）して提供したのである。

　やがて，大衆車の需要が一巡して代替（買い替え）需要が発生し始めたときに，GMの政策は一般大衆のニーズにマッチしたものになった。スローンは，自動車市場を，①T型フォードが発表される1908年以前の高級市場（class market），②T型フォードが市場を席巻していた1908年から1920年代半ばの大衆市場（mass market），③1920年代半ば以降の「より豊かに変化する」大衆向け高級車市場（mass-class market）3つに区分しているが，第三の大衆向け高級車市場が花開いたのもスローンの「変化は機会を意味する」という哲学の現われであった。

　そのために，彼は割賦販売，中古車の下取り，アニュアル・モデルチェンジ

（毎年実施するモデルチェンジ）など今日では自動車業界の常識となっている制度を実行している。自動車は買い替えるものという常識が作りあげられたのである。

このようにして，1920年代後半になると，フォードの信念であった「道を作る」開拓者精神や革新性に富んでいるのはむしろGMの方になってしまった。逆に，市場の変化にしたがって，革新者フォードは保守化してしまった。

フォードは，自動車を「大衆の足」にするという型破りな発想を実現し，自動車のような大きな製品をベルト・コンベアで移動させるという大胆な生産システムを導入し，従業員の賃金を大幅に引き上げるという英断を下して，大衆消費社会を実現した。彼の「より良いものをより安くより多く」という思想は現在でもあらゆる製品に生かされているし，我々の生活は彼の生み出した生産システムの恩恵を受けている。

だが，大衆消費社会が成熟するに従って消費者の好みが変わってくるということを見抜くことができずに，実践家フォードは実践の中でつまずいてしまったのである。（写真出所　フォード：http://www.erols.com/jhowell/gwe/sample/sample.htm）

[演習問題]

[1]　テイラーの標準化とフォードの標準化には異なるニュアンスが含まれている。第18章も参考にしながら考えなさい。

[2]　T型フォードの成功と失敗について第17章のマーケティングの立場から整理しなおしなさい。

[参考文献]

フォード／稲葉襄監訳『フォード経営』東洋経済新報社，1968年（Ford, H., *Today and Tomorrow*, William Heinemann, 1926）。

北野利信編『経営学説入門』（有斐閣新書）有斐閣，1977年。

白髭武『アメリカマーケティング発達史』実教出版，1978年。

スローン／田中融二・狩野貞子・石川博友訳『GMとともに』ダイヤモンド社，1967年（Sloan, A. P. Jr., *My Years with General Motors*, Doubleday & Company, Inc., Garden City, NewYork, 1963）。

ソレンセン／高橋達男訳『フォード　その栄光と悲劇』産業能率短期大学出版部，1968年（Sorensen, C. E., *My Forty Years with Ford*, A. Watkins, Inc., 1956）。

園田哲男・藤井耐『現代経営学の基礎』多賀出版，1984年。

第8章　ファヨールと管理過程論

　テイラーとほぼ同時期に科学的な管理法について考えていた実業家がいた。それがジュール・アンリ・ファヨール（Fayol, Jule Henri）である。彼の経営理論は彼がフランス人であったことから，アメリカではあまり知られなかった。しかし，後に彼の著作が翻訳されると，アメリカ的な経営理論の中核をなす理論として高い評価を得て，後に「近代管理論の真の父（the real father of modern management theory）」あるいは「管理原則の父（the father of principles of management）」とよばれるまでになった。

J. H. ファヨール

　彼の名を「フェイヨール」とする文献もあるが，それは「ファヨール」の英語読みの影響で，英語版によって彼の理論が伝えられたためである（本書では「ファヨール」の方が一般的と思われるので「ファヨール」とする）。

1　ファヨールとその時代

（1）生い立ち
① **名門と高等教育**
　ファヨールは，1841年7月コンスタンチノーブル（現イスタンブール）で生まれた。ファヨール家はフランス中部の家系で，父は高等教育を受けて建築技師となったが，兵役中にコンスタンチノーブルの砲身鋳造工場で監督にあたっていた。
　父親は兵役がすむと，故郷に戻って製鉄所の技師になったため，ファヨールもフランスのラ・ブルトで暮らし，1860年にはサン・テチェンヌ鉱山学校を19歳で卒業した。

このサン・テチェンヌ鉱山学校はパリ鉱山学校とともに（フランスの高等教育機関である）グランゼコールの一つで，当時は鉱業が産業革命を推進する花形産業であったことと合わせて考えれば，ファヨールが最高レベルの教育を受けていたことがわかる。

② 技師から経営者へ

ファヨールはこの鉱山学校を卒業すると，**ボアグ・ランブール合資会社**[*]に入社，コマントリ鉱山の技師を勤め，1866年には主任技師に昇進している。1878年から1884年の間，コマントリーとモンヴィック鉱山の経営を任され，1880年には総支配人となり，1872年から1888年の間はベリー鉱山の経営も兼務している。

③ 当時の鉱山経営

鉱山ははじめ露天掘りだったが，山の表面を掘り尽くしてしまった後はどんどん深く掘っていくため事故も多発しコストが上昇した。加えて，トマス法やベッセマー法など高品質の鉄鋼が生産されるようになったために東部地区からこれら新技術に適した鉱石を輸送しなければならない状況にあった。資源枯渇によるコスト高と新技術への対応という問題のため経営が困難になっていたのである。

そこで登場するのが「専門経営者」としてのファヨールである。彼は技師として技術的な知識をもっていたが，現場管理の経験者として鉱山経営に必要な知識ももち合わせていた。そこで，多くの鉱山を合わせて経営するようになったマントリー・フルシャンボー・ドウカズヴィル（略称コマンボール）社の社長に1888年に就任する。

ファヨールは，1918年12月末に義理の甥であるグロード・ムゲに社長を譲るまで30年間同社の社長を務めたが，この間，鉱山以外の多角経営にも乗り出し，同社を優良企業にした。

（2）理論研究と著作の発表

① 理論的研究

ファヨールは社長としての経営経験を独自の管理理論にまとめ，経営の科学化と教育につとめた。彼は，独自の理論を1898年に草稿としてまとめ，1900年にフランスの鉱山・鉄鋼国際会議で「産業における経営の役割」というタイトルで報告した。この報告は大変好評で，1908年に開かれた鉱業協会50周年の大会で再び発表を行なった。

第8章　ファヨールと管理過程論

　1918年に社長を退任すると，自ら創設した「管理研究所」を中心に管理原則の科学的追求とその普及に努力した。ファヨールの創設した研究所は，後にフランス管理協会となり，フランス経営学に貢献することになる。
　ファヨールは，この間もコマンボール社の役員会にしばしば出席し，対外的にも軍の管理など行政管理を教えたりしていたが，1925年胃潰瘍の手術を受けた後に突発事故でパリの自宅で急死している。

② 著　作

　鉱山・鉄鋼国際会議で発表されたファヨールの報告は，1916年に「産業ならびに一般の管理」という標題で鉱業協会機関誌の第三分冊に掲載された。その後，1917年には『公共心の覚醒』1921年には『国家の産業的無能力』という著作を発表しているが，このうち経営理論をまとめた『産業ならびに一般の管理』は1917年に同名の単行本となった。テイラーと同時期にすでに経営管理の基本を体系的にまとめていたわけである。
　彼の著作は，1929年に英訳されるが，この英訳版は数百部しか印刷されずイギリス国内でしか出版されなかったため，アーウィック（Urwick, L. F.）とギューリック（Gulick, L.）の編纂による英訳版（1949年）が出るまであまり知られなかった。

２　管理職能の独立と分離

（１）6つの企業活動
　ファヨールによれば，企業活動には以下の6つの活動がある。この6つの活動は，企業の本質的な機能であり，そのどれ一つが欠けても企業は「衰退」するも

　ボアグ・ランブール合資会社は，1853年に設立されたフランス中部の名門企業で，石炭生産を行なうコマントリー炭坑と鉄鋼生産を行なうフルシャンボー鉄鋼所が主体だった。1874年に株式会社コマントリー・フルシャンボーに改組され，1892年には有力鉱山ドウカズヴィルと合併してコマントリー・フルシャンボー・ドウカズヴィル社となった。他の教科書でファヨールの会社を「コマンボール社」としているものもあるが，この「コマンボール」は主力鉱山名を列記した「マントリー・フルシャンボー・ドウカズヴィル」という社名の略称である。このことからも分かるように，同社ではこの時期に「所有と経営の分離」が進行した。社長を始めとする経営陣でも最初はボアグ家とランブール家が占めていたがファヨールが頭角を現わす頃には両家出身の経営者が少なくなっている。

ので「死滅」する可能性もある。

① 技術活動（生産，製造，加工）
② 商業活動（購買，販売，交換）
③ 財務活動（資本の調達と運用）
④ 保全活動（財産と従業員の保護）
⑤ 会計活動（棚卸，貸借対照表，原価計算，等）
⑥ 管理活動（予測，組織化，指令，調整，統合）

このうち，技術活動とは，生産（production）と製造（fabrication）と加工（transformation）を含むもので，今日でいう生産部門の活動である。商業活動とは購買部門と営業部門のことといえる。保全活動とは，財産と従業員の保護という意味で，今日の総務部門や人事部門の仕事に通じる。財務活動と会計活動は今日では経理部門のことをさすと考えてよい。すなわち，1番目から5番目までの企業活動は，生産・販売・購買・人事・経理・総務など各部門の活動を示している。

（2）管理活動の分離

その上で，ファヨールは6番目の企業活動として管理活動をあげるが，管理という概念を他の個別活動と分けて強調している。

第一は，管理活動が（1から5番目までの）個別活動とは質的に異なるということである。ファヨールによれば，管理活動のみがもっぱら人間を対象にし，全般的計画を立て**社会体**[*]（corps social）を構成し，努力を調整し，各活動を調和させている。

これは全般管理を業務活動と区分したと解釈しても良いであろう。1から5番目までの個別活動は，技術・商業・財務など各部門に属する活動であるが，管理活動はそれらの上にたって各企業活動を統合する全般的活動と位置づけられる（図表8-1左図）。

第二の特徴は，管理活動の重要性を量的に示したことである。ファヨールによれば，作業者層では85％が技術活動に注がれて管理活動は5％程度であるが，それが，職長→係長→課長→製造部長→所長と上級職になると管理活動の比率が大きくなって社長では管理活動が50％となり，（1から5番目までの）業務活動は

第8章　ファヨールと管理過程論

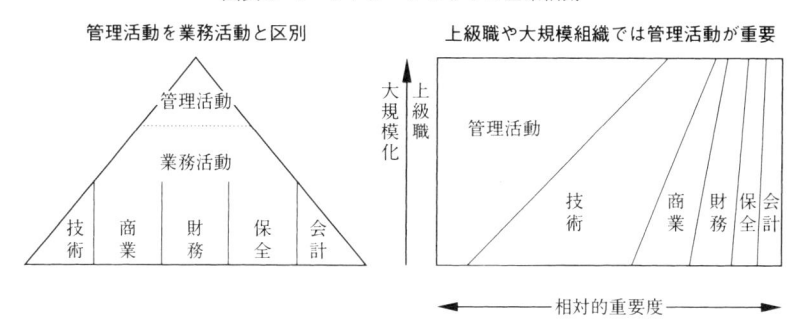

図表8-1　ファヨールの6つの企業活動

管理活動を業務活動と区別／**上級職や大規模組織では管理活動が重要**

（左図：管理活動／業務活動／技術・商業・財務・保全・会計）
（右図：大規模化・上級職／管理活動／技術・商業・財務・保全・会計／相対的重要度）

それぞれ10％の重要度に過ぎなくなる（図表8-1右図）。

同様に，管理活動は企業の規模が大きくなればなるほど大きくなるとファヨールはいう。ファヨールの区分では単独企業（15％）→小企業（25％）→中企業（30％）→大企業（40％）の順に管理活動の比重が高まり，超大企業では50％，国営企業では60％が管理活動にあてられる。

これらの数字はファヨールが経験的にあてはめたもので，厳密な裏付けがあるわけではない。しかし，上級職や大規模組織では管理活動の重要性が増すことは常識的に理解できよう。ファヨールは「管理」という職能を他の活動から切り離し，上級職に必要なものと位置づけ，科学的な分析を試みたのである。

③　管理過程論

（1）5つの管理要素

ファヨールは管理活動の内容を「予測し，組織化し，指令を出し，調整し，統制すること」と述べている。

① **予測**すること：未来を検討し，活動計画を立てること
② **組織化**すること：物的・社会的な二重の有機体を構築すること
③ **指令**すること：従業員を機能させること

> **社会体**とは，ファヨールの用語で企業のほか国家，宗教団体，政党など社会的な組織体のことである。この概念は企業を「人間の組織」ととらえる有機体思考にもとづいている。

④　調整すること：全ての活動と努力を結集し団結し調和させること
⑤　統制すること：規則や指令に従って進行するように監視すること

　これは管理の要素を述べたものに他ならない。この管理要素的な考え方は，次の項目で述べる「管理原則」とも共通する。当時，管理は個人的な資質によると考えられていたが，ファヨールは，科学的に法則をもつ普遍的な職能と考えていたのである。

　ただし，ファヨールは誰でもが資質や能力にかかわらず管理職能を遂行できると極論しているわけではない（第16章の「リーダーシップ資質論」251ページ参照）。

　しかし，ファヨールが管理を（上記①から⑤で示した）5つの要素に分けて管理の内容を示したことの意義は大きい。誰もが，①これから起きることを予測し，②やるべき仕事を順序だてて組織化し，③わかりやすく指示し，④関連の仕事と調整し，⑤その結果を統制していけば，管理がうまくなるからである。

　ここに管理教育の必要性が生まれてくる。ファヨールが管理の理論化とともに力を入れたのは管理方法を普及する管理教育であった。

（2）管理過程（マネジメント・サイクル）

　このような管理プロセスは，他の研究者たちによっても一部分試みられていた。アメリカではチャーチ（Church, Alexander H.）とアルフォード（Alford, Leon P.）が「マネジメントの諸原則」として①経験を体系的に活用すること，②無駄な努力をさせないこと，③人材を有効活用することをあげ，①では計画の重要性を説き，②の無駄な努力をさせないために「分割」「調整」「管理」「報酬」というプロセスを説明している。

　しかし，ファヨールが5つの管理要素に明示し，管理とは「予測し，組織化し，指令を出し，調整し，統制すること」と明言した意味は大きく，その後，アーウィック（Urwick, L. F.），ニューマン（Newman, W. H.），デイル（E. Dale），クーンツ（Koontz, H.）など多くの研究者が同様のマネジメント・プロセスを発表し，**管理過程学派**（management process school）とよばれる研究系譜が作られた。たとえば，ギューリック（Gulick, Luther）は POSDOCORB（Planning, Organizing, Staffing, Directing, Coordinating, Reporting, Budgeting）のように精緻化した。この学派は，管理過程や管理原則が普遍性をもつという立場に立つので**普遍学派**

図表8-2 ファヨールの管理要素とマネジメント・サイクル

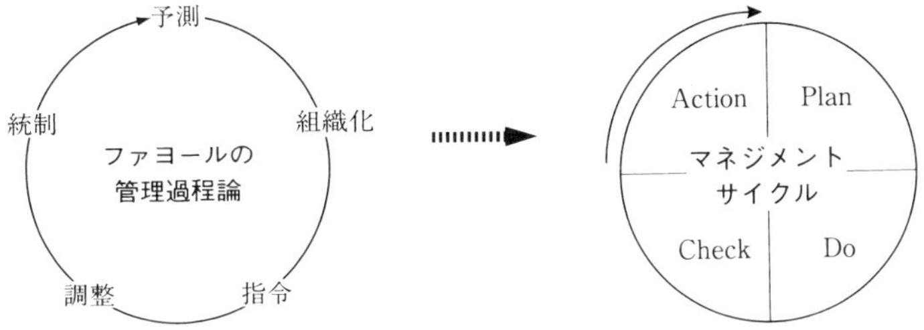

(universal school) ともよばれる。

　すでに、第2章の「ゴーイング・コンサーンとしての企業」の項目（20ページ）で学んだが、今日多くの企業において「プラン（計画）→ドゥ（実行）→シー（統制）」という**マネジメント・サイクル**が実践されていたり、**QC サークル**活動などでも、「**Plan**（計画）→**Do**（実行）→**Check**（評価）→**Action**（調整）」というサイクルが提唱されている。これらも管理過程を単純化したものである（図表8-2）。

　ちなみに、ファヨールの「予測する」は"prevoir"であり、予算などと直結した意味で「計画する」と訳す例も多い。

4　管理原則

（1）14の原則

　ファヨールは14の管理原則をあげて管理方法を示している。ただし、ファヨール自身も「管理の原則は無数にある」として、この14の原則は重要と思われるものについて「個人的意見を表明しただけにすぎない」と述べている。

1．**分業**：同じ努力で、より多くのものを生産すること。
2．**権限と責任**：権限は命令できる権利であり、責任と切り離せない。
3．**規律**：企業と従業員の協約尊重の外面的表現。
4．**指令の統一**：従業員は一人の上司からのみ指令を受ける。
5．**指揮の統一**：一人の長と一つの計画。
6．**全体利益の優越**：企業全体の利益は個人の利益より優先する。

7. 従業員の報酬：公平なもので，熱心さを奨励し，合理的限界を越えないこと。
8. 集権化：集権化と分権化は程度の問題。上司や部下，企業環境による。
9. 階層連鎖：権限系統の尊重と迅速性の2つを考慮して調整する。(渡し板)
10. 秩序：物的秩序（物の置き場）と社会的秩序（人の地位）は適材適所で行なう。
11. 公平：公正（正義＝justice）に思いやりを込めたものが公平。
12. 職位の安定：仕事に慣れるまで異動を行なわない。
13. イニシアティブ：考えぬきそれを実行に移す力。
14. 団結：分割統治の誤解や文書の濫用を避ける。

 以上はファヨールの説明の一部を抜き書きし解説したものであるが，これらの管理原則についてはファヨールがコマンボール社の経営から得た経験がふまえられており，含蓄ある説明が加えられている。
 たとえば第4・第5原則に関し，彼は，「指令（命令）の統一」と「指揮の統一」は同じようであるが，混乱してはならないと述べている。「指揮の統一」は一つの計画という意味で組織全体のことであるが，「命令の統一」は個々人の働きに左右される。「命令の統一」は「指揮の統一」がなければ存在しないが，「指揮の統一」は「命令の統一」からは生まれてこないという。
 また，第11原則では公正（justice）と公平（equity）を区別している。公正とは「協約を実施すること」であり，公平とは「思いやりと公正を合わせたもの」である。規則通りにやることが公正ならば，規則を守った上でそれに加えて配慮することが公平である。そのような「思いやりある配慮」を加えるためには「多くの良識や，経験や，すぐれた性格が必要である」とファヨールはいう。

(2) ファヨールの渡し板

 第9の「階層連鎖の原則」では，有名なファヨールの渡し板という概念を提唱している。これは長い階層をもつ組織でしばしば現実的なコミュニケーション方法としてとられるもので，同じ階層の者同士が直接に連絡や交渉を行なうことである（図表8-3）。

第8章　ファヨールと管理過程論

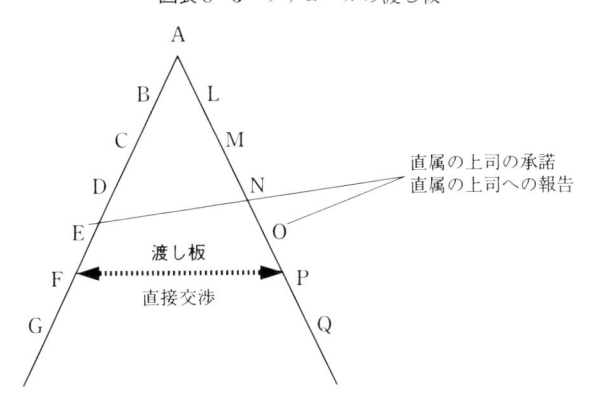

図表8-3　ファヨールの渡し板

たとえば，「命令の統一」の原則に従えば，命令指揮系統は一つであるから，「F」と「P」が連絡や交渉を行なう場合には，通常ならば「F→E→D→C→B」と階層を登って「A」を経由してさらに「L→M→N→O」と階層を下って連絡を取り合う必要がある。

ところが，このような長い階層（情報経路）を通って行なわれる情報交換では，時間も手間もかかるし，情報が長い間に不正確になってしまう恐れがある。そこで，「F」と「P」が「渡し板」を使って直接交渉をすればずっと簡単で早い。

ただし，この場合，「指揮系統の尊重」と「迅速な行為」を両立するために，2つのことが重要である。第一は，直属の上司である「E」と「O」が「F」と「P」の直接交渉を承認することであり，第二は，「F」と「P」が直接「渡し板」を使って交渉した結果を直属の上司である「E」と「O」に報告するということである。

ファヨールはこのように管理原則をあげながら現実的な方法を示唆している。実際，ファヨール自身も「渡し板」の使い方は簡単であるし，早く確実にコミュニケーションを行なうために便利であるといっているが，不幸にも官僚主義的な政府機関ではこれができていないことも指摘している。

［ケーススタディ：テイラーとファヨールを比較する］

テイラーとファヨールはともに「父」と仰がれる経営学の双璧であるが，同じ時代に生きながら直接の交流はなかった。両者の相違点を検討して，両者の理論

について考え直してみたい。また，共通点を取り上げて両者の貢献を確認したい。

相違点
① 経　歴
　テイラーは生産現場の技師を経て経営コンサルタントとして独立し，生産管理を中心として科学的管理法を提唱した。これに対して，ファヨールは，鉱山経営の専門家として主力鉱山の経営を任された上に社長として多角的な経営に乗り出している。
② 視　点
　テイラーは生産現場の監督者の視点から管理の必要性を説いているが，ファヨールはトップの立場から全体を見通した管理理論を展開している。
③ 理論の重点
　テイラーが時間・動作分析など生産現場の管理に特化した細かい研究を行なったのに対して，ファヨールは長い経営者としての経験から企業全体を見通した全般的管理論を展開している。また，ファヨールは国営企業や行政に関する管理にまで言及して「管理」という概念を「統治」という概念にまで拡張している。
④ 用　語
　テイラーはマネジメント（management）という用語を用いて課業管理（task management）を説いたが，ファヨールはアドミニストレーション（administration）という用語を主に用いて管理活動や管理原則を説明している。ともに「管理」と訳される言葉であるが，マネジメントは経営学独自の用語であるのに対してアドミニストレーションには「行政」を含め管理全般に使われる一般的な用語である。
　さらに，ファヨールはその「管理（administration）」は「統治（government）」に必要な6つの企業活動の一つであるとして，統治とは「企業の使用する全財産からできるだけ多くの効用を引き出すよう努力しながらその目的へと導いていくもの」としている。すなわち，ここでいう「統治」とは「経営」あるいは「経営戦略」という用語で置き換えることができる広いものといえよう。
⑤ 管理職能の目的と手段
　テイラーの管理目的は生産性を高めることであり，標準化や合理化を進めることがそのために必要な二次的目的となっている。その目的達成の手段として課業管理や時間・動作分析に重点がおかれたわけである。

図表8-4　テイラーとファヨール

	テイラー	ファヨール
経歴	技師→経営コンサルタント	技師→経営者
視点	現場監督から見た	トップから見た
重点	現場管理・生産管理	全般的・行政管理
用語	マネジメント	アドミニストレーション
目的	作業の合理化・標準化	社会体としての組織目標
手段	課業設定や時間動作分析	管理過程や管理原則
組織	機械的組織観	社会体・有機体的組織観
命令	専門化の原則	命令一元化の原則
法則	科学性を強調	絶対的法則はない
影響	管理工学やIE	管理過程学派
共通項目	普遍的な管理方法（原則）の追求　計画機能と執行機能の分離	

　これに対して，ファヨールにおける管理の目的は「統治（government）」の用語に見られるように企業全体の「舵とり」であり，時代や環境の要請に応えながら最大限の効用を引き出すことである。したがって，個別の管理手法よりも全般的経営のための管理要素や管理原則の分析が重点となるわけである。

⑥　**組織観**

　テイラーは，機械的な組織観にたってきっちりとした管理を想定している。したがって，同じ公平という考え方でも科学的な客観性に基づいた基準を重視している。

　ところが，ファヨールは管理原則の第11原則で公正（justice）と公平（equity）を区別して公平とは「思いやりと公正を合わせたもの」であるというように「思いやりある配慮」を加味している。ファヨールが組織について社会体や有機体という面を強調しているのも「人の組織」として従業員一人一人の創意が組織を動かしているという点に着目しているからである。

⑦　**命令系統の扱い**

　テイラーは，複数の上司から命令を受ける職能別職長制（ファンクショナル組織）を提唱している。組織原則（第12章参照）のうちでは「専門化の原則」にしたがった組織を考えているといえる。

　これに対して，ファヨールは管理原則の中で「命令の統一」と「指揮の統一」

を強調しており，一人の上司から一つの命令という「命令一元化の原則」を最も重要な組織原則としている。

⑧ 管理法の法則性（絶対性）

テイラーは自らの理論の法則性について「科学的管理法」の科学性を強調しているが，ファヨールは「絶対的な法則はない」として，管理原則についても「個人的意見を述べているに過ぎない」としている。もちろん，このファヨールの言葉は自説に自信がないから出たのではなく，経営のトップとしての経験をふまえた発言であり「人の組織」には絶対的なものはないということを断っているに他ならない。

⑨ 理論が及ぼした影響

テイラーの科学的管理法は，後に管理工学やインダストリアル・エンジニアリング（IE）の発展をもたらした。これに対して，ファヨールの理論は，上記でも説明したように管理過程学派という学派に影響を与えたばかりか，組織を「権限と責任の体系」と見る伝統的組織論の中核的な理論に基礎を与えた。

共通点と貢献

このような違いがあるにもかかわらず，テイラーとファヨールには根本的に共通した主張がある。それは，両者とも普遍的な管理方法や管理原則を追求したということである。

テイラーは，科学的管理法以前の管理を「目分量方式（rule of thumb method）」による「成り行き経営（drifting management）」として批判し，誰でも公平に行なえる管理方式として科学的管理法を提唱したが，この点についてはファヨールも同様で，鉱山経営が困難になった時期に所有者（ボアグ・ランブール家）から経営を任された専門経営者として誰でもできる普遍的で公平な管理方式の考案に腐心し，長年の経験に基づいて管理原則などの管理理論を展開したわけである。

そのために2人がとった基本的な考え方は，「計画機能」を「執行機能」から分離独立させることであった。テイラーが行なった課業管理や時間・動作分析などは，計画部署が現場（執行部門）に代わって作業計画を綿密にたてるための研究であり，職能別職長制という機能的組織は計画部署を執行部門から分離独立した組織である。

この「計画と執行の分離」という考え方はファヨールにおいても見られる。彼

は6つの企業活動をあげるが，そのうち計画機能をもつ管理活動を他の5つの業務活動（執行）と区別して特別に取り上げている。

　アメリカの経営学は近代資本主義が大量生産方式を導入し始めた「テクノクラシー（技術優先主義）の時代」に学問として確立した。ファヨールの理論が英訳された後にアメリカで多くの研究者の支持を得て発展したのも，「計画と執行の分離」というアメリカ経営学的見方と合致したためである。しかし，この「計画と執行の分離」という合理的経営観は，次に見る「ホーソン実験」によって揺らぐことになる。

[演習問題]

[1] ファヨールはリスクマネジメント（326ページ参照）の考え方を経営学に初めて導入したともいわれている。技術活動，保全活動などファヨールの「6つの企業活動」のうち，リスクマネジメントはどれに相当するか考えなさい。

[2] 「14の管理原則」は，ファヨールも認めているように絶対的なものではない。よく検討すると相互に矛盾するものがある。いくつかあげて矛盾点を指摘しなさい。

[参考文献]

チャーチ＆アルフォード／古谷野英一訳「マネジメントの諸原則」（メリル／上野一郎訳『経営思想変遷史』産業能率大学出版部，1968年）。原典は，Church, A. H. & L. P. Alford, "The Principles of Management," American Machinist, Vol. 36, pp. 857-861.

山本安次郎訳『産業ならびに一般の管理』ダイヤモンド社，1985年（Fayol, Henri, *Administration industrielle et generale*, Edition presentee par P. Morin, Dunod, Paris, 1979）。

ファヨール／幸田一男訳「管理の一般原理」（メリル／上野一郎監訳『経営思想変遷史』産業能率大学出版部，1968年）。

佐々木恒男『アンリ・ファヨール』文眞堂，1984年。

杉本常「ファヨール」（車戸實編『経営管理の思想家たち』早稲田大学出版部，1987年）。

第9章　メイヨーと人間関係論

G. E. メイヨー

　テイラー的な科学的管理法は次第に産業界に浸透していったが，科学的実証的に管理に関する実態調査を行なおうとした結果，テイラー的アプローチを揺るがすような結論が見いだされた。それが，**ホーソン実験**（Hawthorne experiments）であり，その後に発展した**人間関係論**＊（human relations theory）であった。ホーソン実験はハーヴァード学派によって行なわれたが，本章では，ホーソン実験を推進した中心的研究者であるメイヨーに焦点をあてながら，ホーソン実験の経過と人間関係論の立場を紹介してみたい。

1　メイヨーと初期の研究

（1）生い立ち

　ジョージ・エルトン・メイヨー（Mayo, George Elton）は，1880年にオーストラリアのアデレードで生まれた。医者の子供として，彼自身も医学生としてスコットランドのエディンバラに留学しているが，オーストラリアのセント・ピータス・カレッジとアデレード大学では論理学と哲学を専攻し，1911年には同国クィーンズランド大学の講師となって論理学と心理学を教え，1919年には同大学の教授になった。

　1922年に，ロックフェラー財団客員研究員として米国ペンシルヴァニア大学ウォートンスクールに移った彼は，同大学の周辺地域で産業精神衛生の研究を行なうが，1923年，フィラデルフィアの紡績工場（ミュール紡績部門）の調査を行

なった。

　1926年，メイヨーは，ハーヴァード大学のビジネス・スクールに移り，1927年から1932年までホーソン実験で中心的な役割を演じ，1947年に退官するまで，ハーヴァード大学で教鞭をとった。退職後，1949年にイギリスのポレスデン・レーシーで亡くなった。

　メイヨーを招聘したハーヴァードのドナム（Donham, W. B.）学部長は，討議を通じて実践的な複数の解を求める**ケースメソッド**（case method）という教育技法を採用した。法律にも判例（ケース）研究があったが，判例が「先例」であるのに対して，ハーヴァードのケースは未来の解を志向した。

　当時，同大学では，医学・心理学に精通する実践的学者を必要としていたが，メイヨーは，それに応えて，経営学で「人間関係論」を築き，社会学で「産業社会学」という分野を拓いた。

（2）ミュール紡績部門の調査

　この調査は，1923年から1924年にかけて約1年間行なわれている。紡績工場の中でもミュール紡績部門の生産性が低く，離職率（職場を去る者の比率）が異常に高いために，この改善を依頼されてメイヨーらのグループが調査にあたったものである。

①　初期の仮説と経過

　ミュール紡績部門はミュール精紡機を使用して走錘（糸ぐり）をする部門で，作業員は100メートルほどの通路に置かれた機械を見て回り切れた糸をつなぐ単純作業を繰り返していた。仕事が単調な上に，機械と向き合って黙って作業する孤独な仕事であった。

　メイヨーは，単調作業による疲労や孤独感に（低生産性と高離職率の）原因があると考え，午前と午後にそれぞれ2回，1日合計4回，10分ずつの休憩時間を設定した。結果は良好で生産性は向上した。この工場では刺激給的賃金制度が取り入れられ，標準作業量の75％に達すると割増（ボーナス）がつくが，このライ

> **人間関係論**はホーソン実験とともに突然現われたのではない。たとえば，ティード（Tead, O）やメトカーフ（Metcalf, H. C.）は人事管理の重要性を指摘しているし，フォレットもすでにホーソン実験が行なわれる前に人間関係論的な視点をもっている。

ンを上回ったのである。

　ところが，現場監督者はこのような変更に不満をもっており，注文増加に応じるためとして経営者に圧力をかけて休憩を廃止してしまった。

　すると，急速に生産性が低下した。以前と同じ75％以下に逆戻りしてしまったのである。経営者はあわてて休憩を復活させたが生産性は低いままで欠勤も増加した。

　メイヨーらは経営者と相談して，翌月から機械をストップして休憩を1日4回とるようにした。すると，機械をストップしたにもかかわらず75％のラインを上回るようになった。次の月からは，機械を動かしたまま作業員が交代で休憩する交代休憩に切り換えたが，交代の順番は作業員同士が相談するようにした。

　その結果，生産性も高いレベルで維持されたし，（やむを得ない事情で辞めた2名を除けば）1年間にわたった実験期間中にこの職場を去る者は出なかった。年率250％にも達していた離職率も急激に低下したのである。

② 実験の解釈

　重要なポイントは，休憩を廃止した後に経営者があわてて復活しながらも，しばらく低い生産性が続いた点にある。テイラー的な見方に立てば，労働条件の一つである休憩が生産性を左右するはずであるが，この実験によれば生産性は必ずしも休憩そのものと直結していない。

　休憩そのものよりも，休憩を廃止した現場監督者への反発の方が大きかったためと考えられる。経営者は第一次世界大戦に参戦した陸軍大佐で作業員の多くはかつての部下であり，作業員の不満は経営者に対してではなく現場監督者に向けられていた。

　ところが，機械をストップしてまでも休憩を確実に実施するという経営者の方針が徹底されて事態は好転し，作業者同士の相談に基づく交代休憩制が定着して，生産性でも離職率でも良い結果が出た。

　この相談による交代制度の意義についてメイヨーは気づかずに，後になって相談交代制が「孤立した従業員たちを通路ごとの社会集団に変えるという重大な効果をもたらした」と述べている。つまり，この「最初の実験」では，メイヨーが（「休憩＝生理的労働条件」が重要という）テイラー的仮説に立ちながら，（監督者の態度や自主的な相談による解決が重要という）人間関係論的な見方を得る場だった。

2 照明実験

　照明実験は，メイヨーらのハーヴァードグループの実験ではないが，同じホーソン工場で行なわれた実験として，ここで触れておきたい。この実験は，照明の強度や方法と作業効率の関係を調査するもので，照明を変えて作業するテスト・グループと照明を変えずに一定の照明の下で作業を行なうコントロール・グループの2つのグループに分けてそれぞれの作業量を測定しながら進められた。

　ところが，照明と作業量との間には明確な相関関係を見い出すことができなかった。たとえば，テスト・グループの照明は，76燭光まで明るくされたが，テスト・グループだけではなく照明が一定だったコントロール・グループの作業量も増大した。その後，照明は0.06燭光まで暗くされたが，ほとんど作業量が低下しなかった。この0.06燭光とは，月光程度の明るさくらいだから，ほとんど真っ暗になるまで作業量が落ちなかったことになる。

　この結果，物理的な労働条件によって生産性が左右されるというテイラー的な仮説が否定され，さらに徹底的に調査が行なわれることになった。それが，メイヨーやレスリスバーガーなどハーヴァード大学のスタッフが中心になって進めたホーソン実験である。

　ホーソン実験とは，シカゴ郊外にあったウエスタン・エレクトリック社ホーソン工場で行なわれた一連の実験をさす。この実験が行なわれた期間は，文献によっては，「1924年から1932年まで」となっていたり「1927年から1932年まで」となって異なっているが，それは実験を行なった中心人物と実験を支援する協力団体の違いによる。

　1924年から1927年までの実験はウエスタン・エレクトリック社の技師ペンノック（Pennock, G. A.）が中心になって全国学術審議会（National Research Coucil）の協力を得て行なった**照明実験**であり，その後の1927年から1932年まで行なった実験が，メイヨーやレスリスバーガー（Roethlisberger F. J.）らハーヴァード・グループが中心になってロックフェラー財団の援助を受けて行なった実験である。

　したがって，メイヨーらが行なった本来の純粋なホーソン実験は1927年から1932年までの実験であるが，1924年からの照明実験も同じホーソン工場での実験である上にその結果が人間関係論的な研究に重要な示唆を与えたのでホーソン実験の一部とする解釈もある。

③ ホーソン実験

ホーソン実験として有名なものは，(1)リレー組立試験室，(2)面接調査，(3)バンク配線作業観察室があるので，個別に見てみよう。

（1）リレー組立試験室
① 初期の仮説と経過

この実験は1927年4月から1932年5月まで行なわれたもので，約40個の部品からなるリレー（継電器）を組み立てる工程で，6名の女子作業員を選んで個室の試験室に移し，作業条件を変えながら作業量の推移を測定するものだった。

彼女たちの作業量は，試験室に移る前に測定されており，その作業量を基準に①賃金，②休憩時間，③軽食（コーヒー，スープ，サンドウィッチ）サービス，④部屋の温度・湿度などにおいて条件を変えて計測された。最初，これらが改善されると生産性も向上した。これは当然の結果でテイラーの主張するところと完全に一致する。

ところが，これらの条件を元に戻しても，生産性が低下せずに高い水準で維持されるという結果が出た。条件を元に戻すことは改悪であるから，それまでの仮説に基づけば生産性が低下してもおかしくないはずである。ところが，生産性は低下しなかった。

② 実験の解釈

この矛盾する結果を解釈するためには，この実験特有の事情を勘案しなければいけない。たとえば，女子従業員は選ばれたことに誇りをもっていた。リレー組立作業の職場はそれまで100名単位の多人数からなる職場だったが，その中からわずか6名だけが特別に選ばれたのである。

また，彼女たちの間には仲間意識があった。この実験にあたっては，2人の熟練工が選ばれ，2人が残りの4人の人選を任されていた。そのために6人は共通の友人であり，仲間意識が強かった。

さらに，実験の趣旨や重要度が理解されていた。彼女たちは検査部長に呼ばれて実験の目的を知らされていたし，労働条件が改悪される場合もその変更について事前に知らされていた。

加えて，生産性の結果が報告され評価されていた。ハーヴァード大学はアメリカでもトップクラスの大学であり，その大学が行なう調査で評価されているということも彼女たちの働きがいに影響したと考えられる。

メイヨーらのグループは，そうした誇り，責任感，友情，好意的雰囲気，事前情報，事後評価などから，彼女たちの集団に高い**モラール**[*]が形成され，それが維持されていたために高い生産性が持続したと分析した。

しかし，こうした解釈は後になってなされたものが多く，実験当時は矛盾した結果の理解に困っていた。その状態を打開したのが次の面接実験である。

（2）面接調査

面接調査は，1928年9月から監督者訓練講習用のデータ収集を目的に検査部門の従業員1600人について行なわれた。1929年には製造部門でも実施され，1930年9月までに工場全体の8部門合わせて2万1126名の従業員が面接を受けている。

最初は，実験当事者（研究者）が「作業条件・監督方式・職務内容」について尋ねる直接質問法だったが，面接が訓練になるという理由から監督者が面接に加わった。

また，面接法もあらため，項目を決めて行なう直接質問法から自由な雰囲気と通常の会話の中で行なう**非誘導法（非指示的面接法）**を導入した。これは，あらかじめ計画した質問を尋ねるのではなく自由に話し続けるようにする面接法である。

面接調査の報告書は膨大な量になったが，非誘導法によったこともあり雑談集のような面もあった。大変な時間と労力をかけて仕事と無関係な話をしただけで面接調査の失敗を示しているように思われた。

モラール (morale) とは「部隊の団結心」を意味する軍隊用語で「士気」と訳される。モラル (moral) との違いでは，モラールが「やるべきことに前向きに取り組む姿勢」を示すのに対し，モラルは「やってはならないことをわきまえる」道徳心や倫理性を意味する。

ただし，「士気」と「道徳心」は別ものではない。モラルの「風紀（集団が共有する道徳）」に近いニュアンスがモラールにもある。両者とも，個人が集団に属することで得られる満足感であり，集合意識という点で群集心理や団体精神に似ている。同一条件で働く同一人物がモラールの高い集団に属すればよく働き，低い集団では怠ける。つまり，モラールとは「集団がもっている協働意欲」のことである。

しかし，この調査そのものが生産性を向上させるという思わぬ成果を生み出した。仕事と無関係な雑談は，実は仕事と無関係ではなかったのである。
　要は，面接を通じて相互理解が高まって生産性が向上したと思われるのである。従業員は自分にとっての問題を話しているうちに，その問題の新しい解釈を発見し，面接を行なった監督者は，部下の生活状況や個人的バックグラウンドまで含めて職場の問題の背後にあるものを理解することができた。面接自体がリーダーとしてどうあるべきかという訓練の場だったのである。
　また，従業員は事実に基づく不満と，事実に関係ない不満をもっているが，事実に基づかない不満は感情的なもので全体的な状況（個人的来歴や職場状況）に左右されることもわかってきた。（図表9-3のⅢ参照）
　この結果，メイヨーらは，①人間の行動は感情（sentiments）と切り離せないこと，②人間の感情は偽装されること，③感情の表現は全体的な状況の中で理解すべきことがわかったと主張した。

（3）バンク配線作業観察室

　面接調査の結果，人間の態度や感情は個人的来歴だけでなく，職場における人間関係や職場状況に左右されることが分かったが，複雑な人間関係や職場状況を知るためにはさらに詳しい調査が必要であった。特に，面接調査は匿名で行われたので，目に見えにくい仲間集団の具体的な関係はわからなかった。

①　実験の経緯

　そこで，メイヨーらは，14人のバンク（差込式電話交換台）の配線を行なう作業員（全員男性）を一つの部屋に集めて，作業者同士の人間関係を詳細に調べた。
　これが1931年11月から翌1932年5月にかけて行なわれたバンク配線作業観察室の実験とよばれるものである。現在ならば，モニターカメラやテープレコーダーを使うことができるが，当時はそのような機器が利用できなかったので，記録者を同じ部屋の片隅に配置して職場でおこる小さな事件を一つ一つ記録した。
　その結果，この14人の職場には，仲間集団である**非公式組織**[*]が存在していて，その非公式組織が重要な役割を果たしていることが明らかになった。
　図表9-1は，クリークAとクリークBという二つの非公式組織を示している。図にあるW1，W2，…は配線工であり，S1，S2，…はハンダ付け工であり，I1，I2は検査工である。

第9章　メイヨーと人間関係論

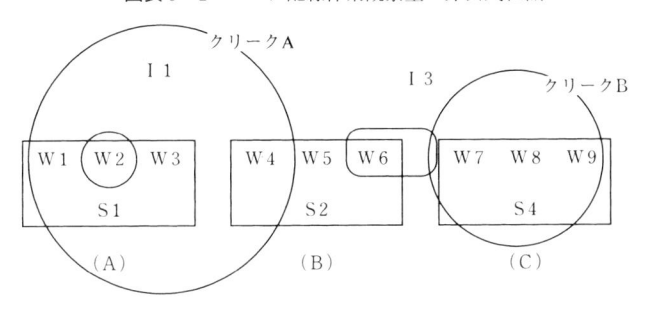

図表 9-1　バンク配線作業観察室の非公式組織

出典：Roethlisberger, F. J. and W. J. Dickson, *Management and the Worker*, 1939, p. 509.

　クリークAは，図で左の作業台の仲間を中心に真ん中の作業台のW4を含んだ集団であるが，このクリークAの中で，W2は順応性が低く独立の行動をとるのでこの非公式組織にうまくなじんでいなかった。

　クリークBは，図内の右の作業台を中心に形成されていたが，W6はこのグループに入ろうとしながらも依然としてアウトサイダー（部外者）的に扱われていた。ここで，注目されるのは検査工の違いである。

　クリークAにはI1という検査工が含まれているがクリークBにはI3という検査工が含まれていない。I3はI2に代わってこの観察室に入ってきたが，検査の仕事をあまりに生真面目に進めるという理由でこのインフォーマル組織に加えてもらえなかった。同じようにS3と交代に観察室に入ってきたS4がクリークBの中に溶け込んでいるのと対照的である。

　また，配線工の中で唯一非公式組織に加えてもらえなかったW5は，会社の方針に違反した集団の行動を職長に密告したことが原因でインフォーマル・グループに入ることができなかった。ハンダ付け工S2は言語に障害があったと報告されている。

　非公式組織（informal organization）とは職場内での個人的な接触や相互作用から自然に形成される小集団のことで**インフォーマル組織**ともよばれる。
　これに対して，共通の明確な目標を達成するために意識的に作られた組織を**公式組織**あるいは**フォーマル組織**（formal organization）とよぶ。

② 実験の解釈

この研究から，非公式組織は，①仕事に精を出すな，②仕事を怠け過ぎるな，③上司に告げ口するな，④偉ぶったりおせっかいをやくなという「4つの感情」に支配されていることがわかった。要するに，仲間に迷惑をかけずにうまくやるという感情が働いていたのである。

(4) ホーソン実験の成果

① メイヨーの主張

メイヨーはホーソン実験の結果をふまえて，人間は，①経済的成果より社会的成果を求め，②合理的理由よりは感情的理由に左右され，③公式組織より非公式組織の影響を受けやすいと主張した。

すなわち，人間は連帯的，献身的，感情的に行動する**社会人**あるいは「情緒人」であって，科学的管理法が前提としたような孤立的，打算的，合理的に行動する**経済人**ではないと主張した。また，科学的管理法や経済学が前提とするような合理的経済人の仮説は人間を孤立した状態でとらえた「烏合の衆」仮説だと批判したのである。

② **科学的管理法と人間関係論**

このようにして，ホーソン実験を契機として，経営学における人間観が一変し，人間の感情面や職場の非公式な人間関係に焦点をあてた研究が盛んになる。こうした研究を**人間関係論**または**ヒューマン・リレーションズ・セオリー** (human relations theory) あるいは略して **HR** と呼ぶ。図表9-2は，科学的管理法と人間関係論の以上のような違いを整理したものである。

ホーソン実験の影響は経営学の流れを変えただけに留まらなかった。この実験

図表9-2　科学的管理法と人間関係論

	科学的管理法	人間関係論
前提（仮説）	経済人仮説 人間は孤立的 　　　打算的 　　　合理的	社会人仮説 人間は連帯的 　　　献身的 　　　感情的
勤労意欲	経済的動機による賃金など	社会的動機によるモラール
対象組織	公式組織	非公式組織

を機会に職場という社会集団を研究の対象とする**産業社会学**という新しい社会学の分野が生まれ、社会心理学や労働科学にも大きな影響を与えた。さらに、行動科学におけるモチベーションの研究やリーダーシップの研究、提案制度、職場改善などの人事制度の発達、TQC など小集団活動の研究、面接法を発展させたカウンセリングの研究などさまざまな分野で新しい研究が進むが、これらの研究もホーソン実験を契機や出発点とするものが多い。

(5) レスリスバーガーとディクソンの解釈

　ホーソン実験は、メイヨーだけでなく、レスリスバーガー（Roethlisberger, F. J.）やディクソン（Dickson, W. J.）のような著名な研究者も加わっていた。レスリスバーガーは、ハーヴァードで、後に**カウンセリング**（counseling）とよばれるようなった学生サービスを担当していたが、その手法がホーソン実験の面接に応用されて、本格的に実験に関与するようになった。

　彼は、ホーソン実験を図表9-3のように整理している。最初の照明実験は、疲労研究所が考えていた「Ⅰ」の仮説の下に行われたが、照明の照度（変化）は、生産性（反応）に影響を及ぼさなかった。

　次に、リレー組立試験室では、「Ⅱ」の仮説が生まれた。休憩時間などの条件を変化させたが、責任感や友情といった感情や態度を通じて、生産性という反応を生み出したと考えられるようになったのである。

　第3に、面接調査では、「Ⅲ」の仮説の中央にある態度（感情）が個人的来歴に由来されていることが明白になり、バンク配線作業観察室では、職場状況が注目されるようになった。

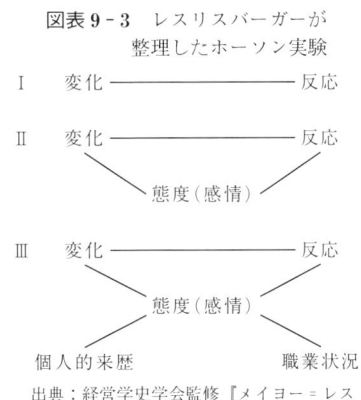

図表9-3　レスリスバーガーが整理したホーソン実験

Ⅰ　変化 ──────── 反応

Ⅱ　変化 ──────── 反応
　　　　＼　　／
　　　　態度（感情）

Ⅲ　変化 ──────── 反応
　　　　＼　　／
　　　　態度（感情）
　　　／　　　　＼
　個人的来歴　　職業状況

出典：経営学史学会監修『メイヨー＝レスリスバーガー』文眞堂、2013年、142ページ。

(6) 人間関係論の生まれた背景

　それまでの科学的管理法が人間の感情面やインフォーマル組織の重要性を全く無視していたわけではない。テイラーの問題意識の出発点にあった組織的怠業とは「集団レベルで怠ける」というインフォーマル組織の影響力であった。そこで、

第2編　経営理論の流れ

テイラーはこの非公式組織の怠業を解決するために「科学という名の客観化」に努めたのであり，非公式組織の対極にある公式化に努力したのである。

　そこには，テイラーの研究とホーソン実験の背景に大きな違いがある。テイラーがズク運びやショベルの研究に取り組んだ時代は1890年代から20世紀初頭であった。彼がズク運びの実験に選んだシュミットは1マイルの道を歩いてやってきて歩いて帰っていたが，ホーソン実験の行なわれた1920年代後半は，すでにヘンリー・フォードが自動車を「大衆の足」として普及させた後であり大量消費社会が生まれつつあった。

　さらに，ホーソン実験の行なわれたウエスタン・エレクトリック社はアメリカ電話電信会社（AT&T）の電話器などを製造していた当時最大の通信機メーカーであり，従業員の教養もかなり高かった。当時の写真を見ると，リレー組立試験室の女子従業員はパーマをしており，バンク配線作業観察室で作業している男子従業員はワイシャツにネクタイ姿である。

　テイラーの科学的管理法やフォード・システムは大量生産を可能にし，クーリッジ大統領の時代（1920年代）には未曾有の好景気にあった。こうした中で生活水準も向上したため，人々は科学的管理法の説いたような経済的動機づけだけでは働かなくなっていたと考えられる。

[演習問題]

［1］　ホーソン実験では，最初の仮説（科学的管理法的仮説）に基づく予測と異なる実験結果がでて，その解釈をめぐって新しい仮説（人間関係論的仮説）が生まれた。その例をあげ，①最初の仮説，②実験結果，③新しい仮説の順で説明しなさい。

［2］　ホーソン実験の解釈では，第12章のレスリスバーガーによる社会人（社会的人間）の仮説が有名である。これをもとに面接実験の結果を自分なりに解釈しなさい。

［参 考 文 献］

レスリスバーガー／野田一夫・川村欣也訳『経営と勤労意欲』ダイヤモンド社，1965年（Roethlisberger, Frits J., *Management and Morale*, Harvard Univ. Press, 1941）。

北野利信編『経営学説入門』（有斐閣新書）有斐閣，1977年。

上野一郎『マネジメント思想の発展系譜——テイラーから現代まで』日本能率協会，1976年。

岡田和秀「メーヨー」（車戸實編『経営管理の思想家たち』早稲田大学出版部，1987年）。

第10章 行動科学と統合理論

1 フォレット

　メアリー・パーカー・フォレット（Follett, Mary Parker）は行動科学者ではないが，科学的管理法が広まっていた時代やホーソン実験が行われた時代にすでに「統合」やモチベーション理論やリーダーシップ論の必要性を説いた人物として注目され，**行動科学***に影響を与えた。

（1）生い立ち
　彼女は1868年にボストンで生まれた。セイアー学院において科学的方法や哲学に関心をもつようになり，東部の名門女子大学として有名なラドクリフ大学に6年間在籍し，1890年からは，イギリスのケンブリッジ（ニューナム）で歴史，法律，政治学を学んだ。

　彼女の初期の関心は社会全般にわたり，著書も『下院の議長』（1909）や『新しい国家』（1920）であったが，こうした幅広いバックグラウンドと人間に関する興味が，後の統合主義的な見方につながる。

　彼女は，ボストンの地域センターや夜間学校での社会活動から経営問題に取り

　行動科学（behavioral science）とは，人間の行動を科学的に解明しようという学際的なアプローチのことで，経営学のみならず，心理学・社会学・生物学などの成果が活用されている。この言葉は，心理学者J.G.ミラー（Miller, James Grier）などのシカゴ大学の研究グループが，1940年代末に人間の行動を解明するために生物科学と社会科学を総合する試みの中で生まれたが，1951年にフォード財団が支援した「行動科学計画」によって広まった。
　心理学でも行動科学が論じられるし，産業社会学でも多くの行動科学者の理論が取り入れられており，行動科学とは必ずしも経営学の一分野ではない。

組むようになった。また，1912年には職業紹介所の委員となって職業指導をしたり，その後マサチューセッツ州の最低賃金委員会の委員を務めたが，さまざまな交渉の仲裁を経験したことも彼女の統合の主張に影響を与えていると思われる。

その後，彼女は，人事管理協会主催の「企業管理の科学的基礎」というコースの講師を引き受けているが，この時の講演記録が後にメトカーフ（Metcalf, H. C.）とアーウィック（Urwick, L.）によって『組織行動の原理（*Dynamic Administration*）』という論文集にまとめられている。

また，フォレットはイギリスでも活動をしており，女性指導運動（the girl guide movement）に従事していたキャザリン・ファーズ夫人を知り合いになって，1929年から1933年の秋までイギリスで暮らし，オックスフォードで講演もしている。晩年はボストンに帰り1933年12月に亡くなっている。

（2）統合による解決

フォレットは，対立（conflict）を「戦い」と考えないで「相違（difference）」ととらえる。一般に，対立は2つの方法で処理される。第一は「抑圧（domination）」による方法であり，第二は「妥協（compromise）」による方法である。

第一の抑圧は，力と支配による方法であり，必ず勝者と敗者を作り出す。第二の妥協は，一見すると民主的だが，実は両者の犠牲を伴うものであり，何かを放棄することを意味する。そこでそれぞれ妥協する分だけ不満は解消されないため将来違う形の対立を生み出す可能性がある。

そこで彼女は第三の「統合（integration）」による方法を提案する。これは，両者の犠牲を伴わない解決方法で，両者が満足するような発明（創意工夫）を伴う方法である。

彼女は簡単な例をあげる。ある日，彼女はハーヴァード大学図書館の小部屋で2人きりでいた。彼女は窓を閉めておきたかったが，もう1人は窓を明けたいといいだした。そこで，2人は誰もいない隣の部屋の窓を開けた。これは2人にとって妥協ではなかった。彼女は北風が吹きつける窓を開けて欲しくなかったのであり，もう1人は外気を入れたかっただけだったからである。

両者が妥協せずに満足いく新しい方法を創造するのが「統合」だが，そのためには命令する者とされる者の関係が変わる必要がある。

(3) 命令の非人格化（状況の法則）

フォレットは，命令を個人的なものから切り離して，**状況の法則**に従うようにすべきと主張する。これを彼女は**命令の非人格化**（depersonalizing）とよんでいる。

個人的に命令を受けたと思うと常に命令する者と服従する者という上下関係ができる。権限がトップに集中するピラミッド型の組織では，命令は服従を前提として社長→部長→課長→という順番に下ってくるが，このような上下関係を前提とした命令は，①命令を受ける者がやる気を失う，②上下間に摩擦が起こる，③仕事を達成する満足感を失う，④責任感を減退させるなどの不利益を生じる。

これに対して，命令を「状況が求めているもの」と解釈すると，状況という共通の目標に向かって命令をする者も受ける者も同じ立場で取り組むことができる。本当は望んでいるもの（たとえば「休日を取ること」）でも命令されると嫌なものである。人間は「自己主張の本能」や「イニシアチブの本能」をもっているからであり，誰かの「下」でやっているという意識はやる気を減退させるが「一緒になって」やっているという意識はやる気を増大させる。

フォレットは管理者研修などで当時の経営者の悩みに応えて非常に分かりやすい話をしているが，金言に満ちたもので，モチベーション論や状況論にも言及して時代を先取りした研究者だった。

2　リッカート

(1) 生い立ち

レンシス・リッカート（Likert, Rensis）は，1903年に生まれ，1932年に統計手法の研究でコロンビア大学より博士号を授与されている。これはリッカート尺度として社会調査法でも有名になった方法である。

リッカートは，各種機関・団体の調査部門の責任者を歴任した後，1946年にはミシガン大学に社会調査研究所（ISR: Institute for Social Research）を創設し，この研究所を中心に活動を開始した。

(2) 監督者の分類

リッカートは1940年にプルーデンシャル生命保険会社でホーソン実験と同じような調査を行なった。この調査そのものは，ホーソン実験より計量的ではあった

ものの，基本的には賃金や待遇など労働条件と生産性の違いを比較するもので，結論もホーソン実験とあまり変わらなかった。

しかし，リッカートの研究の意義は，職場集団のモラール（morale）をモチベーション（motivation）の方向でとらえてリーダーシップ論に結びつけたことである。

すでに見たように，ホーソン実験のリレー組立試験室では，女子従業員が高いモラールを示したが同じホーソン実験でもバンク配線作業観察室の男子従業員は「働き過ぎるな」という低いモラールをもっていた。

ホーソン実験では非公式組織に注目するが，非公式組織を詳細に調べても非公式組織そのものからはモラールの違いを生む原因は明確になってこない。

ところが，リッカートは，賃金その他の条件を同じにして，プルーデンシャル生命保険会社における生産性の低い12グループと，生産性の高い12グループについて監督者の違いを比較した。非公式組織の細部へ深入りするのではなく，監督者の違いに着目したのである。

その結果，生産性の低いグループは「職務中心型の監督者」が多く，生産性の高いグループは「従業員中心型の監督者」が多いことがわかり，これを組織のあり方やリーダーシップのあり方と結びつけて論じた。

詳細については，第16章の「リーダーシップ論」（252ページ）で取り上げるが，結論として，リッカートは，**集団参加的リーダーシップ**をとることで，従業員のモラールが向上するとした。

（3）組織の改善（連結ピン）

リッカートは，集団参加的リーダーシップを発揮する組織を**連結ピン**（linking pin）という概念で説明する（図表10-1）。複数の集団が重なりあっているのが集団参加型組織であるが，この中で，複数の集団の重なるところに位置する人物は，重複した集団の要となって連結ピンのような役割を果たすべきとリッカートは主張する。

たとえば，矢印が始まるところにいる人物は，上部の三角形で示した集団Aと，下部の三角形で示した集団 a の重複したところに位置しており，集団Aの意思決定を集団 a につなげ，集団 a の総意を集団Aにつなげていく連結ピンの役割を担っている。

第10章　行動科学と統合理論

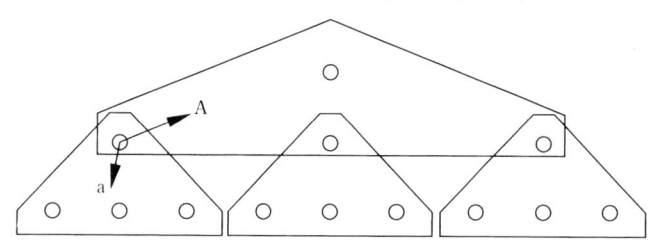

図表10-1　リッカートの連結ピン（概念図）

出典：リッカート『経営の行動科学』ダイヤモンド社，152ページの図を参考に加筆。

（4）グループダイナミックスと組織開発

　リッカートの設立したミシガン大学社会調査研究所（ISR）は，クルト・レヴィン（Lewin, Kurt）が1945年にマサチューセッツ工科大学に設立した集団力学研究所（Group Dynamics Research Center）を併合して機能を拡充し行動科学的研究の拠点となった。リッカートは，この研究所の所長を1970年まで勤め多くの研究者を育成したが，同研究所を中心とする研究者グループを**ミシガン学派**とよぶこともある。

　集団力学または**グループダイナミックス**とは，人間が集団で行動する時に生まれる力学のことであるが，ミシガン学派の枠を超えて，**集団凝集性**（団結の度合い）や**集団圧力**（集団による心理的圧力）や**集団浅慮**（集団的意思決定の間違い）などの研究に発展していった。

　また，リッカートは，従業員に対する調査結果（報告書）を，本人もしくは該当部署にフィードバックして話し合ってもらうことで組織が変革することに気づいたが，これが**サーベイ・フィードバック**という手法として発展し，**組織開発**や**コーチング**に応用されていった。ここでいうコーチングとは，対話を重ねることで個人の成長を促す人材開発やカウンセリングの手法のことをいう。

3　アージリス

（1）生い立ち

　クリス・アージリス（Argyris, Chris）は，1923年に生まれ，クラーク大学で心理学を学んで1947年に卒業し，1949年にカンザス大学で経済学の修士号を受け，1951年にはコーネル大学で組織行動に関して博士号を得ている。

その後，フランスのソルボンヌ大学，ドイツのライデン大学，イギリスのロンドン大学やケンブリッジ大学で講師を勤めた後，アメリカのエール大学の労使センター研究計画部長を経て教授になった。

長くエール大学で教鞭ととっていたが，1972年からハーヴァード大学の教授になった。IBMやプルーデンシャル生命保険会社など民間企業のコンサルタントをつとめたり，国立科学財団やフォード財団その他政府関連のコンサルタントも行なっている。

（2）パーソナリティの成長 VS 効率の追求

アージリス理論の特徴は，個人の欲求と組織目的の追求という反する課題をとらえ，個人と組織の葛藤を心理学的に説明するとともに，個人の成長に合わせて組織も変わらなければならないと主張したことである。

① パーソナリティの成長

アージリスによれば，個人のパーソナリティは子供が成長していくように「未成熟」の段階から「成熟」の段階へ移行する。具体的には，

- 幼児のように受動的な状態から成人のように能動的な状態へ，
- 他人に依存する状態から比較的自立した状態へ，
- 単純で数少ない行動から多様な行動へ，
- その場の移り気な浅い興味から深い興味へ，
- 短期的展望から長期的展望へ，
- 家庭や社会で従属的地位にいることから同等あるいは上位の地位へ，
- 自覚の欠如から自覚と自己統制へ

と成長する。ちょうど草や樹木が空に向かって伸びようとするように健全な人間は成長しようとする。

② 4つの組織原理

公式組織は，合理性と効率の追求の為に伝統的管理論で述べられている4つの「組織原理」に従う。すなわち，

- 課業の分化（専門化）

- 命令の連鎖
- 指令の統一
- 統制範囲の限定

である。これらはテイラーやファヨールの項目で説明した通りだが，要は専門の仕事を決め定められた命令系統のもとで統一した行動をとるように公式組織では求められるわけである。

このように，個人のパーソナリティは受動から能動，依存から独立，あるいは短視眼的な単純行動から長期的展望にたった多様な行動へと成長しようとしているのに，公式組織の中では受動的な行動，単純化され短期的展望にたった行動を強いられる。そのために，個人の欲求と組織の目標の間には葛藤が起きて，不適合が生じる。

③ 4つの順応行動

この種の不適合を回避するため，人間は主に以下の4つの順応行動をとるかそれらを組み合わせる。

- 葛藤から逃れるために組織を去るか
- 組織のやり方に無理に合わせて昇進するか
- 合理化・投影などの**防衛機構***を利用するか
- 無感動・無関心になるか

の4つである。

このような結果，個人は，①会社を辞めてしまったり，②出世ばかり考える会社人間になってしまったり，③自分で自分を慰める人間になってしまったり，④何事にも関心をもたない人間になってしまったりする。これは個人の自然なパーソナリティの成長から見るとマイナスの方向である。

> **防衛機構**（あるいは防衛機制＝defence mechanism）とはフロイト（Freud, S.）によって明らかにされた心理学的理論で，精神の安定を保つ無意識的な自我機能を示す。たとえば，仕事ができない場合，「この仕事は土台無理な仕事だ」とか「疲れがたまってできなかった」などと口実や理由を探すことを**合理化**とよび，「予算の組み方が悪いから」とか「管理者が無能だったから」と考えることを制度や他人へ**投影**するとよぶ。

第2編　経営理論の流れ

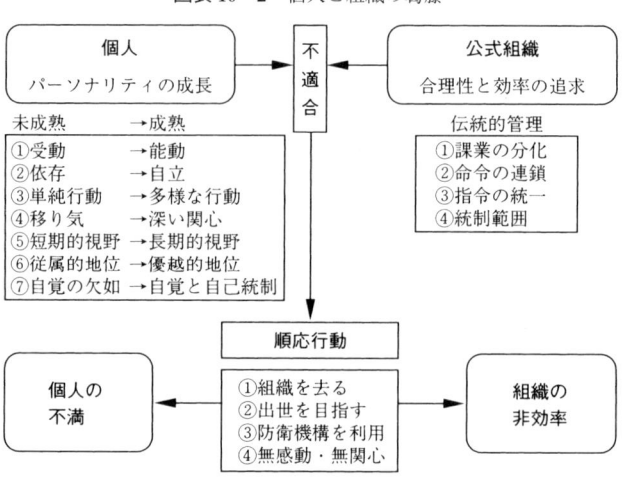

図表10-2　個人と組織の葛藤

```
       ┌─────────────┐   ┌───┐   ┌─────────────┐
       │    個人     │→ │不 │ ←│  公式組織   │
       │パーソナリティの成長│   │適 │   │合理性と効率の追求│
       └─────────────┘   │合 │   └─────────────┘
  未成熟    →成熟       └───┘      伝統的管理
  ①受動    →能動                   ①課業の分化
  ②依存    →自立                   ②命令の連鎖
  ③単純行動 →多様な行動              ③指令の統一
  ④移り気  →深い関心                ④統制範囲
  ⑤短期的視野→長期的視野
  ⑥従属的地位→優越的地位
  ⑦自覚の欠如→自覚と自己統制
                    ↓
                ┌───────┐
                │ 順応行動 │
                └───────┘
  ┌─────┐  ①組織を去る    ┌─────┐
  │個人の │← ②出世を目指す →│組織の │
  │不満   │  ③防衛機構を利用  │非効率 │
  └─────┘  ④無感動・無関心  └─────┘
```

　一方，経営者は，こうした順応行動についてネガティブな受け止め方をする。経営者は，従業員が①怠け者で②無関心・無感動で③金銭のことには夢中になるくせに④オシャカ（不良品）や屑（無駄）をつくると見てしまう。

　そして，経営者は，こうした怠け，無関心などを仕事に向けさせるために，強制的リーダーシップや管理諸制度や人間関係論的な技法を使うが，その結果，根本的な問題は改善されるどころか増幅され，組織の目標である効率達成という観点から見るとマイナスの方向に向かうことになる。

　以上をまとめたのが，図表10-2である。もう一度，アージリスが，個人の目標と組織の目標を対比して論じているところを確認して欲しい。

（3）混合モデル

　では，どのようにしたら，個人の成長と組織の効率を両立することができるのであろうか。アージリスは，この点について図表10-3のような**混合モデル**を提示する。

　このモデルでは，左側の「**本質的特性から離れる**」のが伝統的な組織における管理方式である。このような組織では，部分的な決定が権威主義的に伝達され，組織は個別の部署が集まった加算集合体と考えられている。したがって，内部目標の達成など内部志向的な中核活動に一般従業員は参加することができない。環

第10章　行動科学と統合理論

図表10-3　アージリスの混合モデル

本質的特性から離れる	本質的特性へ向かう
1. 単独部分が全体を統制する	全体はあらゆる部分の相互関係を通じて形成され，統制される
2. 組織は諸部分の任意の加算集合であると認識する	組織を諸部分のまとまったパターンとして認識する
3. 部分に関連ある目的の達成	全体に関連ある目的の達成
4. 内部志向的中核活動への影響不可能	内部志向的中核活動への影響が思い通りに可能
5. 外部志向的中核活動への影響不可能	外部志向的中核活動への影響が思い通りに可能
6. 中核活動の性質には現在だけが影響する	中核活動の性質には過去・現在・未来が影響する

出典：アージリス『新しい管理社会の探求』産能大学，200ページ。

境への適応という外部志向的中核活動への影響も不可能である。

　これに対して，右側に示した「本質的特性へ向かう」組織では，新しい管理方式が模索される。この組織では，組織全体が相互に関連する有機的な結合がみられ，従業員の組織目標への参加も可能である。

4　マズロー

（1）生い立ち

　アブラハム・マズロー（Maslow, Abraham H.）は，1908年にニューヨーク・ブルックリンのスラム街でロシア系ユダヤ人の家系に生まれた。貧しい家の7人兄弟の長男で一時は叔父の家に引き取られて育てられたこともある。父親のコンテナ製造会社が大きくなって商売が軌道に乗るとスラム街を抜け出して白人街に移るが，そのためにかえってユダヤ人としての差別を体験したともいわれている。

　ニューヨーク市立短大で法律を学ぶが「法律は人を悪く見たて，人間の罪悪をとり扱う学問」と感じて心理学に転向したといわれる。コーネル大学を経て1930年にウィスコンシン大学を卒業，同大学院で「猿の性関係と支配関係の特質」について研究し，1934年に博士号を取得している。

　その後，コロンビア大学教育学部の助手となるが，指導教授から与えられたテーマを拒否して転出し，14年間ブルックリン・カレッジで教えた後，1951年に

図表10-4　マズローの欲求段階説

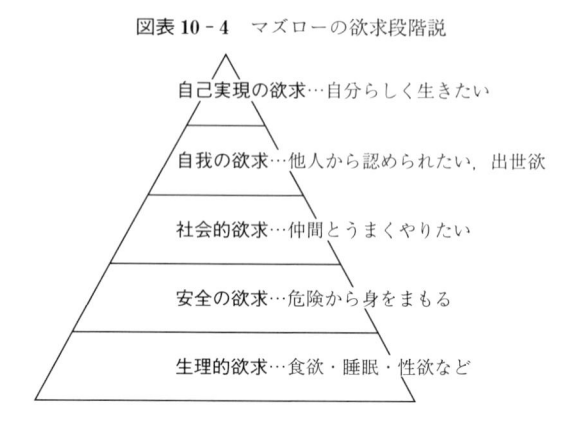

- 自己実現の欲求…自分らしく生きたい
- 自我の欲求…他人から認められたい，出世欲
- 社会的欲求…仲間とうまくやりたい
- 安全の欲求…危険から身をまもる
- 生理的欲求…食欲・睡眠・性欲など

はボストン郊外にあるユダヤ系のブランダイス大学に教授として着任している。

　マズローは常に独自の道を模索し続けた研究者といえる。心理学にはフロイト（Freud, S.）によって代表させられる精神分析学や，ワトソン（Watson, J. B.）らの行動主義理論があるが，マズローの理論は心理学の分野でも独特で**人間主義的心理学**や「ヒューマニスティック心理学」とよばれている。

　やがて，彼の独創的な理論は心理学会でも認められ，1967年にはアメリカ心理学会の会長にも選ばれているが，晩年は名声に反して孤独だったといわれる。マズローの考えには自己実現への強い執着があり，孤独と引き換えに自己の研究を深めていったのであろう。1969年に，カリフォルニア州メンローパークに移り，静養しながら『人間性の最高価値』などの大著の執筆に専念するが，1970年心臓発作で亡くなっている。

　彼の名前のよび方であるが，本書では経営学の一般的教科書の例に習って「マズロー」の呼称を用いているが「マスロー」とよばれることもある。

(2) 欲求段階説

　マズローの心理学が「人間主義」とよばれる理由に，人間を成長する存在であると見ている点がある。彼の「欲求段階説」あるいは「欲求階層論」も人間がより高次な欲求に向かって成長するという前提に立っている。

　マズローは，人間の多様な欲求を主に5つの段階に整理し，立体的に位置づけて見せている。図表10-4は，マズローの説を基に，筆者がコメントを書き込ん

で修正したものだが、一般にも、5つの欲求をこのようなピラミッドに描くことが多い。

① **生理的欲求**（physiological needs）
　食欲、排泄欲、睡眠の欲求など「生きること（生命の活動）」と直結した欲求。災害や戦争などの時に特に顕著に現われ、他人や社会のことを配慮するゆとりのない状態の時に多くの人々に見られる。たとえば、震災の直後など、まず食糧やトイレや寝る場所の確保が求められるが、それは生理的欲求に対応している。

② **安全の欲求**（safety needs）
　危険や脅威、不安から逃れようとする欲求。災害に遭遇した場合、一応食事が得られ生理的欲求が満足するようになると、多くの人々は家を建て直したり仕事を軌道に乗せようとする。外部から身を守る物理的な砦（家）や経済的な安定（仕事）などを求めるのである。身体的危険から身を守り、経済的安定を願望することが安全の欲求である。

③ **社会的欲求**（social needs）
　集団への帰属や愛情を求める欲求で「愛情と所属の欲求」あるいは「帰属の欲求」ともいわれる。人間は社会的動物であり孤立して生きることはできない。暮らしが一応軌道に乗り、安全の欲求が満たされるようになると、人々は仲間を求め、社会の一員として認めてもらいたいと願う。阪神・淡路大震災の際も、仮設住宅が整い生活が安定し始めた頃から「孤独な老人」の問題がクローズアップされた。

④ **自我の欲求**（egoistic needs）
　他人から尊敬されたいとか人の注目を得たいという欲求で、名声や地位を求める出世欲もこの欲求の一つ。人間は、孤独な時は仲間に受け入れてもらいたいという「社会的欲求」が強いが、一旦それが満たされると、今度は、仲間から偉く思われたいという欲求が出てくる。社会的欲求が集団への所属という意味で「同一の自分」を求めているのに対して、「自我の欲求」は仲間を凌駕して一段「高い自分」を置きたいという欲求に根ざしている。

⑤ **自己実現の欲求**（needs for self-actualization）
　各人が自分の世界観や人生観に基づいて自分の信じる目標に向かって自分を高めていこうとする欲求のことで、潜在的な自分の可能性の探求や自己啓発、創造

性へのチャレンジなどを含む。「自我の欲求」は「他人に認めてもらう」ために自分を高める努力をするが，他人に認めてもらわなければ「自分をもてない」というのは自己実現にはならない。「自己実現の欲求」は，自己の内面的な願望を見つめて，他人の評価にかかわらず自己を実現しようという欲求である。

（3）欲求段階説の特徴

欲求段階節は，第一に人間が「欲望の動物」であることから出発している。しかし，それは，「パブロフの犬」のように刺激に単純に反応するものではない。本能的欲求をもちながら環境に応じて自己を統制したり学習したりする存在が想定されている（「パブロフの犬」については183ページ参照）。

第二に，人間の欲求を立体的かつシンプルに整理している。仏教で百八の煩悩があるとされるように，人間は非常に多様な欲望や欲求をもっているが，マズローのモデルでは，欲求を並列的に同じレベルで羅列するのではなく，段階を追って現われると考えているのである。これは人間の成長や発達を説明する概念であり，ここに，人間教育や経営管理において彼の理論が活用される理由の一つがある。

第三に，各欲求が満たされると次の欲求が現われてくるという考え方がある。たとえば，「生理的欲求」として食欲をあげたが，水中にほんの数十秒潜っただけで食事よりも息を吸うことが最大の関心になるであろうし，砂漠では食物よりまず水が貴重になるであろう。つまり，空気や水が欠乏すればそれらを求める欲求が最も大きな生理的欲求になるはずである。

しかし，空気や水に対する欲求はそれらが充分満たされると，文字どおり「空気や水のように」当たり前になって忘れ去られてしまう。同じように，食欲もそれが満たされるとそれまでの激しい欲求が忘れ去られる。

同様に，「安全の欲求」が満たされると「社会的欲求」が現われる。食うことで精一杯で友人や社会のことに関心のなかった人も，一応の暮らしが安定してくると，仲間を作りたくなる。

さらに，そのような人間集団への帰属という「社会的欲求」が満たされると，今度は仲間から認められたいという「自我の欲求」が強くなってくるとマズローは考える。

ここには人間の矛盾した性格が描かれている。人間は安定を得て外へ働きかけ

を始めるもののようである。自立は依存から生じ，自我は帰属から生まれる。他人の評価と無関係なはずの「自己実現の欲求」ですら，他人に認められたいという「自我の欲求」の満足に依存している。

（4） 欠乏動機と成長動機
① 欲求段階説への批判
　マズローの欲求段階説には，さまざまな批判もある。「なぜ5つの欲求が選ばれたのか」「5つの欲求を独立に抽出することは困難である」「欲求は相互に重なり合っており，必ずしも低次の欲求から高次の欲求に移行しない」などの批判である。

　こうした批判をふまえて，アルダーファーは，①生理的経済的な「生存（Existence: E）欲求」と②人間関係的な「関係（Relationship: R）欲求」と③創造的・生産的な「成長（Growth: G）欲求」の3つに区分した **ERG 理論**を発表しているが，線引きをどこに置くかという点においては依然として議論の余地があろう。

　たとえば，子供が恐怖を覚えて母親に飛びつくような場合，マズロー流にいえば「安全の欲求」なのか「愛情と帰属の欲求」なのか充分区別できないし，アルダーファー流にいえば「生存欲求」なのか「関係欲求」なのか不明確である。

② 欠乏動機と成長動機
　マズローは「欠乏動機」と「成長動機」という2つの動機でこれを説明している。

　欠乏動機とは，「人格内で精神的，身体的に欠乏状態が生じ，これを外界の資源によって補おうとするはたらき」を意味し，成長動機とは「人格に充実したエネルギーを外の対象に向け，成長へのステップにしようとする動機」である。

　欠乏動機は，自動車がガソリンで走るように，人間が外界に「求める」もので，食事，睡眠といった「生理的欲求」のレベルから，愛情のような「社会的欲求」，あるいは名声のような「自我の欲求」も含まれる。前出の母親に飛びつく子供は安全と愛情を共に求める欠乏動機の現われである。

　成長動機とは，満ち足りたものを放出する「与える」欲求であり，生産・創造活動などの「自己実現の欲求」がこれにあたるが，同じ「社会的欲求」でも愛情を与える場合には成長動機に区分される。

いずれにしても（欲求の段階が実証的にそれを証明されるかどうかはともかくとして）マズローの欲求段階説は，少なくとも経営学の分野に大きな影響を与えた。それは，次に見るマグレガーのX理論Y理論に典型的に見られる。

5 マグレガー

（1）生い立ち

ダグラス・マグレガー（McGregor, D.）は，1906年にミシガン州デトロイトに生まれた。曾祖父ジョン・マグレガーは，スコットランド長老派の牧師であり，祖父はオハイオで浮浪者のための施設を作っている。これが慈善事業を行なうマグレガー協会という団体に発展し，ダクラス・マグレガーの父親も1915年にマグレガー協会の理事になっている。

彼の家では毎晩礼拝が行なわれ，父親がオルガンをひき，母親が讃美歌を歌い，彼も伴奏をしたり，幼い頃から恵まれない人々に食事や宿を与える仕事の事務を手伝った。マグレガーのY理論には人間に対する深い信頼がベースになっているが，それは，彼が宗教的で慈善精神の継承された家系に育ったことと結びつく。

彼は，1926年にはデトロイトの石油製品販売会社のマネージャーになったことがあるが，学究派で，1935年にハーヴァード大学で博士号を取得すると同時に同大学社会心理学講師になり，1937年から1948年までマサチューセッツ工科大学（MIT）で心理学の教授および産業関係学部の学部長を務めている。1948年にはアンチオーク大学学長となるが，1954年にMITの経営学部に戻っている。1964年に亡くなっている。

（2）伝統的管理への批判

マグレガーは，伝統的な管理方法を批判する。本当の「科学的管理」は自然科学がそうであるように「自然法則に従う」ことで，不自然なことは法則に反する。ちょうど「水を高い方に流そうとして溝を掘る」ことが無駄なように，「人間を思いのままに動かそうとする」こと自体が自然法則に反している。

統制とは「相手の人間性を自分の望みに合わせるのではなく，自分のほうが相手の人間性に合わせたやり方をすること」であり，自分の意のままに従業員が動かなかった場合，その原因は自分にあることが多い。

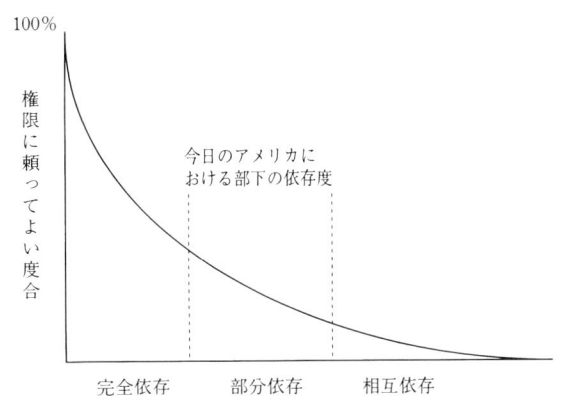

図表 10-5　マグレガーの依存度曲線

（縦軸：権限に頼ってよい度合　100%）
（曲線上に「今日のアメリカにおける部下の依存度」）
（横軸：完全依存　部分依存　相互依存）

出典：マグレガー『企業の人間的側面（新版）』産業能率短期大学出版部，29ページ。

　伝統的な管理原則は，規律を重んじる組織（軍隊やカトリック教会）をモデルに生まれたのであって，企業ではもっと自由な管理が必要である。命令一元化の原則も絶対ではなく，実際に企業で複雑な仕事をするためには複数の上司と関係するのが当然である。

　権限についても同様で，軍隊のように上官と部下という依存関係にある時には権限に頼ることもできるが，企業では「人の上にそびえる権限の源」もなければ，個人的目標を犠牲にしてまでも会社のために尽くしてもらう合理的根拠もない。経営者は従業員あっての経営者であり，従業員が経営者を頼りにしているのと同じ関係にある。

　したがって，「完全依存関係」→「部分依存関係」→「相互依存関係」と依存関係が相互依存に移行するに従って権限に頼る度合いも小さくする必要がある。部下の上司への依存度は「部分依存関係」にあり，権限はある程度は有効だが「説得や専門的な支援」の方が権限を強制的に行使するより人を動かす手段として優れている（図表10-5）。

（3）X理論

　なぜ伝統的管理は命令や統制や権限を重視するのであろうか。それは「X理論」とよべるような「命令統制に関する伝統的見解」があるからである。もちろん，この「X」は単なる符合で，その次にマグレガーが「Y理論」とよぶ「新し

図表 10-6　マグレガーのX理論とY理論

	X 理 論	Y 理 論
人間観	人間は生まれながら仕事が嫌い 強制・命令されなければ働かない 命令される方が良い 責任はとりたくない	人間は生まれながら仕事が好き 命令されなくても進んで仕事に取り組む 自ら創意工夫する 自分の仕事の責任は積極的にとる
管理法	伝統的管理（不信が裏にある） ・ハードマネジメント（厳しい管理） ・ソフトマネジメント（甘い管理） ・ハードとソフトの組み合わせ 　（アメとムチ）	目標による管理（信頼ベース） ・自主的な目標設定 ・自己管理 ・業績の自己評価 ・自己啓発
その他	生理的欲求・安全の欲求・社会的要求の満足が中心 科学的管理法や人間関係論の前提	自我の欲求・自己実現の欲求の満足が中心 業績主義と人間主義の統合

い管理」との対照でつけた名称である。「X理論」は以下のような人間観に立っている（図表10-6）。

- 普通の人間は生来仕事が嫌いで，できれば仕事はしたくないと思っている。
- 仕事が嫌いだから，強制・統制・命令されたり，処罰や脅しを受けなければ働かない。
- 普通の人間は命令される方が楽で，責任はとらずに済む方がよく，野心はもたず，安全を望む。

しかし，マグレガーはこのような「X理論」が「古い人間観」であることがはっきりしてきたと主張する。そしてその理由をマズローの欲求段階説を引用して説明する。

マグレガーによれば，人間は絶えず欲求をもつ動物である。これはマズローの本能論的見解と一致するが，さらにマグレガーは，以下のように伝統的管理とマズローの欲求段階説を結びつける。

① 生理的欲求の段階：パンを食べることが重要であり，経済的な動機を刺激する出来高払いの賃金制度などがうまくいく。
② 安全の欲求：経営者のわがままなやり方やえこひいきのような差別待遇

は脅威であるから，この段階では「公平な機会」を与えるような管理が有効である。
③　社会的欲求：人間関係を重視した管理が必要である。
④　自我の欲求：従来の伝統的管理では充分満たされない。誰もが高い地位や名声を得ることは組織の中では困難であり，地位を求める「自我の欲求」は大多数の（特に大量生産を行なう低い階層にある）従業員には満たされないものだからである。
⑤　自己実現の欲求：伝統的管理のもとでは満たされない。創造性や自己啓発を行ないたいという個人的願望は組織の制約の中では実現しないものだからである。

（4）Y 理論
　衣食足りて礼節を知るように経済的に安定してくると人々は知識欲や創造的な欲求が旺盛になってくる。高学歴化はその一つの現象かも知れない。では，より高度な欲求の芽生えた人々が多くなった場合にはどのような管理方法が適しているのであろうか。
　マグレガーはそのような新しい管理方法は「従業員個々人の目標と企業目標の統合」をめざす理論に基づいたものであるとして，その理論を「Y 理論」とよぶ。この「Y 理論」は以下のような人間観に立脚している（図表 10 - 6 ）。

- 人間は生まれつき仕事をすることをいとわない。仕事は条件次第で満足の源になる。
- 進んで働きたいと思う人間には統制や命令は役にたたない。
- 進んで働く人間は責任も積極的にとるし，創意工夫をして問題を解決する。

　こうした人間観にたってマグレガーは新しい管理方法を提案する。それは「管理能力の向上と，自我の欲求や自己実現の欲求の満足を結合させようとする」試みであり，職務要件や目標設定，管理方法や業績評定を管理者と従業員が一体となって行なうことである。
　これは一般に**目標による管理**（Management by Objective = MBO）とよばれる管理方法に近い。「目標による管理」はドラッカーが『現代の経営』で述べたもの

で，トップから現場従業員までが参加して自主的に目標を定め，業績についても自己評価を加えていくやり方である。

　経営学が誕生した頃には，経済的にも恵まれず従業員は「まずはパンを求めた」のであり，成り行き経営によって差別待遇を受けることから逃れる「安全の欲求」をもっていた。その頃には，テイラーの科学的管理法のような業績主義的な管理法式が有効であった。これは，業績をきっちり評価する**ハード・マネジメント（厳しい管理）**とよべる。

　テイラー的な工場管理はフォードシステムの成功のように社会的な富をもたらした。ところが，社会的な富によって個人の生活が安定すると仲間とうまくやりたいという「社会的欲求」が大きくなる。そこで，この欲求に応える別の管理方法が求められる。

　メイヨーらのホーソン実験が行なわれた頃がまさにその時期で，人間関係論的な管理方式が脚光をあびるようになる。この管理方式は，従業員の人間関係や仲間集団である非公式組織を重視する**ソフト・マネジメント（甘い管理）**とよべる。

　ところが，人間関係がうまくいって，わきあいあいな職場ができたとしても，人間は「社会的欲求」だけでは満足できない。職場は同好会のような場ではないからである。

　そこで自分が自ら進んで仕事に取り組む「自己実現の欲求」のような高次の欲求をもつ人間が増えてくるが，そうなると，従来のようなハード・マネジメントもソフト・マネジメントもあまり効果がなくなる。

　そこで，自ら進んで働く「Y理論」の人間観にたって，自主的に目標を定め，自分で業績も評価するような管理方式が必要だとマグレガーは主張するのである（図表10-6）。

6　ハーズバーグ

（1）生い立ち

　フレデリック・ハーズバーグ（Herzberg, F.）は，1923年にユダヤ系アメリカ人の貧しい家に生まれた。ニューヨーク市立大学を卒業後，1950年にはピッツバーグ大学で心理学の博士号を取得，同大学の助手，講師を経て，ピッツバーグ市精神衛生局の調査主任を務めた。

1957年にはウェスタン・リザーブ大学の教授となり，同大学の学部長もつとめ，1964年にはフィンランドに留学している。1970年にはアメリカのユタ大学の教授になっている。マズローもユダヤ系アメリカ人だが，ハーズバーグもマズローの影響を受け，独自の理論でも「アダムとアブラハム」を対比しているようにユダヤ的な色彩を残している。

（2）人間観（アダムとアブラハム）

ハーズバーグは，制度はその背後に神話をもたなければならないという。そして，人間に関する神の重要な2つの解釈として旧約聖書に登場するアダムとアブラハムをあげる。

日本人にとっては「アダムとアブラハム」の対比はあまりピンとこないかもしれないが，聖書が身近なキリスト教文化圏の人々にとっては「アダムとアブラハム」はよく知られた人物像である。

アダムは最初に神が創造した人間である。ところが，アダムは禁断の果実を食べるまで知識をもたなかった。知識の実を食べてしまった時に初めて「自分が裸であることを知った」からである。そして，アダムはその罪によってエデンの園から追放される。

ハーズバーグは，この神話から，知識をもたないアダム的人間像を人間の動物的な側面ととらえる。そして堕落して追放されるという「罪に対する罰」の構図を読み取り，基本的な動機づけを「痛みの回避」と考える。

一方，アブラハムはアダムとは対照的である。主なる神はアブラハムをよび「あなたと契約を結び，あなたを大いにふやすであろう」と述べたと旧約聖書にある。アブラハムは神によって選ばれた人間像である。

これは，その後のモーゼによる「十戒の契約」にも見られることだが，神によって選ばれた人間は有能で潜在能力をもち自分を律することができる存在であり，精神的成長によって潜在能力を実現しようとする。つまり，「成長の追求」という衝動（動機づけ）をもっている。このような人間の側面をハーズバーグはアブラハム的人間像と考えた。

この2人の対比はキリスト教文化圏における根本的な命題と結びつく。はたして人間は罪深い者であろうか，それとも万物の霊長であろうか。はたして神は遠い存在で恐れ多いものであろうか，それとも自己に内在しているものであろうか。

いうまでもなく，前者はアダム的で後者はアブラハム的な宗教観である。

（3）動機づけ―衛生理論

ハーズバーグはピッツバーグ市内の技師と会計士203名と面接して「例外的に良いと感じたこと」を思い出してもらい，次に「嫌な気分になった事例」を尋ねて，500例近い体験談を集め，それを分析した。

その結果，彼は職務満足の要因と職務不満の要因が別であるという結論を得た。そして，職務満足を与える要因を**動機づけ要因**，職務不満を与える要因を**衛生要因**と名付けた。「動機づけ」という言葉は自己実現に向かう概念で「職務満足」を導く要因である。一方，「衛生要因」の「衛生」という言葉は保健衛生の衛生から出ている。我々は，衛生状態が悪いと病気になり易いが，どんなに衛生状態を良くしても清潔だけでは健康にはならない。衛生要因は病気を防ぐ必要条件だが充分条件ではない。

ハーズバーグはそのことを初めて自転車に乗る子供を例に説明している。子供が初めて自転車に乗ろうとする時に両親は安全な道路を選んであげるが，それは子供にとって衛生要因でしかなく，自転車を与えてあげなければ子供は自転車に乗ることを学べない。

ケガをして苦心して学ぶ「課業」を与えることで創造性が生まれるのである。この「仕事そのもの」や苦心して成し遂げる「達成感」こそが自転車に乗る喜びを実感させる「動機づけ要因」だと彼はいう。

ハーズバーグは国の内外で同様の調査を行ない，「良い体験（職務満足）」に結びつく「動機づけ要因」は，①達成感，②承認，③仕事そのもの，④昇進，⑤成長，などのように職務の内容と直結していることを確認した。「嫌な体験（職務不満）」に結びつく「衛生要因」としては，①会社の政策・運営，②監督技術，③給与，④対人関係，⑤作業条件など職務の周辺にあるものと結論づけた。

さらに，ハーズバーグは，「衛生要因」と「動機づけ要因」を，上記のアダム的人間観とアブラハム的人間観の対比と結びつけて説明する。

アダム的な本性は「痛みの回避」である。「衛生要因」としてあげた会社の政策や監督，給与，対人関係，作業条件などは，本人にとって外部にある環境であり，痛みの対象である。だから，そのような環境条件をできるだけ緩和して働きやすい環境をつくることが重要である。

第10章　行動科学と統合理論

図表10-7　ハーズバーグの動機づけ—衛生理論

動機づけ要因	衛　生　要　因
職務満足の要因	職務不満の要因
達成 承認 仕事そのもの 責任 昇進	会社の方針と運営 監督技術 給与 対人関係 作業条件
アブラハム的本性 「成長の追求」	アダム的本性 「痛みの回避」

　これに対して，アブラハム的人間の本性は「成長の追求」である。どんなに環境を整えても仕事自体が面白いものでなければアブラハム的特性は満足されない。したがって，達成感を得られることや，承認されるもの，昇進や成長につながるものが「動機づけ要因」となるわけである（図表10-7）。

　ハーズバーグによれば，伝統的な管理方法は，管理技術や給与や対人関係や作業条件など仕事の周辺ばかりを論じただけで「衛生要因」でしかなく，本当の「動機づけ要因」にはなっていなかった。

　これがハーズバーグの主張であるが，この批判はマグレガーが「X理論・Y理論」で伝統的管理方法を批判したことと共通している。

　ハーズバーグのアダム的人間とアブラハム的人間の対比は，マズローの欠乏動機と成長動機の対比や欲求段階説と共通した人間観をもっている。

　死や飢えという「痛み」からの回避はマズローが「生理的欲求」とよんだものであり，孤独からの回避は「社会的欲求」である。これに対してアブラハム的側面はマズロー的にいえば「自己実現の欲求」に相当する。

　このようにハーズバーグの理論はマズローやマグレガーの人間観と共通するものが多いが，彼の経営学への貢献は，ピッツバーグ市の調査を始め，数多くの実証的な調査研究を進め，マズローやマグレガーの人間観による理論を一歩進めて調査に基づいて職務満足や不満の要因を裏付けたことであろう。

［ケーススタディ：行動科学にみられる統合主義］

　本章では「行動科学」という名のもとに6人の研究者の理論を紹介した。しかし，6人全員が行動科学者として一括りできるわけではないし，特に最初にあげ

たフォレットは時代的にも行動科学が台頭する以前の研究者で一般には行動科学者とはいえない。

また，マズローは心理学者であり心理学の分野ではワトソンの行動科学的心理学に批判的であったことから，行動科学の範疇に加えることは不適切ともいえる。

しかし，これら6人の主張には共通したものが多い。リッカートのリーダーシップ論（詳細は第16章）にしても，アージリスの「混合モデル」にしても，マグレガーの「X・Y理論」にしても，ハーズバーグの「衛生要因」に対する「動機づけ要因」にしても，命令・統制的な伝統的管理理論を批判して，民主的な経営を主張したものである。これは，フォレットが「命令の非人間化」で論じたこととも共通する。

また，その理論的背景にはマズローの欲求段階説に典型的に見られるような「人間成長の仮説」があり，個人の欲求の高度化に対応して組織管理のあり方も変わらなければならないという主張が見られる。

そして，その新しい組織管理の方法は，行動科学主義が台頭する以前にフォレットが「抑圧」でも「妥協」でもなく「統合」による解決を主張したことに示唆されるように，個人目標と組織目標の統合であり，業績主義と人間主義の統合であった。そこで，この項目のまとめとして，行動科学的統合主義の位置づけを明確にしながら，行動科学への批判を紹介して，その後の経営学の発展について触れておきたい。

行動科学的統合主義の位置づけ

行動科学の各研究者の主張をひとまとめることは困難であるが，行動科学を科学的管理法や人間関係論との関係で位置づけるために，彼らの努力が「業績主義と人間主義の統合」であった点に着目してみよう（図表10-8）。

「業績への関心」や人間の「合理的側面」を横（X）軸にとり「人間への関心」や「感情的側面」を縦（Y）軸にとった平面を考えると，科学的管理法や人間関係論に対する行動科学的な統合主義の位置づけが明確になる。

まず，**科学的管理法**は，きっちりした業績評価によって生産性を高めようとする理論であるから「業績への関心」が高い横（X）軸の右の方向に位置づけられる。あるいは，科学的管理法は人間の「合理的側面」を強調した理論であり，合理的に職務の基準を決めようとしていることから，同じく横（X）軸の右の方向

第10章　行動科学と統合理論

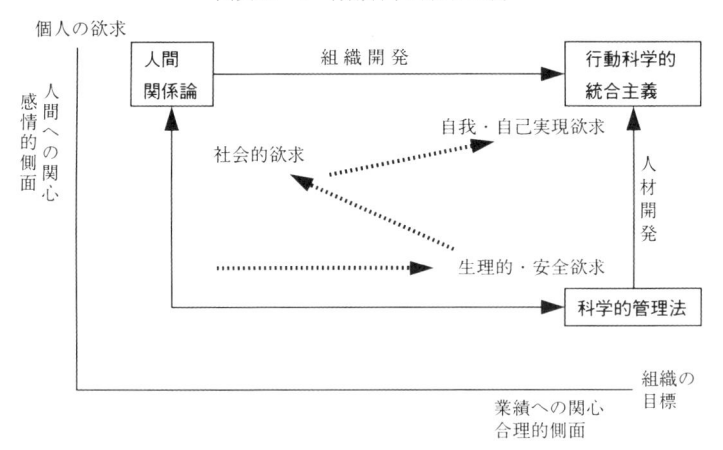

図表10-8　行動科学的統合主義

（図：縦軸「個人の欲求／人間への関心／感情的側面」、横軸「組織の目標／業績への関心／合理的側面」。左上に「人間関係論」、右上に「行動科学的統合主義」、右下に「科学的管理法」。人間関係論から行動科学的統合主義へ「組織開発」、科学的管理法から行動科学的統合主義へ「人材開発」。破線の矢印で「生理的・安全欲求」→「社会的欲求」→「自我・自己実現欲求」）

に位置づけられる。

これに対して、**人間関係論**は「人間への関心」が高く、人間の「感情的側面」に着目した理論である。したがって、縦（Y）軸の上の方向に位置づけられる。

そして、この2つの理論を伝統的管理方法と批判して、2つの理論を越えた新しい管理を唱えたのが**行動科学**の研究者たちであった。彼らは、「人間への関心」をもっていたが心理学的な分析などを通じて「感情的側面」も含めて人間行動を科学的に見ようとした。そして、人間集団をよく観察することで、人間の欲求に応えながら「組織目標と個人の欲求」の統合を目指した。

これは「業績への関心」と「人間への関心」をともに引き上げる統合であり、図で示すならば、横（X）軸でも縦（Y）軸でも高い右上の方向に位置づけられよう。

そして、その両者の統合の理論的裏付けが「人間成長」の仮定である。たとえば、科学的管理法は、マズローの欲求段階説的に見れば、まだ経済的に恵まれていない時代で「生理的欲求」や「安全の欲求」が強く支配している時に有効な経営手法であった。そして、次に登場する人間関係論は仲間とうまくやっていきたいという「社会的欲求」が強く働く時代にあった。したがって、この欲求の変化に応じて、破線でしめしたように振り子がふれるように右下から左上の方向にマネジメントスタイルが変化していく。

ところが，人間関係的な管理では職場が「なかよしクラブ」のようになって，業績への関心が低くなりすぎる。そこで，新しい管理手法が求められるのだが，それが「行動科学的統合主義」である。

行動科学では，この点に関して，個人の能力を引き上げる**人材開発**と，組織を個人の成長に合わせて発展させていく**組織開発**が重視される（第16章の「人材開発と組織開発」257ページ参照）。

図では，人材開発を「人間の成長」を示すものとして縦（Y）軸の下から上に向けて描き，組織開発を「組織の成長」を示すものとして横（X）軸の左から右にかけて矢印で描いておいた。

行動科学の限界

しかし，この行動科学的統合主義にも問題点がある。組織目標と個人欲求の統合でいわれる個人の欲求とは「自己実現の欲求」のことで，個人の欲求が自己実現へ向かうことが一つの前提である。そして，それは組織の中で活かされることが前提になっている。

しかし，本当に人間の自己実現は職場で生じるものであろうか。人間の欲求が高度に高まり，パーソナリティが成長すると本当に個人目標と組織目標は予定調和的に統合されるのであろうか。

職業人として自律することが自己実現の唯一の道で「仕事が生きがい」でなければならないという暗黙の了解があるが，男性も女性もハンデキャップをもった人間も誰もがフルタイムの職場に身をおいていなければならないのだろうか。人間は仕事だけでなく，家庭や地域社会や個人的生活を大切にしながら成長するものではないだろうか。キャリアプラン（働き方）だけがライフプラン（生き方）につながるという自己実現モデルには，どこかおかしいものがないだろうか。

確かに，仕事は個人と社会とを結びつける一つの道であり，仕事の種類によっては自己実現的な創造性が発揮できる場になる。しかし，企業の目標にそって生産性（業績）をあげることが予定調和的に自己実現と直結する仕事はそんなにあまねく存在するのであろうか。こうした問題に行動科学は応えきれていない。

行動科学のもう一つの限界は，行動科学が「個人と組織の統合」という組織内部の問題ばかりを扱って，組織が市場や社会に適応していくための方法など組織外部の問題について少しも言及していないということである。それが，その後の

経営学の流れで台頭してきた経営戦略論や意思決定論，コンティンジェンシー理論との違いである。

[演習問題]

[1] マズローの「欠乏動機と成長動機」，マグレガーの「X理論とY理論」，ハーズバーグの「動機づけ―衛生理論」には共通した人間観がうかがえる。どのようなものか自分なりに整理してみよう。

[2] 行動科学は，ハードマネジメントとソフトマネジメントの統合をめざしたが，それは容易でない。どのような障害があるか，自分なりに整理しなさい。

[参考文献]

アージリス／伊吹山太郎・中村実訳『新訳 組織とパーソナリティ―システムと個人との葛藤』日本能率協会，1970年（Argyris, C., *Personality and Organization : The Conflict Between System and the Individual*, Harper & Row, Publishers, Incorporated, 1957）。

フォレット／米田清貴・水戸公『組織行動の原理』未来社，1972年（Follett, M. P., *Dynamic Administration : The Collected Papers of Mary Parker Follett*, edited by Henry C. Metcalf and L. Urwick, Harper & Row, Publishers, 1940）。

ハーズバーグ／北野利信訳『仕事と人間』東洋経済新報社，1968年（Herzbaerg, F., *Work and the Nature of Man*, E. Tuttle Co. Inc., 1966）。

リッカート／三隅二不二訳『経営の行動科学』ダイヤモンド社，1964年（Likert, Rensis, *New Patterns of Management*, MaGraw-Hill Co., Inc., 1961）。

マズロー／小口忠彦監訳『人間性の心理学』産業能率短期大学出版部，1971年（Maslow, Abraham H., *Motivation and Personality*, Harper & Row, 1954）。

マグレガー／高橋達男訳『企業の人間的側面（新版）』産業能率短期大学出版部，1970年（McGregor, Douglas, *The Human Side of Enterprise*, McGraw-Hill Inc., New York, 1960）。

北野利信編『経営学説入門』（有斐閣新書）有斐閣，1977年。

上田吉一『人間の完成 マスロー――心理学研究』誠信書房，1988年。

笹川儀三郎・山下高之・仲田正機・渡辺峻編著『現代の企業経営を学ぶ』ミネルヴァ書房，1996年。

大平金一「マグレガー」（車戸實編『経営管理の思想家たち』早稲田大学出版部，1987年）。

神戸大学経営学研究室編『経営学大辞典』中央経済社，1988年。

第11章 近代管理論からコンティンジェンシー理論へ

C. I. バーナード

　経営理論の区分は研究者によって異なるが，テイラーの科学的管理法やファヨールの管理過程論を**古典理論**，メイヨーらの人間関係論を**新古典理論**と位置づけ，その後の経営理論を**近代理論**とよぶことが多い。

　組織論の分野でも，テイラーらの業績を**古典的組織論**，メイヨーらの理論を**新古典的組織論**，その後の組織論を**近代組織論**とよぶことが多い（第12章172ページ参照）。

　その画期的なポイントとなったのがバーナードの業績である。彼は，伝統的理論の弱点を克服し，古典・新古典理論を統合して近代理論あるいは近代組織論の道を開いたため，その業績は**バーナード革命**とよばれる。

1　バーナード革命

　チェスター・バーナード（Barnard, C. I.）は，1886年にマサチューセッツ州モルデンに生まれた。父親は機械工だったが，幼くして母親を亡くし，祖父一家と暮らすことになって，その生活が彼に大きな影響を与えたといわれる。祖父の家は大家族で，哲学的な議論もする知的雰囲気にあふれていた。

　1906年にハーヴァード大学に入学し経済学を学んだが，3年後の1909年に中退してアメリカ電話電信会社（AT&T）の統計部で仕事をするようになる。その後，実業界で過ごし1927年に41歳で同社の関連会社であるニュージャージー・ベル社の社長に就任し，20年間，その職にあった。

　この間，1937年にボストンのローウェル協会の依頼で講演を行ない，その講演

第11章　近代管理論からコンティンジェンシー理論へ

をまとめたのが『経営者の役割（*The Function of the Executive*）』である。この書物は，バーナードが経営者として実業界で経験したことをベースに，広範な思索の結果をまとめたものである。

社長をやめた後は，1948年から52年までロックフェラー財団の理事長を務めたが，1961年に亡くなっている。

バーナード理論は広範に及ぶので第12章の「近代組織論（184ページ）」でも取り上げるが，ここでは，バーナード革命という視点からまとめる。

（1）システム的な組織観

バーナードは組織を**協働体系**（cooperative system）と定義しているが，組織を単なる「オーガニゼーション」ではなく「システム」と見たのは画期的であった。システムは，要素と集合との関係を重視する概念であり，要素を他から切り離して個別に扱ってきた伝統的な管理論とは別の新しい流れを作り出した。

伝統的組織観では，組織管理は，権限と責任をどう配置するかという問題に重点が置かれていた。また，部分に区分して要素を切り離すためジグソーパズルのように職位を組織図に埋める管理で，静的で機械的であった。さらに，経営者や管理者が現場で得た智恵や経験と普遍的に適応しようとする原則論であったので経営学に限られた狭い研究であった。

しかし，バーナードは，権限は従業員に受容されて成立すると考え，その受容される関係を作ることが管理のポイントと考えた。これを**権限受容説**という（第12章176ページ参照）。こうした見方は行動科学者のリーダーシップ論を始め心理学的な応用を取りいれる契機になったばかりでなく，他の社会科学の成果を活用する学際的な分野を作り出した。

たとえば，社会学でパーソンズ（Parsons, T）が「社会システム論」を展開してシステム的な思考が取り入れられ，通信・制御に関して動物と機械の仕組みをシステム的にとらえた**サイバネティクス**が生まれるのも同時期である。その後，コンピュータの発達とともに**情報科学**とよばれる分野が生まれ，システム的なアプローチをする理論が広がり，今日では，**経営工学**（インダストリアル・エンジ

> 行動科学については，内部志向的な管理論という意味で新古典理論に含められることもあるし，システム的な見方という意味で近代理論に結びつけられることもある。

ニアリング），オペレーションズ・リサーチ，経営情報などシステム思考によって成り立つシステム科学が経営学の中でも大きな比重を占めている。

（2）内部統制から外部適応へ

バーナードは組織を，「物的，個人的，社会的構成要素の複合体」で，「大きな体系（システム）のサブシステム」と説明している。これは，組織を**閉鎖体系（クローズド・システム*）**ではなく，**開放体系（オープン・システム*）**としてとらえた見方である。

それまでの古典理論（伝統的組織論）では，内部を外部環境と切り離して，内部管理だけが優先される理論が展開されたが，バーナード以降は，経営学の関心が外部環境への適応に移ってくる。

特に，1960年代には環境変化に対応するための**経営戦略論**が注目されるようになるが，その一つのルーツは，外部環境と内部管理を均衡させようというバーナード理論にある。

（3）意思決定の重要性

バーナードは，管理という概念を，「他人に仕事をさせる（get things done through people）」という伝統的なとらえ方から，その「行為に導く選択の過程」すなわち「意思決定」に比重を置いて見直した。

この意思決定論は，サイモンらによって継承され，近代組織論の特徴となっている（詳細は次ページ「意思決定論」）。その後，意思決定を情報選択というかたちでとらえ直したコンピュータ・シミュレーションなど，情報処理関連の科学も発達するようになる。

（4）条件性理論への影響

古典理論は組織のおかれた環境や条件に無関係に普遍的な管理原則が成り立つと考えていたが，システム的な組織観や意思決定という分析視点は，組織の対外的な関係性や条件性に研究の関心を向けた。

その結果，条件によって有効な経営の方法やスタイルが異なるという**コンティンジェンシー理論**が生まれてきた。こうした流れを作った原点にバーナードを位置づけることもできる。

第11章　近代管理論からコンティンジェンシー理論へ

図表11-1　バーナード革命

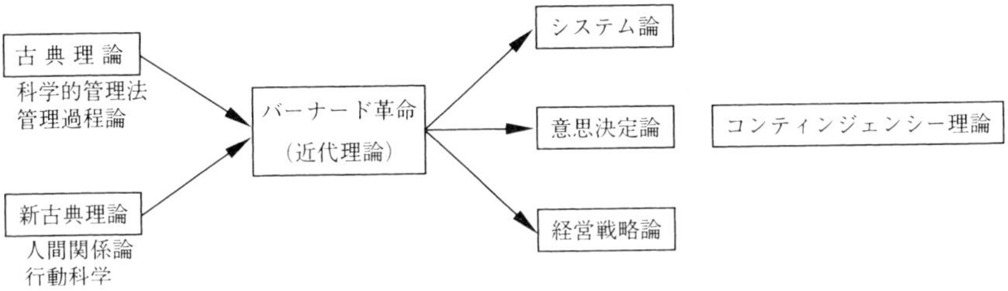

```
┌─────────┐
│ 古典理論  │                    ┌─────────┐
│科学的管理法│                  →│ システム論 │
│ 管理過程論 │  ┌─────────┐     └─────────┘
└─────────┘ →│バーナード革命│    ┌─────────┐     ┌──────────────┐
             │ (近代理論) │   →│ 意思決定論 │     │コンティンジェンシー理論│
┌─────────┐ →└─────────┘    └─────────┘     └──────────────┘
│ 新古典理論 │                   ┌─────────┐
│ 人間関係論 │                  →│ 経営戦略論 │
│  行動科学  │                   └─────────┘
└─────────┘
```

▶この図式はバーナードの業績をわかり易くするために作成したものである。しかし，実際の学説の流れは相互に関連をもっているため，図式通りに理解することは危険である。

このように，経営学の流れに画期的な転換点を与えた。図表11-1は，バーナード革命を簡便的に図式化したものである。

② サイモンの意思決定論

バーナードの考え方を継承しながら独自の経営論を展開したのは，ハーバート・サイモン（Simon, Herbert A.）である。彼の理論は近代理論（近代組織論）の中核をなしており，バーナードと合わせて**バーナード＝サイモン理論**ともよばれている。

サイモンは，1916年にウィスコンシン州ミルウォーキに生まれ，1938年にシカゴ大学を卒業し，同大学の大学院で行政学を専攻し，1939年にカリフォルニア大学行政学研究所の管理測定研究部長に就任，1942年にイリノイ工科大学の助教授になった。1943年にはシカゴ大学から政治学の博士号を取得，1945年に『経営行動』を発表した。1949年にはカーネギー・メロン大学の教授となり，その後も多くの著作を発表している。

> **開放体系（オープン・システム）**とは，システム内部と外部に相互関連があるシステムで，環境変化に伴って内部的にも変化し，また内部の変化が外部に影響を及ぼすシステムである。企業は市場など外部環境の変化に適応するが，企業行動は市場にも影響を与えている。これに対して，内燃機関（エンジン）などの工学システムや簿記規則に基づく会計システムなどは，外部の影響を受けずに単独で成立しているため**閉鎖体系（クローズド・システム）**とよばれている。

（1）論理実証主義

サイモンは，バーナードの組織論と意思決定論を継承したが，バーナードが合理的側面だけでなく価値規範的（道徳的）側面も分析の中に取り込んだのに対し，これを意識的に排除している。

サイモンは，何を目的とするかという**価値前提**（value premises）と状況の事実認識としての**事実前提**（factual premises）を区別して，事実前提から導かれる意思決定を経営の主たる問題として取り上げる。何を目的にするかは重要であるが，一度その目的を所与とすれば，手段の選択については検証可能と考えたわけである。

このようにサイモンは，価値判断にかかわる部分を排除して検証可能な事実と論理性を重視する**論理実証主義**（logical positivism）の立場に立っているが，「人間の合理性の限界」を前提とした**管理人**（本ページ後述）の仮説にも立っている。むしろ，人間は全知全能の神でないからこそ，制限された情報の中で最も合理的な意思決定を行なう必要があると主張する。

（2）意思決定の複合体系

サイモンも組織を「協働体系」と観た点ではバーナードと共通するが，同時に「意思決定の複合体系」と観ている。サイモンによれば，協働行為によって，組織内では他のメンバーがとる行動が相互に予想しやすくなっており，より合理的な意思決定ができるようになっている。

そして，個々の意思決定は，①専門化，②標準的手続き，③権限関係，④コミュニケーション，⑤教育・訓練，⑥インフォーマルな影響力などの影響力を通じて，組織全体の意思決定に統合される。組織が「意思決定の複合体系」と考えられる一つの典型的な例に，組織目的の階層化がある（第12章185ページ参照）。

（3）管理人仮説

管理人あるいは**経営人**（administrative man）は，サイモンが想定した人間観で，ある程度の自由意思や選択力や意思決定力をもっているが，その能力はさまざまな面で制限されており「制約された合理性」に従っている。しかし，制約の中ではできるだけ合理的な意思決定をしようとする主観的合理性をもっている。

これは，経済学の前提とする経済人と比較できる（図表11-2）。**経済人**は，①

第11章　近代管理論からコンティンジェンシー理論へ

図表11-2　経済人と管理人

	経　済　人	管　理　人
情報収集力	全ての代替案を得ている	代替案の一部のみ
結果予測力	代替案をとった時の結果がわかっている	結果は部分的に推測
意思決定力	最善の代替案を選択	満足し得る行動を選択
合　理　性	客観的合理性	主観的合理性

全ての代替案を得ることができ，②その全ての代替案について結果を正確に予測でき，③その結果の中から価値前提に基づく最善の代替案を選択できる場合に達成できる。

しかし，実際には，①代替案は全てを知ることができないし，②代替案をとった場合の結果も一部を推測できるに過ぎない。したがって現実には③代替案の中から「満足し得る」あるいは「十分よい」と思われるものを選択していることになる。

人間は部分的な情報によって決定を下す。サイモンは，この「全知仮定の非現実性」を選択肢が示される順序にかかわった例で指摘する。AがベターでBがベストの選択肢の場合，「もしもAがBよりも前に示されるならば，Aは望ましいもの，あるいは少なくとも満足できるものと思われよう。しかし，BがAよりも前に示されるなら，Bは望ましいものと思われ」ることになる。

③　数値的意思決定論

意思決定論には，ゲームの理論やオペレーションズ・リサーチや統計学的手法に基づいた**数値的意思決定論**もある。これは，選択すべき代替案は与えられたものとして，その代替案の中から合理的な原理（しばしば数学的手法）に基づいて最善の代替案を選択するものだが，「どのような選択原理に基づいて選択すべきか」という実践的規範を提供するので**規範的意思決定論**（normative decision theory）ともよばれる。

これに対して，バーナードやサイモンの意思決定論は，企業の中で実際の意思決定がどのように行なわれるかを記述しながら，その過程を明らかにしていこうといくもので**記述的意思決定論**（descriptive decision theory）とよばれている。

(1) コンピュータの発達と意思決定論

バーナードやサイモンの記述的意思決定論ではあまり計算式で表わせるようなものはなかったが，コンピュータの発達で両者の融合が見られるようになった。コンピュータ関連のハードとソフトが急速に発達したことによって，**非定型的決定**においても，より合理的で数値的に説明可能な意思決定の方法を模索する傾向が強まってきたのである。

(2) 情報処理的意思決定論（サイアート＝マーチの理論）

リチャード・サイアート（Cyert, R. M.）とジェームズ・マーチ（March, J. G.）は，バーナードやサイモンの意思決定論の系譜を引き継ぎながら，理論の精緻化につとめ，その手法としてコンピュータ・シミュレーション・モデル（computer simulation model）を活用した。

その代表的な業績が『企業の行動理論（*A Behavioral Theory of the Firm*, 1963)』だが，サイアート＝マーチ（1963）によれば，組織のおける意思決定とは，利用可能な情報に基づいて，一組の代替案の中から一定の目的に照らして選択を行なうことである。ここでは，組織目標の中身はあまり問われない。組織目標そのものは所与のものとして，組織全体が情報処理のシステムと考えられている。

こうして「意思決定」を「情報選択」ととらえ直すと**情報処理**（information processing）の問題として解くこともできる。バーナードが「協働体系」ととらえたシステム的組織観は，サイモンによって「意思決定の複合体系」と解釈されたが，サイアート＝マーチ（1963）に至っては「情報処理の体系」とみなされるようになったのである。

サイアート＝マーチ（1963）の組織行動理論は，①組織目的の理論，②組織期待の理論，③組織選択の理論，④組織制御の理論という4つの下位理論から成る。

① 組織目的の理論：組織目的はどのように形成され，変化し，組織はそれにどのように注意を払うか。
② 組織期待の理論：組織が情報をどのように探索し，どのように処理するか。
③ 組織選択の理論：代替案にどのように序列をつけ選択するか。
④ 組織制御の理論：トップの選択と現実に実施される決定がどのように違うか。

第11章　近代管理論からコンティンジェンシー理論へ

図表11-3　サイアート＝マーチ（1963）の意思決定過程

コンフリクトの準解決	不確実性の回避	問題志向的探索	組織の学習
●独立的制約としての目的 ●局部的合理性 ●満足基準の意思決定ルール ●目的への逐次的注目	●フィードバック反応の意思決定手続き ●協定された環境	●動機づけられた探索 ●単純志向的探索 ●探索におけるバイアス	●目的の適応 ●注目ルールの適応 ●探索ルールの適応

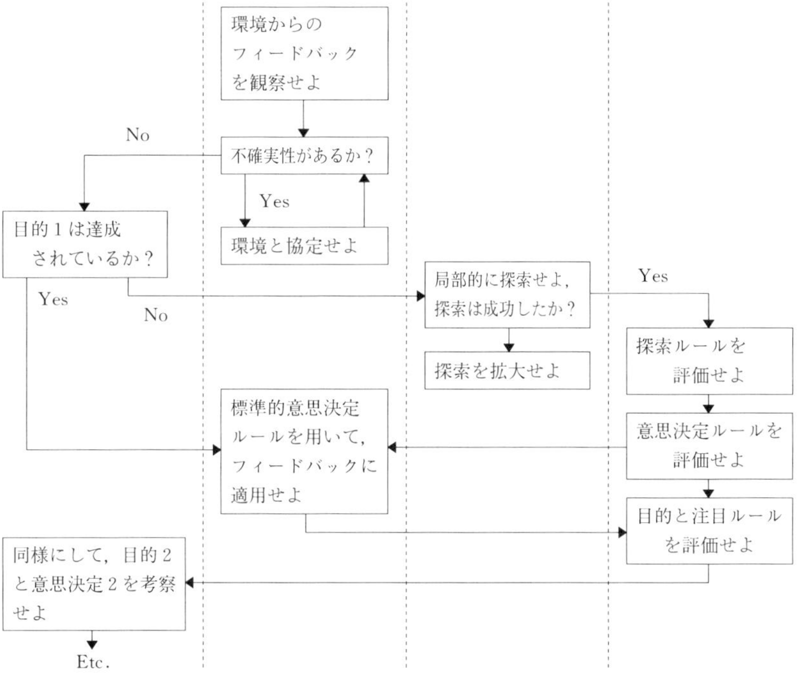

[フローチャート：
環境からのフィードバックを観察せよ → 不確実性があるか？ → Yes: 環境と協定せよ／No → 目的1は達成されているか？ → Yes／No → 局部的に探索せよ、探索は成功したか？ → Yes: 探索ルールを評価せよ → 意思決定ルールを評価せよ → 目的と注目ルールを評価せよ／No: 探索を拡大せよ → 標準的意思決定ルールを用いて、フィードバックに適用せよ → 同様にして、目的2と意思決定2を考察せよ → Etc.]

出典：松田武彦監訳・井上恒夫訳『企業の行動理論』ダイヤモンド社，1967年，184ページ。

　非定型的決定（unprogrammed decision）とは，問題が複雑で代替案もその都度違っているような問題の意思決定で，たとえば戦略的な決定や管理的な決定などがあげられる。
　定型的決定（programmed decision）とは，日常反復的な意思決定で，問題解決の方法もあらかじめ決められているもので，たとえば在庫管理などは，上記で述べたオペレーションズ・リサーチの手法でプログラム化が相当程度可能なものである。

そして，組織目標，組織期待，組織選択などそれぞれに影響を及ぼす変数によって意思決定の過程が分析されるが，それらの変数に加えて，以下の関係概念が提示される。

① コンフリクトの準解決：組織目標に内在するコンフリクトを合理的に解決する。
② 不確実性の回避：短期的意思決定のルールを用いて長期的不確実性を回避する。
③ 問題解決志向の探索：問題によって刺激され解決を志向する探索。
④ 組織の学習：組織が経験によって学習し適応行動をとる。

以上のような概念規定のもとに，図表11‐3のようなフローチャートが企業における意思決定過程の一般構造として描かれている。

サイアート＝マーチは，このようなフレームワークに基づいて意思決定を説明すると同時に，その問題を具体的に克服するために，新たにコンピュータ言語を採用する。「かくして，企業組織における意思決定の理論は，コンピュータ・シミュレーション・モデル（computer simulation model）として定式化され，操作されることになる」のである。

4 コンティンジェンシー理論

バーナード革命を経てシステム論的な組織観が，静的で構造的な伝統的組織観にとって代わるようになった。ところが，組織を環境の変化に応じて変わる**オープン・システム**（open system）とみると，古典理論や新古典理論が追求してきたような一般原則がどの業界やどの企業にもあてはまるという普遍的管理理論そのものに疑問が生じる。

はたして，どの業界でも，どのような環境でも，同じ組織構造をもち，同じ管理原則が通用するのであろうか。

そこで，異なる環境や条件のもとでベストとなる管理方法を模索する研究がさかんになってきた。このような研究は，異なった条件のもとでの組織研究であるので条件的（contingent）であり，そのために**コンティンジェンシー理論**（contingency theory) あるいは**条件理論**とよばれている。この名称はローレンシュ＝ローシュ（1967）の研究によって広く知られるようになったが，最初から体系的な理論枠組みがあったわけではなく，独自に展開された実証的研究を通じて形成されてきたものである。

（1）バーンズ＝ストーカーの研究

バーンズ（Burns, T.）とストーカー（Stalker, G. M.）は，イギリスのスコットランドにある20社を調査し1961年に発表した。20社はエレクトロニクス産業への参入をはかっており環境の変化に組織がどのように対応するかという問題をかかえていたが，バーンズ＝ストーカーは，管理システムに着目して**機械的組織**（mechanistic organization）と**有機的組織**（organic organization）に類型化して環境との関連を理論づけた。

① 機械的組織：職能的に専門化・細分化されていて，権限・責任関係が明確化され，非人格的な命令系統や階層化が徹底されている官僚的組織。
② 有機的組織：権限と責任の関係が弾力的で横のコミュニケーションがとれていて，状況に応じて臨機応変に対応できる組織。

調査の結果，市場の変化や技術革新の激しい業界では，官僚的な機械的組織より柔軟な有機的組織の方が有効であることがわかった。安定的な業種からエレクトロニクスのような技術的にも市場的にも変動の激しい業界に参入した企業のうち，参入に成功した企業は有機的組織へ転換できた企業であり，失敗した企業は機械的組織のままで転換できなかった企業だったのである。

ここに，コンティンジェンシー理論の基本的命題がある。彼らは，有機的組織が機械的組織より優れていると主張しているのではない。どちらの組織が有効であるとか普遍的であるとか，どちらかの組織に収斂するであろうという議論はせずに，特定の環境（条件性＝コンティンジェンシー）のもとでは特定の管理システムが有効ということを実証的に示したのである。

（2）サウスエセックス研究

バーンズ＝ストーカーの研究と並んで注目される初期の研究に，ウッドワード（Woodward, J.）を中心としたサウス・イースト・エセックス工科大学の調査団が1965年に発表した研究がある。これは，イギリス，サウスエセックス地域にある100社を対象にサーベイ調査を行ない23社についてはさらに事例研究を行なったもので，バーンズ＝ストーカーの研究より規模も大きく，詳細な比較研究である。

この研究は，一般的な「管理システム」を単純に比較するのではなく，技術と密接な関係がある「生産システム」を含めて詳細に検討したところに特徴があり，「技術が組織構造を規定する」という新たな命題を生み出した。

この研究でウッドワードらは，組織構造や管理方法と業績との関連をまず調査した。ところが，古典理論でいわれるような管理原則を積極的に採用している企業が必ずしも業績が良いとは限らないことがわかった。好業績の企業の半数以上は，職務の特殊化を行なっていない（有機的）組織だったのである。

そこで，彼女らは，調査結果を再分析し，技術と組織との関連に着目して，組織構造（あるいは管理方法）と製造方法の関係を調べた。

具体的には，技術をその複雑化・高度化に伴って，①単純，②中間，③複雑の3つの段階に分け，次の3つの生産システムに類型化した。

① 単品生産：注文服や電子工学設備のプロトタイプ生産のような単純レベルの生産
② 大量生産：自動車や鋳鉄のような中間レベルの生産
③ 装置生産：石油，化学工業のような高度なレベルの生産

そして，それぞれの段階で，管理階層数，管理者の比率，管理の幅，スタッフの比率，大卒社員の比率，内部昇進の比率などを比較検討した結果，次のような傾向が見られた。

- 技術が複雑（高度）化すると，管理階層，管理者の比率，最高経営者の管理の幅，スタッフの比率，内部昇進の比率などが増大する。
- 技術スケールの両端（単品生産と装置生産）では現場監督者の管理の幅が

小さい。
- 中間（大量生産）レベルでは，職務明確化など機械的組織の特徴があり文書で伝達されるが，両端では有機的組織が多く口頭でコミュニケーションする。

バーンズ＝ストーカーでは，機械的組織と有機的組織が環境変化の中で単純に比較されたのに対し，サウスエセックス研究では，技術という環境変化の一つの要素がポイントになって，技術が単純なレベルでは有機的組織，中位では機械的組織，複雑化した装置生産では再び有機的組織という形で適合性が見い出されたのである。

ところで，技術と組織の問題を扱った研究に「社会―技術システム論（socio-technical system theory）」がある。イギリスのタビストック研究所のミラー（Miller, E. J.）が行なった炭坑研究や，ライス（Rice, A. K.）の行なったアーメダバド実験に代表されるもので，「社会システムとしての組織は技術システムの要請に適合しなければならない」とする点でサウスエセックス研究に共通する結果が見られる。

ところが，サウスエセックス研究は，技術を所与として条件性（コンティンジェンシー）と見るのに対し，「社会―技術システム論」では組織（社会システム）を考慮して技術システムを構築するという立場をとる。

また，コンティンジェンシー理論では技術が異なれば組織も異なると見るが，「社会―技術システム論」では，全ての技術システムに対して小集団管理という一つの管理方式が最善とされているところに違いがある。

(3) ローレンス＝ローシュの研究

イギリスのバーンズ＝ストーカーやウッドワードの研究は，アメリカのポール・ローレンス（Lawrence, P. R.）とジェイ・ローシュ（Lorsch, J. W.）によって継承され，彼らの共著である『組織の条件適応理論（Organization and Environment: Managing Differentiation and Integration）』によって「コンテンジェンシー理論」として一躍有名になった。

ローレンス＝ローシュ（1967）は，プラスチック産業の6つの組織，食品産業の2組織，容器（コンテナ）産業の2組織を取り上げ，環境への適応の仕方や内

部コンフリクトの解決の仕方を比較検討した。

　彼らは，企業の各部門に注目し，同じ企業内でも部門によって管理方法やリーダーシップスタイルが異なることを実証的に示した。たとえば，研究開発部門は科学環境に適応しなければならないし，営業部門は市場環境，製造部門は技術環境に適応しなければならない。

　また，彼らは「分化と統合のパターン」に着目して各産業や各部門の組織と環境の適合性を検証した。たとえば，プラスチック産業のようにダイナミックな環境では，高度の分化と高度の統合を同時に達成しなければならないが，容器産業のような安定的な環境では分化を低下させ統合を発達させる必要がある。

　さらに，彼らは，公式組織の階層や編成という構造的側面だけではなく，どのような目標に関心を向けるかという「目的志向性」，長期的視野に立つか短期的視野かという「時間志向性」，人間関係やリーダーシップにかかわる「対人志向性」についても「分化と統合のパターン」に加えて研究を深めた。

（4）適合と調和の概念

　加護野（1980）は，コンティンジェンシー理論を3つの変数と「適合と調和」という鍵概念で説明し，3つの変数を図式化する。

　①　状況変数：環境，技術，規模など組織をとりまく状況の特性を示す変数
　②　組織特性変数：組織の構造，管理システム，形態，組織過程など組織の
　　　　　　　　　　内部特性を示す変数
　③　成果変数：組織のパフォーマンス，有効性，機能を示す変数

　そして，これら3つの変数を結びつけているコンティンジェンシー理論の鍵概念（アイデア）は「適合（fit）」あるいは「調和（congruence；consonance）」という概念である。

　つまり，状況変数である環境や技術に，組織変数である組織構造や管理システムが適合あるいは調和していれば，成果変数としての有効性も高まるという前提がコンティンジェンシー理論にはある（図表11-4）。

図表11-4　コンティンジェンシー理論の固有変数と鍵概念

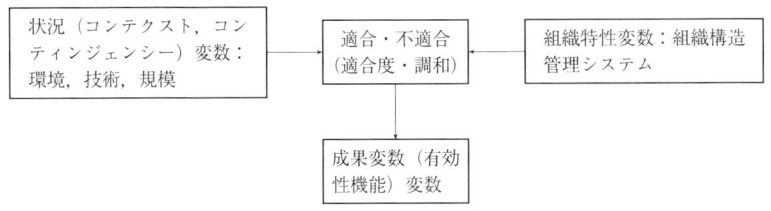

```
┌─────────────────┐    ┌─────────────┐    ┌─────────────────┐
│状況（コンテクスト，コン│    │適合・不適合 │    │組織特性変数：組織構造│
│ティンジェンシー）変数：│───→│（適合度・調和）│←───│管理システム     │
│環境，技術，規模   │    │             │    │                 │
└─────────────────┘    └─────────────┘    └─────────────────┘
                              │
                              ↓
                       ┌─────────────┐
                       │成果変数（有効│
                       │性機能）変数 │
                       └─────────────┘
```

出典：加護野忠男『経営組織の環境適応』白桃書房, 1980年, 25ページ。

（5）コンティンジェンシー理論の限界

コンティンジェンシー理論に対していくつかの限界が指摘されている。

まず，コンティンジェンシー理論は，組織構造と組織過程という可視的な分析に傾斜しすぎているという指摘である。たとえば，曖昧で不可視的な組織文化が経営に重要な影響を与えていることが明らかになっている（第21章「現代社会と企業」の「組織文化の理論」325ページ参照）。

第二に，組織と環境の関係を一対一に絞りすぎているという批判である。生物の適応形態を見るまでもない。企業の事例においても，環境適応のかたちが異なっていながら，同程度の適応が可能であることがわかってきたのである。

第三に，企業を受動的に見過ぎて企業の創造・革新機能を無視しているという点である。企業はジグゾウパズルの一角に自分を押し込めるように機械的に環境に順応しているのではない。主体的に環境に働きかけて，環境を変化させながら適応しているものである（順応と適応については24ページ参照）。

5　組織間関係論

コンティンジェンシー理論と同じように，企業をオープン・システムとしながら別の視点にたつのが**組織間関係論**（interorganizational relationship theory）である。

この理論の第一の特徴は環境のとらえ方にある。コンティンジェンシー理論は，環境を社会的なものも含めて広くみるが，組織間関係論はステークホルダー（23ページ）など利害関係をもつ外部組織を環境とみる。

第二の特徴は企業と環境の関係にある。コンティンジェンシー理論は環境を不確実なものとし，環境がどのように企業に影響するかに関心をもつが，組織間関係論は焦点組織（分析の対象となる企業）と他の組織との相互作用に関心をもつ。

つまり、企業が環境に働きかける主体的で自律的な行動も重視される。

第三の特徴は、価格メカニズムのような市場関係でもなく、組織内部の権限関係でもない多様な相互依存関係に着目している点である。このため、資源依存関係、パワー（力関係）、交換関係など、さまざまなパースペクティブ（理論的な視点・枠組み）がある。

（1）資源依存パースペクティブ

フェッファー（Pfeffer, J.）とサランシック（Salancik, G. R.）によれば、企業（焦点組織）は存続するために環境（他の企業）から諸資源を獲得しなければならないから、他の組織に依存している。しかし、企業は同時に自律的に行動しようとするもので、依存を脱却し、他の組織を支配しようともする。

したがって、企業は依存と自律のはざまに立って他の組織との関係を保っているが、次の二つにおいて他の組織への依存度を高める。

① 資源の重要度：環境となっている外部組織がその企業（焦点組織）にとって重要な資源をもっている度合い
② 資源の独占度：環境となっている組織以外から資源を取り入れることができない度合い

たとえば、原材料を特定の組織から得ている場合、その原材料が重要であればあるほど依存度が高まるであろうし、その組織の原材料独占度が高く他の企業から同じような原材料を得られない場合にもその組織への依存度が高まる。

そこで、企業はそのような依存関係を回避して依存度を減少しようとするであろうが、そのために以下のような戦略をとる。

(1) 自律化戦略（合併、垂直的統合、部品の内製化など）
(2) 協調戦略（協定、合弁など）
(3) 政治戦略（政府規制の利用、ロビー活動など）

このような見方は、部分的にせよ環境を操作可能なものとしている点において、コンティンジェンシー理論とは区別される。このような資源獲得をめぐる組織間のパワー（力関係）に着目した組織間関係論を**資源依存パースペクティブ**（resource dependence perspective）という。

第11章　近代管理論からコンティンジェンシー理論へ

J. W. ローシュ　　　　　H. A. サイモン

（2）組織セット・パースペクティブ

　エヴァン（Evan, W. M.）は，企業（焦点組織）に対して資源や情報を提供するインプット組織セットと，企業が資源・情報を提供するアウトプット組織セットからなる組織間システムを考える。たとえば，労働組合，材料メーカー，銀行，監督官庁などはヒト・モノ・カネ・情報などを企業に提供するインプット組織であり，顧客，流通業者，広告機関，地域社会などは企業が製品や情報を提供するアウトプット組織である。

　また，彼は，これら組織間の調整は，組織の境界や窓口に位置する渉外担当者（boundary personnel）の行動を媒介に行われると考える。このため，その行動を考察するとともに，渉外担当者の行動を規定する組織内部の構造や組織風土なども分析される。

　このように，組織間関係をインプット・アウトプットのセットととらえて，組織内外の接点に位置する渉外担当者の行動に着目した組織間関係論を**組織セット・パースペクティブ**（organization set perspective）という。

　組織間関係論は非常に多様なパースペクティブをもっている。この他に組織間関係の見方として，アストレイ＝フォムプランの協同戦略パースペクティブ（collective strategy perspective），ズーカー，スコットなどの制度化パースペクティブ（institutional perspective），コース，ウィリアムなどの取引コスト・パースペクティブ（transaction cost perspective），ハナー＝フリーマンの個体群生態学パースペクティブ（population ecology perspective）などがある。

169

第 2 編　経営理論の流れ

[演習問題]

[1]　バーナードの近代理論，サイモンの意思決定論，コンティンジェンシー理論などは，すべて企業を「オープンシステム」ととらえている。オープンシステムとは何か，第 2 章の「システムとしての企業」の項目を読み返して，再度確認しなさい。

[2]　「社会—技術システム論」は，そのルーツを「科学的管理法」と「人間関係論」に求めることができ，その両者を統合しようとした試みであるといわれている。3 つの経営理論がどのように関連するのか考えてみよう。

[3]　一般に組織が大きくなると官僚的になって「大企業病」になるといわれるが，コンティンジェンシー理論では必ずしもそうは主張していない。なぜだろうか。具体的な例をあげて説明しなさい。

[参 考 文 献]

バーナード／山本安次郎・田杉競・飯野春樹訳『新訳・経営者の役割』ダイヤモンド社，1968 年（Barnard, Chester I., *The Functions of the Executive*, Harvard University Press, 1938）。

飯野春樹『バーナード組織論研究』文眞堂，1992 年。

車戸實編『経営管理の思想家たち』早稲田大学出版部，1987 年。

サイアート＆マーチ／松田武彦監訳・井上恒夫訳『企業の行動理論』ダイヤモンド社，1966 年（Cyert, R. M. & J. G. March, *A Behavioral Theory of the Firm*, Prentice-Hall, 1963）。

ローレンス＆ローシュ／吉田博訳『組織の条件適応理論』産能大学出版部，1977 年。原書は，Lawrence, Paul R. & Jay W. Lorsch, *Organization and Environment : Managing Differentiation and Integration*, Harvard University Press, 1967.

サイモン／松田武彦・高柳暁・二村敏子訳『経営行動』ダイヤモンド社，1965 年（Simon, Herbert A., *Administrative Behavior ; A Study of Decision-Making Processes in Administrative Organization*, 2nd ed., Macmillan, 1957）。

サイモン／佐々木恒夫・吉原正彦訳『人間の理性と行動』文眞堂，1984 年。原書は，Simon, Herbert A., *Reason in Human Affairs*, Stanford University Press, 1983.

ウッドワード／矢島鈞次・中村寿雄訳『新しい企業組織』日本能率協会，1970 年（Woodward, Joan, *Industrial Organization : theory and practice*, Oxford Univ. Press, 1965）。

加護野忠男『経営組織の環境適応』白桃書房，1980 年。

加護野忠男『組織認識論』千倉書房，1988 年。

山倉健嗣『組織間関係——企業間ネットワークの変革に向けて』有斐閣，1993 年。

　　（写真出所）　ローシュ：http://www.people.hbs.edu/jlorsch/bio.html
　　　　　　　　サイモン：http://www.kungfu.psy.cmu.edu/psy/faculty/hsimon/comp-sci.html

第3編

経営組織の特徴と理論

第12章 組織とは何か

　本章では,「近代化と官僚制」の問題を取り上げた後に, ①テイラーやファヨールなど公式組織中心の組織論を**古典的組織論**とし, ②ホーソン実験後の人間関係論的な組織論を**新古典的組織論**とし, ③バーナード以降の組織論を**近代組織論**としてあつかう。

1　近代化と官僚制

(1) 組織と集団

　組織と集団の関係から整理しておきたい。**集団**（group）とは, 何らかの共通関心を前提に持続的に形成される人々の集まりである。たまたま居合わせた「群衆」のような集団にも「やじうま的な共通の関心」がある。また, 社会集団の中には, リーダーや地位や役割が決まっていたり, 一体感を保つ連帯意識や皆が守るべき規範が維持されているものもあるが, 一般的な集団は, これらの要件を全て備えているとは限らない。

　組織（organization）は, 明確な共通の目標をもち, **成員**（組織の参加者）の活動を調整したりコントロールしたりする仕組みをもっている。したがって, 組織では, 管理する主体や地位や役割分担が明確で, 皆が守るべき規則が成文化されている。

　集団と組織の包括関係は微妙である。学校という集団の中に教員組織があるように, 集団の中に組織が含まれる場合もあれば, 教員組織の中に自主的な研究グループという小集団が存在する場合もある。

(2) 近代化と組織

　近代化の過程で, コミュニティ（地域集団）で行われていた衣食住の活動は,

地域外の衣料・食品・住宅関連業者に委託され，人々は商品としてその成果を購入するようになった。企業という組織は，その担い手である。さらに，地域にあった教育や医療なども学校や病院のような専門機関に代替され，生活関連問題の解決も，国家や行政に委ねられるようになった。官僚組織がその担い手である。

生活のあらゆる局面で組織化が進んだ社会のことを「組織社会」というが，このような組織社会への転換をボールディング（Boulding, K. E.）は「組織革命」とよんでいる。

近代化は「産業革命」と「市民革命」を経て実現したが，産業における組織化は科学的管理法から始まった。熟練工や万能工によって請け負い的に支配されていた生産工程が，科学的管理法の標準化や専門化の原則にしたがって組織化された。

一方，次に述べる官僚制は，主にホワイトカラーにおける組織化において，その根拠を「合法的支配」に置いたという点で「市民革命」の申し子といえる。科学的管理法と官僚制は，生産現場と事務部門と，主な対象を異にするが，中央集権的発想と，専門化原則による分業効率の追求という点で似ている。まさに，両者は，近代化がもたらした組織社会の古典的なモデルといえる。

（3）官僚制

官僚制（bureaucracy）とは，組織目標を効率的に達成するために合理的に体系化された組織である。

ウェーバー（Weber, M.）は，集団や組織が秩序化されるプロセスを説明するために，以下の3つの支配類型を示し，このうちの「合法的支配」の類型を官僚制とよんだ。

① 伝統的支配（traditionale Herrschaft）　昔からある秩序そのものが神聖化され正当な権威とされる支配形態。家父長制がその純粋モデルで，主人（ヘル Herr）に対して，臣民は恭順の感情をもって従う。ここには権限という概念はなく，命令の及ぶ範囲は，ヘルの恣意によって決定される。

② カリスマ的支配（charismatische Herrschaft）　人々が，リーダーのカリスマ性を信じ，それを崇拝して命令に従うような支配類型。カリスマ（Charisma）とは，普通の人がもっていない非日常的な資質のことで，宗教的予言者，軍事的英雄などに典型的にみられる。

③ 合法的支配（legale Herrschaft）　形式的に正しい手続きを経て定められた

規則による支配形態。ここでの服従は、伝統的な権威でもなく、リーダーのカリスマ性でもなく、もっぱら規則に拠っている。

　官僚制は、規則によって職務上の権限や義務が明記されており、上位者が下位者を監督するヒエラルキー（組織階層制）があり、仕事上では「公私の区別」が求められる。また、仕事は兼任させず、専門的技能をもつ者に専任させる。そのことで担当者の恣意性を低くして客観性や計算可能性を高めようとする。

（4）官僚制の逆機能

　このように官僚制は効率性を追求した合理的な組織であるが、マートン（Merton, R. K.）らは、逆に効率性が損なわれることがあることを指摘した。それを官僚制がもたらす「**逆機能**」あるいは「**官僚主義**」という。

　たとえば、以下のような逆機能が知られている。

> 規則至上主義：本来は「手段」にすぎない規則や手続きが「目的」に転じて形式や規則が絶対とされること。
> 形式・画一主義：文書などの形式が整っていれば内容によらず許可する一方で、形式が不備ならば個々の事情を斟酌しない画一的な対応をとること。
> セクショナリズム（割拠主義）：組織全体を見ずに部門の利益を優先する排他主義のことで、縦割り行政や派閥・縄張り争いに見られる。
> 繁文縟礼（はんぶんじょくれい）：外部に対して膨大な書類の作成や面倒な手続きを押しつけること。

　このほかにも、職員が既得権を守ろうとする傾向や、責任の回避、秘密主義、権威主義といった欠点も指摘されている。

② 伝統的組織論（古典的組織論）

　テイラーの科学的管理法やファヨールの管理過程論など初期の経営管理論に見られる組織論を**伝統的組織論**あるいは**古典的組織論**とよぶ。伝統的な組織論は、公式組織のみをあつかい、組織を「権限と責任の体系」と見ている。組織は「仕事をするための手段」であるという組織観であり、目的達成の手段としての組織作り（組織設計）が重要になってくる。

ここには，組織の一般原理に基づいて組織設計を行なえば，どのような状況にあっても同じ組織ができるという静的な組織観がある。

(1) 組織原則（管理原則）

伝統的組織論では共通目標を達成するために仕事をグループ化して合理的に秩序だてることが重要であり，この秩序だてあるいは関係づけのことが組織化あるいは組織編成である。組織化とは「人と仕事を結びつける」ことであるが，その組織化（組織編成）のための原則を**組織原則**あるいは**管理原則**（principles of management）とよぶ。

この原則は，一人の研究者が主張したものではなく，原則の数もいくつに限るということはない。ファヨールの「14の管理原則」（第8章111ページ）もその一つで，ムーニー＝レイリー（Mooney, J. D. and A. C. Reiley），ブラウン（Brown, A.），アーウィック（Urwick, L. F.），ニューマン（Newman, W. H.），クーンツ＝オドンネル（Koontz, H. and C. O'Donnell）などによって提示されている。ここでは，7つの代表的な原則をあげてみたい。

① 命令一元化の原則（principle of unity of command）

命令・指示は「直接の上位者一人」から受けるべきという原則。命令は，他の部署の者や階層を跳び超えた上位者から下されると組織を混乱させる。それを避けて命令指揮系統を一つとするのがこの原則である。

② 専門化の原則（principle of specialization）

仕事を細かく分けて，同じ者が同じ仕事に専門的にあたるようにする原則。専門化は単純化・標準化と三位一体の関係にあり，仕事を細分化して単純で標準的なものに分担することである。専門化することによって，仕事に習熟したり特殊技能を得られ組織全体として効率化が進むと考えられている。

③ 監督範囲適正化の原則（principle of span of control）

一人の監督者が監督する範囲（主に人数）を，広く（多く）もなく，狭く（少なく）もないようにするという原則。監督範囲が広すぎる場合は，大勢の部下をかかえて管理が行き届かなくなるし，狭すぎる場合は，小数の部下に対して過剰な管理になったり，少人数のグループが増えて階層が長くなる恐れがある。

適正な範囲（人数）については，業種や職種によって異なるわけで明確な基準はないが，一般に以下のような目安が示されている。

- 作業的な仕事………10名から30名程度
- スタッフ的な仕事…5名から10名程度

また，組織階層が上位になればなるほど判断業務や意思決定業務が多くなるので，部下の数が少なくなる傾向がある。この場合，監督範囲とは直接監督する部下の人数のことで，責任範囲ではないことに注意すべきである。上層部になると，一般に直接命令を下す部下の数は少なくなるので監督範囲は狭くなるが，部下がさらに部下をもっているので責任範囲は広くなる。

④ 権限と責任の原則（principle of authority and responsibility）

組織を**権限***と**責任***に基づいて体系だてる原則で，権限を伴わない責任や責任を伴わない権限を与えてはならないという原則。

この原則は，さらに以下のような原則を含む。また，この原則は，**職能化の原則***に従っており，権限と責任と**職位***は，職務を通じて三位一体の関係にあると考えられている。

(1) 明確化の原則…権限と責任は明確に規定されなければならない。
(2) 対応の原則…権限と責任は対応していなければならない。
(3) 階層化の原則…権限と責任は職位と結びついていなければならない。

なお，権限が何に由来するかについては，クーンツ＝オドンネル（Koontz, H. and C. O'Donnell）が次の3つをあげているのでここで触れておきたい。

- **権限授与説**…権限は上位者から委譲されたもので，部長は社長から社長は取締役会から権限を与えられ，さらに取締役会は株主から権限を与えられたもので，株主から権限が与えられるのは私有財産を認めた資本主義的な制度によるとするもの。この権限は職務記述書などに明文化されているのが通常であり，**権限法定説**ともよばれる。伝統的管理論の立場。
- **権限受容説**…上記の権限授与説（権限法定説）が上位者から権限が与えられるのに対して，この権限受容説では，権限は下位者が受け入れることで発生すると考える。命令は受け入れられるから

権限が成立するという見方で、バーナードなどが主張している。
- **権限能力説**…上位者は能力をもつから権限をもつという考え方。

このうち伝統的組織論は、権限授与説に基づいており、そのために、権限と職位が一致することになっている。たとえば、課長から命令されたことに従わなければならないのは、課長職という地位に権限が賦与されているからと考えるわけである。

⑤ **階層化の原則**（principle of scalarship or hierarchy）

組織が、垂直的な命令系統（責任・権限関係）をもつ、階層連鎖（スカラー・チェーン）あるいはピラミッド型の階層組織（ヒエラルキー）から成り立つという原則。

権限と責任の体系としての組織は、権限（責任）の大きさに応じて、ちょうど建物の階のように階層ができ上がる。それは命令一元化と監督範囲適正化の原則にしたがった命令系統をもつからである。

ところが、単純に階層化の原則に従うと、大企業になればなるほど、階層の数が増えてしまう。そうなると、コミュニケーション上のデメリットが大きくなる。

ここでいう**権限**（authority）とは「職務を公に遂行できる権利や力のこと」あるいは「命令を行使することのできる力」のことである。この場合、「力」とは「影響力」のことで同じ影響力に権力や権威がある。

権力とは共通目標をもたない集団にまで及ぶ影響力で、労働組合のストライキは権力の行使であっても権限の行使ではない。

権威はその人にそなわった個人的で内的な影響力を意味しており、公的で外的な影響力である権限とは異なる。

組織上の**責任**としては**リスポンシィビリティ**（responsibility）と**アカウンタビリティ**（accountability）が考えられる。リスポンシィビリティとは、職務を遂行する責任であり、アカウンタビリティとは職務遂行の結果に対する責任、または、その結果に対する説明責任である。

職能化の原則とは組織は職能に基づいて編成されるという原則。

職能（function）とは仕事上の区分できる一つのまとまりで、その仕事に固有の機能のことである。

職務（duty, job）とは、組織内で割り当てられた業務（仕事）のことで、**職位**（position）とは、職務を遂行するために与えられた組織上の地位のことである。

トップ（最上位）からボトム（最下位）までの管理上の距離を**管理距離**（administrative distance）とよぶが，その管理距離が長くなると次のような支障が生じてくる。

- 上からの命令・方針・意思決定が十分に伝わらない
- 下からの情報や報告が十分に伝わらない
- 途中で命令や情報に修正が加わって誤ったものになる
- 伝達に時間がかかってタイミングよく意思決定や行動ができない
- 手続きが多くなって管理コストが増大する
- モラールやモチベーションが低下する

そこで，大きな組織では，階層の数をできるだけ少なくして意思の疎通をはかる必要がでてくる。このように階層を短くして組織全体をフラット（平坦）にすることを**階層短縮化の原則**とよぶ。

⑥ **権限委譲の原則**（principle of delegation of authority）

権限の一部を下位者に譲ることを**権限委譲**というが，権限を下位者に委譲することで組織運営を円滑に進める原則。この場合，権限は委譲されても監督責任やアカウンタビリティ（結果責任または説明責任）は委譲されない。

この権限委譲の原則は以下のような場合に適用する。

- 大企業になって階層の数が増加した場合
- ルーティン（日常反復的）業務が多い場合
- サービス業など現場での判断が重要な場合

また，どの権限を委譲するかも問題で，作業実施権や立案権を委譲しながら決定権や承認権を留保するのが一般的で，決定権までも委譲した場合でも，決定内容を報告させるのが普通である。

なお，この権限委譲が行き過ぎて下位者の能力を超える権限が委譲されたり，管理不行き届きになることを**オーバー・デリゲーション**（over-delegation）という。

⑦ **例外の原則**（principle of exception）

下位者にルーティン（日常反復的）業務に関する権限を委譲して，上位者は，

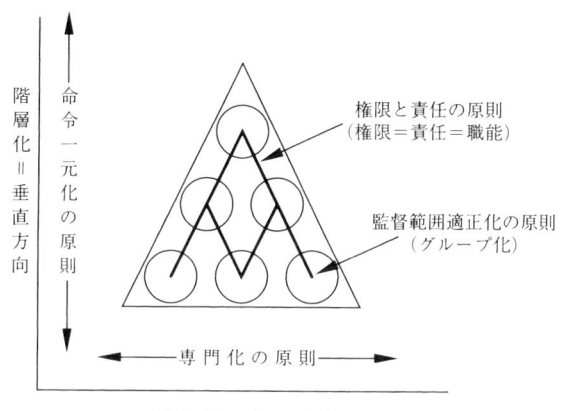

図表 12-1　組織原則に基づいた組織構造

（図中ラベル）
階層化＝垂直方向
命令一元化の原則
権限と責任の原則（権限＝責任＝職能）
監督範囲適正化の原則（グループ化）
専門化の原則
職能化＝水平方向

例外的な業務に専念すべきという原則。

したがって，この「例外の原則」は「権限委譲の原則」の一部とも考えられるが，上位者は例外処理に専念すべきという点で，多少異なる意味あいも含んでいる。

この原則では，日常反復的で定型的な仕事をする下位者は，通常業務に専念し，上位者である管理者の仕事を軽減する必要がある。管理者は，些細な定型業務に気を配るのではなく，日常業務から解放された余力を，例外事項の処理にあてたり，長期的視野にたった判断業務に専念すべきと考えられている。

（2）一般的組織形態

伝統的組織論は，組織の合理的な編成や設計に重点をおいている。したがって，構造的であり，組織図などで具体的に表される形態を重視するが，それは，必然的にピラミッド型の組織になる（図表12-1）。

第一に，「命令一元化の原則」は命令に従って上下の関係を決定するので，組織の階層化ができあがる。これは垂直方向の広がりを示す。

第二に，「専門化の原則」は，分業することによって職能を増やすために，組織の職能化を推進する。水平方向の広がりである。

第三に，「監督範囲適正化の原則」は監督に適した人数に組織をグループ化する。したがって，組織には図の中の○で示したようなグループがいくつもできる

ことになる。

　第四に、これらのグループが、「権限と責任の原則」に基づいて関連づけられる。一般には上位の方が権限も責任も大きくなり、その責任と権限が小さく分化して分散してくる。

　そして、「権限と責任の原則」は「対応の原則」「階層化の原則」を通じて「権限＝責任＝職位」の三位一体の関係で、職位と結びついてピラミッド型の組織を形成する。これが、組織を「権限と責任の体系」と観る伝統的組織の形態である。

（3）管理階層

　企業の一般的な管理階層は3つの層に分けてとらえられる（図表12-2）。

　　1．経営層…取締役会メンバーなど全社的な方針や意思決定にあたる人々
　　2．管理層…部課長クラスで部門別の計画立案と管理にあたる人々
　　3．作業層…生産・販売・事務などの現場に従事したり、技術職・専門スタッフなど現場を支援する人々

　さらに、経営層は「受託管理者層」と「全般管理者層」に分けられ、管理者層は「部門管理者層」と「現場管理者層」に分けられる。これは、一般的な管理階層が権限授与説にしたがっているからである。権限授与説とは「権限は上位者から委譲されたもの」という考え方（176ページ）で、トップである社長の権限は取締役会から権限を与えられ、さらに取締役会は株主から権限を与えられたものと考えられている。

　したがって、権限の源は株式会社では株主総会の決議にあり、株主総会で選出された取締役会が、株主から与えられた権限を下位の管理者に賦与することになる。取締役会は、権限を受託されているという考えから**受託管理者層**とよばれる。

　次に、取締役会で選出された社長など代表取締役は、専務や常務など上級の役員とともに、企業全般の管理にあたる。アメリカなどでは、社長（President）というより**最高経営責任者**（Chief Executive Officer = **CEO**）や**最高執行責任者**（Chief Operating Officer = **COO**）とよぶことが多いが、これらの上級役員のことを**全般管理者層**とよぶ。

　また、受託管理者層と全般的管理者層を明確に区別するために**執行役員**（cor-

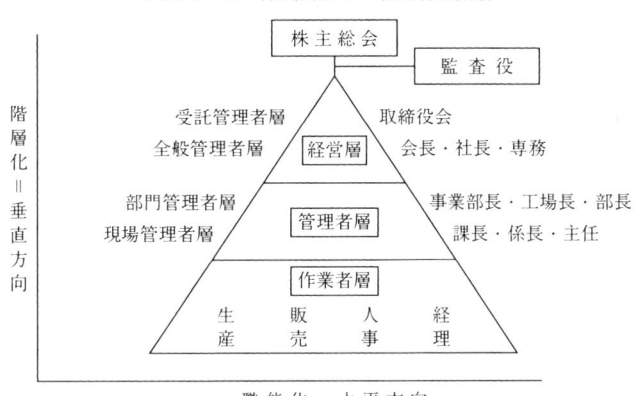

図表12-2 株式会社の一般的管理階層

```
                        ┌─────────┐
                        │ 株主総会 │
階                      └────┬────┘──┬─────────┐
層              受託管理者層  取締役会 │ 監査役  │
化              全般管理者層 ┌──────┐ └─────────┘
‖                          │経営層│ 会長・社長・専務
垂              部門管理者層 ├──────┤ 事業部長・工場長・部長
直              現場管理者層 │管理者層│ 課長・係長・主任
方                          ├──────┤
向                          │作業者層│
                            └──────┘
                        生  販  人  経
                        産  売  事  理

                    職能化 = 水平方向
```

porate officer）をおく企業もある。執行役員は，株主の受託をうけた<u>取締役（director）</u>ではなく，**株主代表訴訟**（株主がこうむった損害の賠償を会社に代わって取締役におこす訴訟）の対象にはならない。

　第三に，全般的管理者層の下に，上級役員から権限を委譲されて特定の部門における意思決定や管理にあたる**部門管理者層**がいる。具体的には，事業部長や工場長，本部長，大規模な支店や店舗の支店長や店長などとよばれる人々で，これらの役職にいる者は，大勢の人々の管理を任された部門管理者層である。

　第四に，部門の中で，さらに細かなセクションの管理を任されている人々を**現場管理者層**あるいは**第一線管理者層**とよぶ。具体的には，課長，係長，主任などの役職にある人々で，これらの人々は，人事課，経理課のように，職能に分かれたセクションの管理を任されていることが多い。

③ 新古典的組織論

　新古典的組織論は，ホーソン実験を契機として生まれた人間関係論あるいはその後の行動科学の観点から見た組織論のことである。この新古典的組織論は，公式組織については上記の伝統的（古典的）組織観を引継ぎながら，非公式組織を含めて，組織論の範囲を拡大し，伝統的（古典的）組織論を修正する。

（1）非公式組織の重要性

たとえば，メイヨーと一緒にホーソン実験に参加したレスリスバーガー（Roethlisberger, F. J.）は，企業（経営組織）を「技術的組織」と「人間組織」に大別する。

「技術的組織」とは，技術的生産に関連する材料や機械などであり，「人間組織」はそれ以外の人間で構成される組織である。

「人間組織」は，「個人」と「社会組織」に区分され，「社会組織」は「公式組織」と「非公式組織」に区分される。

「公式組織」とは，明確な経済的目的をもち，公式の方針や規則をもつ組織で，伝統的組織論が対象とする「仕事の組織」である。

「非公式組織」とは，自然発生的に形成された組織で，特定の感情や価値を共有する「人間の組織」である。

このうち，公式組織と非公式組織の間には「費用の論理」「能率の論理」「感情の論理」がはたらいている。「費用の論理」と「能率の論理」は合理的で経済的なものだが，「感情の論理」は，非合理的で情緒的である。

新古典的組織論の特徴は，この非合理的で情緒的な論理が，経済的目標を左右しているという主張にある。したがって，非公式集団の行動を観察して，モラールとモチベーションを向上させ，公式組織の効率も高めていこうというものである。

（2）社会人（社会的人間）の仮説

レスリスバーガーは，社会的人間の行動を整理した（図表12-3）。図のⅠは外部の条件が変化するとその変化に応じて反応する場合で，パブロフの犬[*]のような動物的反応である。賃金・労働時間・休憩など労働条件を「変化」させると，それに応じて生産性が変わる場合などである。

図のⅡは，「変化」を一度内部に取り込んで「態度」という形で「反応」に反映していく場合である。この「態度」は「感情」と置き換えても良いもので，誰でも同じ態度や感情を現わすわけでないように，必ずしも一様ではない。

図のⅢは，その「態度」や「感情」が，個人的来歴や職場集団によって決定されることを説明している。これを，労働条件と生産性という関係で見れば「態度」にあたる部分が「モラール」で置き換えられ，モラールを左右するのが職場におけるインフォーマル組織と見ることもできよう。

第12章　組織とは何か

図表12-3　社会的人間の仮説

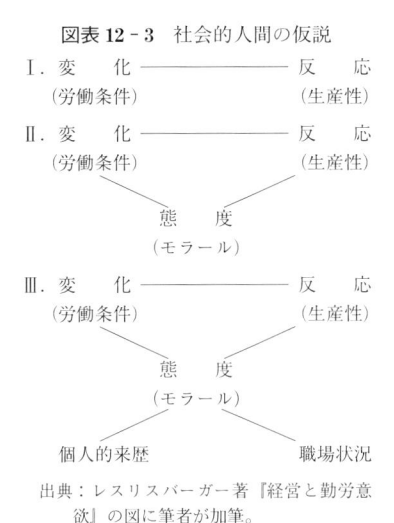

Ⅰ．変　化 ──────── 反　応
　　（労働条件）　　　　　　　　（生産性）

Ⅱ．変　化 ──────── 反　応
　　（労働条件）　　　　　　　　（生産性）
　　　　　　　　　態　度
　　　　　　　　　（モラール）

Ⅲ．変　化 ──────── 反　応
　　（労働条件）　　　　　　　　（生産性）
　　　　　　　　　態　度
　　　　　　　　　（モラール）
　　個人的来歴　　　　　　　職場状況

出典：レスリスバーガー著『経営と勤労意欲』の図に筆者が加筆。

（3）モラールとモチベーション

「モラール」の分析は，人間関係論から行動科学へ移行する過程で，「モチベーション」の研究に変化する。モラールとモチベーションは混同して用いられることが多いが，両者には微妙な違いがある（第9章123ページ参照）。

モラールはそもそも「部隊の団結心」を意味する軍隊用語であって「士気」と訳されるように「集団レベルの勤労意欲（協働意欲）」と解釈される。平たくいえば「みんなのやる気」である。これは「集団レベルの満足度」あるいは「社会的欲求の満足」で測られるもので，人間関係が重視される。

これに対して，モチベーションは一般に「動機づけ」と訳されるように必ずしも集団レベルの協働意欲ではない。むしろ心理学で研究される「個人レベルの勤労意欲」が中心になる。平たくいえば「心を動かすもの」である。「仕事の達成感」や「やりがい」など「個人的願望の満足度」あるいは「自己実現の欲求」が追求される。

> **パブロフの犬**とは，ソヴィエトの生理学者パブロフが行なった犬の条件反射のことで，犬に餌を与える前にベルを鳴らし続けると，犬はベルの音を聞くだけでヨダレを流すようになったという。

こうして, ホーソン実験で見い出された非公式組織レベルの集団的モラールは, リッカート, アージリスなどの研究の中で, 個人的モチベーションを達成するためのリーダーシップ論に発展していく（第16章250ページ参照）。

なお, 人間関係論から行動科学にいたる流れを新古典的組織論としたが, 行動科学の研究者には, 次に見るシステム的な組織観に基づいている者もあり, 新古典的組織論ではなく, 近代組織論に含む見方もある。

4 近代組織論

バーナードに始まりサイモンによって継承された組織に関する理論を**近代組織論**とよぶ。この組織論の特徴は, システム的な組織観や意思決定論に特徴がある。

（1）伝統的組織論の矛盾と曖昧さ

近代組織論は, 伝統的組織論の矛盾と曖昧さを指摘して, それを克服しようとする。

① 伝統的組織論の矛盾

伝統的組織論の原則は, 経験則として見い出されたものであり, 相互に矛盾する内容が含まれている。特に, 最も基本的と考えられるいくつかの原則と, 例外的な原則の間には相反する法則が見い出される。

たとえば,「命令一元化の原則」と「監督範囲適正化の原則」を忠実に守れば組織は長い階層連鎖になってしまう恐れがあるが, それを「階層短縮化の原則」にしたがって調整していく必要がある。

また, 権限は職位と一致すべきという「権限と責任の原則」を厳密に解釈すると,「権限委譲の原則」や「例外の原則」とは矛盾してしまうが, 現実の組織では「権限委譲の原則」や「例外の原則」に従って弾力的に組織運営を行なうべきである。

しかし, こうした矛盾について, 伝統的組織論ではどちらの原則を採用すべきかについて理論的な根拠を示すことができない。

② 伝統的組織論の曖昧さ

伝統的組織論では, 原則があてはまる程度や範囲について十分な説明ができていない。たとえば, 専門化の原則を極端に追求すると, 仕事が細かく区分されす

第12章　組織とは何か

図表12-4　目標と手段の連鎖

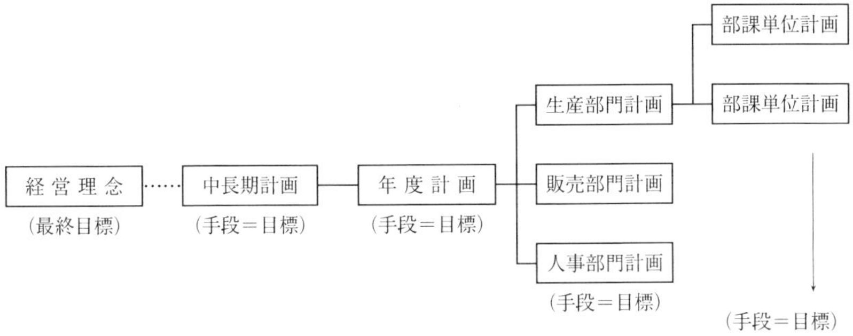

```
経営理念 ……  中長期計画  →  年度計画  →  生産部門計画  →  部課単位計画
(最終目標)    (手段=目標)   (手段=目標)                      部課単位計画
                                        販売部門計画
                                        人事部門計画            ↓
                                        (手段=目標)         (手段=目標)
```

ぎたり，作業が単純化（単調化）しすぎて，組織の効率化は低下する可能性もあるが，どの程度の専門化が適切かについて説明されない。

また，監督範囲適正化の原則でも，何人程度が適切な部下の数であるかについて明確な科学的根拠が示されない。最終的な判断は「現場の智恵」にまかされるのである。

③ 目的と手段の連鎖

近代組織論では，目的と過程の意味を吟味する。目的（end）は一つの過程の終点（end）であるが，その過程は次の過程の始まりでもある。その意味で，目的は次の目的の手段ともなる。

伝統的組織論の組織原則が矛盾したり曖昧だったりするのは，手段としての原則が，どの程度の目的のためなのか十分吟味されないからである。したがって，程度の差が不明のまま一義的な原則論をかかげるのではなく，組織を「目的と手段の連鎖」の体系としてとらえる方が現実的である。

ここで，わかりやすい例として，目的と手段の連鎖を図式化して示してみよう。図表12-4は，現在の企業で使われる一般的な計画名を材料に筆者が考えたものである。組織の最終目標は，中間目標→部門目標とブレークダウンされるが，その中間的な目的は，最終目的の手段であると同時に，さらに下位の手段の目的と位置づけられている。

つまり，管理の問題は，より上位の目的に向かって最良の手段を最小限の費用（リスク）で選択する「意思決定」の問題に他ならない。伝統的組織論のテーマである最小限の費用という「効率」の問題は，近代組織論では「意思決定」の問題に置きかえられる。

(2) 協働体系（システム）としての組織

この近代組織論のルーツはバーナードの組織理論に由来している（第11章154ページ参照）。バーナードは，公式組織を「2人またはそれ以上の人々の意識的に調整された活動や諸力の体系である」と定義して「協働体系」と見た。ここでいう「体系」とは「システム（system）」のことで，彼が「物的，生物的，個人的，社会的構成要素の複合体」というように物的システム，人的システム，社会的システムから成る複合体である。

① 動的な組織観

伝統的組織論では，組織は組織図に描かれるようなカタチから入る。最高の権限をもつトップから権限を分け与えられた管理階層がピラミッド型に連なり，権限＝責任＝職位という三位一体の関係をもつ。管理のポイントは，組織原則に従って組織を設計することである。これは，動かない静的な組織観である。

ところが，バーナードは，組織を「重力の場」や「電磁場」のように人を集める「力」の場と考える。「活動や諸力の体系」における活動や諸力（エネルギー）は，組織図に描かれた職位のように静止したものではない。管理のポイントは，対外的にも対内的にも有効で満足のいく均衡（状況＝場）を作り上げることである。これは，動的な組織観に基づいている。

② 組織に必要な三要素

バーナードは，「協働体系」としての公式組織には，(1)共通目標，(2)伝達（コミュニケーション），(3)貢献意欲の3つの要素が必要であるという。

(1) **共通目標**：組織の構成員が共通にもつ目標のことで構成員の合意が得られるようなものである。ここに「組織」が必要な根拠がある。組織は，個人でできないことを達成する場である。

(2) **伝達（コミュニケーション）**：共通目標と貢献意欲を結びつけるもので，意思決定や命令を伝達すること以外に非公式組織におけるコミュニケーションも含む。

(3) **貢献意欲**：組織成員が共通目標を達成しようとする意欲（自発的意思）のことで，この意欲を高めるためには経済的誘引とともに社会的・心理的誘引が必要とされる。

経営者は，伝統的組織論の一義的な組織原則に従うのではなく，この3つの要素をふまえて，(1)共通目標を明確にし，(2)伝達（風通し）を良くして，(3)貢献意欲（やる気）を起こす必要がある。

しかし，これは内部管理のポイントではない。バーナードはこれら「三要素をそのときの外部事情に適するように結合することができるかどうか」に組織の存立が左右されると説く。これが，次にみる組織均衡論である。

（3）組織均衡論

近代組織論は，組織の存続を基本命題としている。そのために対外的にも対内的にも組織は均衡を保つ必要があると考える。このような見方を**組織均衡論**（theory of organization equilibrium）とよぶ。

① **対外的均衡**

対外的均衡とは，組織と外部環境との関係で，市場の変化や技術動向，あるいは社会環境にうまく適応していけるかどうかという問題である。対外的均衡を維持するためには「有効性」と「能率」という2つの条件を満たす必要がある。

有効性（effectiveness）とは，「協働行為の確認された目標を達成すること」で，行為が有効であるということは客観的な目標を達したということである。

能率＊（efficiency）とは，「個人的動機の満足」のことで，行為が能率的であるということは主観的な動機が満足されたということである。

協働体系の能率は個人の能率を合成したものであるから，組織の能率は，個人の動機を満足させられるかにかかっている。つまり，個人的貢献を確保できるだけの誘因を個人に提供できるかという問題である。

② **対内的均衡**

対内的均衡とは，組織内部で働く成員との関係で，各従業員の貢献意欲を引き出せるかどうかという問題である。そのために，「誘因≧貢献」という均衡を維持していかなければならない。個人が組織に「貢献」するのは組織から「誘因」

能率という用語は，一般的に「一定時間にできる仕事の割合」あるいは「インプット（投入量）に対するアウトプット（産出量）の比」と説明されるが，バーナード理論では異なる意味として使われる。本書では，能率運動（199ページ）などの固有名詞を除き，一般的な「能率」を「効率」という言葉で統一し，「能率」はバーナードの意味のみで使っている。

を得ているからである。

誘因（inducements）とは，組織が個人の貢献を引き出すために提供するもので，賃金などの経済的効用および昇進・栄誉などの非経済的効用のことをいう。

貢献（contribution）とは，個人が組織に提供する価値のことである。

すでに組織を維持する三要素の一つに「貢献意欲（協働意欲）」をあげたが，この貢献意欲を確保するためには，貢献を上回る誘因を継続的に提供していく必要がある。

（4）組織道徳

バーナードによれば，リーダーシップとは，組織の中に道徳的な信念をつくり出すことによって協働的な個人的意思決定を鼓舞するような力である。その信念とは，みんなが共通に理解でき，成功するだろうと期待でき，個人的動機が満たされるようなもので，客観的権威が確立していて個人目的より共通目的の方が優先すると信じられるようなものである。

道徳は法律と違って個人の内面に働きかけるものであるが，個人的道徳に加えて，組織成員が遵守すべき組織道徳がある。管理責任とは人々の意見を統合して目的を果たさせるようにかりたてるリーダーの能力であるが，それは，道徳を創造しながら組織成員を道徳準則にしたがわせる力でもある。したがって，組織成員が積極的にしたがう組織道徳の創造こそ最高のリーダーシップとバーナードはいう。これは，信念体系が企業行動を左右するという意味で組織文化論や「企業の社会的責任論」にもつながる考え方である（224ページおよび325ページ参照）。

［ケーススタディ：組織論の背景にある人間観の違い］

バーナードの人間観

バーナード理論の根底には，人間を「選択力，決定能力，ならびに自由意思がある」存在と考える「全人」的人間観がある。逆にいえば，「自我意識をもたず，自尊心に欠け，自分のなすこと考えることが重要でないと信じ，なにごとにも創意をもたない人間は…社会的でなく，協働に適しない人」と考えられる。

このような「組織人＝自律的人格をもつ者」という人間観は，バーナードの**全人仮説**とよばれる。

科学的管理法など伝統的（古典的）組織論では，人間を，給与・労働条件など経済的な刺激で動機づけられている**経済人**と観ている。

これに対して，メイヨーらの人間関係論では，人間は，給与や労働条件より「集団への帰属」に動機づけられるという**社会人**の仮説に立っている。科学的管理法が合理的人間観に立っているのに対し，人間関係論は感情的で非合理的な人間観に基づいているのである。しかし，この「社会人」仮説は，人間のもつ情緒的・感情的側面を強調しすぎたために社会的環境に左右される受け身の人間像になりがちであった。

そこで，その後の行動科学者は，「モラール」から「モチベーション」へ考察を進める中で，マズローの欲求段階説に典型的に見られる「自己実現モデル」を前提とした人間観を前提とするようになった。人間は，社会環境を受容するだけでなく，自己を実現するために成長しようとするものだという人間観である。

この「自己実現人」は，自律した人間像という意味でバーナードの人間観にも引き継がれているが，行動科学では人間の心理的・内的動機ばかりに関心があったのに対し，バーナードは，人間の社会的側面や制約された合理性も認め，未完成ながら自由意思と責任をもつ「全人」という概念にたどりついた。

だが，人間は全知全能の「神」ではない。すべての情報を得られないし，判断力にも限界がある。経営者も，限られた情報と環境の中で，企業にとって最大の成果を追求するに過ぎない。こうした人間像を，バーナードの継承者サイモンは「管理人（経営人）」とよんだ（158ページ参照）。

三つの理論の比較

図表12-5は，このような人間観の対比も含めて，3つの理論を比較したものである。この図では，行動科学を人間関係論とは区別して新古典理論には含まず，新古典理論とバーナード理論を結ぶ位置に置いている。

第10章で見てきたように，行動科学の研究者たちも科学的管理法的手法と人間関係論的アプローチを統合しようとした。その意味でバーナードの統合の試みと同じである。ただし，行動科学の研究者たちは，自己実現モデルに強く影響されて，個人的満足に直結したモチベーションにこだわりすぎていた。また，個人の満足と組織の目標を統合することに重点を置いたため，組織内の均衡に論点を置いたという意味で，伝統的組織論，新古典的組織論と同様に，内部志向的と考えられる。

第3編　経営組織の特徴と理論

図表 12 - 5　古典・新古典・バーナードの理論

	古典理論	新古典理論	バーナード理論
代表的学派	科学的管理法 管理過程論	人間関係論 行動科学	組織論的管理論
人 間 観	経済人仮説	社会人仮説 自己実現人	全人仮説
動機づけ	経済的刺激	モラールの向上 モチベーション	誘因と貢献
経 営 目 標	生産性向上	内部管理 社会的満足 個人的満足	外部と内部の均衡

[演 習 問 題]

[1]　本書では，経済人，社会人，自己実現人，全人，管理人など，さまざまな人間観を紹介している。経営理論の前提となった人間観について，第9章および第10章とあわせてまとめなさい。

[2]　本章の「組織の特徴」は，第2章の「企業の特徴」と重複するところがある。企業も組織であるから当然であるが，両者を比較した上で，その違いを明確にしなさい。

[参 考 文 献]

クーンツ＝オドンネル／大坪檀・高宮晋・中原伸之訳『経営管理の原則　第1巻　経営管理と経営計画』ダイヤモンド社，1965年（Koontz, H. and C. O'Donnell, *Principles of Management*, 3rd ed., McGraw-Hill, 1964）。

バーナード／山本安次郎・田杉競・飯野春樹訳『新訳・経営者の役割』ダイヤモンド社，1968年（Barnard, Chester I., *The Functions of the Executive*, Harvard University Press, 1938）。

飯野春樹『バーナード組織論研究』文眞堂，1992年。

レスリスバーガー／野田一夫・川村欣也訳『経営と勤労意欲』ダイヤモンド社，1965年（Roethlisberger, Frits J., *Management and Morale*, Harvard Univ. Press, 1941）。

サイモン／松田武彦・高柳暁・二村敏子訳『経営行動』ダイヤモンド社，1965年（Simon, Herbert A., *Administrative Behavior ; A Study of Decision-Making Processes in Administrative Organization*, 2nd ed., Macmillan, 1957）。

北野利信編『経営学説入門』（有斐閣新書）有斐閣，1977年。

青沼吉松『組織と人間』日本生産性本部，1968年。

第13章　基本的な組織形態

　組織には理想的な組織形態はない。産業・業界・市場環境や企業特性によって異なる組織形態が考えられる。本章と次章（第14章）では、さまざまな組織形態の特徴をまとめ長所（メリット）と短所（デメリット）を整理するが、いずれも相対的なものである。

1　ライン組織（直系組織）

　ライン組織（line organization）は、最も原初的で単純な組織形態である。この組織は、命令系統が最上位から最下位まで一本のライン（直線）で結ばれているため**直系組織**あるいは**直系型組織**ともよばれる。

　この組織は「命令一元化の原則」に基づいて、一つの命令指揮系統で上下関係が作られている。軍隊で古くから採用されている組織形態で、別名「軍隊組織」あるいは「軍隊式組織」ともいう。

（1）ライン組織の特徴

　ライン組織では「命令一元化の原則」が徹底されているため、一つの命令のもと同じ行動をとったり、行動後に一つの指揮系統で報告がされる警察や消防署などの組織として適しており、決められた手続きに従う官庁組織でも広く採用されている。

　また、この組織では「監督範囲適正化の原則」によって適当な人数をグループとする。たとえば、旧日本陸軍では、数名の兵隊から成る小隊が3つ集まると中隊、さらに中隊が4つ集まると大隊という具合にグループ化されて、さらに連隊→旅団→師団→指令部のようにライン化されていた。

　そして、各グループ（部隊）はそれぞれの長を結んで上位のグループに所属す

第3編　経営組織の特徴と理論

図表13-1　ライン組織

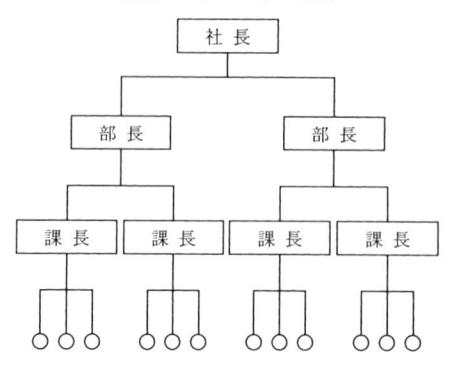

図表13-2　純粋ライン組織と部門ライン組織
A. 純粋ライン組織　　　　B. 部門ライン組織

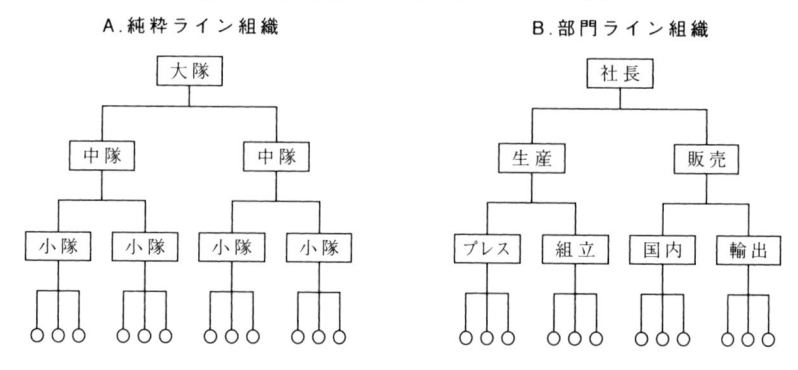

るため，このライン組織はその長を結んだピラミッド型になる（図表13-1）。

　この組織には，水平的分業が未発達な「純粋ライン組織」と，水平的分業が進んだ「部門ライン組織」がある。

　純粋ライン組織は，同一階層では基本的に同じ職能を遂行する組織で，軍隊組織を例にとると，大隊の下にある中隊は，どの中隊でも同じ職能（活動）を遂行するわけで，その下にある小隊も同じで職能的には分化していない（図表13-2の左側A）。

　部門ライン組織では，部門別に違う職能を担当する組織で，社長の下で生産と販売に分かれ，生産部門もプレス工程と組立工程に職能的に分化したような組織である（図表13-2の右側B）。

第13章 基本的な組織形態

図表13-3 ライン組織の長所と短所

長　　　所	短　　　所
命令が伝わりやすい 規律・秩序を保ちやすい 政策の一貫性が保てる	権限が集中すると…上位者の負担が増大 階層が長くなると…意思疎通が悪化 横の連絡が困難 専門家が養成しにくい 業績評価が困難
軍隊・官庁に多い 中小企業に適している 変化の少ない業界に多い	多角化事業・多数製品群をもつ企業に不適当 大規模組織には不適当 変化の大きな業界では不適当

(2) ライン組織の長所と短所

【ライン組織の長所】

　命令が伝わりやすいことや，組織の規律や秩序が保たれやすいこと。政策の一貫性を維持しやすいというメリットもある。命令一元化のもとに一つの命令・指揮系統で結ばれているからである。

【ライン組織の短所】

　管理者が部下の活動全般に関与するので，特に組織が大きくなると管理者の負担が増大すること。この組織では監督範囲適正化の原則に基づいて単純にグルーピングされるため，大規模組織になると，階層が長くなって意思疎通が悪化する。

　たとえば，部門ライン組織（図表13-2のB）では，プレスの担当者が輸出の人間と連携するためには，「プレス担当者→生産部長→社長→販売部長→輸出担当者」のような回り道を経由して組織の承認を得なければならない。（第8章「ファヨールの渡し板」112ページ参照）。

　加えて，純粋ライン組織では，全ての者が同じ職能を遂行するので専門家が養成しにくいし，業績評価も難しいというデメリットがある。

　したがって，ライン組織は同じ仕事を型通りやって通用する変化の少ない業界に適している。また，大規模組織になると権限の集中化や階層の増加が問題になるので，中小企業で単一製品を作っているような場合に適した組織といえよう。

　逆に，多角化事業や多くの製品，個別の顧客やプロジェクトをもつ企業などでは多数の部門を必要としており，単純なライン組織では十分対応できない。同様に，ライン組織は官僚的なので顧客のニーズが短期間に変わるような変化の激しい業界には不向きである。

2 ファンクショナル組織（職能組織）

ファンクショナル組織（functional organization）は，ライン組織と正反対の考え方にたつ。ファンクショナル組織の「ファンクショナル」とは，**職能**[*]（function）のことであり，権限と責任を職能別に区分し，職能に応じて組織が機能するようにした組織のことで，**職能組織，職能別組織**あるいは**職能的組織**とよばれる。

職能による区分は，組織が分業によって成り立っている以上不可欠で，既述の「部門ライン組織」も，後述する「ライン・アンド・スタッフ組織（198ページ）」や「職能部門制組織（206ページ）」も大きな意味では職能的組織といえよう。

しかし，本項目のファンクショナル組織とは，もっと厳密に職能だけを基準にした「純粋職能組織」のことで，組織原則では「専門化の原則」のみに基づいて「命令一元化の原則」には従っていない組織のことである。

（1）テイラーの職能別職長制

ファンクショナル組織のルーツは，テイラーの**職能別職長制**にある。当時は，軍隊式のライン組織が一般的で，職長ごとにグループが作られていた。このため，仕事の割り付けや手順，検査基準なども職長の個人的な経験や勘に頼っていたので，グループごとに作業量や速度，品質などにバラツキがあった。

そこで，テイラーは，職長の機能を大きく計画機能と執行機能に分け，それぞれを4つ合計8つの職能に分類した。計画機能としては，①手順係，②指図票係，③時間原価係，④工場規律係，執行機能としては，⑤準備係，⑥速度係，⑦検査係，⑧修理係である。

これにより，職長の裁量は，それぞれの専門（職能）の範囲に限られ，組織全体としては標準化が達成される。目分量方式から科学的管理法への移行が，このような組織の改善でも可能になると考えたのである（第6章86ページ参照）。

この職能別職長制は，一人の上司から一つの指揮系統で指示を出すという「命令一元化の原則」に反している。図式化すると命令を示す線が複雑に錯綜する（図表13-4）。

たとえば，A班という各作業グループは，準備については準備係の職長の指示を得なければならず，ラインスピードについては速度係の命令に従わなければな

第13章　基本的な組織形態

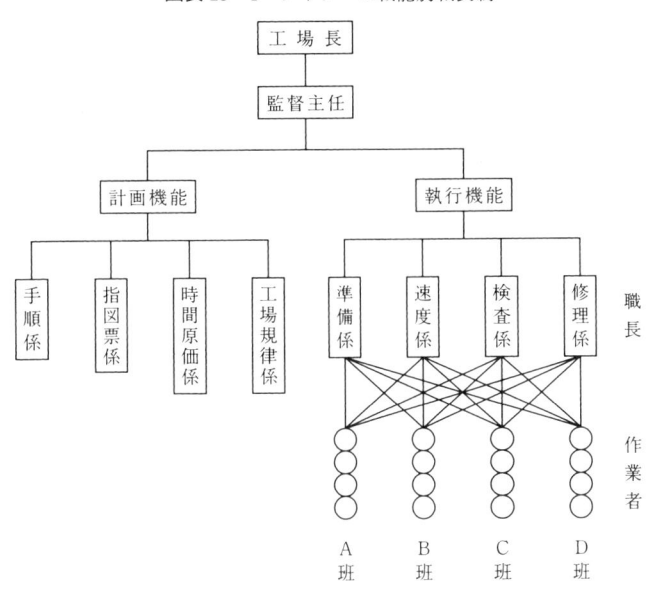

図表13-4　テイラーの職能別職長制

```
                    工 場 長
                       │
                    監督主任
                       │
          ┌────────────┴────────────┐
        計画機能                   執行機能
          │                          │
   ┌───┬──┴─┬────┐          ┌───┬──┴─┬────┐
  手  指  時  工          準  速  検  修    職長
  順  図  間  場          備  度  査  理
  係  票  原  規          係  係  係  係
      係  価  律
          係  係
                         （交差する指示線）
                         ○○○ ○○○ ○○○ ○○○  作業者
                          A班  B班  C班  D班
```

らない。また，検査基準は検査係に，修理については修理係に従う。同様に，B班も4つの職能について4人の職長から指示を得なければならない。これは，図の左側でも同じで，図では線が省略されているが，手順係，指図票係，…とそれぞれの職能分担に応じて複雑な指示線が引けることになる。

　ところが，4人の職長は専門分野で指示するので，相互に矛盾した指示を受けた場合には現場が混乱する。また，各職長は自分の職能についてだけ担当するので，担当外については無責任になる。現場に総合的な判断をする者が欠けるわけである。

（2）ライン組織との比較

　ファンクショナル組織は「専門化の原則」に基づいた組織であるが，「命令一

> **職能**とは，組織における機能（働き）を基準に分けた仕事にまとまりのことで，特定の専門的な知識と熟練を必要とする一群の仕事のことである。たとえば，販売，購買，製造，研究などが大きな職能群であり，販売という職能も，さらに販売企画や販売促進などの機能に分けることができる。

195

第3編　経営組織の特徴と理論

図表13-5　小学校と大学における生徒（学生）と教師の関係

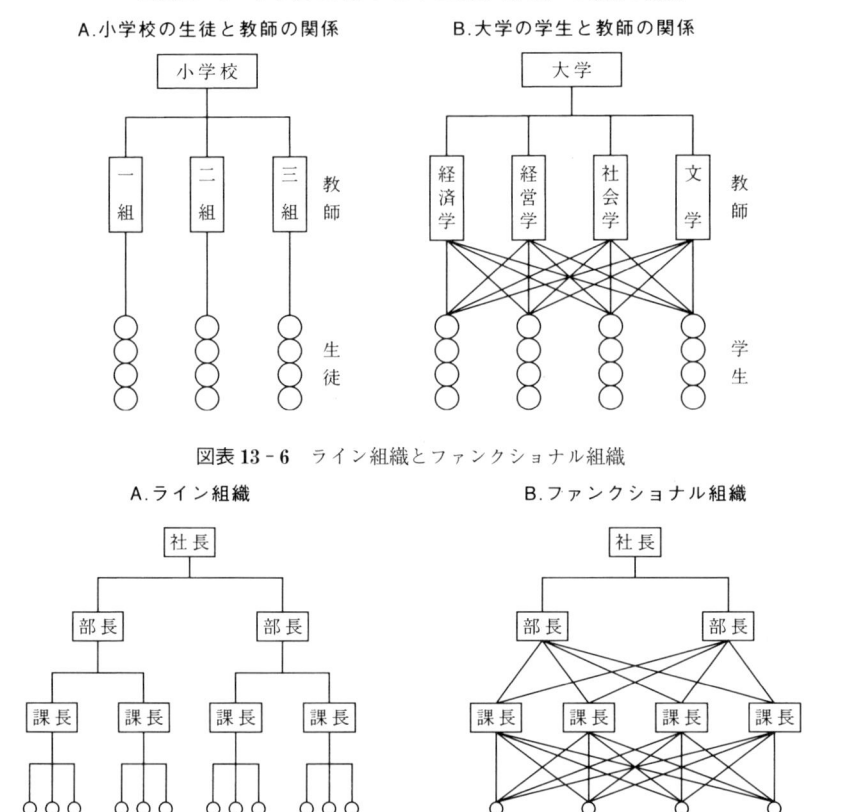

A.小学校の生徒と教師の関係　　B.大学の学生と教師の関係

図表13-6　ライン組織とファンクショナル組織

A.ライン組織　　B.ファンクショナル組織

元化の原則」に従ったライン組織と比較すると，その違いが一層明確になる。小学校と大学における授業履修の形態をライン組織的なものとファンクショナル的なものに概念的に置き換えて図式化しよう（図表13-5）。

　小学校では，国語も算数も同じ担任の教師が教え一日のすべての行動が一人の教師との関係で結ばれる。生徒は各科目のことから生活のことまで，一人の担任の先生に教えを受ける。この関係は命令の関係ではないが，組織図的に描けば「命令一元化の原則」に基づいたライン組織に似ている（図表の左側A）。

　これに対して，大学では，一応クラス分けを行なうが，クラスは語学や一部の必修授業で一緒になる程度で，一日中行動をともにするクラスではない。学生は各自のプランに基づいて，経済学や経営学や社会学などの教師の授業をとる。各

教師の担当する分野は専門的であり，その専門領域に限って部分的な関係が生じる。こうした関係はファンクショナル組織における職能専門化の原理に似ている（図表の右側B）。

このような対比を参考にして，ライン組織とファンクショナル組織を見ると一層わかりやすい（図表13-6）。

(3) ファンクショナル組織の長所と短所
【ファンクショナル組織の長所】
　一人の上位者に権限が集中しないので，ライン組織で見られたような過度の負担は生じない。それぞれの上位者は，各専門分野についてだけ責任をもてば良いことになる。

　また，各上位者は，それぞれの専門領域に集中できるので業務を深く理解して専門性を追求することができる。したがって，組織内で専門家を容易に養成できるというメリットもある。つまり，研究所のような専門職の多い組織や個別プロジェクトを多くかかえた組織に適した組織形態といえよう。

【ファンクショナル組織の短所】
　命令一元化の法則に基づいていない上に，各上位者がそれぞれの分野で指示するので，相互に矛盾した指示を受けた場合には現場が混乱する可能性がある。また，各上位者が自分の決められた職能についてだけ担当することになるので，担当外のことについては無責任になり，責任の所在が不明確になる恐れがある。

　さらに，専門職ばかりが増えて全体的視野にたった総合的な管理がおろそかになったり，総合的に判断できる管理者を養成できないという欠点もある。管理者が専門領域にばかり閉じこもって専門的見地からだけ意見をいうような場合には，部門間の調整が困難になるというデメリットもあり，専門領域を超えた例外的（非定型的）な業務について監督できなくなる可能性もある。

　ファンクショナル組織は専門性を活かせる研究開発部門のような組織には適しているが，命令どおりに行動する軍隊・警察・消防のような組織，生産部門のようなライン業務をもつ組織には，不向きである。顧客との接点をもつ営業やサービス部門にも向いていない。なぜならば，顧客にとって企業は同じ一つの組織であり，組織内の専門性には関心がないからである（図表13-7）。

　このように，ファンクショナル組織は「命令一元化の原則」に反することから

図表13-7 ファンクショナル組織の長所と短所

長　　所	短　　所
・1人の上位者に権限が集中しない ・専門的知識が深められ専門家が養成される	・命令や指揮系統が混乱しやすい ・責任の所在が不明確になりやすい ・全体的視野にたった管理ができない ・管理者同士の意見調整が困難 ・例外的（非定型的）監督が困難
・研究所のような専門的組織に適している	・軍隊・官庁組織には不適当 ・ライン業務には不適当 ・営業・サービス部門にも不適当

原形のままの形では今日の組織ではあまり見られないが、複数の機能を合わせた**マトリックス組織**（matrix organization）のような形で応用されている（第14章216ページ参照）。

３　ライン・アンド・スタッフ組織

ライン・アンド・スタッフ組織（line and staff organization）は、ライン組織とファンクショナル組織の両面を合わせもつ組織で、**直系参謀組織**と訳されている。つまり、「命令一元化の原則」に従ったライン組織と「専門化の原則」に従ったスタッフ組織を同時に配置したものである（図表13-8）。

そして、このように２つの相反する組織原則を１つの組織に取り込むために、一般に、次のような命令系統（権限・責任関係）の原則がある。

① ライン権限の優先…ライン部門の命令指揮は一元化しており、スタッフ部門はラインへの命令権限はもたない。
② スタッフ権限にある間接的命令機能…スタッフ部門は、トップへの助言を通じて、組織全体への命令権限的影響を行使する。

ライン・アンド・スタッフ組織のルーツは、プロシアの軍隊に求められる。プロシア軍参謀総長であったモルトケ将軍は、ライン組織である軍隊の中に「幕僚制」という形態をもち込んで、作戦の立案をするスタッフを養成した。

経営学の系譜の中では、ハリントン・エマソン（Emerson, H.）がライン・アン

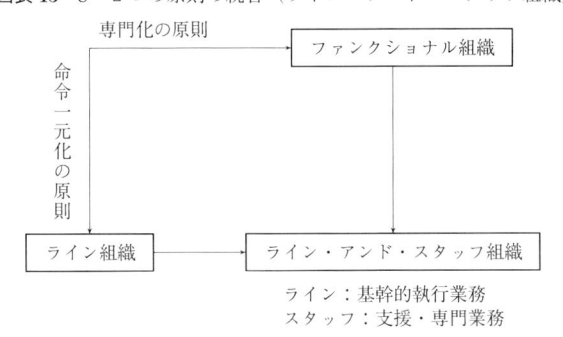

図表13-8　2つの原則の統合（ライン・アンド・スタッフ組織）

```
                    専門化の原則
         命                    ┌──────────────┐
         令                    │ファンクショナル組織│
         一                    └──────┬───────┘
         元                           │
         化                           │
         の                           ▼
         原      ┌──────┐    ┌──────────────────┐
         則      │ライン組織│───▶│ライン・アンド・スタッフ組織│
                └──────┘    └──────────────────┘
```
　　　　　　　　　　　　　　　　　　ライン：基幹的執行業務
　　　　　　　　　　　　　　　　　　スタッフ：支援・専門業務

ド・スタッフ組織を提唱している。エマソンは，テイラーと同時代に科学的管理法に近い能率運動を展開した技師だが，彼は『能率増進の12の原則』（1903年）において，その第三原則に「有力な助言」をあげ，「助言」ができる体制としてライン・アンド・スタッフ組織を提唱した。彼はアメリカ生まれだが，11歳で渡欧し，普仏戦争（1870年）当時ヨーロッパにいてプロシア軍の活躍を見聞きしていたわけで，プロシア軍の幕僚制からライン・アンド・スタッフ組織の原形を学んだと考えられる。

（1）ラインとスタッフ

　ライン・アンド・スタッフ組織は，ライン部門（部署）とスタッフ部門（部署）から成る。

　ライン部門：基幹的執行業務を担当する部門で，企業が最も基本としている本来の企業活動を担当する部門である。一般には，日常的に決まった定型的業務（ルーティン）が多く，「命令一元化の原則」が有効な組織である。以下のような部門が代表的なライン部門である。

- 製造業：購買，製造，販売
- 商社：調達（仕入れ），販売（営業）
- 銀行：預金，貸付
- 高度技術産業：研究開発，製造

　スタッフ部門：ライン業務を支援したり専門的な業務を担当する部門で，大別

して専門スタッフと管理スタッフに分けられる。一般には，例外的で非定型的業務が多く，「専門の原則」が活かされる組織である。

専門スタッフ：ライン業務に対して専門的立場からアドバイスするスタッフのことで，ラインを補助しながら基幹業務を促進するサービス機能をもつために**サービス・スタッフ**ともよばれる。（人事部，経理部，総務部，広報部，技術部など）

管理スタッフ：企画・調整・組織化・統制などの機能をもつスタッフで，企業全般に関わるために**企画**スタッフまたはゼネラル・スタッフともよばれることがある。（社長室，秘書室，調査部，企画部，管理部など）

（2）ライン・アンド・スタッフ組織の構造

図表13－9の左側（A）の太い実線で示された部分が，ライン組織である。このライン組織の部分は，命令一元化のもと指揮系統も一元化している。これに対して，スタッフ部署は，ラインとトップとの中間に配置されている。このスタッフは，細い実線で示してあるように，太い実線から横に突き出た所に置かれる。

スタッフは通常の組織図では示されないが，トップともラインとも破線で示したような関係にある。この図では，簡略化してライン部門は2つだが，通常は，販売，購買，製造など多くのライン部門があるために，破線で示した斜めの線は複雑に錯綜する。これは，すでに学んだファンクショナル組織の関係と同じで，ライン・アンド・スタッフ組織のスタッフ部署はファンクショナル組織的な位置づけにあることがわかるであろう。

図表の右側（B）では，管理スタッフと専門スタッフの位置づけを強調してある。管理スタッフは，主にトップとのつながりが強く，専門スタッフは，ライン部門との関係が強いという意味で，破線を引いてある。

もちろん，専門スタッフはトップとつながっているし，管理スタッフもラインと結びついている。また，管理スタッフと専門スタッフの位置はトップとラインの間であれば，どちら側でも良いし，図のように管理スタッフを必ずしも上位に置く必要はない。

第13章　基本的な組織形態

図表13-9　ライン・アンド・スタッフ組織の構造とスタッフの種類

A.基本的構造　　　　　　　B.管理スタッフと専門スタッフ

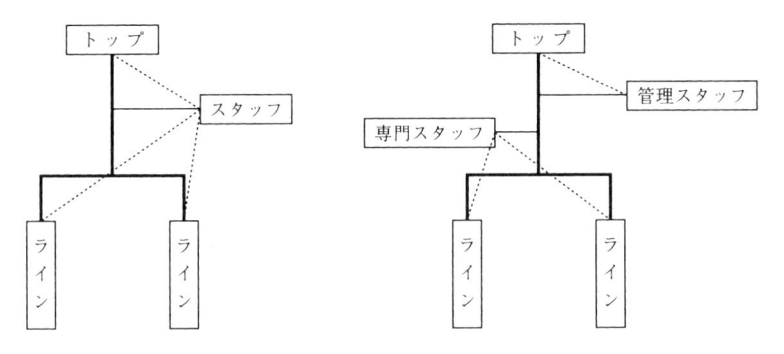

(3) ライン・アンド・スタッフ組織の長所と短所

【ライン・アンド・スタッフ組織の長所】

理論上は命令の統一性を保ちながら専門性も生かせるというメリットがある。また，ライン部門では総合的な管理職を育成できるし，スタッフ部門では専門家を養成することも可能であり，多様な人材を同時に養成できる長所もある。

【ライン・アンド・スタッフ組織の短所】

現実の組織にあっては，スタッフ部門とライン部門の権限が整理されていないこともあり，スタッフ部門がライン権限への介入や干渉を行なうこともある。また，組織が拡大して直接生産活動をしないスタッフ部門が肥大すると，間接費が増大する。

さらに，現実的な問題として，ライン部門とスタッフ部門が対立する可能性もある。ラインが生産や販売など「汗をかいて稼ぐ」部署であるのに対して，スタッフは「補助・支援的な仕事」なので，相互に不満が残りがちである。ライン部門からするとスタッフ部門は「こんなに一所懸命やっているのに」とか「スタッフは現場を知らない」と考えがちだし，スタッフ部門からすると「支援しているのにわかってもらえない」といった感情論がおきる恐れがある。

ライン・アンド・スタッフ組織は，ライン組織とファンクショナル組織の両面を取り入れているので，一般的な企業で広く採用されている。また，命令・指揮系統の統一されたライン組織でワンマン経営ができた中小企業も大企業に成長するに従って専門化・職能化が進んでライン・アンド・スタッフ企業に変わってく

201

図表13-10　ライン・アンド・スタッフ組織の長所と短所

長　　　所	短　　　所
・命令の統一性を保ちつつ専門性も生かせる ・同じ組織で多様な人材を育成できる 　ライン：総合管理者 　スタッフ：専門家	・現実にはラインとスタッフの命令が交錯し責任と権限が不明確になることも ・スタッフが増大→管理費も増大 ・ラインとスタッフに感情的対立が生じる可能性もある
・一般的企業で多い	・製品・市場が多様化すると不適当

ることが多い。

　しかし，企業規模がさらに大きくなると，スタッフ部門が肥大するし，製品や市場の数が増えてくると，権限を分散させた分権的組織が必要になってくる（第14章205ページ参照）。

　　　　　　　　　　　［ケーススタディ：職能の分化と組織形態の変化］

　本章で取り上げたライン組織とライン・アンド・スタッフ組織は「組織の分化」の過程から関連づけて説明できる。その過程を見てみよう。組織が大きくなって分業が進むと垂直方向と水平方向に職能的に分化していく。ここで整理する職能分化の過程は，必ずどの組織でも生じるものではないし，順番も以下の通りとは限らないが，一般的傾向をつかむことができる（図表13-11）。

垂直分化

　第一に組織は管理職能と作業職能に分かれる。命じる者とそれを受ける者の分化で，これは，図表の右側で具体的に示したように，「社長→部長→課長」のような上下の関係を作る。縦の関係の分化で**垂直分化**とよばれる。いわゆる「命令一元化の原則」や「階層化の原則」に従うわけであり，「純粋ライン組織」がその典型である。

水平分化

　どの組織でも作業を分業化する必要がある。これは「専門化の原則」によるもので，組織図的には横に広がるので**水平分化**とよぶ。これは一般に，次のようなステップで広がる。
① 第一次水平分化：最初は基本的な作業機能（もっとも大切な機能）の分化で

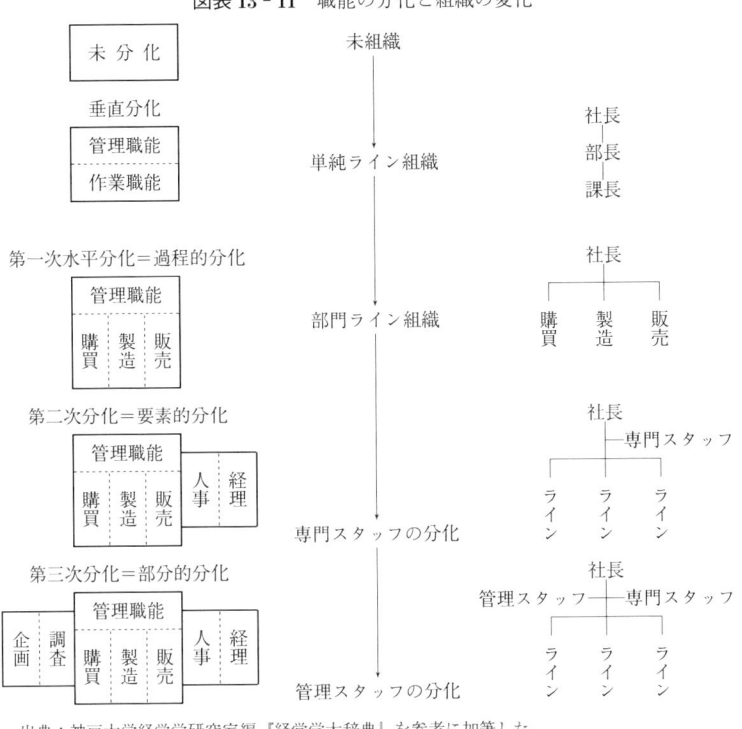

図表13-11　職能の分化と組織の変化

未分化

垂直分化
- 管理職能
- 作業職能

未組織
↓
単純ライン組織

社長
│
部長
│
課長

第一次水平分化＝過程的分化

管理職能
購買／製造／販売

↓
部門ライン組織

社長
├─ 購買
├─ 製造
└─ 販売

第二次分化＝要素的分化

管理職能
購買／製造／販売　人事／経理

↓
専門スタッフの分化

社長──専門スタッフ
├─ ライン
├─ ライン
└─ ライン

第三次分化＝部分的分化

管理職能
企画／調査／購買／製造／販売　人事／経理

↓
管理スタッフの分化

社長
管理スタッフ──専門スタッフ
├─ ライン
├─ ライン
└─ ライン

出典：神戸大学経営学研究室編『経営学大辞典』を参考に加筆した。

「第一次水平分化」とよばれる。この分化は，「購買→製造→販売」のように，「買って，作って，売る」という企業の活動の流れに沿って分化するため，このような分化を「過程的分化」ともよぶ。代表的な組織としては，職能部門別に分かれた「部門ライン組織」がある。

② 第二次水平分化：基本的機能（基幹的活動）を補佐して，側面から支援するスタッフ部門が水平的に分化する。これを「第二次水平分化」というが，組織の「要素的分化」ともよぶ。具体的には，人事・経理・総務などの企業でも見られる専門スタッフ（主にサービススタッフ）が分離・独立してライン部門を支援していく。この段階で，ライン部門とスタッフ部門を合わせもつ「ライン・アンド・スタッフ組織」が形

成される。
③ 第三次水平分化：スタッフ部門の中でさらに水平分化が生じる。これを「第三次水平分化」というが，より細分化され部分的なスタッフ部署が分化していくために「部分的分化」ともよぶ。具体的には，企画・調査・部門管理など管理スタッフが登場して，「完全なライン・アンド・スタッフ組織」ができ上がる。

[演習問題]

［1］ ライン組織は警察や消防などに適していると述べたが，実際には本部機構と身近にある地域の警察・消防の組織は異なる。企業でも，本社（本店）と支社（支店）では組織のあり方が違う。どのように違うかを考えなさい。

［2］ ファンクショナル組織は，あまり普及しなかったがマトリックス組織（第14章）という形で残っている。普及しなかった理由を整理するとともに，両者の違いをまとめなさい。

[参 考 文 献]

上野一郎『マネジメント思想の発展系譜──テイラーから現代まで』日本能率協会，1976年。

神戸大学経営学研究室編『経営学大辞典』中央経済社，1988年。

占部都美編『経営学辞典』中央経済社，1980年。

第14章　さまざまな組織形態

　組織にとって**集権化***(centralization) と**分権化***(decentralization) は，永遠のテーマであり，両者のバランスをどのように保つかは組織論の大きな課題である。

　権限が一部に集中している組織のことを**集権的組織**(centralized organization) とよぶ。これに対して，権限が広く分散している組織のことを**分権的組織**(decentralized organization) とよぶ。

　前章で取り上げた組織は，形態的に見て集権的組織である。ライン組織では命令・指揮系統が一本化されており，トップに全ての権限が集中している。ファンクショナル組織も，専門的な職能に権限を分散しているが，そのさらに上位者は各専門職能を集約している。ライン・アンド・スタッフ組織も「ライン権限の優先」という意味で集権的である。

　しかし，組織の規模が大きくなったり，市場や製品の数が増えると分権的組織の必要性が増大する。こうした過程で考え出されたのが，本章で取り上げる「職能本部制組織」と「事業部制組織」であり，ブランドやプロジェクトごとに集権と分権のバランスを得ようとしているのが，「ブランド・マネージャー制」や「プロジェクト組織」である。また，両者のバランスを縦横のマトリックス（格子）にしているのが「マトリックス組織」であり，事業単位でバランスを取ろう

　集権化（centralization）とは，権限を一部の部署や人間に集中することで，意思決定権を一箇所に集めて，他の部署や人間の自由裁量権を制限することである。
　分権化（decentralization）とは，権限を広く分散させて，それぞれの部署や人間が意思決定権や自由裁量権をもてるようにすることである。
　組織形態では集権的か分散的かは論じられない点もある。トップの意思決定（裁量）権の大きさと質の問題にも左右されるからである。トップが細かい点まで命令するような組織は，専門的に職能が分化していても集権的組織だが，トップの意思決定が包括的でおおよその方向しか指示しないような組織は分権的組織である。

とするのが「戦略的事業単位（SBU）」である。

前章で学んだ基本的な組織をベースに，こうした集権と分権のバランスを考えながら，現代企業で取り入れられているさまざまな組織形態の特徴を検討してみたい。

1　職能部門制組織と事業部制組織

代表的な分権的組織である職能部門制組織と事業部制組織を取り上げる。

（1）職能部門制組織

職能部門制組織（functionalized organization）とは，職能別に部門化してそれぞれの職能部門に権限を委譲した分権的組織のことである。たとえば，生産本部，販売本部のように過程的な職能分化にしたがって本部を作ることもあるし，人事本部，経理本部のように専門分野（専門スタッフ）ごとに本部を作る場合もある。

このような場合，生産本部長は，生産に関しては全ての工場や事業所を監督してその責任をもち，販売本部長は，全ての支店や営業所の販売に関する権限と責任をもつ。

この職能部門制組織は，概念的には，ファンクショナル組織またはライン・アンド・スタッフ組織を大きくしたもので，2つの形態が考えられる（図表14-1）。

ファンクショナル型では，生産本部も販売本部も人事本部も並列的な立場で，各事業所に対して，生産・販売・人事の各専門領域で全責任をもつ（左側A）。

ライン・アンド・スタッフ型では，生産本部は全事業所に対して生産関係の責任をもつが，事業所が工場と営業所に大別できる場合は，工場に対して全責任を負うことになり，生産本部の下に工場群がライン組織的に配置される。同様に，販売本部の下には営業所がライン的に系列化される。ただし，生産と販売の両機能のある一部の事業所（図では工場と営業所の中間にある2つの事業所）では，ファンクショナル的な関係が生じる（右側B）。

職能部門制組織の特徴は，専門職能については，権限を分権的に委譲していることである。人事本部は，ライン・アンド・スタッフ型の配置になっていても，全工場と全営業所に関して人事関係の権限と責任を有することになる（図表では，破線でその関係を示してある。破線は2本しかないが，全ての事業所と同じ関係で破線が

第14章　さまざまな組織形態

図表14-1　概念的に示した職能部門制組織

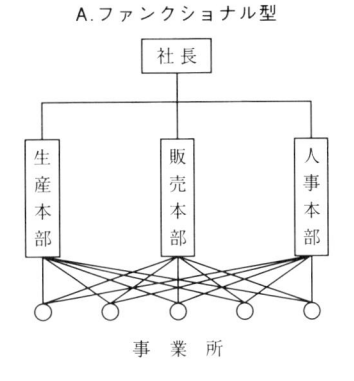

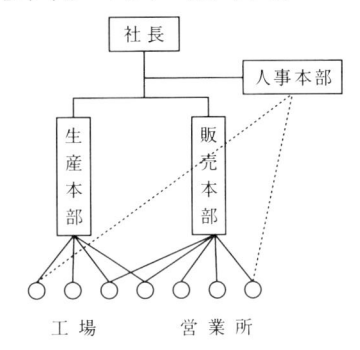

A.ファンクショナル型　　　　B.ライン・アンド・スタッフ型

引ける）。

　職能部門制組織が事業部単位になった組織を**職能別事業部制組織**（division-alized organization by function）という場合もあるが，基本的には職能部門制組織と同じである。

（2）事業部制組織

　事業部制組織（divisionalized organization）とは，製品・地域・市場（顧客）別に事業部（division）として独立した組織を作り，各事業部が1つの事業体として独立採算的に管理責任を負う組織のことである。

　この組織形態は，アメリカのゼネラル・モーターズ（GM），ゼネラル・エレクトリック（GE），デュポンなどが採用したもので，チャンドラー（Chandler, Jr. A. D.）が経営史的に検証して有名になった。また，ドラッカー（Drucker, P. F.）は『現代の経営』の中で，「目標による管理」を提唱したが，そうした自己統制をする連邦的分権制として事業部制をあげている。

　日本でも，アメリカ経営学の系譜とは別に，松下幸之助が実践の中で早くから事業部制的な組織を採用しており，今日でも電機，重工・造船，化学などさまざまな業界で事業部制が取り入れられている。

　事業部制組織は，1つの事業部にほぼ全ての職能が含まれいて小さな会社のような組織になっている。したがって，ライン部門もスタッフ部門も兼ねたライン・アンド・スタッフ組織が1事業部内に見られる。たとえば，製品別の事業部では，製品の購買，製造から販売まで一貫した部署を事業部内に配置している

図表 14-2　事業部制組織と職能部門制組織

A. 事業部制組織

```
         社 長
          ├──── 会社人事
    ┌─────┴─────┐
  テレビ      冷蔵庫
  事業部      事業部
  ├─ 事業部人事  ├─ 事業部人事
  ├─製造部     ├─製造部
  └─販売部     └─販売部
```

B. 職能部門制組織

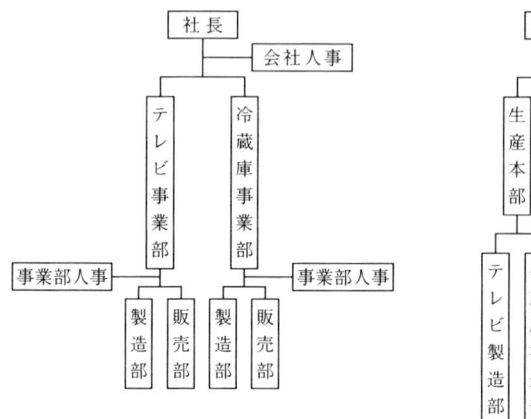

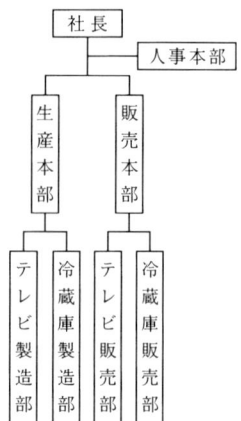

```
         社 長
          ├──── 人事本部
    ┌─────┴─────┐
  生産本部     販売本部
  ├─テレビ製造部  ├─テレビ販売部
  └─冷蔵庫製造部  └─冷蔵庫販売部
```

（図表14-2の左側A）。

　これは，職能部門制組織（図表14-2右側B）と比べてみると違いがはっきりする。事業部制組織の場合は，製造部と販売部があるので，「作って売る」という独立した企業体といえる。ところが，職能部門制組織では，生産本部は「作る」ことしかできない。また，事業部制組織では，事業部の中に「事業部人事」のような事業部内スタッフをもっているが，職能部門制組織では，「人事部門」が横断的に人事責任をもつ。

（3）プロフィット・センターとコスト（サービス）・センター

　両者の違いは，「プロフィット・センター」と「コスト・センター」，（あるいは「サービス・センター」）という概念を用いると一層明らかになる。
　プロフィット・センター（profit center）とは，利益責任をもつ分権的管理単位である。プロフィット・センターが利益責任をもつためには，次のような条件が必要である。

- 独自の収入（売上）と支出（費用）に裏付けられる
- 独自で販売する製品の価格を決定できる
- 独自で購買する材料等について自由選択権がある

(他の部門の材料より他社の材料が安い場合には他社を選択できる)
- 他部門との共通の費用が少なく，それが計算できる
- 購買，生産，販売，管理など一連の職能を独自にもつ
- 独自の事業に対して全般的管理権限をもつ

事業部制組織は，一般に，購買，製造から販売に至るまで一貫した事業体であり，独自の売上と費用が計算できる。また，製品について全責任を負っていて理論的には事業部が価格の決定権や購入材料の選択権をもっている。さらに，「事業部内人事」のようにスタッフ部門ももっているので管理費用も計算でき，事業に対して全般的管理権限ももっている。したがって，純粋に理論的な事業部はプロフィット・センターと考えられる。

職能部門制組織では，専門的領域については全社的・横断的権限をもつが，それを越えた領域については責任をもてない。

たとえば，生産本部は製造コストについては責任をもつが，生産した製品について独自に価格を設定することはできない。このように，費用責任だけしかもたない分権的管理単位のことを**コスト・センター**（cost center）とよぶ。

また，販売本部は独自に価格設定をして売上をたてることができるが，製造コストや管理コストについてはコントロールできない。このように売上はたつが費用責任を負うことのできない分権的管理単位のことを**レベニュー・センター**（revenue center）とよぶ。

人事本部のように，独自の管理コスト以外にコントロールできる費用責任もなく，売上責任も負うことのできない組織は，他の部門にサービスを提供している分権的管理単位という意味で**サービス・センター**（service center）とよぶ。*

（4）職能部門制組織の長所と短所

【職能部門制組織の長所】

専門化の利益を得ること。生産本部は各工場（製作所）の管理を集中して行な

職能部門制のような組織は，すべてプロフィット・センターでないという意味で，販売本部や人事本部も含めてコスト・センターとよぶことがある。逆に，コスト・センター，レベニュー・センターを合わせてサービス・センターとよぶこともある。

fig表14-3　職能部門制組織の長所と短所

長　　　所	短　　　所
・専門的に集中して管理 ・専門的知識の蓄積 　専門家が養成される ・資源／管理費の活用 ・製品／市場の追加容易	・権限の集中→意思決定の遅れ ・製品多角化→効率低下・専門性低下 ・全体的管理者が育成できない ・利益責任がない（業務評価が困難） ・専門的権限しかない

い，販売本部は各営業所の管理を専門にするため，専門的知識が蓄積され，本部内で専門家を養成することができる。

　資源を共有して管理費も節約できることも長所である。たとえば，生産本部で一括して生産を管理するので，共通部品を活用したり歩留りを低くできる。人事・経理・総務のような間接部門も全社一括して本部制をとることによってオーバーヘッド・コスト（間接的な管理費用，81ページ参照）も節約できる。

　また，製品や市場が拡大する場合に比較的容易に製品を追加したり，市場拡大に対応できるというメリットもある。事業部制組織のように製品単位で事業部が成り立っている場合には，新たな事業部を作ったり，小さな事業部で工場拡張をしなければならないことになるが，職能部門制組織では生産本部が全てに対応できるからである。

【職能部門制組織の短所】

　専門的な集中は逆に意思決定の遅れを招く恐れもある。各本部の決定はそれぞれの専門領域における判断であるから，他部門との調整にも手間取る可能性がある。また，製品や市場が多様化すると，専門的な細分化が進むので職能的な組織は逆に効率性が低下し，専門性のメリットも低下する。なぜならば，あまりに狭い範囲の専門家は応用がきかず現実問題に対処できないからである。さらに，専門家が養成できるということは，総合的管理者が育成できないというデメリットと表裏一体である。各部門に利益責任がなく，業績評価が困難で，権限も専門的権限に制限されている。

（5）事業部制組織の長所と短所

【事業部制組織の長所】

　利益責任をもっているので単独で意思決定ができるし，その決定も市場の変化に合わせて迅速に行なうことができる。また，事業部は小さな会社のようなもの

図表14-4　事業部制組織の長所と短所

長　　　所	短　　　所
・意思決定が容易で迅速 ・業務評価が明確 ・市場原理→効率化 ・競争原理→全体活性化 ・総合的管理者の育成	・事業部利益の優先→セクショナリズム ・短期的利益の追求→全体的視野の欠如 ・資源／スタッフの重複 ・専門職相互のコミュニケーション阻害 ・撤退の決断ができない

であるから，その業績評価も容易である。

　各事業部は利益責任を負うために，他の事業部の製品や部品を拒否したり，それを購入する場合も，社外と比較した**社内振替価格***（transfer price）を活用すれば，市場原理が企業内にも導入されて効率化が促進される。

　各事業部が利益や売上で競争するので，競争原理に基づいて企業内が活性化する。また，事業部長は総合的意思決定を行なうので，将来のトップを育成できるというメリットもある。

【事業部制組織の短所】

　各事業部があまりにも事業部の利益を優先するような場合には，過度の競争意識が新たなセクショナリズムを生み出す可能性もある。

　業績評価が容易というメリットは，業績中心主義というデメリットを生む。業績中心主義では短期的利益ばかりが追求されるので，長期的展望にたった全社的総合的な戦略がとれない恐れもある。

　資源やスタッフの重複利用というデメリットもある。生産工場も各事業部内にあるので共通に活用できない恐れがあるし，各事業部内にスタッフをかかえているので，全社的なスタッフとともにオーバーヘッド・コストが増大してしまう。

　各事業部内に専門家をかかえ込んでしまうと，専門家同士のコミュニケーションが阻害されてしまうこともある。たとえば，各事業部内に研究開発部門があった場合には，研究者同士の共同研究が阻害される。

　撤退の決断ができないという問題もある。事業部は会社のようなものなので，みずから存続しようとして，市場が縮小したり利益率が低下しても撤退の決断が難しい（戦略的事業単位との比較は219ページを参照）。

> **社内振替価格**とは社内で取り決めた社内決済用の価格。事業部間でこの価格を使い社内決済すると，企業外部から購入したり外部へ販売した時のように利益計算ができる。

(6) 分社制とカンパニー制

　事業部制組織をさらに発展させて独立性を与えた組織が**分社制度**や**カンパニー制**である。**分社化**（spin-out）については，①完全に子会社として独立させる場合と，②社内に（会社に似た）形式的な独立組織を作る場合がある。

　カンパニー制は後者（社内に形式的な独立組織を置く）の例で，大きな事業部や複数の事業部をまとめてカンパニーという名称で独立した事業単位を作るものである。この場合，カンパニー・プレジデントとよばれる事業組織の長に包括的な裁量権を与え，独立採算的に事業評価を厳しくする。

　分社化やカンパニー制の導入は，企業の多角化が進んで，市場における競争が激化している時に多いが，コスト削減や**リストラクチュアリング**（事業の再構築），**リエンジニアリング**（企業の根本を変える業務革新）などの一環として行なわれることもある。

　こうした独立的な事業単位は企業ごとによって呼び方がさまざまだが，現実は名称と実体が必ずしも同じではない。事業部制組織を名目的に採用している日本企業は多いが，現実には販売部門だけの事業部制に過ぎなかったり，地域別に事業部制を取りながら，生産部門は職能部門制的に一括しているケースもある。

　製造から販売まで同じ組織内で収益／費用を管理しなければ実際には利益責任をもてないが，そのような利益管理が徹底されていない場合が多い。複数の事業部を組み入れた**事業本部制組織**や事業部制組織と職能部門制組織とを合体した**職能別事業部制組織**を採用している企業もあるが，それぞれの組織の実際は，名称とは必ずしも一致していない。

2　ブランド・マネージャー制とプロジェクト組織

(1) PM（BM）制

　PM制あるいは**BM制**は，プロダクト・マネージャー（product manager = PM）制あるいはブランド・マネージャー（brand manager = BM）制の略称で，一つの製品（ブランド）について，「企画→開発→発売→販売促進」から「市場反応のフィードバック→製品改良・販売施策→次期製品の企画」などを一貫して担当し，その製品（群）を育成・管理する製品別担当組織である。

　この組織は，製品（群）のプロダクト・ライフ・サイクルに応じて役割が変化

第14章 さまざまな組織形態

図表14-5 概念的に示したPM制

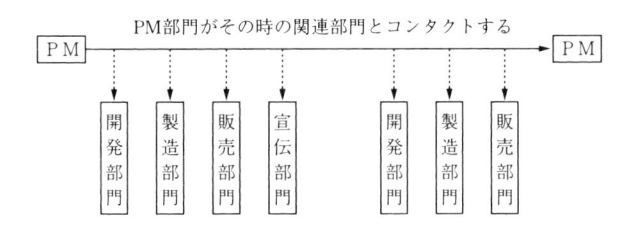

製品のライフ・サイクル
企画→開発→発売→販売促進→製品改良→次期型企画

PM部門がその時の関連部門とコンタクトする

PM ┄┄┄┄┄┄┄┄┄┄┄┄┄┄┄┄┄┄┄┄┄┄┄┄┄┄ PM
　　↓　↓　↓　↓　　　　↓　↓　↓
　開発部門　製造部門　販売部門　宣伝部門　　開発部門　製造部門　販売部門

図表14-6 P&G社におけるBM制

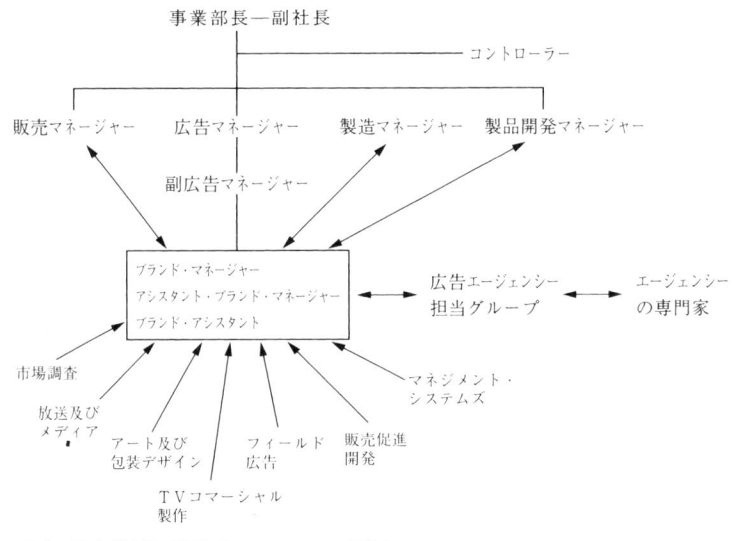

事業部長―副社長
　　　　　　　　　　　　　　　　コントローラー

販売マネージャー　広告マネージャー　製造マネージャー　製品開発マネージャー
　　　　　　　　副広告マネージャー

［ブランド・マネージャー
　アシスタント・ブランド・マネージャー　←→　広告エージェンシー担当グループ　←→　エージェンシーの専門家
　ブランド・アシスタント］

市場調査
放送及びメディア
アート及び包装デザイン
TVコマーシャル製作
フィールド広告
販売促進開発
マネジメント・システムズ

出典：野中郁次郎・陸正『マーケティング組織』72ページ。

する動的な組織形態で，組織図的にはマーケティング部や商品企画室などのスタッフ部門に属するが，概念的に製品の成長と共に機能が変化する（図表14-5）。

　この意味でPM（BM）制は**プロダクト・マネジメント組織**と区別される。プロダクト・マネジメント組織は，製品担当別組織で，製品別事業部制のように利益管理を行なう場合と，製品の企画だけを担当する場合がある。いずれも静的で恒常的な組織で動的なPM（BM）制と対照的である。

　PM（BM）制の起源は米国プロクター・アンド・ギャンブル（P&G）社が石

213

鹸で「アイボリー」に加えて「キャメイ」を発売した時に導入された時だとされる。同社は，1928年に「キャメイ」を発売したが，石鹸という同じカテゴリーで競合品を出すことがカニバリゼーション（共食い）につながり易いと危惧した。

そこで，1931年に「キャメイ」というブランドに責任者を決め，「アイボリー」担当者と区別した。その結果，（一人の担当者が一つの製品に一貫して責任をもつ）ワンマン・ワンブランドによって製品の差異化が実現され，さらにブランド間の企業内競争によって相互のシェア拡大に繋がることを発見した（図表14-6）。

日本では，1967年に花王が導入したが，野中・陸（1988）によれば，社内での競争というよりも，調整役として位置づけられており，①情報管理，②マーケティング計画の立案，③マーケティング計画の実行，④マーケティング活動の評価などの役割を担っている。

その他にも，多品種・多ブランドをもつ業界で多く導入されており，**主管制**＊や**主担制**＊の形でも見られる。

（2）プロジェクト組織

プロジェクト組織（project organization）とは，**プロジェクト**＊単位に編成された組織で，プロジェクトの企画・進行などについて一定の予算や日程（納期）の枠内で管理責任や権限をもつ専門家組織である。

タスク・フォース（task force）とは，特定の任務や課題解決のために臨時に編成された機動部隊で，フォース（force）という言葉が「部隊」を表わしているように，少人数の専門家によって構成される混成部隊である。

構成メンバーは，専門的立場から課題に取り組み，権限や責任の関係では同等の立場に立つ。任務や課題ごとにメンバーが変わり，フルタイムの人数は少なくパートタイムのメンバーも加える。期間は短く任務終了後は解散する。具体的には，トップと直結した「〇〇委員会」や「マルX」のような暗号的名称でよばれることがある。

プロジェクト・チーム（project team）とは，プロジェクトのために結成された専門家チームのことで，タスク・フォースよりも，規模が多少大きく，結成期間も長く恒久的な場合が多い。名称もタスク・フォースが匿名的であるのに対し，プロジェクト・チームは，より正式の位置づけを組織内で得る場合が多い。

プロジェクト・マネージャー制は，プロジェクトの企画や進行について全般的

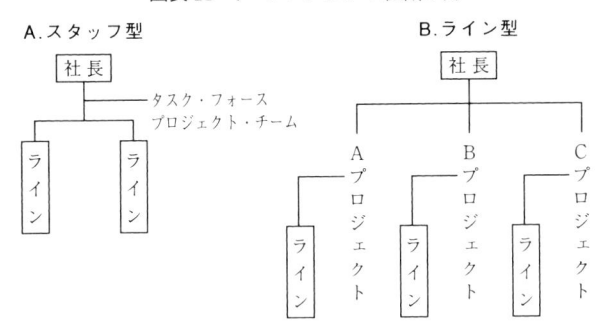

図表14-7 プロジェクト組織の例

A．スタッフ型　　　　　　　　　B．ライン型

（組織図：社長の下にライン部門が並び、スタッフ型ではタスク・フォース／プロジェクト・チームが社長直属に置かれる。ライン型ではA・B・Cプロジェクトそれぞれに専属のラインがつく。）

な責任をもつ**プロジェクト・マネージャー**（project manager）を中心とする組織である。プロジェクトの規模や期間にもよるが、プロジェクト・マネージャー制は、多くのプロジェクトを抱えるエンジニアリング会社などでプロジェクトごとに置かれている場合が多く、タスク・フォースやプロジェクト・チームよりさらに恒久的で正式な組織の場合が多い。

これらの組織は、基本的には組織内を横断的に結ぶ専門家組織であり、スタッフ部門に属するが、プロジェクト・マネージャー制などでは、そのプロジェクトの進行のために専属のラインをもつ場合もある。図表14-7は、その組織図をスタッフ型（A）とライン型（B）に分けて示したものである。

（3）PM（BM）制やプロジェクト組織の長所と短所
【PM（BM）制やプロジェクト組織の長所】

プロダクト、ブランド、プロジェクトそれぞれの状況に応じた機動的な対応が可能で新規事業や製品開発などでは欠かせない組織といえる。また、予算や期間（納期）が限られた場合にも有効である。さらに、専門家で構成されているので、

> **主管制**や**主担制**は、PM制のようにプロダクト・ライフ・サイクルの全プロセスを担当するのではなく、開発や販売の一定期間について、一つの製品の育成・管理を担当する制度である。企業によって名称が異なる。
> 　**プロジェクト**（project）とは、さまざまな部署と技術上や管理上で関連する個別計画のことで、1回限りのアウトプット（成果）をもつ単独の企画、事業、製品開発、大型商品などをいう。たとえば、新製品開発、新規事業参入計画、システム設計、（工場、鉄道、橋、ダム、ゴルフ場、テーマパークなど）大型建設などを含んでいる。

図表14-8　PM（BM）制やプロジェクト組織の長所と短所

長　　　所	短　　　所
・機動的に行動できる ・横断的コミュニケーションがはかれる ・予算・納期に対応可能 ・専門家の活用／養成	・マネージャーの能力に左右される ・スタッフ権限に限界がある ・臨時的組織の限界 ・作り方，運営の仕方が難しい

専門職能を十分活用できるし，専門家の養成も可能というメリットをもっている。

【PM（BM）制やプロジェクト組織の短所】

これらの組織の運営にあたっては，さまざまな能力*が求められるので，プロダクト（ブランド）マネージャーやプロジェクト・マネージャーの資質や能力に左右されるというデメリットがある。

また，これらの組織はプロダクト（ブランド）やプロジェクトについては全責任をもつものの，基本的にスタッフ部門に属する。このため，ライン権限との関係で十分機能を発揮できない場合もある。組織が正式なものでなかったり臨時的な場合には，恒久的な影響力がないため限界もあり，組織の作り方や運営の仕方が難しいともいえる。

３　マトリックス組織

マトリックス組織（matrix organization）とは，複数の次元からなる組織構造をもち，複数の命令系統を格子状に組み合わせた組織である。この組織は，1960年代にNASA（アメリカ航空宇宙局）のアポロ計画に参加した航空宇宙産業の企業（たとえばロッキード社やTRW社）が採用して有名になった。

（１）複数の組織の統合体

マトリックス組織は，さまざまな組織を統合して１つにした組織といえる。たとえば，プロジェクト組織は横断的組織であるため，ライン権限との関係が問題になるが，それを解決するためにプロジェクト組織を横軸にライン組織を縦軸にとればマトリックス組織になる。

同様に，事業部制組織と職能部門制組織を組み合わせたマトリックス組織もある。製品別の事業部制組織と地域別の事業部制組織も組み合わせれば格子状のマ

第14章　さまざまな組織形態

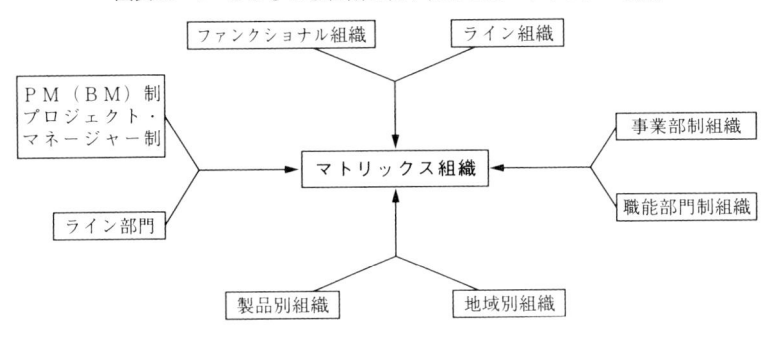

図表14－9　さまざまな組織を組み合わせたマトリックス組織

```
                ファンクショナル組織    ライン組織
                        ↓              ↓
  PM（BM）制
  プロジェクト・                                    事業部制組織
  マネージャー制    →    マトリックス組織    ←
                                                  職能部門制組織
  ライン部門      ↗              ↑   ↑
                        製品別組織    地域別組織
```

トリックス組織になる。

　このマトリックス組織は，複数の命令系統をもつという意味で，ファンクショナル組織の一種といえるが，ファンクショナル組織では職能の数だけ命令系統ができるのに対して，マトリックス組織では，一定の目的や機能に合わせて命令系統の数を2つか3つ程度に制限することができる。その意味で，マトリックス組織はファンクショナル組織とライン組織の両面をもつと考えることもできる（図表14－9）。

（2）多次元組織

　マトリックス組織では，何を軸にするかが問題になる。図表14－10は，左側（A）が縦軸に製品，横軸に職能を配置した「製品・職能マトリックス組織」であり，右側（B）が製品と地域を組み合わせた「製品・地域マトリックス組織」である。

　この図では，Pの位置にいる人間は，冷蔵庫の生産を担当することになり，Qの位置の者は，冷蔵庫のドイツ向け輸出を担当することになる。Pは，生産関連の業務については生産担当の上司の指示を仰ぎ，冷蔵庫については，冷蔵庫担当の上司の命令に従う。生産担当の上司は製造部長のようなラインの管理者であろうし，冷蔵庫担当の上司はプロダクト・マネージャーのようなスタッフの管理者の場合が多い。

　プロダクト（ブランド）マネージャーやプロジェクト・マネージャーに必要な**能力**としては，以下のような能力がある。
- 企業者能力…新規事業，新製品など新しいものを生みだす能力
- 調整能力…企業内のさまざまな部署と連携をとる能力
- リーダーシップ能力…専門家をまとめ企業内の部署を活用する能力
- 専門家能力…プロダクト（ブランド），プロジェクトに関する専門知識や技術

第3編　経営組織の特徴と理論

図表14-10　マトリックス組織の例

A.製品・職能マトリックス

```
           開発  生産  販売
  テレビ ───┼───┼───┼───
           │   │   │
  冷蔵庫 ───┼───P───┼───
           │   │   │
  洗濯機 ───┼───┼───┼───
```

B.製品・地域マトリックス

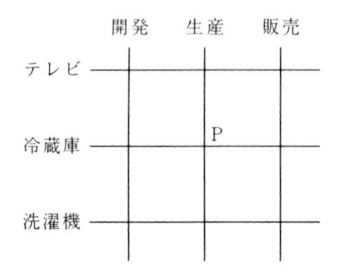

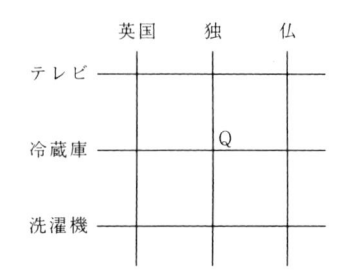

```
           英国  独   仏
  テレビ ───┼───┼───┼───
           │   │   │
  冷蔵庫 ───┼───┼───Q
           │   │   │
  洗濯機 ───┼───┼───┼───
```

図表14-11　マトリックス組織の長所と短所

長　　　所	短　　　所
・複数の組織の長所を生かせる ・縦/横のコミュニケーションがはかれる ・全社的に人材を活用できる ・管理職と専門職を同時育成	・命令系統が混乱する ・責任/権限が不明確になる ・組織内で権力闘争が激化する ・内部に目が向いてしまう ・管理費が増大する

　このように，マトリックス組織では複数の上位者の命令・指揮系統のもとにあるのが特徴で，これをさらに複雑にすれば，図表の両方（A）と（B）を合わせて「製品・職能・地域マトリックス」という3次元のマトリックス組織も可能になる。

（3）マトリックス組織の長所と短所

【マトリックス組織の長所】

　複数の組織の長所を生かせること。ライン的な仕事も職能的な仕事も同時の同じ組織内で進めることができるし，事業部制組織と職能部門制組織の両面を合わせもつことができる。

　縦軸と横軸を通じてコミュニケーションができ組織を柔軟にすることもでき，オープンなネットワークができる可能性もある。また，全社的に人材を活用できるし，管理職と専門職を同時に育成できるというメリットもある。

【マトリックス組織の短所】

　複数の命令系統をもつため，責任や権限が不明確になりがちであるし，命令系統の指導権を争ってマネージャー同士の権力闘争が激しくなる恐れもある。

また，指導権をめぐる争いや意思決定を重視するために組織内部に目が向いて組織運営にエネルギーがかかり過ぎる可能性もある。さらに，管理や調整のための人員や時間が増えてオーバーヘッド・コスト（間接費）が増大することもある。

4 戦略的事業単位（SBU）

戦略的事業単位（strategic business unit = **SBU**）は，企業が戦略上設定する組織単位で，1970年代からゼネラル・エレクトリック（GE）などで導入された。表面的には事業部制組織のような形態をとるが，全社的な戦略基準に基づいて位置づけられている。

SBUが事業部制と異なるのは，分権化の弊害が目立つ事業部制組織に対し，総合的管理の仕組みをもっていることである。事業部制組織では，(a)事業部同士で無用なセクショナリズムが生じたり，(b)経営資源を二重三重に所有しなければならなかったり，(c)全体の戦略的整合性が欠如してしまう傾向にあり，(d)過度の細分化が生じても撤退の決断ができないなどの短所をもっている。

（1）プロダクト・ポートフォリオ・マネジメント（PPM）

こうした欠点を克服して，SBUでは，どの事業にどの程度の経営資源を投入するかが，全体の事業（製品）の**ポートフォリオ**（portfolio）＊に関する戦略の中で，一定の基準（たとえば成長率と市場占有率）で決定される。その基準としては，プロダクト・ポートフォリオ・マネジメント（product portfolio management = PPM）が最も良く知られている（第15章229ページ参照）。

（2）SBUの長所と短所
【SBUの長所】

複数の事業部やプロジェクト組織を戦略的に再編成したり，全社的な戦略のた

> **ポートフォリオ**（portfolio）とは，カバンに入れる有価証券の目録を意味していたが，そのような証券目録を作るためにどのような投資の組み合わせを選択するかという意味で使われるようになった。特に，マーコヴィッツ（Markowitz, H.）が確率論によってリスク回避のための投資理論を展開してからは，投資機会の全体的なバランスや集合のことを示すようになった。この用語はファイナンスやマーケティングでも使われる。

図表14-12　SBU組織の長所と短所

長　　所	短　　所
・事業やプロジェクトの戦略的調整が可能 ・資金／資源を有効活用できる ・事業拡散／過剰投資の防止 ・撤退の決断ができる	・事業単位を決定しにくい ・新規事業機会の喪失 ・事業間シナジー効果の無視 ・分析マヒ症候群に陥る可能性がある

めに資金や資源を有効活用できる。通常の事業部制組織はそれぞれ独立した事業部から成るため，自分の事業部で得た資金を他の事業部のために使うことは考えられないが，SBUでは，全社的な戦略のもとで資金を有効に使えるのである。その他にも，過度の事業拡散や不要な投資が削減でき，事業部の増加を防ぐこともできる。

ポートフォリオ分析の過程で「撤退すべき事業」も示されるので，事業部制では事業部長が決断できない「撤退の決断」などが戦略的にできるというメリットがある。

SBUは，(PM・BM制のような) 個別製品・ブランド単位の管理組織や (事業部制組織のような) 事業単位別の組織に比べて，全社的統合管理を志向しており，より上位の戦略的意思決定が可能である。

【SBUの短所】

野中 (1985) は，①事業単位が決定しにくい，②新規事業機会を喪失する，③事業間シナジー効果を無視する，④分析マヒ症候群に陥るなどのデメリットを上げている。

ボストン・コンサルティング・グループやマッキンゼー社のポートフォリオ分析図に関する限り，事業を決定する基準が一面的で事業単位を決定することが困難といわれる。また，最初から戦略図のような一定の枠組みの中で事業展開を検討するため予想外の新規事業機会を失う可能性がある。相互に協力すれば期待できる事業間のシナジー効果もSBUごとの投資では無視される。

ポートフォリオ戦略の評価者が戦略図の作成の手続きや計算式の空欄を埋めることに精力を費やす「分析マヒ症候群」に陥る可能性がある。事業評価の計算技法や分析にエネルギーを費やして，創造的な活動が阻害されるのである。実際に，この分析手法はさらに複雑化，精緻化されており，コンピュータで計算されるが，評価計算をどんなに精緻化しても，それ自体からは新規事業のアイデアは出てこない。

5 情報革命と組織

　紙幅の関係で全ての組織を取り上げられないが，最後に「情報革命」の進展とともに注目されている「フラット組織」と「ネットワーク組織」などに簡単に触れ，情報化が組織に及ぼしている影響について考えたい。

（1）フラット組織とネットワーク組織
　最近は，組織階層を少なくして意思疎通を良くした**フラット組織**（flat organization）が多くなった。この傾向は，肥大化した中間管理層を少なくして組織をスリムにする動きと，インターネットや社内電子メールの普及などコミュニケーションのエレクトロニクス化によって促進されている。
　この組織は，組織長だけが突出してその他のメンバーは並列に扱われているので，その形態から**文鎮型組織**ともよばれている（図表 14 - 13 の右側 B）。
　この組織は，階層が少なく上司と直接対話できるようになっているため情報が速く正確に伝達されるというメリットをもっているが，情報が文鎮の頭の部分にあたる組織長に過度に集中するので，コミュニケーションが良くなればなるほど，組織長の負担が増大するというデメリットもある。
　したがって，階層を短くフラットにすれば良いのではなく，その長が他のフラット組織の長と緊密に連携をとる水平的な広がりが必要である。このような組織は，上から見ると図表の（C）で表したようなアメーバ的な関連をもっており，**ネットワーク組織**とよばれる（223ページ参照）。

（2）変わる組織構造と管理者の役割
　市場や技術などの環境変化が激しいため，組織のフラット化・ネットワーク化を進めるとともに，部や課という組織の壁を取り除いて，**グループ制組織**（group working unit organization）や**チーム型組織**（team-type organization）を導入する企業も増えている。
　これらの組織はテーマ（業務課題）ごとに少人数で作られ，個人が複数のグループに属することもあるため，従来の組織に比べて境界線があいまいで柔軟な組織といえる。管理者もグループ・マネージャー，コーディネータ，プロデュー

第3編　経営組織の特徴と理論

図表 14 - 13　フラット組織とネットワーク組織

A．従来型　　　　　　　　　　　　B．フラット組織

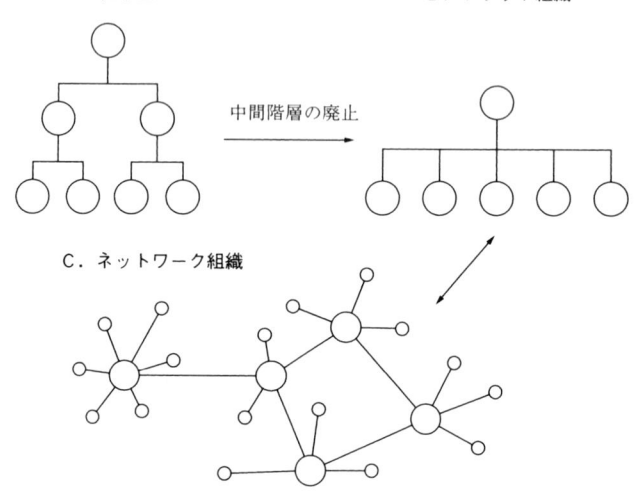

中間階層の廃止

C．ネットワーク組織

サーなどとよばれる。

　情報技術（IT）の発達は，時間と空間の壁も壊しつつある。これまで時間と空間を共有することが協動の条件と思われていたが，インターネットの発達によって遠隔地や異なる時間帯にいる人々との協働が可能になってきた。自宅や自宅周辺のサテライトオフィスで仕事をする **SOHO**（small office home office）や，世界中で設計図や書類を共有する**グループウェア**（コンピュータを通じた共同作業 = Computer-Supported Cooperative Work）を利用する人々などである。

　こうした組織では固定的な上司より，業務内容によって相互に認め合うリーダーが実質的に仕事をリードしていく傾向がある。参加者は個人主義的だがプロジェクトに対しては機敏に協力しあい共通の目的を達成する。このため管理者はコーチ役やコーディネータに徹することもある。

　他方，管理者同士の競争も激化している。最初に人員配置を決めるのではなく，テーマによって人を集めたり派遣社員を活用したりすることもあり，力量のあるマネージャーは魅力的な仕事を創造することによって組織構造も変えていけるようになりつつある。こうした時・空間や職位や組織構造の流動化が自己組織化（326ページ）につながっている。

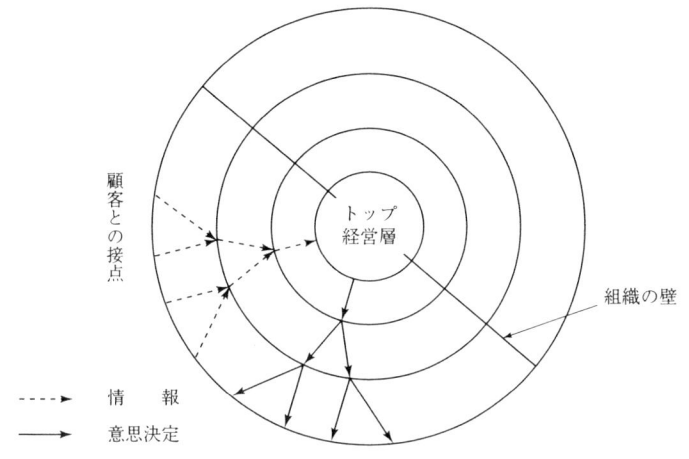

図表14-14　伝統的組織における情報と意思決定の流れ

顧客との接点

トップ経営層

組織の壁

- - - ▶　情 報
──▶　意思決定

出典：メンデルソンとジーグラー著『スマート・カンパニー』ダイヤモンド社，2000年，48ページの一部に加筆。

（3）企業外部との連携

　インターネットで新製品のアイデアを募集したり，商品の欠陥（ソフトのバグなど）を使用者に指摘してもらうなど，商品開発などでは消費者を意識的に取り込む企業も増えてきた。生産者と消費者が一体となる**プロシューマ**（prosumer）という形態である。

　組織をスリム化して**アウトソーシング**（out-sourcing：仕事の外部化）する一方で，組織外部にある資源を活用してスピード化したり顧客価値を高めようとする動きが活発になっている。外部組織との関係が密になっているのである。

　そもそも**ネットワーク組織**（network organization）とは対等な関係でゆるやかに結びついている組織で，組織や国境の壁を越えた広がりをもち，異質なものが自主的に入退会する組織のことである。ベンチャー企業同士の異業種交流がよい例だが，ITを活用して生産から消費までのシステムを構築する**サプライチェーン・マネジメント**（第21章参照）では外部企業とのネットワーク化が進んでいる。

　DEC社のジャン・ホップランドは「社内外と協力し，自社が持つよりも多くの資源を結集できる企業」を**バーチャル・コーポレーション**（virtual corporation）とよんだ。**仮想企業体**と訳されるが，外部ネットワークを活用して製品開発や共同販売を行なう点にポイントがある（第21章のアウトソーシングやファブレス経営を

（4） 権限委譲と組織文化の重要性

　伝統的なピラミッド型組織を上から見ると多重の同心円として描ける（図表14-14）。外円がピラミッド底辺で中心部がトップである。つまり，①トップが顧客情報から一番遠い，②伝達過程で情報が削ぎ落とされる，③意思決定と行動に乖離や遅れが生じる，④組織に壁があるのでトータルな対応ができない，など迅速で的確な行動が求められる情報化社会に不十分なことがわかる。

　GE社のウェルチ会長は組織のスリム化を進めるために，ディレイヤリング（de-layering＝管理階層の削減），バウンダリレス（boundary-less＝組織境界の消去），ストレッチ（stretch＝能力の引き上げ），ワーク・アウト（work-out＝会議や報告書作成からの開放）などを提唱したが，これらは権限を委譲して個人や組織の潜在力を高める手法で，**エンパワーメント**（empowerment）とよばれている。

　組織がフラット化して権限が委譲されると現場の役割が大きくなる。顧客との接点にある部署が適切な判断と行動をとれるようにするには，顧客志向や社会貢献や倫理基準などしっかりした理念をもち情報を共有しやすい自由闊達で開放的な組織文化をもつ**ビジョナリー・カンパニー**（visionary company）であることが必要になる。（188ページ「組織道徳」参照）

［演習問題］

［1］　実際の企業の組織図を入手して，本書で学んだ組織形態と比較してみよう。
［2］　産業革命から情報革命まで，時代の流れを念頭において，第13章と第14章で学んだ組織形態を歴史的に整理してみよう。

［参考文献］
　エバンズ／菊野恒夫・梅沢昌太郎訳『プロダクト・マネジャー』日本能率協会（G. H. Evans, *The Product Manager's Job*, American Management Association, Inc., 1964）。
　野中郁次郎・陸正『マーケティング組織』誠文堂新光社，1988年。
　神戸大学経営学研究室編『経営学大辞典』中央経済社，1988年。
　占部都美編『経営学辞典』中央経済社，1980年。

第4編

個別の管理論および経営論

第15章 経営戦略論

1　経営管理論から経営戦略論へ

　1960年代に入って経営戦略論が経営学の中で注目されるようになった。アメリカ企業の国際的展開も進み，環境変化が激しくなって内部管理をうまくやっても外部環境の変化に対応できないことが問題になってきたのである。また，環境があまり変化しない業界でも，企業規模の拡大にともない「管理による弊害」が出てきた。大きな事業体になると官僚制の弊害が出て，計画的に管理することが難しくなったのである。こうした中，チャンドラーやアンゾフなどが企業全体の方向性を見定める経営職能の重要性を示し，環境への適応を経営課題とする経営戦略論が台頭するようになった。

（1）チャンドラーの「組織構造は戦略に従う」

　チャンドラー（Chandler, A. D.）は，アメリカの大企業であるデュポン，GM，スタンダード・オイル，シアーズ・ローバックの経営的な変遷を調べ，経営者は「二種類の経営管理」を扱う必要があると指摘した。

　第一は，長期的な企業体質に関することであり，第二は日常業務を円滑に行なうことである。後者（日常業務の職能）が通常「管理」とよばれるものだが，前者（長期的な職能）は彼がアメリカ企業の事例的分析の中から見出したもので，今日でいう「戦略」という範疇に入る。

　経営資源を効率的に活用する内的な管理職能以外に，長期的展望にたって企業全体の方向性を見定める戦略的な管理職能があることを明示したわけである。

　そして，事業活動の量的拡大や地理的分散，あるいは垂直的統合や多角化に応じて，伝統的な職能部門組織から事業部制のような組織に変わっていくことを事

例の中で確認した。

　たとえば，デュポンは，第1次世界大戦後に黒色火薬やダイナマイト事業の減少から多角化を進めたが，ファブリコイド（人造皮革），パイラリン（セルロイド樹脂），染料，塗料，光沢剤へと事業を拡大する中で，多数の工場，研究所，購買部などの調整に手間取るようになった。

A. D. チャンドラー

　同様に，相次ぐ買収で大きくなった GM は，単一車種T型で勝負するフォードに対抗するために，車種間での整合性をつけて製品を整えるという経営課題に取り組む必要があったが，企業連合体のような GM では，機能的組織をもってしてはコントロールできなくなっていたのである。

　両社は，それぞれの戦略的なニーズから，事業部制を採用していくが，こうした事例から，チャンドラーは「組織構造は戦略に従う（structure follows strategy）」という結論に達した。環境変化への適応が内部の組織構造を規定していると主張したのである。

（2）アンゾフの成長戦略論

　アンゾフ（Ansoff, H. I.）も，同様に日常業務的な管理活動以外に長期的展望にたった経営戦略が必要であることを，①業務的意思決定，②管理的意思決定，③戦略的意思決定の3つに区別して示した。その内容は以下の通りである。

　　①　業務的意思決定…現在の企業の収益性を最大にするための意思決定で，部門や製品ラインへの資源配分（予算化），業務の目標計画，業績の監視など。
　　②　管理的意思決定…企業の資源を組織化するための意思決定で，権限と責任の関係，仕事の流れ，情報の流れ，諸施設の立地などに関するもの。
　　③　戦略的意思決定…企業の外部問題に関する意思決定で，製品ミックスや市場の選択など市場と製品に焦点がある。

　このうち，戦略的意思決定の中で，製品・市場という基準のもと，企業が選択

図表15-1　アンゾフの成長ベクトルモデル

		製　品	
		現　行	新　規
使命	現行	市場浸透	製品開発
	新規	市場開拓	多角化

出典：アンゾフ『企業戦略論』産業能率短期大学出版部，1969年。

すべき事業領域とその戦略を4つのマトリックスで提示した。これは，企業の成長の方向（ベクトル）を示すので「成長ベクトル」とよばれる（図表15-1）。

　この製品市場戦略は，以下の製品分野と市場分野の組み合わせを決定して，市場の変化に適応し，企業を成長に導くモデルで，個別に「戦略」という呼称があるが，全体としてどの組み合わせを選ぶかが，製品市場戦略でもある。

- 市場浸透戦略…現行市場に対して現有製品を継続しながら市場におけるシェアを拡大していこうという戦略で，製品の使用頻度を上げたり，使用量を増大することが考えられる。
- 製品開発戦略…現行市場に対して新製品を投入していく戦略で，新機能やデザイン変更などモデルチェンジ政策に見られる。
- 市場開拓戦略…現有製品を新規市場に投入して市場を開拓していく戦略で，ベビーオイルを女性用に売り込む場合などがある。
- 多角化戦略……新規市場に新製品を投入して市場を開拓していく戦略で，アンゾフはこの多角化戦略は既存の市場や製品を利用できない分だけ，シナジー効果が低くリスクが高いとしている。

（3）SWOT分析

　アンドリューズ（Andrews, Kenneth R.）は，スティーブンソン（Stevenson, Howard H.）の博士論文（"Defining Corporate Strength and Weakness," 1969.）などからヒントを得て，ハーバード・ビジネススクールの科目「経営政策（Business Policy）」で，①自社の強み（Strength）と弱み（Weakness）や，②環境における機会（Opportunity）と脅威（Threat）を検討する重要性を説いた。これが，それぞ

図表 15-2 典型的な SWOT チャート

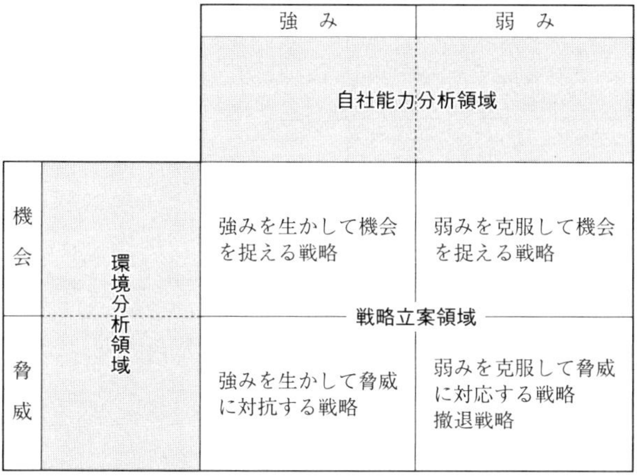

	強み	弱み
	自社能力分析領域	
機会	強みを生かして機会を捉える戦略	弱みを克服して機会を捉える戦略
	戦略立案領域	
脅威	強みを生かして脅威に対抗する戦略	弱みを克服して脅威に対応する戦略 撤退戦略

（左側：環境分析領域）

れの頭文字をとった **SWOT**（スォット）分析となり，後にコンサルタントらによって精緻化された。

　すなわち，経営戦略の立案や代替案の評価において，強みや弱み，機会や脅威を総合的に評価し分析する手法で，しばしば，図表15-2のようなマトリックス図を作成し，上部の自社能力分析領域の2つのコラムにSとWを列挙し，左側の環境分析領域にOとTを整理し，中央の4つの戦略立案領域に①強みを生かして機会を捉える戦略，②弱みを克服して機会を捉える戦略，③強みを生かして脅威に対抗する戦略，④弱みを克服して脅威に対抗する戦略（あるいは撤退戦略）を考える。

　この場合，すべて領域で戦略が成り立つように見えるが，このうちで成功する戦略は限られている。このため，網羅的に全コラムを埋めることだけを目的にしてしまうと分析症候群（分析のための分析）に陥る。また，自社の強みや弱みは，競合他社の強みや弱みと表裏一体であり，市場機会は脅威の裏返しでもある。したがって，マトリックスの中だけで個別に判断するのではなく，それぞれの意味を総合的かつ動的に検討すべきである。

（4）プロダクト・ポートフォリオ・マネジメント（**PPM**）

　1965年頃に，ボストン・コンサルティング・グループの創始者ヘンダーソン（Henderson, Bruce D.）らは多様な製品群をかかえる GE（ゼネラル・エレクト

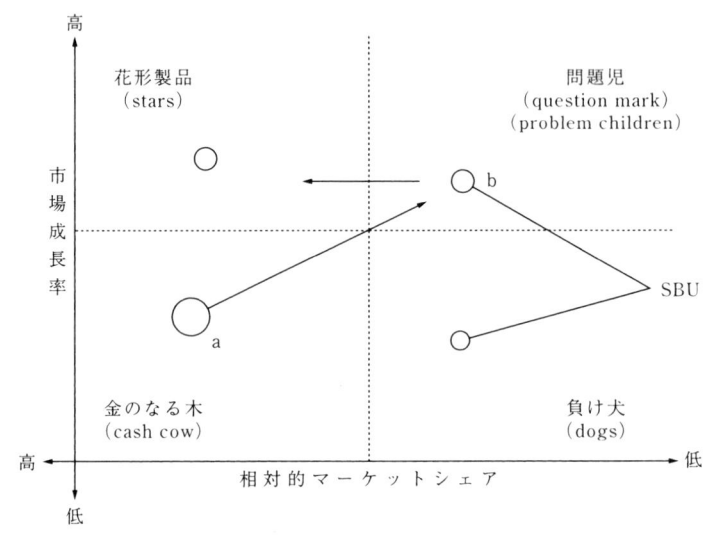

第4編　個別の管理論および経営論

図表15-3　プロダクト・ポートフォリオ

```
                    高
                    ↑
              花形製品              問題児
              (stars)            (question mark)
                                 (problem children)
    市
    場              ○         ←────── ○ b
    成
    長                                      ╲
    率                                       ╲
                                              ╲ SBU
                    ○ ───────────────── ○
                      a
              金のなる木              負け犬
              (cash cow)            (dogs)
    高 ←─────────────┼─────────────→ 低
    ↓        相対的マーケットシェア
    低
```

出典：ガードナーほか『戦略計画ハンドブック』ダイヤモンド社、135ページの図に加筆。

リック社）と一緒に**プロダクト・ポートフォリオ・マネジメント**（PPM）という製品市場戦略モデルを開発したが，これが70年代に入って，製品群の増大や多角化に対処しようとしていた企業に注目されるようになった。

　これは，市場成長率と相対的マーケット・シェアを両軸にした図に**戦略的事業単位**（SBU 219ページ参照）をマッピング（地図書き）して，その位置づけに基づいて，収益をあげる事業（金の成る木＝Cash Cow）と集中的に経営資源を投下する事業（花形製品＝Star），将来のために育成する事業（問題児＝Problem Child）などを決定するもので，資源配分はこの図式の中で見直される。

　一般に，「問題児」の領域に位置するSBUは，「育成（build）」か「撤退（divest）」の戦略的決定がなされ「育成」の場合には，「金の成る木」の領域にあるSBUから「収穫（harvest）」される資金を投入される。たとえば，「金の成る木」にあるSBU(a)で得た資金（キャッシュ・フロー）を「問題児」の領域にある(b)のSBUに投入し，(b)を「花形製品」に育成していくという戦略が考えられる（図表15-3）。

　このようなポートフォリオ・モデルは，その後さらに精緻化され，GE社とマッキンゼー社で開発したPIMS（Profit Impact of Market Strategy）は，業界魅力

度と事業地位を基準に9つのマトリックスからなっている。

② 競争戦略論

経営戦略論を，80年代になって，競争戦略論として体系化したのがポーター（Porter, M.）である。彼は，それまで記述的だった競争環境を，**産業組織論**（industrial organization theory）を利用して構造化した。

産業組織論は，産業の組織構造から経済性を考える経済学の1分野で，完全競争を理想とする。このため，①市場シェアが高まったり，②製品の差異化が進んだり，③参入障壁が高くなると，独占的構造になって，

M. E. ポーター

競争が阻害されるという「市場構造→企業行動」の考え方にたっていた。このような考え方を市場構造（Structure）が企業行動（Conduct）を生み，それが企業業績（Performance）に結びつくという立場をとって **SCP モデル**（SCP model）とよぶ。

これに対して，ポーターは意図的に①②③のような状態を作ることが競争戦略であると考えた。このことについて，経済学的な考え方に慣れた人は，こうした競争制限的な企業行動が社会的な富の公正な配分に反していると思うかも知れない。ところが，ポーターは，こうした企業行動こそが，競争を促しており，市場を創造し富を創り出していると考えたのである。

（1）ポジショニング・アプローチ

ポーターは，競争戦略の目標を，競争的な脅威を寄せつけないところに置くことだと考えた。その代表的な分析手法が**ファイブフォース分析**（five force analysis）である。これは，競合他社，買い手，供給業者，新規参入者，代替品という5つの競争要因にしたがって，業界の構造や魅力度（収益力）を分析するものである。

この分析ツールを活用しながら，ポーターは，意図的に競争優位に導く3つの戦略を以下のように類型化した。

① 低コスト戦略：大量生産・大量販売によるコストメリットを生かして競

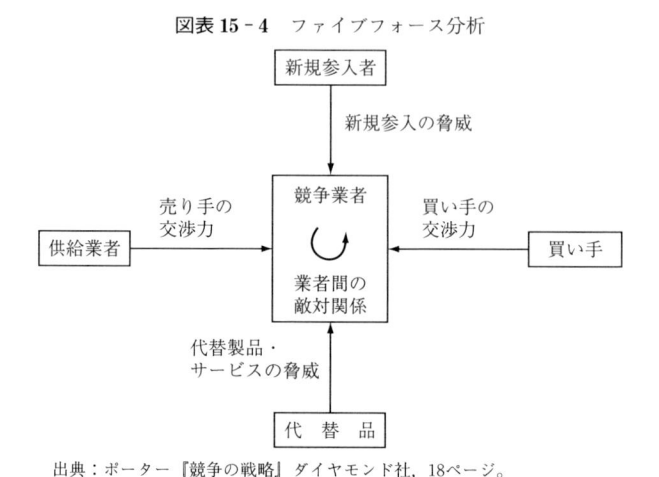

図表15-4　ファイブフォース分析

```
                    ┌──────────┐
                    │ 新規参入者 │
                    └──────────┘
                         │
                    新規参入の脅威
                         ↓
                    ┌──────────┐
          売り手の    │ 競争業者 │   買い手の
┌────────┐  交渉力    │    ↻    │   交渉力   ┌──────┐
│供給業者 │──────────→│業者間の │←──────────│買い手 │
└────────┘            │敵対関係 │            └──────┘
                    └──────────┘
                         ↑
                    代替製品・
                    サービスの脅威
                         │
                    ┌──────────┐
                    │ 代 替 品 │
                    └──────────┘
```

出典：ポーター『競争の戦略』ダイヤモンド社, 18ページ。

合他社より低コストで製品を供給する戦略で，コスト・リーダーシップ戦略ともよばれる。量的優位（低コスト）の戦略といえる。

② 製品差異化戦略：競合他社にない製品やサービスを提供する戦略で，品質・機能・付加価値を高めたり，消費者のブランド選考を高める努力をする。質的優位（差異化）の戦略といえる。

③ 集中戦略：特殊なマーケット・セグメント（特殊用途や特殊な顧客層）に絞り込んでその市場で優位に立つ戦略で，量的優位（低コスト）の戦略と質的優位（差異化）の戦略が含まれている。

この競争戦略は，企業の市場における地位や競合企業との関係によって異なることが多い。マーケット・リーダー（市場でトップの企業）は，高い市場占有率と背景に低コスト戦略をとることが多く，マーケット・チャレンジャー（トップに近い2位企業）は，トップ企業との差異化戦略をとることが多い。また，マーケット・フォロアー（市場の動向を追いかける下位メーカー）や中小企業は，小さな市場に特化する集中戦略をとるケースが多い。そのような小さくて大企業が乗り込まない市場のことをニッチとよび，ニッチ市場に特化した企業をマーケット・ニッチャーとよぶ。

この戦略論は，5つの競争要因が業界全体の価格，コスト，投資額に影響して，

第15章 経営戦略論

図表15－5　ポーターによる競争戦略の3つの類型

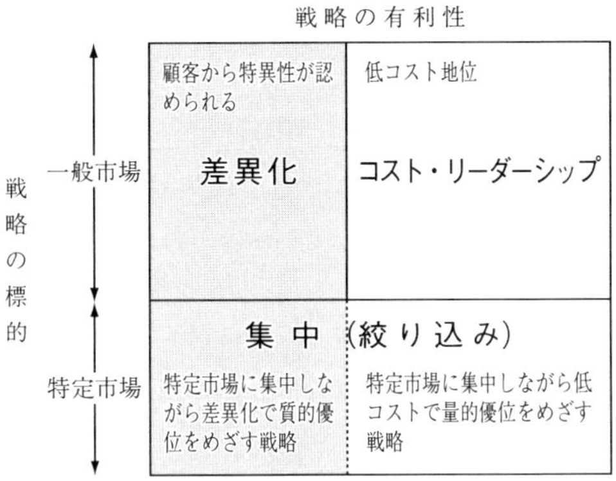

	戦略の有利性	
	顧客から特異性が認められる	低コスト地位
一般市場	差異化	コスト・リーダーシップ
特定市場	集中（絞り込み）	
	特定市場に集中しながら差異化で質的優位をめざす戦略	特定市場に集中しながら低コストで量的優位をめざす戦略

（縦軸：戦略の標的）

出典：ポーター『競争の戦略』（ダイヤモンド社，61ページ）を一部修正。

業界の収益性を決めるとされるので，収益性の高い業界を見つけ，競争相手よりも正しく競争要因を分析し，環境の中に自社をうまく位置づける（ポジショニングする）ことが優れた競争戦略だという前提にたっている。

このためポーター流の戦略論は，**ポジショニング・アプローチ**（positioning approach）とよばれる。このアプローチは，より好ましい事業領域や市場を求める戦略であるから，アンゾフが成長戦略論で示した製品開発や多角化戦略とも結びつくし，プロダクト・ポートフォリオ・マネジメントの考え方とも一致しており，今日でも強い支持を得ている。

（2）資源ベース論（RBV）

これに対して，1980年代を通じて，競争優位の源泉として，企業の内部資源や組織能力に着目する研究が台頭して，競争優位の源泉が企業外部の構造的要因によって決まるのか，内部資源によって決まるのかという議論が始まった。

たとえば，フランスマン（Fransman, M.）は，IBMが半導体分野の技術トレンドを知っていて，より有利なポジションを得ようとしながら，成功しなかったと指摘した。同社は，パソコンが大型コンピュータに変わることを予測して，いち早く市場に出ながら，マイクロソフトやインテルに市場を奪われた。これは，裏を返せば，戦略そのものより，戦略を有効に実行するだけの資源や能力の方が重要という示唆である。

このように，経営資源をベースに戦略を見る視点を，リソース・ベースト・ビュー（RBV：resource-based view）あるいは，**資源アプローチ**という。このアプローチでは，特に，持続的に競争優位を保つために，価値（Value）があり，希少（Rarity）があり，模倣（Imitability）が困難で，それらを活用する組織能力（Organization）があるかが問われる。こうした問いかけに基づいて経営資源の活用を考える枠組みのことを，バーニー（Barney, Jay B.）は，**VRIO フレームワーク**（VRIO framework）とよんでいる。

料理店の競争にたとえれば，メニューは簡単にコピーできるが，おいしい食事を作るためには，新鮮で良質の材料を手に入れて，手際よく作れる厨房を用意しなければならない。ところが，そういう物的資源を用意するより，腕前の良い料理人（人的資源）を確保することが難しく，それより模倣困難なのは料理人を引き抜かれないようにする仕組み，引き抜かれても人を育てられる教育制度や風土といった組織能力である。

こうした競争力の源泉になる資源について，バートン（Barton）は，その形成に時間がかかり，容易に模倣されない，企業に競争力を生み出す能力のことを**コア・ケイパビリティ**（core capability）とよび，ハメル（G. Hamel）とプラハラード（C. K. Prahalad）は「顧客に対して，他社にはまねのできない自社ならではの価値を提供する，企業の中核的な力」を**コア・コンピタンス**（core competence 322ページ参照）と，よんだ。いずれも VRIO 的な資源の例である。

③　戦略のフレームワーク

ポジショニング・アプローチも資源アプローチも，環境や資源が分析可能で，手段の調達や組み合わせができるという前提にたっている。伝統的戦略論は，以下のような，適合概念やプロセスを暗黙の前提にしている。

（1）戦略における基本概念

戦略論にはいくつかの基本概念がある。

第一は，適合概念である。これには，①外部環境の変化に応じて内部資源をどのように選択し展開していくかという，組織の外部と内部の適合，②目標に対して手段をどう選択し展開していくかという適合，③過去から現在までに得た資源

や手段を未来へ投影する適合作業が含まれる。

　第二は，市場や資源の効果的活用の概念である。これは「選択と集中」という言葉で要約される。最も有利な市場や事業領域や製品を選択して良い位置取りをするというのがポジショニング・アプローチであり，最も有効な経営資源を選択するのが資源アプローチである。その上で，限られた資源や手段を，標的市場や事業／製品に集中するというのが戦略の基本的な考え方である。

　第三は，一貫性や統合性という考え方である。戦術が「短期的戦果を目的にした局地的技術」であるのに対して，戦略は「長期的戦果を目的にした大局的計画」である。時間的に「継続性」をもち，組織的に「全体性」をもつのが戦略である。顧客に向けた一貫性のあるメッセージや，シナジー効果を発揮する統合的な活動も重視される。

（2）戦略立案のプロセス

　戦略立案は，①状況分析→②目標設定→③計画の策定というステップを踏む。つまり，①どのような状況にあるのかを知り，②どうしたいのかを決め，③どうすればよいかを考えるわけである。

　第一の状況分析には，外部状況を見る環境分析と，内部状況を知る自社能力分析が含まれる。環境分析には，法律・政治・経済・文化・社会・技術など，環境全体の動勢を大きく把握するマクロ分析（これを，Politics・Economics・Society・Technology の頭文字をとって PEST 分析ともいう）と，特定の市場の状況やライバル会社との競合状況をとらえるミクロ分析がある。

　環境分析では，ファイブフォース分析やバリューチェーン分析，環境の機会や脅威を自社能力の強みと弱みに関して検討する SWOT 分析の手法が使われる。また，この段階は，Customer（顧客）と Competitor（競合他社）と，**Company**（自社）を知ることなので，**3C 分析**（3C Analysis）ともいわれる。

　第二の目標設定では，まず，上位の目標との整合性が検討される。上位の目標では最も大きく長期的な企業目標に，公表された企業経営に関する信念体系やステイクホルダーへの誓約である**経営理念**（managerial ideology）や社会との契約や使命をコンパクトにした**ミッション**（mission）があり，企業や事業の方向性を示す将来構想としての**ヴィジョン**（vision）や，進むべき生存事業領域を示す**ドメイン**（domain）がある。

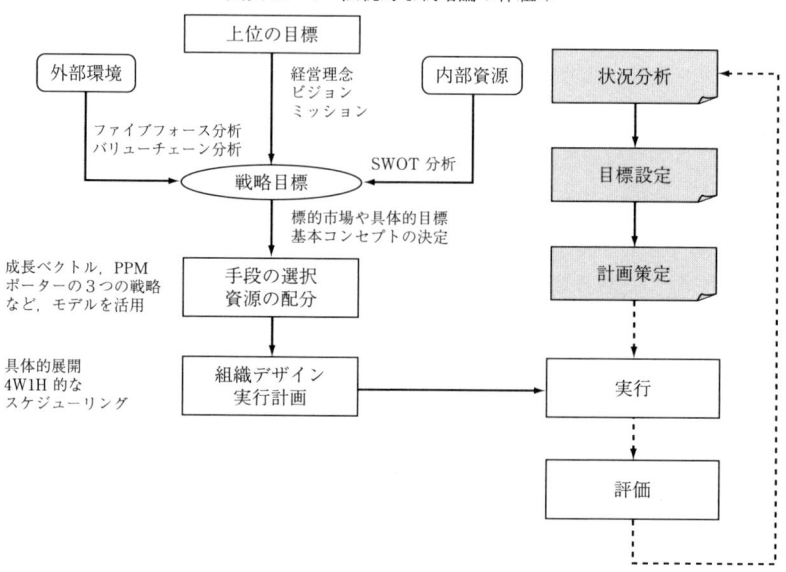

第4編　個別の管理論および経営論

図表 15 - 6　伝統的な戦略論の枠組み

[外部環境] → ファイブフォース分析／バリューチェーン分析
[上位の目標] 経営理念・ビジョン・ミッション
[内部資源] → SWOT分析
→ 〈戦略目標〉
標的市場や具体的目標　基本コンセプトの決定
成長ベクトル，PPM，ポーターの3つの戦略など，モデルを活用
→ [手段の選択　資源の配分]
具体的展開　4W1H的なスケジューリング
→ [組織デザイン　実行計画]

[状況分析] → [目標設定] → [計画策定] → [実行] → [評価]

　こうした上位目標をふまえた上で，環境分析や自社能力分析の結果が検討され，標的とすべき事業領域や市場が設定される。この段階で，事業の基本コンセプトやターゲットカスタマーが決定され，シェアや利益など，個別の目標や数値化された目標値が決められる。

　第三の計画の策定には，適切な手段の選択や資源の配分が含まれる。この段階で，アンゾフの成長ベクトル，ボストンコンサルティングのPPM，ポーターの3つの戦略類型など，さまざまな戦略モデルが検討される。さらに，いつ（when），どこで（where），誰が（who），何を（what），どのように（how）やるかという具体的な実行計画が計画され，戦略は実行される。

④　創発型戦略論

　これまで見てきた戦略論は，大きな観点からいえば，計画型戦略論である。ここでは，戦略とは，ある地点から他の地点に行くための道標，という暗黙の了解がある。

（1）計画的戦略論の限界

しかし，現実の企業行動をよく見ると，一部の人間（トップや経営スタッフ）が立案した戦略計画の通りにいかないケースが多い。もちろん，出来の悪い計画（戦略案）ならば失敗するが，しっかりした分析をして，明確な目標を立て，実行可能な手段を選んだ立派な計画が失敗することがある。それは，以下のような理由による。

第一は，予想の難しさである。戦略が計画通りになるためには，環境が不変であったり，環境の変化を予想できたり，環境を支配できることが条件になるが，現実には環境は常に変化するし，予想通りには変化しない。

第二は，実行の難しさである。戦略は，計画として良くできていることより，実行することに意味があるが，計画通りには実行できない。組織が戦略計画通りに動かないどころか，組織によって戦略計画が修正を迫られる現実がある。チャンドラーの「組織は戦略に従う」という言葉を借りれば「戦略は組織に従う」一面がある。

第三は，戦争と企業競争の違いである。戦略という言葉は軍事用語に由来するが，企業の戦いは戦争とは違う。たいていの戦争は終結するが，企業の戦いに終わりはない。戦争では，計画を立てて戦うことが有効だが，企業では，日常活動が雌雄を決する場合が多い。

（2）創発型戦略論

戦略という言葉は，未来の意図的行動を描出するためだけではなく，企業の一貫した行動を説明するためにも使われる。たとえば，他社の戦略を分析したり，外部の研究者が戦略について論じる時，その企業の真の意図がわからないから，企業行動の一貫性や継続性をもとに戦略性を評価する。これはパターンを読み取っていることに他ならない。

外部観察者ばかりでなく，企業内部の者にとっても，一貫した企業行動のパターンは戦略とよぶことができる。戦略の基本概念に，①適合概念，②選択／集中の概念，③統合性概念をあげたが，現実に，環境や目標に適合していて，選択と集中がうまくできていて，統合的な企業活動が展開できている場合は戦略性が高いといえるわけで，戦略とは，自らやってきたことを意味づけた時に見つかることもある。

第4編　個別の管理論および経営論

図表 15 - 7　創発型戦略

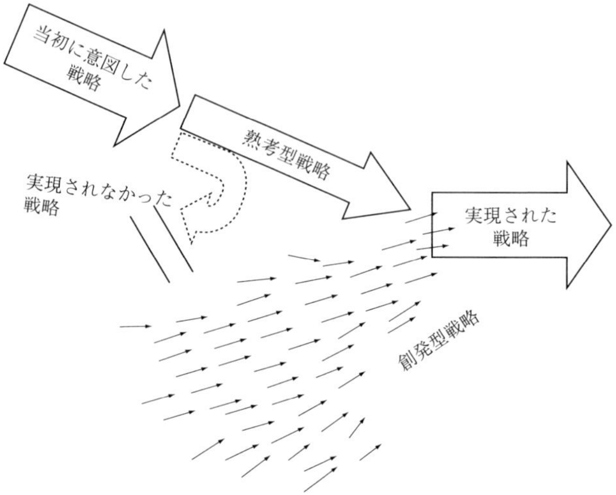

出典：ミンツバーグ『戦略経営』産能大学出版部，76ページ。

　ミンツバーグ（Mintzberg, H.）は，①意図した戦略と②パターン（一貫した行動）として実現した戦略に分け，当初に意図した戦略が完全に実現した場合を「熟考型（deliberate）」戦略とよび，実現しなかった戦略を「非現実型」戦略をいい，当初に意図しなかった戦略が実現したパターンを「創発型（emergent）」戦略とよんでいる（図表 15 - 7）。

　この熟考型戦略は，トップや一部スタッフが立案した計画した戦略で，トップダウン的な要素が強いが，創発型戦略は，トップダウンの指示や環境変化に対して現場の自主的な行動が生み出したパターンが影響している。これは，意思決定におけるボトムアップ（アイデアや情報が組織の下位層から上がる経営スタイル308ページ参照）とは異なる。

　戦略を実行する段階では，命令系統の明確化や計画実行のための組織デザイン，予算や職務の配分，リーダーシップのあり方，報告や情報共有の方法，計画と実行過程の評価や調整など，企業固有の仕組みややり方が含まれる。加えて，現場における意思決定や行動は，企業文化や学習能力と深い関係がある。

　今までも，組織文化が戦略を決定づけるという組織文化論（325ページ）や，組織の学習能力を重視するラーニング・オーガニゼーションや，あるいは組織内の知的資産を活用しようというナレッジ・マネジメントの考え方があった（326ペー

ジ)が,これまでの戦略論は,戦略が立案された時点で終わる「机上のモデル」「絵に描いた餅」的な**戦略立案**(strategic planning)が中心だった。

図表15-6では,あえて,状況分析→目標設定→計画策定のプロセスを網かけで表わし,実行→評価のプロセスと区別し,前者を結ぶ矢印を実線,後者を結ぶ矢印を破線で示した。今後は,破線で示した,戦略の実行と評価,さらに,それをフィードバックするプロセスに結びつける**戦略的経営**(strategic management)の研究が求められるようになっている。

[演習問題]

[1] 第7章で学んだ「フォードとGM」の事例を参考に,T型フォードの成功と失敗について,経営戦略論の立場から,もう一度,その理由を考えなさい。
[2] 戦略論の特徴を第17章の「マーケティング戦略」の枠組と比較して確認しなさい。

[参 考 文 献]

アンソフ／広田寿亮訳『企業戦略論』産業能率大学出版部,1977年(Ansoff, H. L., *Corporate Strategy*, McGraw-Hill, 1965)。

チャンドラー／三菱経済研究所訳『経営戦略と経営組織』実業之日本社,1967年(Chandler, A. D., *Strategy and Structure*, MIT Press, 1962)。

ガードナー,ラクリン,スウィーニー／土岐坤・中辻萬治・小野寺武夫・伊藤泰敬訳『戦略計画ハンドブック』ダイヤモンド社,1988年(Gardner, J., R. Rachlin, and H. W. A. Sweeny, *Handbook of Strategic Planning*, John Wiley & Sons, Inc., 1986)。

ポーター／土岐坤・中辻萬治・服部照夫訳『競争の戦略』ダイヤモンド社,1982年(Poter, Michael E., *Competitive Strategy*, The Free Press, A Division of Macmilan Publishing Co., Inc., 1980)。

石井淳蔵・奥村昭博・加護野忠男・野中郁次郎『経営戦略論』有斐閣,1985年。

野中郁次郎『経営戦略システム』日本能率協会,1988年。

土屋守章『現代経営学入門』新世社,1994年。

(写真出所) チャンドラー,ポーター:http://www.xdirectory.hbs.edu

第16章　人事管理とリーダーシップ論

① 人事管理とは

人事管理とは，一般に，従業員の採用，配置，評価（賃金や昇進），教育，安全衛生，福祉などの管理と，労働組合との利害調整などを総称した「広義の人事管理」のことで，**人事労務管理**ともよぶ。これに対して，人事管理を労務管理と区分する見方もある。これを「狭義の人事管理」とよぶ。

(1) 人事管理と労務管理

人事管理は「要員 (personnel) の管理」を意味する "Personnel Management" または "Personnel Administration" の訳語で，Personnel を「人事」と訳すこともあれば「労務」とする場合もある。したがって，人事管理（「狭義の人事管理」）と労務管理はしばしば混同して使われ，両者の違いは必ずしも明確でない。

しかし，（狭義の）人事管理は，上記で述べた（広義の）人事管理のうち，労働組合との利害調整を「除いたものである」とする見方がある。したがって，管理の対象が「個人」の場合を「人事管理」とし，「組織」の場合を「労務管理」として区分する。これは，人事管理論の歴史的変遷（241ページ参照）からきた見方である。

第二に，わが国では，特にホワイトカラーに対する管理を「人事管理」とよび，ブルーカラーに対する管理を「労務管理」とよぶ傾向もある。戦前のわが国では，従業員を，社員（職員）と工員に分けて採用・処遇していた企業が多かったためである。当時，社員（職員）の賃金は月給だったのに対し，工員の賃金は時間給で，出来高払いによる刺激的賃金制度が一般的であった。労働者の気質も，工員が集団志向的で仲間意識が強いと考えられていたので，管理も人事管理と労務管

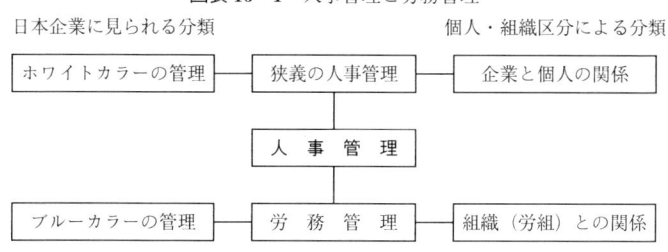

図表16-1　人事管理と労務管理

日本企業に見られる分類		個人・組織区分による分類
ホワイトカラーの管理	狭義の人事管理	企業と個人の関係
	人事管理	
ブルーカラーの管理	労務管理	組織（労組）との関係

理に分けて行なわれていた。

しかし，戦後，労働基準法（1947年）の制定により工員・社員（職員）の身分制度が撤廃され，さらに，職務のグレーカラー化により，ホワイトカラーとブルーカラーの区分が困難になった。このため，今日では，「人事管理」に「労務管理」を含むことが多くなった。

（2）人事管理の歴史と人的資源管理
① 内部請負制から人事管理論へ

人事管理は，19世紀末までは，企業経営にとってあまり重要な課題とはならなかった。手工業的な労働慣行であった**内部請負制**（inside contract system）が継続され，万能熟練工が作業現場を実質的に支配していたからである（第5章76ページ参照）。

内部請負制のもとでは，万能熟練工を代表する職長が，経営者から作業集団の管理を請け負う（内部契約する）形で任されていたため，作業者の採用，教育訓練，賃金の査定など人事管理の仕事は彼らの手で経験的に行なわれていた。

このため，経営者は人事管理の分野に直接介入することができず，生産高に応じた出来高払い賃金など刺激的な賃金制度を導入して，間接的に作業集団を管理しようとしていたわけである（第6章83ページ参照）。

ところが，労働の細分化・標準化が進み，この手工業的な労働慣行が崩壊するとともに，テイラーの**科学的管理法**が普及した1920年代から，Personnel Administration あるいは，Personnel Management としてよばれる分野が発達した。この時期を代表する研究者がティードとメトカーフ（Tead, O. and Metcalf, H. C.）で，彼らは『人事管理論』（*Personnel Administration*, 1920）において，雇用，健康安全，教育訓練，職務分析などの調査，福利厚生などのサービス，労働組合との

② 労務管理の独立

1930年代以降，労働組合の発展などに伴って，**労使関係**（Labor Relations あるいは Industrial Relations）という分野がとりわけ重要になってきた。企業と個人との関係に加えて，企業と労働組合という組織との関係が注目されるようになったため，それまで人事管理に包括されていた**労務管理**の分野が独立してきたのである。

また，メイヨーらによる**ホーソン実験**の結果もこの傾向を助長した。それまでの人事管理論（たとえば，ティードとメトカーフ）によれば，職務分析と心理検査を通じて個人を適正に評価し，採用，配置，査定などで適材適所の原理を活用すれば企業全般の生産性も向上すると考えられていたが，個人を効率的に働かせるには，非公式組織も含めた集団との関係をうまく活用しなければならないことが明らかになったからである。

③ 人的資源管理の誕生

1950年代以降になって行動科学が発達すると，効率主義的な企業目標以外に，内的な人生観や価値観に根差した個人主義的目標の重要性が高まり，「要員（personnel）の管理」としての人事管理あるいは労務管理（いずれも英語では Personnel Management）に代わるものが求められるようになった。

そこに登場したのが，従業員を人的資源とみる**人的資源管理**（human resource management：略して **HRM**）である。これは，ヒト・モノ・カネ・チエなどの経営資源のうち，ヒト（人的資源）を経営上もっとも重要な資源ととらえ，人材の開発と育成に重点を置くものである。

ヒト（人的資源）は他のモノ（機械・製品）やカネ（資金）に比べて，能力の評価が難しく，また無制限に（少なくとも企業側が算定した能力以上に）価値を高めることも可能である。

たとえば，伝統的な要員管理（Personnel Management）では，適切な職務を分析し職務規定を作ったり，刺激的な賃金制度を工夫したりして「上から下へ」管理することに主眼が置かれていたが，**人的資源管理**では，個人の適性に応じた**キャリア開発**（Career Development）と**組織開発**（Organization Development）を通じて，「下から上へ」個人と組織が成長していくことや経営戦略的な人的資源の

第16章 人事管理とリーダーシップ論

活用に主眼が置かれる（259ページ参照）。

（3）人事管理の主な機能と部署
① 人事管理の諸機能
人事管理の基本的な機能には以下のようなものがある。

(1) 雇用管理…………雇用計画の策定，採用（募集，面接，選考），退職，離職者の面接，人事記録の保存等
(2) 報酬管理…………業績評価システムや賃金体系の策定，人事異動，昇進
(3) 作業条件管理……労働時間，安全衛生，健康管理，職場環境（風土を含む）への配慮
(4) 福利厚生管理……住宅支援，生活援助，医療・保健，慶弔・共済・保険，文化・レクリエーション，財産形成，社会保障
(5) 教育・人材育成…キャリアプランの作成，企業内教育制度，自己啓発支援
(6) 労使関係…………賃金・労働時間などの団体交渉事務局，苦情処理の窓口

② 人事担当部署
　人事管理の機能は，さまざまな管理やサービス活動を包括しているため，人事部署は，総務部（門）の中に「人事課」として置かれる場合が多い。しかし従業員数の多い企業では，人事関連の業務が広がるため「人事部（門）」として独立している置かれるのが一般的である。
　その場合，人事部の中に，採用などの雇用管理，賃金・昇進など報酬管理を担当する部署を「人事課」，安全衛生や健康管理を担当する部署を「健康管理課」，社宅・保養荘の管理など福利厚生関連サービスを行なう部署を「厚生課」，人材育成を担当する部署を「教育課」，労働組合対策を担当する部署を「労務課」などと，区分して置いている例もある。
　ただし，こうした名称は企業ごとに異なる。工場など直接部門を担当する部署を「労務課」とし，事務など間接部門を担当する「人事課」と分けている企業もある。

③ 人事部門の位置づけ
　人事管理には，採用や業績評価や賃金，昇進など従業員にとって非常に重要な

ものが含まれている。しかし，人事管理部門が人事を決定するのではない。採用は，各部門が必要な人員数を提示し，人事部門が，それら個別の人員計画に基づきながら全体のバランスを考慮して採用計画を立てるのが普通である。

個人の業績評価も，部下の能力，実績，性格などを一番良く知っている各部署の直接の上司（所属長）が行なうのが通例である。また，福利厚生関係や教育関係でも，ライン部門の活動を補佐するのが人事部門で，組織上は「サービス・スタッフ」と位置づけられる（第13章200ページ参照）。

しかし，人事管理においては，全社的な観点にたって採用・配置転換・人材育成などがなされなければならず，どの部署でも公平で公正な業績評価が必要である。また，個人的にも長期的な人生設計に基づいた昇進や教育の機会が与えられなければならない。その意味で，人事部門が果たすべき役割は大きい。

2 人事管理の実際

人事管理の実際は，日本と諸外国で異なるし，日本でも個別企業によって違う。ポイントは①優秀な人材を確保し，②適正な仕事を配置し，③正しく評価し，④報酬を用意することである。①と②は次項目「教育とジョブ・ローテーション」で述べるので，ここでは③と④にかかわる報酬管理の実際について，簡単に触れておきたい。報酬管理には，人事考課と賃金管理が含まれる。

（1）人事考課の実際

人事考課（personnel appraisal, merit rating）とは，個々の従業員の業績および能力を合理的体系的に査定し，賃金や昇進の基準にする制度のことである。人間が人間を評価する際にありがちな主観的な影響をできるだけ避け，誰が評価しても同じになるような公正な仕組みを取り入れたもので，同じ形式（記入用紙など）を組織的に採用して客観的に個人の業績や能力を測ろうというものである。

この人事考課は，仕事の質が業種や企業によって異なるため，統一したフォーマットをあげることができないが，大別すると，①仕事の実績を査定する「成績考課」，②勤務態度を評価する「態度考課」，③将来性も含めた能力を評価する「能力考課」の3つに分けることができる。

① 成績考課

　従業員の業務に関して実績を評価すること。実績に何をとるかは業種や職種によってことなるが，期待された目標に対する達成度，業務遂行の効率，能力の発揮状況などを基準にとるのが通例である。欧米では年度や四半期ごとに業務目標が各人に与えられ，その評価も数値で示されるが，日本では販売目標などを除けば具体的に示されることは少ない。

② 態度考課

　勤務態度を評価するもの。遅刻，早退などの記録に基づいて評価する場合「勤務評定」ともよばれる。欧米では仕事上で実績を上げれば，そのスタイルはあまり問題にされないが，日本では遅刻や早退などを勤務態度として評価することが多い。

③ 能力考課

　従業員各人の業務知識，管理能力，リーダーシップ力，資質，性格，成長可能性などを評価するもの。日本では，部門全体として業績が評価されるために，成績考課，態度考課とともに能力考課が重視される傾向がある。

　一般に，成績考課や態度考課は，過去から現在に至る実績や勤務状況を反映したものだけに，賃金（給与や賞与）の算定基準に使われることが多い。これに対して，能力考課の方は，将来にわたる成長性や適性を現しているために，人事異動や昇進の材料とされる場合が多い。

（2）賃金管理の実際

　賃金管理においても①公平で公正な制度が確立されていること，②業績や貢献に応じた評価が反映されること，③従業員の生活への配慮がされていること，などが重要である。

　従来，日本企業では，終身雇用の枠組みの中で，生活重視的な年功序列的な賃金管理が行なわれていた（第20章305ページ参照）。基本的な企業の賃金体系は図表16-2の通りである。

① 給　与

　「基準内（あるいは所定内）賃金」と「基準外（所定外）賃金」に大別される。

　基準外（所定外）賃金：通常業務以外に対して支払われる賃金で，早朝出勤（早出），残業，休日出勤など時間外の勤務に支払われる時間外賃金（超過勤務手

第4編　個別の管理論および経営論

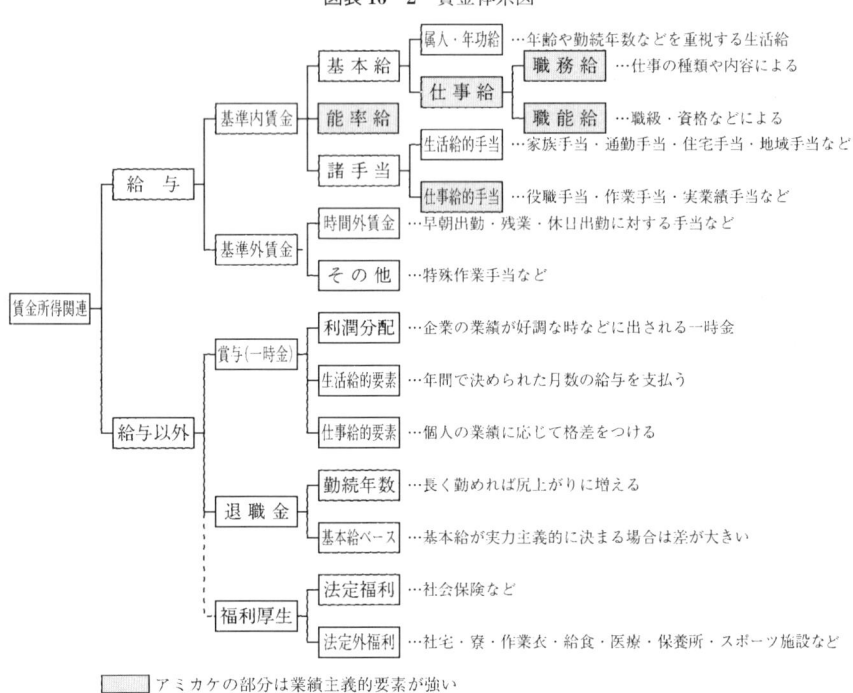

図表16－2　賃金体系図

```
賃金所得関連
├─ 給　与
│   ├─ 基準内賃金
│   │   ├─ 基本給
│   │   │   ├─ 個人・年功給 …年齢や勤続年数などを重視する生活給
│   │   │   └─ 仕事給
│   │   │       ├─ 職務給 …仕事の種類や内容による
│   │   │       └─ 職能給 …職級・資格などによる
│   │   ├─ 能率給
│   │   └─ 諸手当
│   │       ├─ 生活給的手当 …家族手当・通勤手当・住宅手当・地域手当など
│   │       └─ 仕事給的手当 …役職手当・作業手当・実績手当など
│   └─ 基準外賃金
│       ├─ 時間外賃金 …早朝出勤・残業・休日出勤に対する手当など
│       └─ その他 …特殊作業手当など
└─ 給与以外
    ├─ 賞与（一時金）
    │   ├─ 利潤分配 …企業の業績が好調な時などに出される一時金
    │   ├─ 生活給的要素 …年間で決められた月数の給与を支払う
    │   └─ 仕事給的要素 …個人の業績に応じて格差をつける
    ├─ 退職金
    │   ├─ 勤続年数 …長く勤めれば尻上がりに増える
    │   └─ 基本給ベース …基本給が実力主義的に決まる場合は差が大きい
    └─ 福利厚生
        ├─ 法定福利 …社会保険など
        └─ 法定外福利 …社宅・寮・作業衣・給食・医療・保養所・スポーツ施設など
```

■ アミカケの部分は業績主義的要素が強い

当）と特別が作業に支払われる特殊作業手当が代表的な例である。出張に伴う日当もこれに当たる。

　基準内（所定内）賃金：所定内時間（決められた勤務時間）の通常業務に対して支払われる賃金で，その内訳は，基本給，能率給，諸手当の3つに分けられる。

(1) **基本給**：年齢，職種，学歴，資格など賃金体系上で同一条件の従業員には同額となる基本的な賃金で，同じ賞与（ボーナス）や退職金を算出する基準にもなる。年齢や勤続年数などで決める**属人給（年功給あるいは年齢給**[*]**）**と職種など仕事の内容による**仕事給**[*]に分かれる。

(2) **能率給**：達成した仕事の量（出来高）に応じて支給される賃金で「業績給」とか「歩合給」ともよばれる。セールスマンが販売成果に応じて累進的に賃金が上がったりタクシーの運転手が走行距離に応じて賃金が決められる例がある。一種の能力賃金。

(3) 諸手当：基本給を追加的にカバーするもので，「生活給的手当*」と「仕事給的手当*」に分けられる。

② 給与以外の報酬

正規の給与以外に支払われる報酬としては，賞与（ボーナス），退職金，福利厚生などがある。

(1) 賞与（ボーナス）：語源はラテン語で，アメリカではクリスマスに支払われる（七面鳥を買える小遣い程度の）報償金や役員の特別報酬，セールスマンの特別コミッションなどを意味するが，日本では夏と年末に一定額の賃金を支払うことが社会慣行になっており，毎月の給与を補完する「生活給」あるいは「後払い給与」としての性格をもつ。

この場合，月数を決めて毎月の給与の何倍かを支払うのが慣例で，「年間6ヵ月」といえば，夏冬のボーナスを合計した金額が毎月の給与の6倍になることを意味する。この際に算定基準となる給与とは，基本給に手当の一部や業績に応じた成績分を加味するのが通例である。

属人給（年功給・年齢給）は，会社に貢献してきた年功を評価する側面をもっていて日本企業に広く採用されていた。日本的経営の特徴として年功序列があげられるのも，基本給のこの属人給（年功給・年齢給）の部分がかなり大きく年齢の応じて賃金が上がるからである。また，この属人給は，年齢に応じて子供が大きくなり教育費がかさむなど生活費が変わることを考慮しているので，「生活給」の側面ももっている。

仕事給は，仕事の種類や専門性に基づく「職務給」と各人の能力に応じて決める「職能給」に分かれる。具体的には，仕事の内容に応じて作業職，事務職，技術職，管理職などに分類したり，各人の能力に応じて1級職，2級職などの職級やA，B，Cなどの資格を定めており，それに従って算出される。

生活給的手当

扶養家族に人数に応じて支払われる家族手当，通勤に必要な交通費を支給する通勤手当，家賃やローンなど住宅に必要な費用を援助する住宅手当，地域によって異なる生活費を是正して支援する地域手当などが含まれる。

仕事給的手当

管理・監督にあたる者に対する役職（管理職）手当，職務に必要な技能や作業能力に対する作業（技能）手当などを含むが，能率給で述べたような業績に応じた部分を業績手当として支払うこともある。

(2) **退職金**：永年勤続の功労に報い退職後の生活を保障する意味から日本では年功序列的賃金制度と終身雇用的雇用慣行を前提にでき上がった。つまり，「長く勤めれば勤めるほど多くなる」のが退職金で，年数が増えれば尻上がりに乗数が大きくなる傾向がある。ただし，最近の「早期退職優遇制度」は定年より早めに希望退職した者に退職金を上積みして優遇するものでこれまでの年功序列的な原則に反するものといえよう。

③ **福利厚生関連の援助**

従業員やその家族の健康や福祉の向上を目的として企業が支出する費用や施設のこと。

(1) **法定福利**：厚生年金，社会保険，健康保険料の企業負担分。
(2) **法定外福祉**：社宅・社員寮などの住宅提供，作業服や制服などの支給，給食（食堂）の援助など衣食住に亘る生活関連の支援。会社の病院，保養所，スポーツ施設，文化・リクリエーション施設，売店，託児所などの提供。外部医療機関で行なった健康診断への援助，外部宿泊施設を利用した場合への援助，住宅ローンの低利貸付，商品の値引き（社員割引制度）など。

3 教育とジョブ・ローテーション

(1) 企業内教育

企業内教育には，オン・ザ・ジョブ・トレイニング（On the Job Training = OJT）とオフ・ザ・ジョブ・トレイニング（Off the Job Training = Off JT）がある。

OJT とは，上司や先輩が，仕事に必要な知識・技能などを必要に応じて仕事の中で教える教育のことで，職場内の訓練であることから「職場内訓練」とよぶこともある。内容は，生産部門における技術訓練，一般事務部門における業務訓練など，職場の事情に応じてさまざまである。

OJT は，仕事に密着しているだけに教える側も学ぶ側も真剣に取り組む傾向があり，業務遂行のためにかかせない。しかし，体系的な教育計画をもたない場合は，教える上司や先輩の能力や取り組みによって教育内容にバラツキが生じる

恐れがある。また，特定の企業・職場内でしか通じない知識・技能に限定されるため，他の企業に転職した場合など，外部労働市場では効果がなかったり，逆に不要なものとして敬遠される傾向もある。

Off JT とは，定期的に一般知識を取得するために行なう教育のことで，職場を離れて集合して行なうことから「集合教育」ともよばれる。内容は，社会人に必要な基本知識を学ぶ新入社員研修や外部講師による専門教育，英語など外国語研修，管理者としての心構えやリーダーシップの理論を学ぶ管理者教育，各種の通信教育などがある。

Off JT は，幅広い知識を得られる場で熱心な従業員にとっては自己啓発の機会にもなる。しかし，これも体系的な教育計画がなければ，十分な効果が期待できない。職場を離れる教育だけに管理者にとっては「業務上の支障」と受け止められたり，従業員にとっても集合教育が「退屈な場」になってしまう恐れがある。

（2）ジョブ・ローテーション

ジョブ・ローテーション（job rotation）とは，①人材育成，②適性発見，③マンネリズムの打破，④セクショナリズムの防止などのために，積極的・計画的に職務間の異動を行なうことである。「職務巡歴」あるいは「職務遍歴」と訳される。業務上の都合で行なう通常の配置転換（transfer）とは区別されるものである。

ジョブ・ローテーションに関して，ハーズバーグが提唱した「職務拡大」と「職務充実」の考え方が参考になる。

職務拡大（ジョブ・エンラージメント＝ job enlargement）：同種の仕事を長期間させるのではなく関連の仕事を受け持たせること。たとえば，作業工程は，あまり単純化・専門化すると単調になる。そこで，担当期間や熟練度に応じて仕事の数を増やすが，困難さから見ると同程度の仕事の数を増やすという意味で，仕事の量的拡大であり，同レベルの水平的な仕事の変化といえる。

職務充実（ジョブ・エンリッチメント＝ job enrichment）：上級職の行なっていた仕事を任せたり，計画的に仕事を進められるように職務を再設計すること。従業員自身の権限を高めること。仕事の質的変化であり，より高いレベルの仕事を与えるという点で，垂直的な仕事の向上といえる。

ジョブ・ローテーションは，こうした考えに立って長期的な人材育成の観点から行うべきである。適度な期間を置いてジョブ・ローテーションを行なうことで，

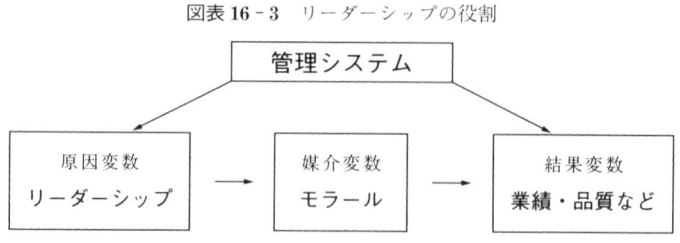

第4編　個別の管理論および経営論

図表 16 - 3　リーダーシップの役割

```
                    ┌──────────┐
                    │ 管理システム │
                    └──────────┘
            ┌──────────┼──────────┐
            ↓          ↓          ↓
       ┌────────┐  ┌────────┐  ┌──────────┐
       │ 原因変数 │→ │ 媒介変数 │→ │  結果変数  │
       │リーダーシップ│ │ モラール │  │業績・品質など│
       └────────┘  └────────┘  └──────────┘
```

出典：神戸大学経営学研究室『経営学大事典』中央経済社，1988年，977ページの図を参考に作成。

従業員は，仕事の幅も増えるし，人的なネットワークも広がる。また，ローテーションのたびにより高度で責任の重い仕事を与えられることで，キャリアを積んでいくことになる（本章の「人材開発と組織開発」257ページを参照）。

④　リーダーシップ論

　リーダーシップ（leadership）とは，ある目的に向かって他人の行動を喚起する影響力のことをいう。特に，組織内でのリーダーシップは，部下や関連部署の人々に働きかけて目的を達成するような能力で，公的な権限がなくても人々が動機づけられるような影響力のことをいう。

（1）リーダーシップの役割
　リッカートによれば，経営組織には，①原因変数，②媒介変数，③結果変数の3つの変数がある。原因変数とはリーダーシップ（管理方法）によるもので，媒介変数とは組織内部の相互作用であり，結果変数とは組織の業績である。
　悪いリーダーシップという原因変数を与えると，相互不信やまずいコミュニケーションや低い帰属意識という媒介変数を通じて，低い生産性や高い欠勤率や高い離職率という結果変数が得られる。
　優れたリーダーシップという原因変数を与えると，高い信頼関係や優れたコミュニケーションや高い帰属意識という媒介変数を通じて，高い生産性や低い欠勤率や低い離職率という結果変数が示される。
　結果変数には，売上，利益，コストや品質も含まれており，リーダーシップ（原因変数）の影響が，企業のあらゆる面に及んでいることになる（図表 16 - 3）。

リーダーシップについては、指導者の資質や力量によるという**資質論**があるが、リーダーシップのスタイルによって分類できるという**類型論**、あるいは、状況によって有効なリーダーシップが可能という**状況論**がある。

(2) リーダーシップ資質論

リーダーには、指導者にふさわしい資質(trait)があるというのが**資質論**のポイントである。たとえば、「生まれつきのリーダー」といった表現が、この見方を代表している。

こうした見方は古くからあり、管理原則を提唱したファヨールは、「能力の分析」という項目で、管理に必要な能力として、①肉体的な資質(健康、たくましさ、器用さ)、②知的な資質(学習能力、判断能力など)、③道徳的な資質(気力、堅実さ、責任感、犠牲的精神など)、④一般教養、⑤専門知識、⑥経験の6つの能力が必要としている。

こうした気質論は十分な科学的根拠がなかったが、心理テストが開発されると、指導者の性格分析などを根拠にリーダーの資質調査が行なわれるようになった。

ストックディル(Stogdill, R. M.)は、1904年から1948年までの124件の調査を検討して、①知性など一般的能力、②業績、③責任感、④社会的態度、⑤人気などをリーダーシップの要件にあげた。また、彼は、1974年に再度、1949年から1970年までの163件の調査を吟味して、図表16-4のような資質と技術がリーダーの要件であると主張した。

(3) リーダーシップ類型論

これに対して、リーダーシップは個人的資質によるのではなく、リーダーシップ・スタイル(リーダーがとる行動の類型)によって有効性に差があるという見方がある。これを**類型論**とよぶ。

キャリア(career)には、経歴、職歴など経験を意味する場合と、昇進、昇格を意味する場合がある。官庁の上級職を「キャリア組」とよんだり、総合職の女性を「キャリア・ウーマン」とよぶ場合が後者である。ここでは職務拡充と職務充実にあわせて「職務の幅と深さ」と定義しておこう。

図表16-4　リーダーの資質と技術

資　　質	技　　術
状況適応能力がある	知的で知識が豊富である
社会環境への配慮がある	概念化する技術をもつ
野心と達成志向がある	創造的である
自己主張（assertive）ができる	外交的手腕がある
協調性がある	話し上手である
決断力がある	グループワークに熟達している
信頼性がある	組織化する能力が高い
権威（他人への影響力）がある	説得力がある
エネルギッシュで活動的である	社交的な技術を身につけている
持続力がある	
自信をもっている	
圧力に屈しない	
責任感がある	

出典：Yukl, G. A., *Leadership in Organizations*, Prentice-Hall, 1981, p. 70 より筆者訳出。

① **リッカートのシステム・フォー**

　リッカートは組織のあり方をシステム1からシステム4という名称で類型化し最も優れた管理方式を**システム4（フォー）**だと主張した。彼によると，システム1からシステム4に移行するに従って，「（専制君主のように）懲罰によって一方的に支配する関係」→「（主人／召し使いのように）見下した関係」→「報酬中心の関係」→「信頼の上に参加が認められた関係」と変わっていく（図表16-5）。

　このような類型化は，リーダーシップのあり方について示唆するもので，4つの類型はシステム1からシステム4にかけて，**権威主義的リーダーシップ**から**集団参加的リーダーシップ**に移行する。

　権威主義的リーダーシップとは，①部下に不信をもっており，②命令に一方的に従わせようとし，③命令に従わない場合には懲罰を与えるもので，上記の職務中心型の監督者と符合する。このような不信，命令，罰則を基本とする監督方法は部下に圧力を加えて生産性を低下させる。

　集団参加的リーダーシップとは，①部下を信頼しており，②部下の意見を良く聴いて相談をし，③部下のやる気を引き出すように動機づけをする管理方式で，上記の従業員中心の監督者と符合する。このような信頼，相談，動機づけを基本とする監督方法は部下の積極的参加を促し生産性も向上する。

　参加的あるいは民主的リーダーシップを重視するのが，アージリス，マグレ

図表16-5　リッカートの4つの管理方式

管理方式	管理方式	部下に対して	動機づけ方法	相互作用
システム1	独善的専制型	信頼は皆無	脅迫・懲罰	皆無
システム2	温情的専制型	見下した信頼	報酬と少しの懲罰	ほとんど無し
システム3	相談型	ある程度の信頼	報酬中心	適度の相互作用
システム4	集団参加型	完全な信頼	参加による報奨	広範な相互作用

権威主義的
↓
集団参加的

ガー，ハーズバーグらの行動科学者である（第10章133ページ参照）。たとえば，クルト・レヴィンは，リーダーシップを，①専制的リーダーシップ，②民主的リーダーシップ，③自由放任的リーダーシップの3つに分類した上で，専制的にも自由放任にもならない民主的リーダーシップが最も有効と主張している。

② **マネジリアル・グリッド**

ブレーク（Blake, R. R.）とムートン（Mouton, J. S.）という2人の研究者は，管理者の関心領域によって，リーダーシップの類型ができると考え，**マネジリアル・グリッド**（managerial grid）という格子型の図（図表16-6）を提示している。

この図では，横軸（X軸）に「業績に対する関心」をとり，縦軸（Y軸）に「人間に対する関心」をとって，それぞれ1から9までの格子（目盛）で表わす。9が最も高い関心を示し，1が無関心を示している。この9段階に区分した両者の関心水準の交差するところが，管理者の関心領域にあたるが，それを以下の5つに類型化している。たとえば，9・1型は「業績に対する関心」が最高の9で，「人間に対する関心」が1の最低を示している。

(1) **1・1型**（無関心型あるいは消極型）

「業績」に対しても「人間」に対しても関心がなく，巧みに責任を回避しながら消極的にポジションを維持して，組織に留まろうとする管理者。

(2) **9・1型**（権威・服従型あるいは仕事中心型）

「業績」ばかりに関心を向けて「人間」に関心を向けないため，仕事はできても思いやりのない管理者。部下は業績向上の道具に使われているように感じる。

(3) **1・9型**（カントリー・クラブ型あるいは人間中心型）

「人間」に関心が高いが「業績」には関心がないタイプで，カントリー・クラブのように仲良しグループの職場を作ることはできるが，仕事はできな

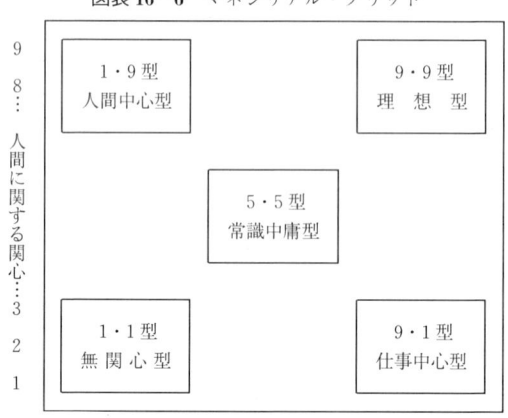

図表16-6 マネジリアル・グリッド

```
9
8  ┌─────────────┐              ┌─────────────┐
7  │  1・9型      │              │  9・9型      │
人 │  人間中心型  │              │  理 想 型   │
間 └─────────────┘              └─────────────┘
に 6
関 5              ┌─────────────┐
す                │  5・5型      │
る 4              │  常識中庸型  │
関                └─────────────┘
心 3
   ┌─────────────┐              ┌─────────────┐
2  │  1・1型      │              │  9・1型      │
1  │  無関心型    │              │  仕事中心型  │
   └─────────────┘              └─────────────┘

   1   2   3 … 業績に関する関心 … 7   8   9
```

出典:ブレーク=ムートン『新・期待される管理者像』産能大学出版部を参考に加筆。

い管理者。

(4) **5・5型**(常識人型あるいは中庸型)

「業績」にも「人間」にも適当な関心を示すが全て中程度で,現状を維持するために,伝統,過去の慣行や他人の判断に任せるだけの管理者。

(5) **9・9型**(チーム・マネジメント型あるいは理想型)

「業績」にも「人間」にも高い関心をもっている管理者。部下のやる気やアイデアを積極的に引き出して,高い業績目標を達成しようとするタイプで理想的な管理者と考えられる。

(4) リーダーシップ状況論

リーダーシップに関する**状況論**は,有効なリーダーシップが実現する状況を重視するもので,単なる理想の類型(スタイル)を追求するだけでなく,状況に応じてリーダーがとるスタイルは変わってくると主張する。

① **フィードラー理論**

フィードラー(Fiedler, F. E.)は,「苦手な同僚」をLPC(Least Preferred Coworker)という指数で計測し,苦手な同僚を好意的に評価するリーダーを「高LPC」とよび,苦手な同僚を避けようとするリーダーを「低LPC」とした。この指数の解釈は,時代とともに多少変化しているが,概ね「高LPC」リーダー

は人間関係の維持に重点を置いており,「低LPC」リーダーは業績遂行に重点を置いていると解釈されている。

ところが,この2つの解釈は,どちらが理想的かどうかというリーダーシップの類型論ではなく,フィードラー理論では原因変数と考えられる。それに状況変数が加わって,どちらのタイプが有効かという結果変数が求められるのである。

状況変数としては,①集団との関係(集団がリーダーを受容・支持しているかどうか),②課題構造(課題が明確になっているかどうか),③地位力(権限がどの程度与えられているか)という3つがあげられる。

この3つがすべて整っている場合,つまり,①メンバーがリーダーを受容し,②課題が明確にされていて,③地位力が高い場合にリーダーの状況統制力(situational control)が最大になる。逆に,3つがすべて悪い状況にある時に状況統制力が最低になる。

そして,このような原因変数と状況変数の分析にたった上で,結果変数としてフィードラーは以下のような組み合わせが有効なリーダーシップであると結論づける。

　　状況統制力が高い場合:「低LPC」リーダー(業績志向的リーダー)
　　状況統制力が中程度の場合:「高LPC」リーダー(人間関係志向的リーダー)
　　状況統制力が低い場合:「低LPC」リーダー(業績志向的リーダー)

② SL(状況的リーダーシップ)理論

ハーシー(Hersey, P)とブランチャード(Blanchard, K. H.)は,「メンバーの成熟度」を条件変数として,SL(状況的リーダーシップ＝ Situational Leadership Theory)理論を展開した。

SL理論における「メンバーの成熟度」とは,自分の仕事について,(a)高いが達成可能な目標を自分で設定できる能力をもっているかどうか,(b)自分で進んで責任をとる意欲があるかどうか,(c)十分な教育と経験があるか,(d)自信と自立性をもっているか,から成り立ち,メンバーが従事する仕事ごとに測定可能と考えられている。

したがって,ベテランのセールスマンが販売については自分で目標を設定して

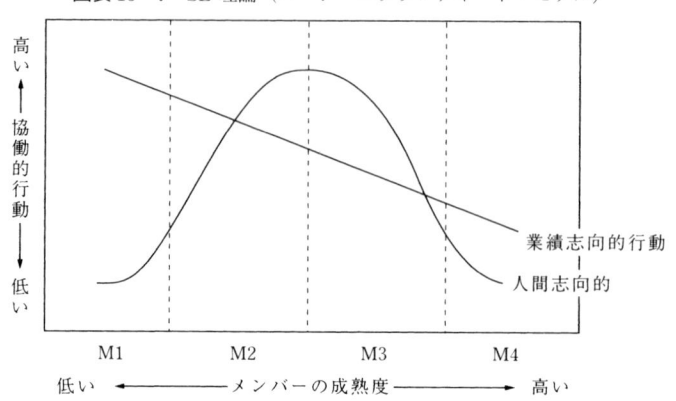

第4編　個別の管理論および経営論

図表16-7　SL理論（ハーシー＝ブランチャード・モデル）

```
高い
↑
協
働
的
行
動
↓
低い
                                    業績志向的行動
                                    人間志向的
       M1    M2    M3    M4
低い ←――― メンバーの成熟度 ―――→ 高い
```

出典：Yukl, G. A., *Leadership in Organizations*, Prentice-Hall, 1981, p. 142 より筆者訳出。

自立的に仕事が進められても，事務計算については不慣れなことがあるように，一つの仕事で成熟していても他の仕事で成熟しているとは限らない。

こうした前提にたち，業績志向的行動と人間関係的行動の変化をグラフに表わしながら，ハーシー＝ブランチャードは以下のようなリーダーシップが適切とする（図表16-7）。

　　M1段階（メンバーの成熟度が最も低い段階）：指示的リーダーシップ
　　　・業績志向的行動を最も強くして積極的に仕事の指示をする。
　　　・人間関係的行動を抑える。
　　M2段階（メンバーの成熟度が向上している段階）：説得的リーダーシップ
　　　・業績志向的行動を少し抑えて仕事への関与を弱める。
　　　・人間関係を大切にして指示から説得へ重点を移す。
　　M3段階（メンバーの成熟度がある程度高くなった段階）：参加的リーダーシップ
　　　・業績志向的行動を更に抑えてメンバーの自主性にまかせる。
　　　・人間関係を大切にするが次第にそれも抑えていく。
　　M4段階（メンバーの成熟度が最高に達した段階）：委任的リーダーシップ
　　　・業績志向的行動を最低に抑えてメンバーの自主性をいかす。
　　　・人間関係的な行動も抑えて自律したメンバーの行動に任せる。

第16章 人事管理とリーダーシップ論

5 人材開発と組織開発

リーダーシップ状況論では,メンバーの成熟度に応じて指示的リーダーシップから参加的あるいは委任的リーダーシップに変更していくことが有効とされるが,メンバーの成熟度が進むためには,組織の側にも,それを受容する能力(自己啓発を許容する組織風土)をもつ必要がある。つまり,**人材開発**と**組織開発**が同時に進められなければならない(151ページ参照)。

(1) 人材開発

人材開発(Human Resources Development)は,企業にとっても従業員にとっても重要である。企業は,環境の変化に対して多様な人材を養成していく必要があるし,個人にとっても高い満足と達成感を得るためにはキャリアを積む必要がある。

そのために,企業と個人は,コミュニケーションを密にして長期的な観点から各自のキャリア・ディベロップメント・プログラム(Career Development Program = CDP)を用意することが大切である。

キャリア・ディベロップメント・プログラム(CDP)は,1955年のフーバー委員会人事部会の勧告によって注目されるようになった制度で,各自のキャリア・パス(経歴昇進経路)をあらかじめ本人と管理者の合意で計画的に定めていこうというものである。経歴を計画的に決めることからキャリア・プラニング(career planning)とよばれたり,「経歴管理制度」と訳されることもある。

この **CDP** が有効に機能するためには,次のような条件が整っている必要がある。

① **ライフサイクル・ラインの設定**

ライフサイクル・ライン(life cycle line)とは,どの職種をどの程度の期間体験し,どの順序でより高度な職種に異動するかについて一定のガイドラインである。企業と個人はコミュニケーションを密にして各人の長期的な経歴設計を進める必要がある。

② **適切なジョブローテーションと教育**

ライフサイクル・ラインに沿って,適切なジョブ・ローテーション計画と教育

計画が整っていることが大切である。企業の都合による配置転換ではなく長期的に各人の能力を育成するような**職務拡大**（ジョブ・エンラージメント）や**職務充実**（ジョブ・エンリッチメント）が用意され，そのために必要な教育も準備されていなければならない。

③ **人材開発に見合った組織開発**

キャリア開発は，個人の自己啓発や人材の自由な育成を許容する組織風土でなければ理想的に行なえない。その意味で，**人材開発**と**組織開発**（後述）は同時に進められなければならない。

（2）組織開発

組織開発（Organization Development＝略してOD）とは，組織成員の能力や意欲が十分発揮できるように，組織を効率的で健全な状態にしておくための計画的な組織変革で，組織全体の風土改革や職場改善などを含む。

組織は，大きくなると官僚制の弊害がでて非効率になるので定期的な活性化が必要である。また，成員が成長して高い自己実現の欲求をもつようになると，組織も伝統的な管理方法から柔軟で動的な管理体制に変革されなければならない。

そのためには，組織開発を通じて，固定的な組織目標を市場の変化に応じて変更するとともに，管理体制を柔軟で民主的なものに刷新しながら，開放的で自由闊達な組織風土を育成していく必要がある。

具体的には，リーダーシップスタイルを民主的なものにするための教育訓練（たとえば，既述のマネジリアル・グリッドにおける9・9型リーダーの育成）をトップから各管理者層まで行なうこと，コミュニケーションを促進するための機構改革を定期的に行なうこと，外部コンサルティング会社に組織風土のチェックを依頼するなどが実施されている。

しかし，実際の組織開発は，管理者教育による小さな職場改善にとどまっているケースが多い。また，機構改革も単に組織図を変えるようなもので「組織いじり」に過ぎないケースが見られる。コンサルティングについても，内部の実情に合わない場合も少なくない。

これは，「個人の成長」と「組織の成長」を通じて，個人目標と組織目標が統合しようという行動科学に共通した見方（第10章149ページ「ケーススタディ」参照）の限界を示すものでもある。

（3）経営戦略と HRM

　人材開発と組織開発を「個人目標と組織目標の調和」という狭い観点でとらえることは適切でない。経営戦略論（第15章）でもふれたように，企業は外部環境への適応という別の視点から組織改革を継続しなければならない。

　個人目標の充足感を従業員満足度（employee satisfaction ＝ES）と表現するならば，企業は，同時に顧客満足度（customer satisfaction ＝ CS）や投資家の満足度（investor satisfaction ＝ IS）も高めていかなければならない。

　戦略的な観点から，ミッションやヴィジョンを共有し，新しいビジネス機会を見出し，顧客・社会・環境に対して適切な製品を提供していくためにも，人材開発の重要性が高まっている。

　情報化社会にあって最大の無形資産は情報資源だといわれている。その担い手である人的資源をいかに確保し活用し育成していくかは企業の大きな課題であり，**人的資源管理**（HRM）は，ナレッジ・マネジメント（知的資産の管理＝第21章323ページ参照）とも直結している。

[演習問題]

［1］　日本企業では，従業員が個人の所得で負担すべき費用の一部を企業の交際費や福利厚生費でまかなう傾向にある。本章で述べた賃金制度の日本的特徴と第20章の日本的経営論とを結びつけて論じなさい。

［2］　日本企業では人事考課の材料として自己申告制度があるが，これは本人の適性発見や教育ニーズの発見など人材育成の観点にたつものである。第10章の「目標による管理」との関係で自己申告制度のもつ意味についてまとめなさい。

[参 考 文 献]

リッカート／三隅二不二訳『経営の行動科学』ダイヤモンド社，1964年（Likert, Rensis, *New Patterns of Management*, MaGraw-Hill Co., Inc., 1961）。

ブレーク＆ムートン／田中敏夫・小宮山澄子訳『新・期待される管理者像』産業能率大学出版部，1979年（Blake, R. R. & Mouton, J. S., *The New Managerial Grid*, 1978）。

西川清之『人的資源管理入門』学文社，1997年。

Yukl, G. A., *Leadership in Organizations*, Prentice-Hall, 1981.

岡田博編著『経営学総論』建帛社，1990年。

第17章　マーケティング論

1　マーケティングの誕生

　バーテルズ（Bartels, R）によると，マーケティングは20世紀初頭に生まれた。当時のアメリカの人口は，産業革命が本格化した19世紀半ば（1860年頃＝約3,000万人）に比較して3倍にふくれあがり，①市場規模が急速に拡大していた。また，②人口の大都市集中が顕著で，③人口増大が大量の移民によって達成されたため「人種のるつぼ」といわれる状況が生まれていた。

　マーケティングは多様な消費市場を前提とするが，20世紀初頭のアメリカでは多様な移民を含む大衆市場が形成されていた。生産力が増大すると，恒常的な供給過剰の市場状況が生まれる。こうした中で，植民地のような生産の受け皿をもっていなかったアメリカの生産者は「いかに売るか」という大問題を最初からかかえていた。

　過剰生産になると価格競争は激しくなってどのような価格を設定するかが重要な問題になってくる。当時は，広大な国土を渡り歩いていた行商人が大量販売を引き受ける流通業者に成長し，デパートやチェーンストアさらにスーパーマーケットや通信販売といった新しい流通形態に発展し始めた頃でもある。全米的な広告が登場したのは1870年頃といわれるが，20世紀に入ると新聞・雑誌の普及によって広告宣伝の利用が増大してきた。やがてラジオ時代が到来する。各種キャンペーンをはじめとする販売促進の試みも始まっていたし，保証やアフターサービスなどによる顧客獲得の努力もなされるようになってきた。少し時代は下るが，1930年代には商業デザインが確立し，モデルチェンジや包装や製品イメージによる差異化も始まってくる。

　こうして，価格・流通・販売網・広告・販売促進・各種サービス・デザイン・

包装など広範多岐にわたる顧客へのアプローチが考え出され，市場を調査して需要を予測したり，各種のアプローチを組み合わせて成果をあげるために工夫をする必要が生じていた。

これは，従来の販売（Selling）や商取引（Trade）や配給・流通（Distribution）とは次元の異なる活動であった。計画的に（販売・取引き・配給の以前に）解決すべき問題を含んでいたし，各種のアプローチを調整・統合する役目にもなっていた。その計画・調整・統合の方策に関して総合的に研究する分野が**マーケティング**である。

今でもマーケティングを販売や流通の分野に限定して狭く解釈する人もあるが，そもそもマーケティングは，幅広い活動を包括する概念であり，企業全体の経営戦略を左右する重要な経営機能である。

2 マーケティング・コンセプトの変遷

マーケティング・コンセプト（marketing concept）という用語は，ゼネラル・エレクトリック（General Electric =GE）社が1946年に初めて採用したといわれている。**コンセプト**（concept）は「概念」と訳されるが，ＧＥの定義では「企業の全体的な活動に対する考え方あるいは理念」と解釈されている。「理念」はイデーやイデアとよばれたものに通じ「理想とする概念」のことであり，コンセプトには，何を理想とするかという思想的な思い入れが込められている。

マーケティング・コンセプトは，キース（Keith, R. J.）やフィリップ・コトラー（Kotler, P.）らが歴史的な状況をふまえて類型化したものが良く知られている。

（1）生産・製品志向のマーケティング・コンセプト

マーケティングは，初期には主に製造業者のものであった。**生産志向のマーケ**

> キースは，小麦粉・ケーキ材料・動物飼料などを製造するピルスベリー社（Pillsbury, Inc.）の経営者であったが，同社の経営理念が歴史を通じて，生産・製品志向（1869年-1930年代）→販売志向（1930年代-1950年代）→マーケティング志向（1950年代-1958年）→マーケティング・カンパニー時代（1958年以降）と変化したとしている。

ティング・コンセプトとは，生産の向上や流通の効率化を経営の主要課題とする理念である。

このコンセプトは，大量生産体制が確立する初期の過程で，供給が需要においつかない状況（**売手市場**）を背景にしている。この段階では，販売は生産量に比例して増加するために，「価格（より安く）と供給量（より多く）」が主眼点で，生産技術や生産方式の改善が有効な手段として選ばれる。

次に製品の普及期に見られる現象であるが，消費者は価格だけではなく（価格に比べて）より良い製品を好むようになる。こうした状況において登場するのが，**製品志向のマーケティング・コンセプト**である。

ここでは「品質の良いものを消費者に提供すること」が理念（経営者のなすべき使命）となり，品質改善のための設計変更や品質改善運動などにマーケティング努力が集中する。

しかし，ここでいう「品質」とは，従来の製品の延長線上にある品質であって，「作り手から見た」ものである。したがって，一部設計の手直しや材料の改良，生産技術の改善など設計・生産部門を中心とした限定的な努力が中心で，顧客志向（253ページ参照）における全社的・総合的なマーケティング活動とは区別されるべきである。

このように生産部門を中心として展開されるため，生産志向のマーケティング・コンセプトは製品志向のマーケティング・コンセプトと同時に追及されることが多い。「より良い品をより安く」という経営理念がこれにあたる。

（2）販売志向のマーケティング・コンセプト

需要が一巡して市場が飽和し始める時点で生産・製品志向のマーケティング・コンセプトは行きづまる。供給が過剰になり，（買い手の動向が市場を支配する）買手市場になると，大量生産されている単一製品が飽きられて「より安くより多く」という生産志向のマーケティング努力は成果を伴わなくなる。また，市場の成熟とともに製品間の差がわずかしかなくなるので部分的改良による製品志向のマーケティング活動も効力を失う。

こうした状況下で，生産者は，少しでも優れたポイントがあれば広告宣伝によってそれを広く消費者に訴えようとするし，製品に差異がなければアフターサービスや保証や無料配送あるいは景品などの特典を供与して消費者の購買意欲

を刺激する。また，販売網を強化したり販売員を増強して売上増大に努力するようになる。それまで生産技術の改良や品質改善に注がれていたマーケティング努力は販売技術の改善や広告・販売促進に集中するようになってくる。

　販売志向のマーケティング・コンセプトとは，「買い手の関心や購買意欲を高める」ことを目的とする理念で，広告・販売促進・販売員活動などの刺激策が手段に選ばれる。

　実際のところ，1920年代以降，アメリカではさまざまな販売手法が発達した。たとえば，20年代にはセールスマンは「アメリカの明るい希望」と讃美され，巡回セールスマンの著しい増加があった。割賦販売は顧客の購買力を刺激して将来の需要を取り込む販売方法であるが，こうした信用供与が広く普及し始める。また，カラーやデザインによる刺激的な差異化も進み，商業デザインが市民権を得るようになるのも1920年代からで，それが30年代になるとインダストリアル・デザイナーが職業として成立する。さらに，広告の分野でも新聞・雑誌に加えてラジオ媒体が登場するのがこの時代であり，さまざまな面で販売志向のマーケティング活動が展開された。

　しかし，こうした販売に重点をおいた方法は，行き着くところ「売ること」自体が目的になりがちで，製品は「売れた」のではなく，「売った」のだと思ってしまう。そして，目的のためには手段を選ばずといった風潮も生まれ，顧客に圧力をかけて押し売る高圧的販売（high-pressure selling）や小手先ばかりの販売技法に頼った売り方が横行して，意図と反対に，消費者の購買意欲を減退させる結果にもつながる。

　また，販売志向のマーケティング・コンセプトは社会的倫理的にみて問題が残る。たとえば，1957年にアメリカのJ・バイカリーは「ピクニック」という映画でコーラとポップコーンのコマーシャルを1/300秒間だけ映写したところ，映画館での販売がコーラで18％，ポップコーンで58％増加した。この手法はサブリミナル・アド（潜在意識下広告）とよばれるが，顧客自身が気づかないまま影響をうけるだけに，洗脳的な使い方をされた場合，きわめて危険な大衆操作の手段になる。

（3）顧客志向のマーケティング・コンセプト

　こうした歴史的な経緯をふまえて登場してくるのが**顧客志向のマーケティン**

グ・コンセプトである。この顧客志向のコンセプトは，それまでの販売志向のコンセプトをアンチテーゼとして生まれてきたため，旧来の販売概念と正反対の理念や発想を含む。ケイスは，販売概念から顧客志向のマーケティング・コンセプトへのシフトをコペルニクス的転換という意味で「マーケティング革命」とよんだ。

① **プロダクトアウトからマーケットインへ**

180度の発想転換は，ハンセン（Hansen, H. L.）の主張したプロダクトアウト（product-out）とマーケットイン（market-in）の違いで説明できる。

プロダクトアウトとは，「作ったものをいかに売るか」という発想で，製品があって市場が成立するという「製品→市場」の考え方である。販売概念は，この発想にたっており，「市場に製品を」売り込むために販売技法を駆使することになる。

マーケットインとは，「売れるものをいかに作るか」という発想にたって，市場のニーズを発見しそれに見合った製品を提供していこうという「市場→製品」の見方である。コトラーは顧客志向のコンセプトを「需要を発見して，それを満たせ」とのべているが，この需要とは「市場の求めるもの」に他ならない。

コトラーは，この顧客志向のコンセプトを「マーケティング志向コンセプト」とよんで販売志向のコンセプトと対比している。販売概念が現有製品を既存の前提条件としてそこから出発しているのに対して，顧客志向のコンセプトは顧客のニーズから出発して，それに見合う製品を提供する。まさに，プロダクトアウトからマーケットインへの発想転換が読み取れる（図表17‐1）。

② **トータル・マーケティング**

顧客志向のマーケティング・コンセプトは，もう一つ重要な点を含んでいる。それは，**トータル・マーケティング**（total marketing）の発想である。これは，**統合的マーケティング**ともよばれるもので，トップからあらゆる階層まで顧客志向のマインドをもって全社的な統合活動や連携プレーを展開することである。

図表17‐1では「手段」の部分が，販売概念（販売志向）では「販売や販売促進」となっていて，販売の成果が，セールスマンの個人的能力や，販売部門の努力に限られている。これに対して，マーケティング概念（顧客志向）では「統合的マーケティング」となっている。

これは，「目的」の違いでもはっきりする。販売概念では目的が「売上高」と

図表17-1　販売概念とマーケティング概念

	出発点	手段	目的
	製品	販売 販売促進	売上高増加 による利益

（a）販売概念

	顧客ニーズ	統合的マー ケティング	顧客の満足 による利益

（b）マーケティング概念

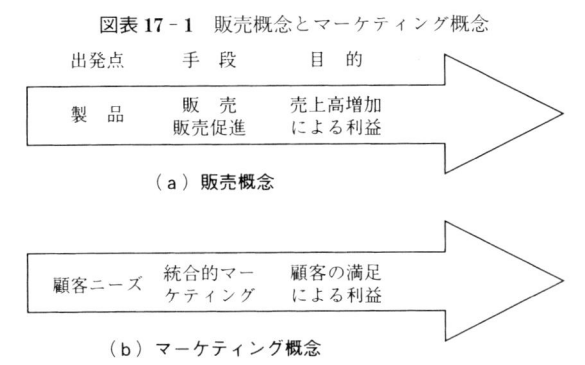

出典：コトラー／村田昭治監修・和田光夫ほか訳『マーケティング原理』ダイヤモンド社，1983年，35ページ。

いう短期的なものになっていて販売部門を中心とした限定的目標である。ところが，マーケティングでは顧客満足を前提とした利益であるから，長期的に顧客の信用を得るような全社的な目標が掲げられている。

こうした顧客志向のマーケティング・コンセプトにたって，全社的な活動を展開するトータル・マーケティングは，マーケティングを企業経営の中枢機能と位置づけ，トップの責任でマーケティング活動を展開することから，その理論体系をマネジリアル・マーケティング（managerial marketing）ともいう。

（4）社会志向のマーケティング・コンセプト

しかし，顧客志向のコンセプトは，皮肉なことに「顧客第一主義」という落し穴に陥る危険がある。「お客様が求めているからそれが何よりも優先される」という見方である。「需要を発見してそれを満たす」という顧客志向のコンセプトをそのまま延長すると「需要があればどんな製品を提供しても良い」となるが，需要があっても社会にとって有害だったり，他人のプライバシーを犯したり，地球の生態系を破壊することは許されない。

テイクアウト（持ち帰り）のファーストフードや弁当，惣菜などは，プラスチックの容器に入れた方が顧客には喜ばれるが，それら石油製品は地球を確実に汚染している。「自然」や「健康」を謳（うた）った飲料水はビンより軽いペットボトルの方が顧客に好まれるのでプラスチックで作られる。しかし，そうした製品による環境汚染が長期的に生活者にとってマイナスの影響を与えると予想さ

れるとしたら，企業は，顧客が求めているとしてもプラスチック容器の提供を制限して行くべきであろう。

このように，顧客の利益と社会全体の利益を推し量った上で，顧客のみならず社会の福祉を保護し，向上させることを重視し，長期的な観点から社会全体の利益を優先して行く理念を社会志向のマーケティング・コンセプトとよぶ。

歴史的に見ると，アメリカでは60年代から消費者の権利を求める動きが活発化した。1962年にはケネディ大統領が特別教書の中に，①安全である権利，②知らされる権利，③選択する権利，④意見を反映させる権利などの権利に基づく消費者の基本的権利を明記した。欠陥車問題を初めて取り上げたラルフ・ネーダーなどが活発な消費者運動を展開して，いわゆるコンシューマリズム（消費者主権主義）が台頭したり，公害問題が世界的な注目を集め，自然環境の保護が世界各地で叫ばれるようになるのも60年代から70年代にかけてである。こうした歴史的な背景もあって，マーケティング・コンセプトは顧客志向から社会志向のコンセプトへと発展してきた。

3　マーケティング戦略

マーケティング論は，顧客志向あるいは社会志向のマーケティング・コンセプトに立脚してトップの責任でマーケティング活動を展開するマネジリアル・マーケティングの立場にたっており，その全社的な展開は経営戦略の中でも中心的な位置に置かれる。

企業は何らかの販売によって成り立っている以上，マーケットに関する戦略はそのまま経営戦略になる。その意味で，製品市場戦略（プロダクト・ポートフォリオ・マネジメント）や競争戦略も広い意味のマーケティング戦略の一環ととらえられる（第15章229ページ参照）。

本章では，経営戦略論との重複をさけ，**マーケティング戦略**（marketing strategy）を，①企業目標達成のため，②市場環境に適応するためにマーケティング手段（諸活動）を統合的に展開し，③内部資源の配分を決定する中長期的計画と，やや狭く解釈して，その代表的な枠組みを紹介したい。

マーケティング戦略の枠組みは，図表17-2のように表わすことができる。以下，図表の上部から(1)企業目標，(2)環境分析，(3)自社能力分析，(4)戦略の構築，

(5)マーケティング・ミックス（個別戦略）の順で解説したい。

（1）企業目標

　企業目標には，ヴィジョン（将来構想）やミッション（使命）あるいはドメイン（事業領域）のような長期的なものと数値化された具体的目標がある（第15章235ページ参照）。

　抽象的で長期的な企業目標をおけば，マーケティング戦略はそのまま事業戦略や製品市場戦略のような経営戦略となる。また，新しい製品の開発や市場投入を目標にすれば新製品戦略と位置づけられる。特定のマーケットにおける市場地位の向上などの限られた目標をおけば，限定的な市場拡大戦略になる。

　企業目標は戦略のベース（原点）となるもので，戦略の立案・展開・修正のあらゆる段階で，企業目標を振り返り，戦略そのものの有効性をチェックする必要がある。

（2）環境分析

　環境分析とは，外部状況（周囲の情勢）を適切に把握することで，マクロ分析とミクロ分析がある。

　マクロ分析：環境全体の動勢をつかむためのもので，政治・経済・法律・文化・社会全体の動向を大きくかつ的確に把握する必要がある。産業構造，景気指標，環境動向，人口動向，家族動向，女性社会進出，ライフスタイル変遷などに関する**二次データ**[*]が活用されることが多い。

　ミクロ分析：特定の市場の状況やライバル会社との競合状況をとらえるもので，販売動向調査，業界動向分析，競合他社分析，流通網調査，立地条件調査などが含まれる。社内に蓄積されている二次データに加えて，直接収集する**一次データ**[*]が活用されるが，全体の動向を見失わないことと，変化するデータの意味を的確にとらえることが重要である。

　二次データとは，すでに他の目的のために収集されているデータのことである。たとえば，政府や業界団体の公表している外部データ（または間接データ）や，社内で実施された別の調査結果など内部データ（または直接データ）がある。これに対して，**一次データ**とは，現在必要としている特定の目的のために直接収集されるデータのことである。

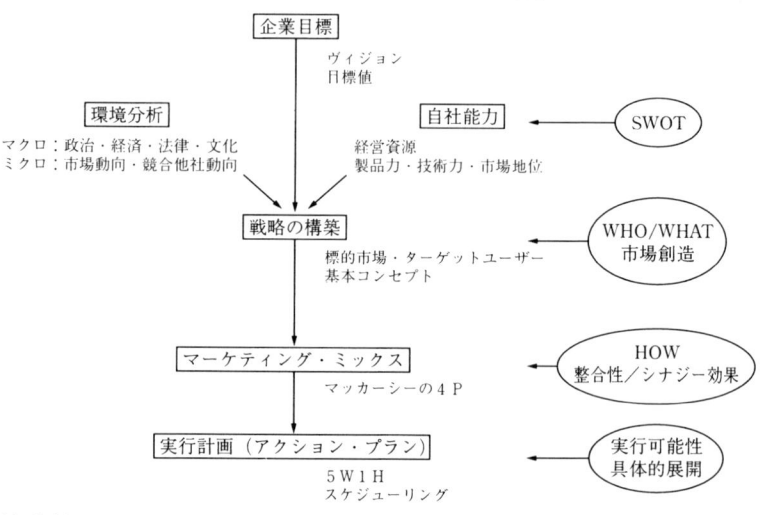

図表 17-2　マーケティング戦略の枠組

```
                    ┌─────────┐
                    │ 企業目標 │
                    └────┬────┘
                       ヴィジョン
                       目標値
    ┌─────────┐              ┌─────────┐       ┌──────┐
    │ 環境分析 │              │ 自社能力 │ ◄──── │ SWOT │
    └─────────┘              └─────────┘       └──────┘
  マクロ：政治・経済・法律・文化  経営資源
  ミクロ：市場動向・競合他社動向  製品力・技術力・市場地位
         └──────────┬──────────┘
                ┌────▼─────┐                ┌──────────┐
                │ 戦略の構築 │ ◄────────────  │ WHO/WHAT │
                └────┬─────┘                │ 市場創造 │
              標的市場・ターゲットユーザー    └──────────┘
              基本コンセプト
          ┌────────▼────────┐              ┌──────────────┐
          │マーケティング・ミックス│ ◄──────── │ HOW          │
          └────────┬────────┘              │整合性／シナジー効果│
              マッカーシーの4P              └──────────────┘
        ┌────────────▼────────────┐        ┌──────────┐
        │ 実行計画（アクション・プラン）│ ◄───── │ 実行可能性│
        └─────────────────────────┘        │ 具体的展開│
              5W1H                         └──────────┘
              スケジューリング
```

　環境分析では，データの解釈にあたって，**SWOT**（スウォット）がポイントになる。**SWOT**とは，強み（Strength）と弱み（Weakness），機会（Opportunity）と脅威（Threat）の頭文字をとったもので，同じ情勢の両面を意味している。

　たとえば，成熟市場におけるガリバー型企業の流通支配は，強みとも弱みとも（あるいは機会とも脅威とも）解釈できる。消費者が新しい販売方法（ディスカウント・ストアや通信販売）を欲していると仮定すれば，流通網を維持しなければならないガリバー型企業は弱みを抱えていることになる。

　また，環境分析というと，現在の状況を分析するように思われがちだが，戦略は将来構想であり，将来の環境の変化も考慮する必要がある。市場動向は，顧客がどのような製品を求めているのかという顧客ニーズの分析や流行などのトレンドの分析を含むので，数字に追われるだけでなく，感性を動員して分析（解釈）する必要がある。

（3）自社能力分析

　中国の孫子は「彼を知り己を知れば百戦殆あやうからず」と記しているが，古代の兵法にもすでに，「彼＝環境分析」と同時に「己（おのれ）＝自社能力分析」を行なうことの重要性が指摘されている。

　自社能力分析は，一般には，自社のヒト（人的能力），モノ（商品力），カネ

第17章　マーケティング論

(資金力)，チエ（技術力や独自のノウハウ）など経営資源の能力を評価するが，以下の点についても留意する。

① **市場地位**：対象の市場で，マーケット・リーダーなのか，チャレンジャーなのか，フォロアーなのかを明確にする。それによってとるべき戦略が異なる（第15章232ページ参照）。その際，マーケット・シェア（市場占有率）ばかりでなく得意分野や企業イメージも考慮して自社の市場地位を多面的にとらえる。
② **製品力・技術力**：自社製品の性能・品質・ブランド力などを評価する。技術力については将来の製品化という点から潜在能力を評価する。
③ **販売力**：販売拠点，販売網，セールスマンの量や質などを総合的に評価する。

この自社能力分析のポイントは，手前勝手に評価するのではなく，消費者の評価というフィルターを通じて客観的な評価を心がけることである。分かっているようで一番見えないのが自分自身である。また，「SWOT」的な視点で，強み（Strength）や弱み（Weakness），機会（Opportunity）と脅威（Threat）の観点から多面的にとらえる必要がある。

(4) 戦略の構築

マーケティング戦略で重要なことは，何を（what）誰に（who）売るかということで，この2つを決めるのが，この「戦略の構築」の段階である。ここでは，「誰に（who）」を「標的市場の設定」あるいは「ターゲット・ユーザーの決定」という名称で整理し，「何を（what）」売るかということを，製品の「基本コンセプト」作りとしてまとめる。

① **標的市場の設定**

標的市場の設定とは，大衆消費財の場合ターゲット・ユーザーを明確にすることである。この際，マーケット・セグメンテーション（market segmentation）が行なわれる。**マーケット・セグメンテーション**とは，市場をさまざまな基準（図表17-3）で分割することで**市場細分化**ともよばれる。

市場細分化の基準としては，①地域・人口・気候ごとに分割する**地理的基準**

第4編　個別の管理論および経営論

図表17-3　マーケット・セグメンテーションの基準

① 地理的基準（ジオグラフィック・ファクター）…地理的条件によって区分

地域	A地区，B地区，C地区，など。行政区分が代表的
人口	都市型，郊外型，農村など人口による地域区分
気候	風雪地，内陸地，寒冷地など気候による地域区分
地域特性	商業地，工業地，学園街，団地など

② 人口統計的基準（デモグラフィック・ファクター）…国勢調査や世論調査で区分する基準

性別	男，女
年齢	20代，30代など，10歳くらいで区分することが多い
家族構成	若年未婚，中年未婚，夫婦子供4人，高年独身など
職業	専門職，管理職，セールスマン，主婦，教員など
所得	年収500万円未満，500-700万円など所得水準を基準
教育（学歴）	高校卒，大学卒，など

③ 心理分布的基準（サイコグラフィック・ファクター）…外的に決めにくいが重要

ライフスタイル	貯蓄節約型，流行志向型，家族重視型，など
性格・価値観	社交的，権威主義的，野心的，など

④ 行動的基準（ビヘイビラル・ファクター）…製品の購買状況による区分

使用頻度	未使用，旧使用，初回使用，定期的使用，など
使用量	試用（トライアルユーザー），大量使用（ヘビーユーザー），など
ロイヤルティ	なし，弱い，強いなど，ブランドへの忠誠心によって区分

出典：P. Kotler／村田昭治監訳『マーケティング・マネジメント』プレジデント社，1983年，119ページの図を参考に筆者が加筆，訂正。

（ジオグラフィック・ファクター）と②性別・年齢・職業・所得・教育（学歴）などで分類する**人口統計的基準（デモグラフィック・ファクター）**がある。この2つは，地域や統計データで区分できるため，客観的で便利である。

しかし，化粧品を女子大生に売る場合などには有効でない。女性，大学生ということで，デモグラフィックな区分はほぼ同じになるからである。そこで，そのような場合に，③ライフスタイルや性格・価値観などで分ける**心理的基準（サイコグラフィック・ファクター）**，④使用頻度・ブランドロイヤルティなどで分類する**行動的基準（ビヘイビラル・ファクター）**などがしばしば使われる。

② 基本コンセプトの立案

基本コンセプトとは，マーケティング戦略の核心的なアイデアを凝縮して表わしたもので，どのような狙いで製品を開発し，どのような思想に基づいて商品化するかなどを，簡単な言葉で表現したものである。ここでは，「何を（what）」

売るか，あるいは訴えるかということが，明確に絞り込まれていなければならない。

また，この基本コンセプトは，個別の戦略（マーケティング・ミックス＝後述）を結びつけるものとして重要である。たとえば，新製品の製品コンセプトが「使い捨て化粧品」と決まったとしよう。そうすれば，当然，製品戦略としてその化粧品の形状は簡単で手軽なものになるし，価格戦略は手ごろな価格帯になる。流通戦略では取り扱い店も旅行先のキオスクやホテルの自動販売機が考えられる。つまり，コンセプトが製品の内容・価格・流通経路などを決定するわけである。

（5）マーケティング・ミックス

マーケティング・ミックス（marketing mix）とは，標的市場に対して最適なマーケティング手段を組み合わせ混合（ミックス）していくことである。これは，トータル・マーケティング（統合的マーケティング）の考え方にたって，マーケティング手段を選択し調整していくことでもある。

マーケティング・ミックス論のうち，最も良く知られているのはマッカーシーのものである。彼は，顧客の要求に満足を与えることができる方法を「4つの基礎的なものに切り詰めて」，さらに，その「4つの重要な構成要素のことを4Pとして思い浮かべる」ことができるように工夫したのである。

それが，Product（製品），Price（価格），Promotion（プロモーション），Place（場所→流通）であり，その4つの言葉の頭文字をとって一般に「マッカーシーの4P」あるいは単に「**4P**」とよばれている。

この他にも，レーザー（Lazer, W.）による，①製品ならびにサービス・ミックス（プロダクト・ミックス），②コミュニケーション・ミックス，③ディストリビューション・ミックス，という「3つのミックス」がよく知られている。

4 個別戦略（個別のマーケティング活動）

ここでは，マッカーシーの4Pに従って個別戦略あるいは個別のマーケティング活動を簡単に紹介しよう。

（1）製品戦略

　製品戦略（product strategies）とは，製品の種類（ラインナップ）・機能・品質・デザイン・商標（ブランド）・パッケージなどに関する個別戦略のことで，広い意味では，プロダクト・プラニング（product planning），マーチャンダイジング（merchandising），プロダクト・ライフ・サイクル（product life cycle）管理などを含む。

　プロダクト・プラニング：主に製造業において使われる言葉で，自社製品を見直して，計画的に管理するもので「製品計画」と訳されている。その範囲は，製品の品質・機能から色彩・ネーミング・保証まで幅広く，対策も①新製品開発，②改良（モデル・チェンジ），③新規用途の開発，④廃棄など，さまざまである。

　マーチャンダイジング：主に小売・卸売業で使われる言葉で，品揃えや仕入れを通じて，どのような商品を，どの場所，どの時期に，どの程度の数量で，いくらの価格で提供するかなどを，計画・管理することである。「商品化政策」と訳される場合もあるが，製品計画と混同して用いられていることもある。

　プロダクト・ライフ・サイクル：製品の誕生から廃棄までを一つのサイクルと見て，その盛衰を3段階から5段階の時期に分けてモデル化したもので，「製品寿命」と訳されることもある。

　製品寿命は，製品や市場，競争状況によって異なるが，一般的な4段階モデルでは，導入期→成長期→成熟期→衰退期に分けられる（図表17－4）。

　導入期は，市場に投入されたばかりで，開発費用や市場投入の費用に対して売上高が少なく利益も出ない場合が多い。この時期は競争者も少ないので早く製品を知らせることが有効である。

　成長期は，製品の認知度が上がり，売上増加に伴い利益も改善するが，競争者も市場に参入するので，製品の改善やラインナップの追加が行なわれる。

　成熟期は，市場が成熟して代替需要が多くなる。一部の競争者は撤退するが需要が伸び悩んでいることから価格競争は激しい。市場や製品を見直し販売促進活動の強化などが必要になる。

　衰退期は，製品の魅力は薄れ，売上は減少する。競争者の撤退で残存利益を得られることもあるが，全体としては利益も減少するため撤退の時期が検討される。

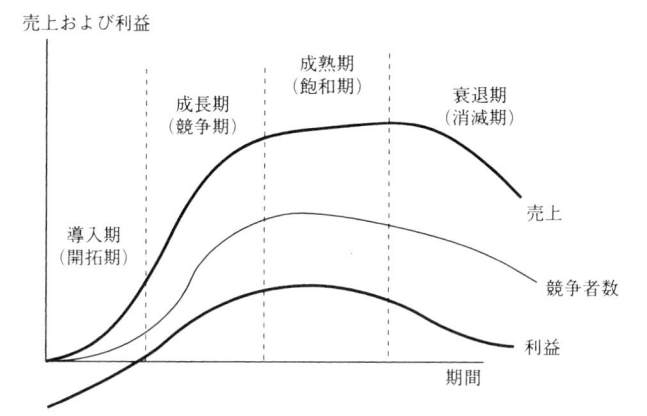

図表17-4　プロダクト・ライフ・サイクル

(縦軸：売上および利益、横軸：期間)
導入期(開拓期)／成長期(競争期)／成熟期(飽和期)／衰退期(消滅期)
曲線：売上、競争者数、利益

(2) 価格戦略

　価格戦略（price strategies）とは，製品の価格に関するマーケティング的な意思決定で，消費財であれば**最終小売価格（定価）**と**卸売価格（仕切り価格）**の両方について総合的な判断を行う。価格決定の要素は，大きく分ければ2つある。第一は，製造・販売にかかる費用（コスト）に基づくもので，第二は競合他社の製品の価格など市場の評価に基づくものである。

　市場価格が定まっていない導入期の製品については，ペネトレーション・プライス（penetration price）設定と，スキミング・プライス（skimming price）設定の2つが代表的な価格戦略である。

　　ペネトレーション・プライス設定：短期利益を犠牲にしてもマーケットシェアを拡大して市場における支配力を確実にするため低めの価格設定をすることで「市場浸透価格設定」と訳されている。

　　スキミング・プライス設定：逆に高めの価格設定をして，高級感を維持しつつ単価当たりの利益を確保し，徐々に価格を下げていくもので，「上層（あるいは上澄み）吸収価格設定」と訳されている。

　価格設定に関しては，製品戦略との関係で高価格政策をとるのか低価格政策をとるのかを決定する必要がある。具体例としては，ブランドイメージを大切にする**プレステージ価格**，他の製品を買ってもらうために目玉商品として利益を犠牲にする**ロス・リーダー価格**，「100円均一」のような**均一価格**，「980円」のような

端数価格，など顧客の関心を買うための価格設定がある。

　また，割賦販売の価格（金利設定），販売奨励金，累進リベート制，粗品提供など，プロモーション戦略（後述）との関係が深いため，利益管理を優先するのかマーケットシェア確保を目的にするのかを明確にして総合的な意思決定をする必要がある。

（3）流通戦略（販売チャネル／物流・戦略）

　流通戦略には，契約関係としての販売経路（商流）を決定する販売チャネル戦略と，商品の実際の経路（物流）を決定する物流戦略がある。

　販売チャネルには次のような経路がある。

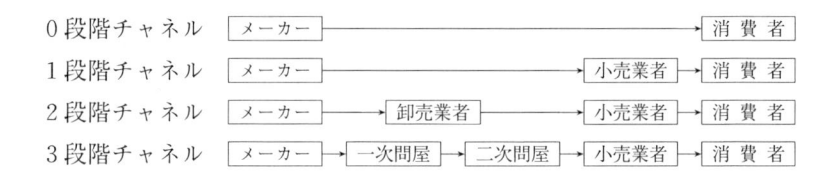

```
0段階チャネル   メーカー ─────────────────────────→ 消費者
1段階チャネル   メーカー ──────────────→ 小売業者 → 消費者
2段階チャネル   メーカー → 卸売業者 ──→ 小売業者 → 消費者
3段階チャネル   メーカー → 一次問屋 → 二次問屋 → 小売業者 → 消費者
```

　特にチャネルを限定せずにすべての経路に流す**オープン・チャネル政策**もあるが，多くの流通経路をもてば有利とは限らない。販売チャネルを広げすぎるとブランドイメージや価格の維持が困難になり流通コストがかさむため，自社製品の特性，市場環境に応じて取扱業者を選ぶ**選択的チャネル政策**や，自社製品しか扱わない特約店（専属店）を指名する**専売的チャネル政策**をとる。

　たとえば，**最寄品***では「オープン・チャネル戦略」がとられることもあるが，家電製品などの**買回品***では特定の流通業者を選定して優先的に販売する「チェーンストア制度」をとることが多いし，自動車・ピアノなどの**専門品***では専属的な業者に地域を独占的にまかせる「テリトリー制」がとられるケースが多い。

　また，最近では，通信販売や無店舗販売など消費者に直接働きかける**ダイレクト・マーケティング**（direct marketing）をとる業者も増加している。

（4）プロモーション戦略（広告／販売促進・戦略）

　プロモーションには，①人的販売（営業マンによる販売活動），②広告，③パブリシティ（ジャーナリズムが自主的に取り上げる企業情報），④販売促進活動

が含まれている。これらを選択し組み合わせることを**プロモーション・ミックス**（promotion mix）とよぶ。

販売促進活動は対象別に分けることできる。

消費者向け：発表会・展示会などのキャンペーン，会員制組織の展開，ダイレクトメール，景品・見本品・試供品・カタログの提供，実演などデモンストレーション，モニター制度など。

流通業者向け：リベート（割り戻し金），販売奨励金，共同広告，イベントの共同開催，店員の派遣，販売店コンテスト，優秀ディーラー招待旅行，ハウスオーガン（機関誌）発行，店頭広告・看板・ショーウィンドウの提供，経営相談など。

社内に対するもの：セールスマン教育，セールスマン・コンテスト，社内ＰＲ，自社製品の購入促進など。

以上のような個別戦略をとりまとめて，企業目標やターゲット・ユーザーあるいは基本コンセプトに向けていくのがマーケティング戦略であり，そのような全体的で統合的な活動がマーケティングの本質である。その際，実行計画（アクション・プラン）のレベルでは，Who（誰が），When（いつ），Where（どこで），What（何を），Why（なぜ），How（どのように）実行するかを明確にしたスケジューリングをする必要がある（図表17-2）。

（5）新しいマーケティングの流れ

ペパーズ（Peppers, D）とロジャーズ（Rogers, M）は，従来のマーケティングは「１つの製品を大衆に売る（one size fits all）」を基本にしたマス・マーケティング（mass marketing）だとして，一人一人の顧客との独自の関係づくりに専念する**ワン・ツウ・ワン・マーケティング**（one to one marketing）を提唱している。

> **最寄品**（もよりひん）とは，単価が安く購買頻度の高いもので，洗剤，歯ブラシなど日常生活に欠かせないものが多いので「日用品」ともよばれる。
> **買回品**（かいまわりひん）とは，衣料品や靴など，ある程度価格が高く数カ所の店舗を見比べて買う傾向のあるものをいう。
> **専門品**とは，自動車やピアノなど，高級で耐久性のあるもので専門店にでかけたり専門的知識のある販売員の説明を聞いて買うものをさす。

ワン・ツウ・ワン・マーケティングではマス・マーケティングに対し①市場シェアから顧客シェア（一人の顧客ニーズ全体にどれだけ応えられているか），②製品差異化から顧客識別（顧客ごとに対応を変えること），③規模の経済から範囲の経済（19ページ参照），④製品管理から顧客管理，などが強調されている。

このような顧客単位の個別のマーケティングが可能になりつつある背景にはIT技術の発達があり，顧客データの蓄積を利用するデータベース・マーケティングや，顧客との関係性を重視するリレーションシップ・マーケティングも同じ流れを示している。

また，ノースウェスタン大学IMC学科では，「マッカーシーの4P」を，顧客価値（Customer Value），対価（Cost），利便性（Convenience），コミュニケーション（Communication）の「4C」として再定義し，顧客サイドから読みかえるよう提唱している。

[演習問題]

［1］ マーケティングがなぜイギリスではなくアメリカで生まれたかについて説明しなさい。その際，本章の説明だけでなく第5章も参考にしなさい。

［2］ 顧客の利益と社会の利益が反する事例をあげて，その際に企業がとるべきマーケティング戦略を考えなさい。

[参考文献]

バーテルズ／山中豊国訳『マーケティング学説の発展』ミネルヴァ書房，1993年（Bartels, Robert, *The History of Marketing Thought*, 3rd edition, Publishing Horizons, Inc., 1988）。

ブラックフォード・カー／川辺信雄監訳『アメリカ経営史』ミネルヴァ書房，1988年（Blackford, M. G. & K. A. Kerr, *Business Enterprise in American History*, Houghton Mifflin, 1986）。

コトラー／村田昭治監修・小坂恕・疋田聰・三村優美子訳『マーケティング・マネジメント』プレジデント社，1983年（Kotler, P., *Marketing Management*, Prentice Hall, 1980）。

コトラー／村田昭治監修・和田充夫・上原征彦訳『マーケティング原理』ダイヤモンド社，1983年（Kotler, P., *Principles of Marketing*, Prentice Hall, 1980）。

白髭武『アメリカマーケティング発達史』実教出版，1978年。

浜田芳樹編著『マーケティング論』建帛社，1989年。

第18章 生産管理論

1 生産管理論の変遷

　生産は，人（Man）と機械（Machine）が一緒になって産み出すもので，マン・マシン・システム（Man-Machine System）と見ることができるが，このうち人間が関与するマン・システムについては，計算や予測が難しく「構造化しにくい問題」を含んでいる。他方，マシン・システムは「構造化しやすい問題」であるため，論理的・工学的なアプローチが適用できる。

　当初，生産管理論は，作業管理という人間的で「構造化しにくい問題」をいかに構造化するかということから始まった。19世紀後半から本格化した技術者たちによる能率向上運動（71ページ参照）であり，それを生産管理論として確立したのがテイラーの科学的管理法である。

（1）科学的管理法の検討
　テイラーの業績については第6章で紹介した通りだが，第6章との重複をさけて生産管理の観点から科学的管理法について検討してみたい。図表18-1は，科学的管理法を理解しやすいように，3つの要素を，それぞれ3つずつ組み合わせて図式化したものである。
① 3つの制度
　科学的管理法は，次の3つの代表的な制度からなる。
(1) **課業管理**：「時間・動作分析」と「指図票」が含まれるが，その本質は，時間・動作分析で得られた標準時間や作業手順を指図票にマニュアル化することである。
(2) **率を異にした出来高払い**：標準作業量を基準として作業者を動機づけるも

図表 18-1　科学的管理法の検討

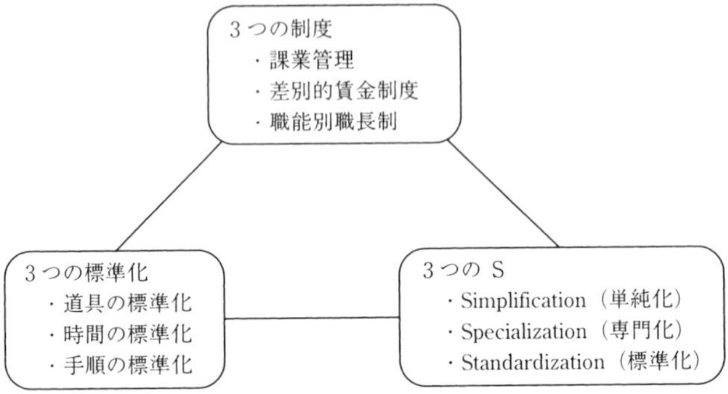

```
                    3つの制度
                   ・課業管理
                   ・差別的賃金制度
                   ・職能別職長制

    3つの標準化                3つのS
   ・道具の標準化            ・Simplification（単純化）
   ・時間の標準化            ・Specialization（専門化）
   ・手順の標準化            ・Standardization（標準化）
```

ので，課業管理を実現するための賃金制度である。

(3) **職能別職長制**：作業を職能によって専門化するもので，課業管理を実現するために考え出された新しい組織形態である。

つまり，科学的管理法とは，①課業管理をベースとして，②それを実現する賃金制度と，③組織制度をあわせたものと簡略化できる。

② **テイラーの3S**

科学的管理法を実践するためには，**テイラーの3S**と呼ばれる要素が必要である。この「3S」は，**Simplification（単純化），Specialization（専門化），Standardization（標準化）**の最初のSをとったものである。

つまり，①作業内容を単純な作業に分解（単純化）し，②単一作業を専門的に繰り返すことができるように（専門化）し，③その上で，誰がやっても同じように（標準化）することである。

③ **3つの標準化**

テイラーのいう標準化は，作業工程の標準化であり，内容には，①**道具の標準化**，②**時間の標準化**，③**手順の標準化**という「3つの標準化」がある。つまり，①同じ道具や装置や機械を使い，②同時間内に同じスケジュールを守り，③細かいマニュアル（指図票）に従って同じやり方で作業することである。

（2）フォード・システムの検討

フォード・システムは，テイラーの科学的管理法を実践して，その正しさを目に見える形で示した。

第18章　生産管理論

① フォードにおける標準化

　フォードは独自の試行錯誤を繰り返し，結果的に「テイラーの3S」を徹底的に実践した。自動車はたくさんの部品からなる上に長い作業工程をもっているので，細分化（単純化・専門化・標準化）のメリットが大きかった。

　その結果，フォードは標準化の新しいメリットを引き出した。テイラーの標準化は，作業工程の標準化を主眼としていたが，フォード・システムのもとで標準化は，部品・機械・製品の**規格化**が中心になった。

　規格の統一は，部品や機械の互換性を高め，工場間や企業間での**共有化**を促進した。さらに，この規格化・共有化のメリットは，工場や店舗の設計やシステム設計にも活用されるようになり，同じ規範で仕事をする**規範化**にもつながっていく。

　規格化（共通化・規範化）には，①ルールとして標準化するものと，②競争の結果で標準化されるものとがある。ルールで決定するものは，JIS（Japanese Industrial Standard＝日本工業規格）のように国が定めた基準や ISO（国際標準化機構）の定める国際標準のように規則に明記されているものが代表的であるが，業界の合意で定めるものもある。

　競争の結果で標準化されるものは，**ドミナント・デザイン**[*]（dominant design）をもつ製品や，技術的に優位にたつ製品が，いったん競争力をもつと他社がその製品を追従するため，**事実上の標準＝デファクト・スタンダード**（defacto standard）となることをいう。

　T型フォードは，そのデザインにおいても，生産方式においても，業界のモデルとなり，事実上の標準となった。

② 移動組立法

　フォードの標準化は，**移動組立法**（moving assembly method）と結びつくことで，生産の**同期化**あるいは**常軌化**を実現した。移動組立法は，古くからあるアイデアで兵器，ミシン，タイプライター，時計などの分野では普及していたが，フォードの功績は，自動車という沢山の部品からなる製品で作業工程を徹底して細分化

　ドミナント・デザインとは普及期にユーザーに受け容れられた製品がもつ特徴・形状・形式・機能などをよぶ。他社はそれをモデルに類似の製品を作るので市場でドミナント（優位）な地位を得る。

第4編　個別の管理論および経営論

図表18-2　従来の方式と移動組立法

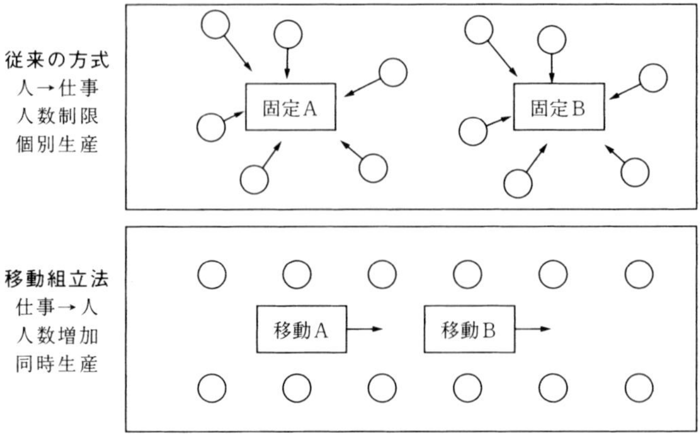

従来の方式
人→仕事
人数制限
個別生産

固定A　固定B

移動組立法
仕事→人
人数増加
同時生産

移動A →　移動B →

し，大型製品にもかかわらずそれを移動させたことである。

　この方式では，作業工程は，作業者がほとんど歩くことなく作業できる範囲で作業が完結するように細分化され，効率的に順序だてて並べられる。こうすることで，「人が仕事（製品）の所に向かって行く」のではなく「仕事（製品）が人の所に向かって動く」方式が実現された。

　従来の「人が仕事に向かう」方式では，一カ所で作業できる人数に限りがあった。自動車を台座に固定した場合には，作業者の肘や肩がぶつかってしまうから，1台を組み立てるにはせいぜい5～6人が限度である。

　ところが，「仕事が人に向かう」移動組立法にすると，組立ラインを長くすればするほど作業できる人数を増加させることができるようになる。このため，1台の組立に百人でも千人でも動員することができる。

　また，従来の方式では，それぞれの台座に固定された自動車が個別に生産されるために，生産工程は別々だったが，移動組立法によると，同時に多くの自動車が生産される（図表18-2）。固定Aと固定Bは別々であるが，移動Aと移動Bは同じラインを移動しているわけで，常に移動Aは移動Bの後を同じテンポで追いかけることになる。これを**同期化（常軌化）**とよぶ。

　この同期化と細分化（単純化・専門化・標準化）は表裏一体のものである。同期化を実現するためには，同じ速度で作業が絶え間なく継続する必要があり，そのためには各工程を単純化・専門化・標準化し，各工程の時間や作業内容を詳細

に検討しなければならない。一人の作業者の作業時間が同じ周期で終わるようにしてライン全体を同期化させる作業系列化計画を**ライン・バランシング**（line balancing）とよぶ。

（3）オートメーションとIE・OR
① **現場管理から全社的生産管理へ**

フォード・システムは自動車の町デトロイトの名を冠して**デトロイト方式**として自動車だけではなくさまざまな産業に波及した。ほとんど全ての産業で大量生産が進められ，**ベルト・コンベア・システム**（belt conveyor system）あるいは**オートメーション**＊として進化した（フォード・システムとベルト・コンベア・システムは98ページ参照）。

生産規模の拡大は，生産管理の本質を変えた。当初の生産管理は，作業時間と作業量を決める現場の管理であったが，大量生産が本格化すると需給ギャップをいかに埋めるかという生産計画の問題が大きくなってきた。

需給ギャップを埋めるためには，製品の品種・ラインナップ・機能などマーケティング的な製品計画も考慮しなければならないし，原価管理あるいは在庫管理においては，購買管理や財務管理と同時に行なわなければならない。また，製造工程の変更は，作業者の配置や教育の問題と直結しており人事労務管理との接点も近い。

こうして現場の作業能率向上に終始していた初期の生産管理論は，ヒト・モノ・カネを結びつける全社的な経営管理的な生産管理論へと発展していくことになる。

② **IEとORとVE**

生産管理論の発展は，もう一つの側面から説明できる。工学的アプローチへの特化と数学・統計学などの応用である。

テイラーの科学的管理法の思想は，ギルブレイス（Gilbreth, F. B.），ガント

オートメーション（automation）という言葉は，フォード社の副社長であったハーダー（Harder, D. S.）が「自動操作（automatic operation）」を意味する造語として1943年に新たに用いたものだが，その後，急速に各産業で取り入れられた。機械工業の自動化を**メカニカル・オートメーション**というのに対して，化学工業などの連続生産を**プロセス・オートメーション**とよぶ。事務・情報処理の機械化は**オフィス・オートメーション**とよばれる。

(Gantt, H. L.) に受け継がれ，作業分析，工具研究，工程管理，在庫管理，原価分析などを研究する生産管理論の一分野が確立した。

しかし，科学的管理法という呼称が「科学という名の労働強化」と誤解されて，労働争議の元になると，生産管理を研究する技術者は，自らの研究を**インダストリアル・エンジニアリング**（Industrial Engineering = IE）あるいは経営工学や生産工学とよぶようになった。人間が関与する「構造化しにくい問題」は別にして，計算可能で「構造化しやすい問題」に特化していったのである。

第二次世界大戦後は，**オペレーションズ・リサーチ**（Operations Research = OR）という分野がこれに加わった。OR は，英国ではオペレーショナル・リサーチ（Operational Research）とよばれるが，英米軍が行動計画に数学や統計学を活用したのが最初である。

たとえば，艦隊の編成のために線形計画法（Linear Programming = LP）が生まれたが，このほかにも，パート（PERT）法，在庫決定モデル，待ち行列モデル，ジョブ・ショップ・スケジューリングなどが生まれた。

また，1947年，GE 社のマイルズ（Miles, L. D.）が考案した**価値分析**（Value Analysis = VA）の手法は，米国国防省によって**価値工学**（Value Engineering = VE）という分野に発展した（286ページ参照）。

今日の IE は，オペレーションズ・リサーチ（OR），価値工学（VE）などを含む幅広い分野をカバーしている。

（4）戦略的生産管理論とかんばん方式

IE，OR，VE などの工学的な手法が発達すると同時に，コンピュータによって「構造化できる問題」の範囲が広がると，生産管理論は，より戦略的に活用されるようになった。

生産システムの設計は，どの顧客層（who）に，どういう製品（what）を，どのタイミング（when）で提供するかという問題をかかえている。そのためには，生産情報だけでなく，販売部門の顧客・マーケティング情報，購買部門の資材・外注情報など各部署の情報をタイミングよく調整していく必要があり，生産管理は**経営情報システム**（Management Information System = MIS）としても位置づけられる。

各企業は，市場の状況に応じて，独自の生産管理システムを構築する必要に迫

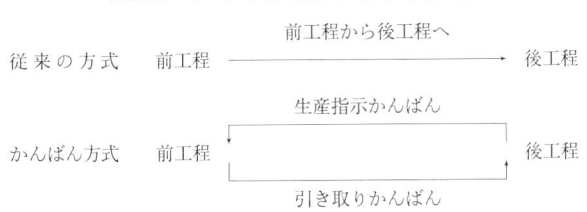

図表 18-3　かんばん方式の基本的考え方

```
                         前工程から後工程へ
従来の方式    前工程 ─────────────────────→ 後工程

                         生産指示かんばん
かんばん方式  前工程 ┌─────────────────┐ 後工程
                   └─────────────────┘
                         引き取りかんばん
```

られているが，そのような中で生み出されたのが，**MRP**（Material Requirements Planning），**FMS**（Flexible Manufacturing System）や**かんばん方式**などの生産システムである。

　MRP：①需要予測によりマスタープラン（基本計画）を作り，②構成部品表と在庫データによって部品の所要量を計算し，③リードタイムを加味して発注予定を決定するもので，部品点数の多い製品では膨大な計算を要するためコンピュータが活用される。

　FMS：多品種少量生産品目を統合して大量生産方式のメリットを享受しようというもの。需要の変化や技術の変化に応じて品目を変えていくため，これもコンピュータ制御がかかせない。

　かんばん方式：トヨタ自動車とその関連企業によって開発された生産方式で，在庫を極力作らないようにすることから，**ジャスト・イン・タイム方式**（just-in-time system）として知られているほか，海外メーカーにも採用されて**リーン・プロダクション**（lean production）ともよばれている。

　この方式は，（前工程が後工程を支配する）従来の生産方式とは逆に，後工程から届けられる「生産指示かんばん」にしたがって前工程が生産し，その生産を後工程が「引き取りかんばん」とともに引き取るところに基本的な考え方がある。

　2種類の「かんばん」が，グルグルと回ることで，中間の在庫がなくなる。基本的な考え方は単純であるが，あらゆる工程で，部品メーカーまで含めてこの方式を採用するため，ここでもコンピュータの利用はかかせない（図表18-3）。

② 生産管理に含まれる個別管理

　生産管理論は，さまざまな管理論を包括している。主なものを生産要素別あるいは目的別に整理してみたい。

（1）生産要素別の管理論（設備管理・資材管理・作業管理）

生産は，人（Man）と機械（Machine）を使って，材料（Materials）を製品に換える方法（Method）であり，それらの頭文字をとって「4つのM^*」とよばれている。

これらが，生産活動に必要な主要要素であり，以下のようにまとめられる。

① 人（Man）の管理……〔人事労務管理〕
　人材の管理と育成に関するの理論体系であるが，生産管理との関係では，作業者の効率的な配置や教育訓練など作業現場の**要員管理**に主眼が置かれる（第16章240ページ参照）。

② 機械（Machine）……〔設備管理〕
　どのような設備や機械をいつ，どのくらい導入するかという**設備計画**と，導入した設備や機械を最善の状態で効率的に維持していく**設備保全**に分けることができる。

③ 材料（Materials）……〔在庫管理，資材管理，購買管理〕
　在庫管理：製品・資材の在庫を管理することである。
　資材管理：原材料・部品・仕掛品・半製品などを管理すること。在庫数の管理という意味では在庫管理の一部になるが，その他に材料等の品質や原価の管理も含む。
　購買管理：原材料などの購買に関する管理で，原価以外に購買製品の価値分析や購買先の管理も含む

④ 方法（Method）……〔作業管理〕
　作業管理：（道具・時間・手順の）標準化に基づいて生産性を高めるように作業を進めることで，テイラーの科学的管理法の大部分がこの分野に関するものであった。今日の標準化決定はPTS（Predetermined Time Study）法など改良が加えられている。

（2）目的別の管理（品質管理・原価管理・工程管理）

生産管理の目的は，市場の要請に応えながら，需給ギャップをなくし生産性をあげていくことであるが，簡単にいえば「良い品（品質＝Quality）」を「安く（原価＝Cost）」「必要な時（納期＝Delivery）」に供給する体制を作ることともいえる。

したがって，やや狭い解釈ではあるが，既述の4Mとの関係で見れば，生産管理とは「QCDを達成するために4Mを管理する手法」ととらえることもできる。

① 品質管理（Quality Control）＝Qの管理

品質管理は，米国ベル研究所のシューハート（Shewhart, W. A.）が，1926年に『工業製品の品質の経済的管理法』で提唱したのが始めで，当初は，統計学を適用することが多かったため**統計的品質管理**（Statistical Quality Control＝SQC）とよばれていた。

1960年代になると，ファイゲンバウム（Feigenbaum, A. V.）らが消費者を満足させるために，製造工程以前の活動（設計など）から生産後の活動（サービスなど）まで含む**総合的品質管理**（Total Quality Control＝TQC）を提唱し，品質管理は製造部門だけで行なうのではなく，全社的な品質管理運動に発展した。

わが国では，第二次世界大戦後，JIS（Japanese Industrial Standard＝日本工業規格）の法制化（1949年）により注目され，デミング（Deming, W. E.）やジュラン（Juran, J. M.）らのセミナーを通じて品質管理に対する関心が高まった。

特に，デミング博士の名をとった**デミング賞**が，TQCの成果を示すものとして評価されるようになり，多くの企業が**TQC活動**として取り組むようになった。日本のTQCは，**7つの統計的手法**（層別分析，ヒストグラム，パレート図，チェックシート，特性要因図，散布図，管理図）を活用しながら，**QCサークル**とよばれる作業者集団が「Plan（計画）→Do（実行）→Check（評価）→Action（調整）」という**マネジメント・サイクル**に従って自主的に職場改善を進めるところに特徴がある（110,308ページ参照）。なお推進事務局の日本科学技術連盟

> 「4つのM」のような言い方は，覚えやすいので他の分野でもしばしば出てくる。たとえば，エマスン（Emerson, H）は，組織の理想のために，人（Man）・金（Money）・機械（Machine）・材料（Materials）・方法（Method）の「5つのM」を整備しなければならないと述べている。

はTQCを総合的品質経営（Total Quality Management = **TQM**）と呼称変更し、より広い経営改善運動と位置づけている。

② 原価管理（Cost Control） = Cの管理

原価の構成と原価計算については，第19章（292ページなど）で学ぶが，標準原価を設定して実績との差異を比較検討する方法が一般的原価管理である。

生産管理論における原価管理は，いかに市場での価値を下げずに原価低減（コスト・ダウン）を図るかという問題が中心になる。このため，IE，ORなども活用されるが，VAやVEがしばしば利用される。

価値分析（VA）は，製品の価値（消費者から見た機能・品質など）を低下させずにコストダウンをはかる手法で，創造的な発想転換を含んでいる。**価値工学**（VE）は，VAの考え方を，設計・研究開発，物流管理など応用しソフト面へも広げたものである。

VAおよびVEの基本的な考え方は，以下の公式で表わされる。

$$価値(V) = \frac{機能(F)}{原価(C)}$$

まず，消費者からみた機能(F)を評価し現在の原価(C)で割って，製品の価値(V)を数値化する。次に，無駄を排除してコストダウンをはかると同時に，従来の材料や方法にとらわれない発想転換を行なう。これは創造的アイデアを必要としており，そのために，製造部門だけではなく設計・開発や販売部門も含めた全社的な協力が不可欠である。

たとえば，魔法ビンの中身はガラスでできていたが，現在はステンレスを使うことで，製造工程も簡略化されたし，ガラス製に比べて割れにくく製品自体が軽くなった。消費者にとっての価値も向上したわけである。

原価管理には，VAやVEに限らず，①原価情報の正確な把握，②原価情報の伝達と共有化，③原価意識の徹底と高揚，④全社的な創意工夫によるコストダウンが必要である。

③ 工程管理（Process Control） = Dの管理

工程管理は，工程（受注から納品までの過程）を合理的に設計し，品質を維持・向上しながら生産効率を高めていく活動で，D（納期）の管理に直結する日程（スケジュール）管理だけでなく，品質管理，資材管理，在庫管理なども含む

広い概念である。

工程管理は、計画(P)→実行(D)→統制(C)のマネジメント・サイクルに従って行なわれるが、計画段階とそれ以降の段階で、工程計画と工程統制に分けられる。

工程計画には、次のような計画が含まれている。

(1) 手順計画…作業の順番を秩序だて合理的な手順を決定する計画
(2) 日程計画…他の作業との調整をとって作業スケジュールを決める計画
(3) 工数計画…人員と機械の仕事量(負荷)を測って工数*を決定する計画

工程統制には、次のようなものが含まれている。

(1) 速度管理…進捗状況をチェックし「遅れている作業」への対策をたてる。
(2) 余力管理…余裕時間*の適正をチェックして工程の最適な進捗をはかる。
(3) 実績管理…作業量・作業時間・品質など全般にわたる実績を管理する。

工程管理には、工程の流れを図式化するフローチャート(flow chart)や矢線図(arrow diagram)が利用されることが多いが、その代表的なものが、**パート法**(Program Evaluation and Review Technique = PERT)である。これは、アメリカ海軍によってポラリス・ミサイル開発計画のために考案されたオペレーションズ・リサーチの一つの手法である。

図表18-4は、単純なパート図であるが、○で囲んだ数字はノード(node)あるいはイベント(event)とよばれ、作業の開始と終了を示している。矢印はリンク(link)とよばれ、間の数字は時間(日数)を示している。

この数字を日数と仮定すると、この図では、工程の最初である①から最終の⑦まで8日から9日かかることになる。この図で、②→③を経由する工程は、④→

工数とは延べ作業時間のことで、「人時(man-hour)=人数×労働時間」または「人日(man-day)=人数×労働日数」で表わされる。
　余裕時間とは、偶発的な要因や疲労度を加味して、正味作業時間に加える時間のことで、標準時間=正味作業時間+余裕時間の公式がなりたつ。

第4編　個別の管理論および経営論

図表18-4　パート法

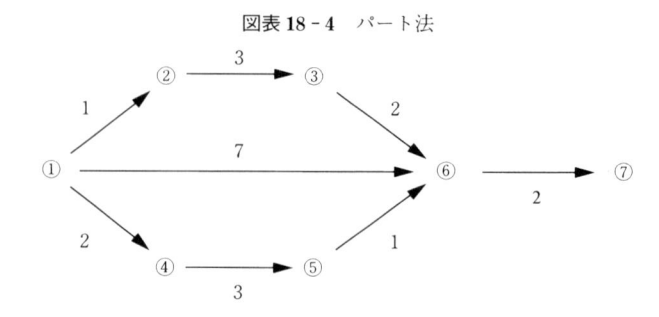

⑤を経由する工程とともに6日であるが，①→⑥のルートは最短に見えても実際には7日かかる。

したがって，この①→⑥の連鎖が余裕のない重要な経路（パス）であるので，**クリティカル・パス**（critical path）とよばれる。その際，所要時間と費用の計算式で最適な連鎖を算出する方法を**クリティカル・パス・メソッド**（Critical Path Method = CPM）とよんでいる。

このCPM法は米国のデュポン社が1957年に化学工場の保全計画のために開発したもので，パート法が所要時間だけを扱うのに対して時間と費用の両面を考慮して最短時間／最小費用でスケジュールを決定しようとするところに特徴がある。

演習問題

［1］　テイラーにおける標準化とフォードにおける標準化は多少異なる。第5章（バベージらの分業の分析）も参考にしながら，標準化のメリットを整理しなさい。

［2］　生産管理が情報管理と結びつく理由をあげて説明しなさい。

［参考文献］

テイラー／上野陽一訳『科学的管理法の原理』産業能率大学出版部，1969年（Taylor, Frederick W., *Principles of Scientific Management*, 1911）。

上野一郎『マネジメント思想の発展系譜——テイラーから現代まで』日本能率協会，1976年。

上野一郎監修・浜田芳樹編『経営管理を学ぶ』産能大学出版部，1993年。

兼子春三・安彦正一編著『マネジメントの基礎』多賀出版，1996年。

神戸大学経営学研究室編『経営学大辞典』中央経済社，1988年。

占部都美編『経営学辞典』中央経済社，1980年。

第19章　財務管理論

財務管理（financial management または managerial finance）とは，資金の調達と運用に関する管理のことで，投資決定，資産管理，利益処分，財務分析や合併・吸収，リース，清算など幅広い分野にまたがる。

日本では，財務管理を経営管理論や会計学の一分野として狭くとらえる場合もあるが，欧米では，財務管理にあたる**ファイナンス**（finance）が，経済学や数学・統計学を応用して著しい進歩をとげ，**アカウンティング**（accounting＝会計学と訳される分野）とは別に確立されている。

国際的な市場原理にはファイナンスの手法が組み込まれており，企業内でもファイナンスを担当する責任者は，**トレジャラー**（treasurer）あるいは**コントローラー**（controller）とよばれて企業全体の戦略的な意思決定に深く関与している。

1　財務諸表

財務管理のベースとなるのは，**財務データ**あるいは**会計データ**とよばれる情報である。これらは，企業の財政状態を会計処理ができるように数値化して表わしたもので，経営状況をすべて表わしているものではない。たとえば，優秀な人材をかかえている企業は人的資源が豊富であるが，これらを会計的に評価して資産内容に組み込むことは難しいため，一般に，財務データからはずされる。

最も基本的な財務データは，**財務諸表**（financial statements）とよばれるもので，貸借対照表，損益計算書を含んでいる。

（1）貸借対照表

貸借対照表（balance sheet＝B/S）は，（決算期など）ある時点における企業の

財政状態を示すストックの概念で，資産と負債・純資産の残高を表わしている。左右の合計額は必ず同額でバランスするため，バランス・シートあるいは略して **B/S** ともよばれている。

① 資　産

資産 (assets) は，企業が有する財貨や権利のことで「企業の有形・無形の財産」であるが，営利目的で用いられるため，個人に使われる「財産」という用語は使わずに「資産」とよばれる。貸借対照表では，(1)流動資産，(2)固定資産および(3)繰延資産に分けられる。

(1) **流動資産** (current assets)：短期（通常 1 年を越えない期間）に現金化（または費用化）できる資産で，現金・預金，売掛金や受取手形などの**売掛債権**，商品や半製品，仕掛品などの在庫や棚卸資産を含む。

(2) **固定資産** (fixed assets)：通常，1 年を越える長期にわたって現金化（または費用化）されない資産のことで，土地・建物・機械設備などの**有形固定資本**以外にも営業権（のれん代）などの**無形固定資本**がある。

(3) **繰延資産** (deferred charges)：長期的に投資的効果のある経費のことで，費用（貸借対照表上は右側）には計上せず，資産として処理し，**減価償却**していく資産項目である。創業費，改行費，研究開発費など。

② 負　債

負債 (liabilities) とは，出資者以外の第三者に負っている債務のことで，(1)流動負債と(2)固定負債に分類される。この負債は，第三者から調達した資本という意味で，**他人資本**ともよばれる。

(1) **流動負債** (current liabilities)：短期（1 年を越えない期間）に支払う必要のある負債で，「短期負債 (short-term liabilities)」ともいう。仕入先などに支払う買掛金や支払手形などの**買掛債務**，あるいは銀行などに返済する**短期借入金**を含んでいる。

(2) **固定負債** (non-current liabilities)：流動負債ではない長期の負債で，「長期負債 (long-term liabilities)」ともいう。**社債**，長期借入金，退職給与引当金などを含む。

図表 19 - 1　貸借対照表の構成

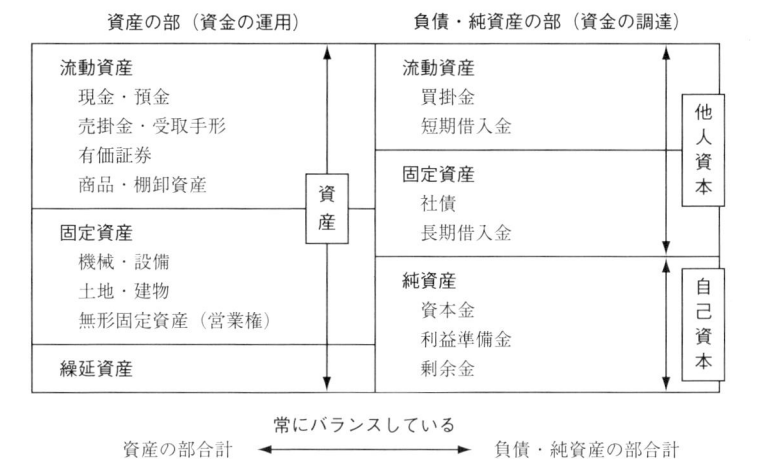

```
        資産の部（資金の運用）          負債・純資産の部（資金の調達）

    流動資産                          流動資産
      現金・預金                        買掛金                    ┐
      売掛金・受取手形                  短期借入金                │ 他
      有価証券                                                    │ 人
      商品・棚卸資産            資    固定資産                    │ 資
                                        社債                      │ 本
    固定資産                  資      長期借入金                  ┘
      機械・設備              産
      土地・建物                      純資産                      ┐
      無形固定資産（営業権）             資本金                    │ 自
                                        利益準備金                │ 己
    繰延資産                            剰余金                    │ 資
                                                                  ┘ 本

              常にバランスしている
       資産の部合計 ←――――――→ 負債・純資産の部合計
```

③　純資産

　貸借対照表上の**純資産**（stockholders' equity）は，通常の**資本**（capital）*とは異なり，「株主資本」あるいは**自己資本**を意味する。これは出資者の持分である正

　売掛債権とは，「掛け」で売った債権（後で支払いを受けられる権利）という意味から代金が未回収の売上勘定を示す。代金が未回収の**売掛金**と，手形で受け取っているが現金化されていない**受取手形**が代表的なものである。これに対して，「掛け」で買った債務（後で支払う義務）を負っているのが**買掛債務**で，その内訳が**買掛金**と**支払手形**である。こうした現金を伴わない企業間の取り引きを**企業間信用**とよぶ。

　減価償却（depreciation または amortization）とは，固定資産が時間の経過する際に減じる価値を費用（減価償却費）として計上する会計上の方法で，有形固定資産の場合は depreciation，無形固定資産および繰延資産の場合は，amortization とよぶ。

　社債（bond）は，社名を記した債権（借用書）で一般投資家から直接借り入れるため，証券会社を通じて発行されるが，株式とは異なる。第一に，社債は償還期限と利息を決めているのに対し，株式はない。第二に，社債権者（社債の購入者）は企業外部の投資家と位置づけられるが，株主（株式の購入者）は法律上で企業内部のものとされる。したがって，社債は借入金と同様に「負債」であるが，株式は内部の「資本」とされる。

　通常の**資本**（capital）の定義は明確でない。自己資本と他人資本の合計として**総資本**という用語があるが，これを資本とよぶこともある。この場合，「資本」は「資産」と同義である。また，人的資本という用語があるが，この場合，経営資源の一つである人的資源を意味しており，「資本」は「資源」という意味でも使われる。

味資産を示しているので**純資産**とよばれる。純資産には，①企業が株式を発行して集めた**資本金**，②各種のリスクや企業拡張のために準備する**利益準備金**，③最終的な**剰余金**などが含まれる。

準備金と剰余金の扱いは商法と会計原則で分類が微妙に異なるが，両者は共に，税金や配当を支払った後の利益であるから，利益を内部に留めておくという意味で**内部留保**（retained earnings）とよばれる。

（2）損益計算書と利益処分計算書

損益計算書（income statement または profit and loss statement = P/L）は，一定期間における企業の経営成績を示すフローの概念で，利益（profit）と損失（loss）を表わすためP／Lと略される。

損益計算書には売上高と主な費用項目があり，その差額により各種の利益が示されている（図表19-2）。

【損益計算書の主な項目】

(1) **売上**（sales）：販売を金額で表わしたもので，理論的には製品構成別に販売価格（単価）と販売数量の積で得られる。（売上＝販売価格×販売数量）

(2) **売上原価**（cost of sales または cost of goods sold）：製造業であれば「製造原価」にあたり，商社・小売業などでは「仕入原価」にあたる。製品一個あたりにつき生じる変動費の要素が強い（変動費については297ページ参照）。

(3) **売上総利益**（gross income）：売上から売上原価を差し引いた利益で，**粗利**（あらり）ともよばれる（売上総利益＝売上－売上原価…図のA）。

(4) **販売費**（selling expenses）および**一般管理費**（general expenses）：販売手数料，広告宣伝費，光熱費，賃貸料，保険料など販売部門や事務・管理部門の費用であり，一般には固定費（後述）の要素が強い。あわせて「販売・管理費」とよばれることもあるし，縮めて「販管費」とよぶこともある。

(5) **営業利益**（operating income）：売上総利益から販売費と一般管理費を差し引いたもので，企業が本業で得た利益を示している（営業利益＝総利益－販売・管理費…図のB）。

(6) **営業外収支**（non-operating profit and loss）：営業外収益（受取利息・割引料＋受取配当金＋有価証券利息）と営業外費用（支払利息・割引料＋社債利息）の差額で「金融収支」ともよぶ。

図表19-2　損益計算書の構成

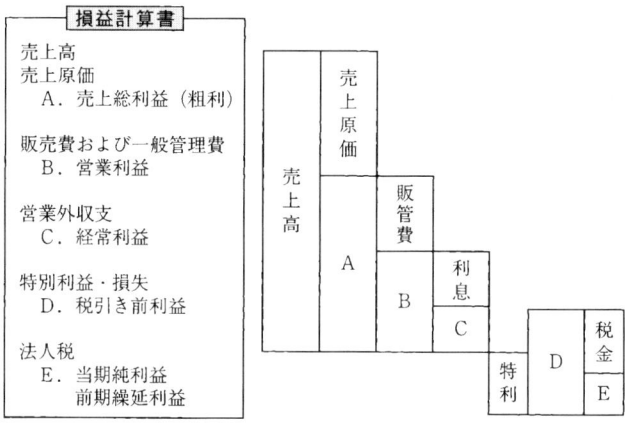

```
┌─損益計算書──────┐
│ 売上高              │
│ 売上原価            │
│   A．売上総利益（粗利）│
│                     │
│ 販売費および一般管理費│
│   B．営業利益        │
│                     │
│ 営業外収支          │
│   C．経常利益        │
│                     │
│ 特別利益・損失      │
│   D．税引き前利益    │
│                     │
│ 法人税              │
│   E．当期純利益      │
│     前期繰延利益    │
└─────────────────────┘
```

▶損益計算書の主な項目をあげ，主な利益をAからEまで示して図式化して示してある。この図は，営業外収益として支払利息が生じ，売上高に加えて特別利益が出たケースである。

(7)　**経常利益**（ordinary income）：営業利益から営業外収支を加減したもので，（営業活動と金融収支を含めた）通常の企業成績を示すものとされる（経常利益＝営業利益－営業外収支…図のC）。

(8)　**特別損益**（extraordinary profit and loss）：土地の売却などの特別利益と天災などによる特別損失の合計である。

(9)　**税引前利益**（income before tax）：経常利益から特別損益を差し引いたもので，法人税を支払う前の当期利益（あるいは損失）を示している（税引前利益＝経常利益－特別損益…図のD）。

(10)　**当期純利益**（net income）：税引前利益から法人税を差し引いたもの（当期純利益＝経常利益－法人税…図のE）。

2 財務分析

財務分析（financial analysis）は，企業の財務内容を分析する手法で，財務諸表をベースにする**財務諸表分析**（financial statement analysis）が中心になるが，**経営分析***としても活用される。

財務分析は，銀行や証券アナリストが融資や投資の判断材料として使ったり，競合他社の実力を検討するために**外部分析手法**として活用されるが，自社の経営状態をチェックする**内部分析手法**としても活用される。

財務分析のポイントは，一般に企業の(1)収益性・効率性，(2)安定性を見ることにあり，財務データの比率を見る**比率分析**（ratio analysis）とよばれる手法がしばしばとられる。比率分析には，(A)**収益性比率**，(B)**資本回転率**，(C)**流動性比率**，(D)**負債依存比率**の4つが基本的なものとしてある（図表19-3）。

（1）収益性・効率性の分析

収益性は，売上，資産または資本を分母にして，利益を分子にした**収益性比率**（profitability ratio）で算出できる。分子の利益は，営業利益，経常利益，当期純利益などのうちから適切なものをあてる。

効率性は，資本を分母において売上を分子にした**資本回転率**（activity ratio）でみることができる。これは資本をいかに活用しているかを示すもので，比率が高いほど資本を効率的に活用して回転させていることになる。

これら収益性比率と資本回転率は密接な関係がある。たとえば，**総資産（総資本）利益率**（return on assets = ROA）は，分子・分母に売上高を挿入して分解すると以下の等式のように，売上高利益率と総資本回転率に分解できる。

$$総資本利益率 = \frac{利益}{総資本}$$
$$= \frac{利益}{売上高} \times \frac{売上高}{総資本}$$
$$= 売上高利益率 \times 総資本回転率$$

これにより企業の基本的なビジネス・スタンスを読み取れる。ビジネスは，薄

図表19-3 主な比率分析

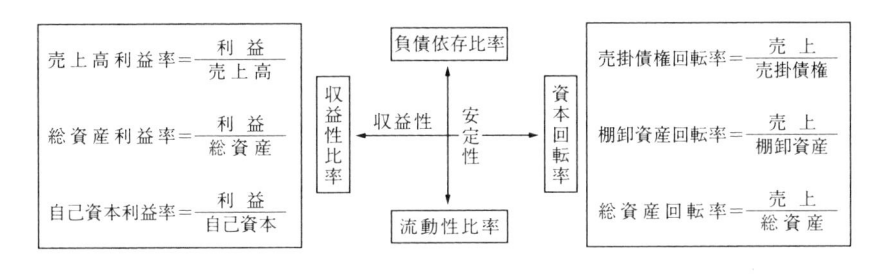

$$負債比率 = \frac{負債合計}{総資産}$$

$$利益対利息比率 = \frac{税引前利益＋支払利息}{支払利息}$$

$$売上高利益率 = \frac{利益}{売上高}$$

$$総資産利益率 = \frac{利益}{総資産}$$

$$自己資本利益率 = \frac{利益}{自己資本}$$

収益性比率 ― 収益性 ― 安定性 ― 資本回転率

負債依存比率 / 流動性比率

$$売掛債権回転率 = \frac{売上}{売掛債権}$$

$$棚卸資産回転率 = \frac{売上}{棚卸資産}$$

$$総資産回転率 = \frac{売上}{総資産}$$

$$流動比率 = \frac{流動資産}{流動負債}$$

$$当座比率 = \frac{流動資産－棚卸資産}{流動負債}$$

利多売で商品の回転を上げる方法もあるが，あまり売れなくてもしっかり利幅をとるやり方もある。総資本利益率は，前者（回転率志向）と後者（利益率志向）を見分けるために回転率と利益率に分けてみることができるのである。

また，回転率と利益率は，設備投資の効率を見る指標にもなる。売上高の伸びが設備投資より低い場合は，資本回転率は下がる。設備投資を控えれば回転率は上がるが，設備投資を怠ると生産性が低下して利益率も下がるので，その辺のさじ加減が大事になる（後述「オペレーティング・レバレッジ」298ページ参照）。

（2）安定性の分析

安全性は，企業の他人資本（負債）への依存度を示す**負債依存比率**（leverage ratio）で見ることができる。

> **経営分析**とは企業の経営成績や財務内容に関して診断する方法であり，財務分析にはない原価分析などを含み，財務分析より広い意味がある。経営者が意思決定のために行なう内部分析と銀行や投資家が企業を診断する外部分析がある。

たとえば、**負債比率**（debt ratio）は、負債が総資産（総資本）に占める割合を示しており、これが低いほど安定性があると考えられる。これには、いくつかバリエーションがあり、分母に総資本ではなく、自己資本をおいた場合には、**負債対資本比率**（debt-equity ratio）になる。総資本ではなく使用総資本を好むアナリストもいる。

逆に、分子に自己資本をおき、分母に総資産をおけば**自己資本比率**（株式資本比率）にもなる。これは負債比率を1から引いたもので、この比率が大きいほど企業は安定していると見られる。（下記等式参照）

$$負債比率 = \frac{負債}{総資産} = 1 - 自己資本比率$$

$$負債対資本比率 = \frac{負債}{自己資本}$$

$$自己資本比率 = \frac{自己資本}{総資産} = 1 - 負債比率$$

安全性のもう一つの指標は、**流動性比率**（liquidity ratio）である。企業は、自己資本の比率が高くて（自前の財産があっても）現金など当面の運転資金がなければ商品の仕入れも従業員の給料も払えない。そこで、短期の支払能力をみるのがこの比率である。

流動比率（current ratio）は、流動資産（現金・受取手形・売掛金・棚卸資産）を分子にして流動負債（支払手形・買掛金・短期借入金）を分母にした比率で、当面入ってくる資金（分子）が当面出ていく資金（分母）をどの程度上回っているかを測る。

当座比率（quick ratio）は、流動資産のうち棚卸資産を差し引いた当座資産を分子にするものである。棚卸資産を控除するのは、換金性が低く評価損が生じるからである。企業は資金運用上、出金より入金が常に上回っていなければならないので、流動比率や当座比率が100％以下の場合は危険信号である。

③ 損益分岐点分析

損益分岐点分析（break-even analysis）とは、売上と総費用が一致する損益分岐点（採算点）を、主に損益分岐図表（利益図表）を使って分析する手法をい

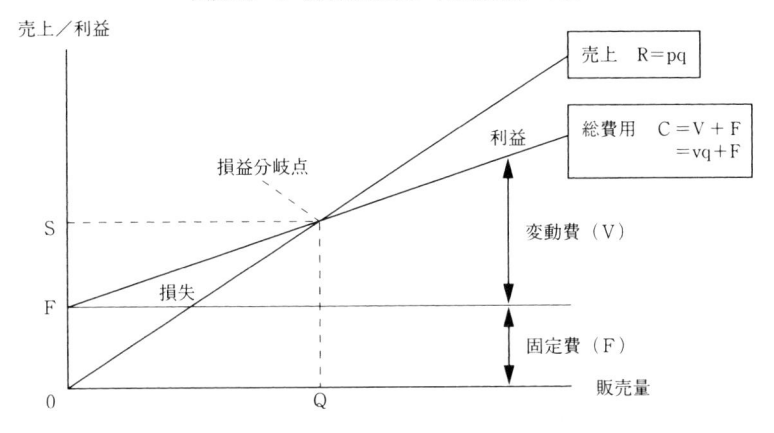

図表 19‐4 損益分岐図表（利益図表）の例

[図：損益分岐図表。縦軸「売上／利益」、横軸「販売量」。売上 R=pq、総費用 C=V+F=vq+F、損益分岐点 Q、S、F、変動費（V）、固定費（F）、利益、損失が示されている。]

う。

これは，新製品の販売価格を決定したり，原価管理や予算管理，あるいは収益構造を分析する際に使われる。また，オペレーティング・レバレッジを考慮した設備投資計画の参考にもなる。

（1）損益分岐図表の構造

この分析では，費用を変動費と固定費に分けて考える。

変動費（variable cost）：販売量や生産量に比例してかかる費用で，原材料費，直接労働費，流通コスト，販売員手数料などを含む。理論的には販売や生産がない場合，この変動費はゼロになる。

固定費（fixed cost）：販売量や生産量とは関係なく固定的に同じ金額が必要となるような費用のことで，固定資産の維持費，一般管理費，減価償却費，利子，研究開発費などが含まれる。

図表 19‐4 は最も単純な損益分岐図表で，以下のような仮定にたっている。

販売単価：p
販売数量：q
変動費：一個あたり v，総額 $V = v \times q$
固定費：F で一定

売上(R)は，販売単価に販売数量をかけたもので，R＝p×qとなる。図ではゼロから比例してのびる直線で画かれている。

総費用(C)は，変動費(V)と固定費(F)を加えたもので，C＝V＋Fすなわち C＝v×q＋Fとなる。図では，Fからのびた傾きの少ない直線で画かれている。

この2つの直線は，前半では総費用直線が売上直線より上にあり，後半では売上が総費用を上回っている。つまり，前半が損失，後半が利益を示している。そして，2つの直線が交差した点が損益分岐点で，その時点の売上(S)と販売数量(Q)が求められる。

これは，R＝p×qとC＝v×q＋Fが一致する点であるから，2つの式をR＝Cとして解くと，損益分岐点に必要な販売数量は，以下のようになる。

$$販売数量(Q) = \frac{固定費(F)}{販売単価(p) － 単位変動費(v)}$$

（2）オペレーティング・レバレッジ

オペレーティング・レバレッジ（operating leverage）とは，設備投資して固定費を増大した結果，単位当たりの変動費が抑えられ利益の伸びが拡大する効果を，「レバー（てこ）の原理」を使って説明したものである。

あまり機械設備をもたない場合は，固定費は小さいが1個あたりの変動費が大きいため，総費用直線(A)の傾きは急になる。その結果，損益分岐点(a)は少ない販売量で達成できるが，損益分岐点を過ぎた後の利益の伸びは小さくなる（図表19‐5の左側）。

機械設備に積極的に投資した場合は，設備投資による固定費（減価償却費や維持費）は大きくなるが，単位当たりの変動費は人件費の節約などで小さくなるため，総費用直線(B)の傾きは緩やかになる。その結果，損益分岐点(b)達成後の利益の伸びは大きくなる（図表19‐5の右側）。

レバレッジとは，「てこの作用」のことで，直線(A)より直線(B)の方が「てこの力」が加わっているように見えるので「レバレッジが進んでいる」と表現する。このような企業は，設備投資をした分だけ売上高が利益に大きく反映するため，好況に強く不況に弱い。

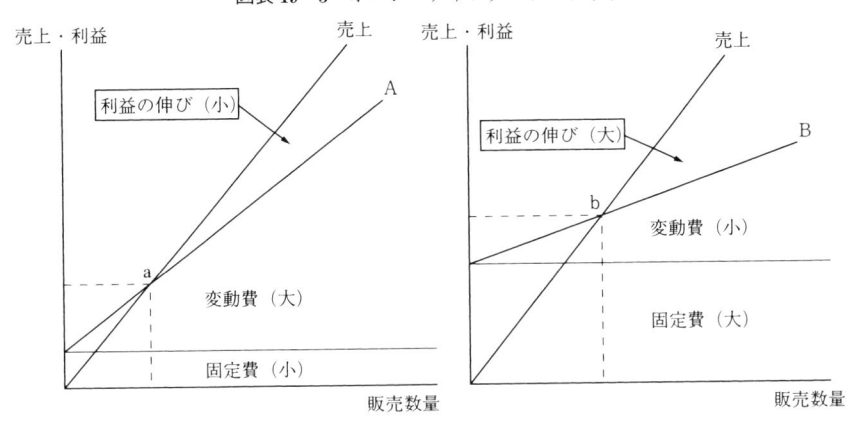

図表 19-5　オペレーティング・レバレッジ

4　資本構成とレバレッジ

（1）資本構成

資本構成（capital structure）は，一般に貸借対照表の右側（貸方）の構成を意味し，「資本構造」あるいは「財務構成」ともよばれる。ただし，総資本＝総資産の立場から，貸借対照表の左右の構成を示す場合もある。本書では，前者を垂直的資本構成，後者を水平的資本構成とよぶ。

① 水平的資本構成

貸借対照表の右側は**資金調達**の中身がわかるようになっている。たとえば，資金が**企業間信用**（買掛金や支払手形）によっているのか，銀行からの借入金によるのか，社債発行によるのか，増資や見処分利益の留保金からなるのかなどである。

左側は資金がどのように使われているかという**資金運用**がわかるようになっている。たとえば，現金や預金が多いのか，在庫が多いのか，機械設備に多く活用されているのかなどである。

左右を比べることで企業の支払能力を知ることができる。たとえば，流動資産は流動負債を上回っている（流動資産＞流動負債）必要があり，これらを比較した流動比率が，企業の安定性を示す指標になる。

② 垂直的資本構成

貸借対照表を縦に見ても企業の安定性がわかる。貸借対照表は，資産＝負債

（他人資本）＋資本（自己資本）の等式からなるが，この等式が成立するためには，資産が負債を上回る（資産〉負債）状態でなければならない。負債が資産より多くなる（負債〉資産）と**債務超過**に陥り，企業は倒産する。

負債と資本のバランスは**負債比率**や**自己資本比率**で表わせるが，これが収益性に影響を与えている。これを**ファイナンシャル・レバレッジ**（financial leverage）とよぶ。

さらに，資本構成を詳しく見れば，企業が資金を調達するために必要な経費，利子，配当などから**資本コスト**（cost of capital）を算出することができる（資本コストは303ページ参照）。

（2）ファイナンシャル・レバレッジ

ファイナンシャル・レバレッジ（financial leverage）とは，負債比率を変えると「てこの原理」が働いて，収益性が変わる財務上の効果のことである。

総資本利益率（return on assets = ROA）は，総資本に対する利益率のことである。**自己資本利益率**（return on equity = ROE）とは，自己資本に対する利益の比率のことで「株主資本利益率」ともいう。これら ROA と ROE は，投入した資産や資本が生み出した利益率という意味で，**投資利益率**（return on investment = ROI）の代表的な指標である。

途中の計算は省略するが，両者の関係を式で示すと，以下のようになる。

E（Equity）：自己資本（株主資本）
D（Debt）：他人資本（負債）
A（Assets）：総資本
e（return on equity）：自己資本利益率
a（return on assets）：総資本利益率
i（interest rate）：利子率
t（tax rate）：税率

$$e = \left\{ a + (a-i) \times \frac{D}{E} \right\} \times (1-t)$$

すなわち負債対資本比率（D/E）が高いほど，好況（a＞i）の時は自己資本利

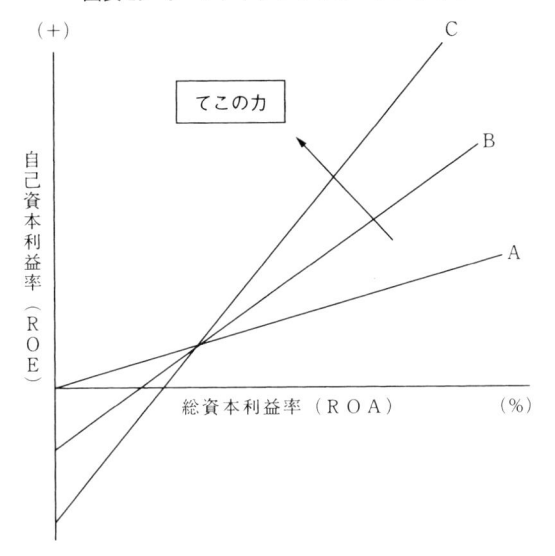

図表 19-6　ファイナンシャル・レバレッジ

益率（e）が高くなり，不況（a＜i）の時は自己資本利益率（e）が低くなる。

図表 19-6 では，A→B→C と負債の比率が高まっている例である。総資本利益率（ROA=a）が高まるほど，自己資本比率（ROE=e）が「てこの力」で高くなっている。

5　企業評価と投資計画

企業の評価や株価あるいは投資計画の決定は，将来の収益（正確にはキャッシュ・フロー）をいかに評価するかという問題と直結している。キャッシュ・フロー（cash flow）とは，企業が実質的に獲得する資金収支で，会計上の収益（純利益）に減価償却費のような資金支出を伴わない損金を加えたものである。

（1）現在価値

ファイナンスでは，このような将来収益の評価に**現在価値**（present value）という概念を使う。**現在価値**とは，利子計算の逆の発想に基づいて将来の予想収益を割り引いた値である。

図表 19-7　利子計算（将来価値）と現在価値

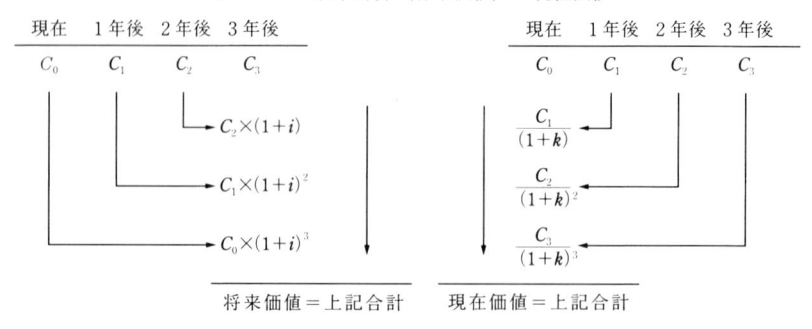

現在　1年後　2年後　3年後	現在　1年後　2年後　3年後
C_0　C_1　C_2　C_3	C_0　C_1　C_2　C_3
$C_2\times(1+i)$	$\dfrac{C_1}{(1+k)}$
$C_1\times(1+i)^2$	$\dfrac{C_2}{(1+k)^2}$
$C_0\times(1+i)^3$	$\dfrac{C_3}{(1+k)^3}$
将来価値＝上記合計	現在価値＝上記合計

　利子（複利）計算では，利子率（i）を毎年のキャッシュ・フロー（C）に掛けた利息を加えていくので，将来価値は，(1+i) の累乗で加算される。したがって，現在 C0 の現金を預金し，1 年後に C1，2 年後に C2 を預けると予定した場合，3 年後にある現金 C3 を加えて受け取るキャッシュ・フローは，以下のようになる（図表 19-7 の左側）。

$$C_0\times(1+i)^3 + C_1\times(1+i)^2 + C_2\times(1+i) + C_3$$

　これに対して，現在価値計算では，一定の割引率（k）を想定して，将来期待できるキャッシュ・フローを (1+k) の累乗で割って算出する。たとえば，ある投資計画で，1 年後には C1，2 年後には C2，3 年後には C3 のキャッシュ・フローが期待できるとすると，その現在価値は以下のように表わせる（図表 19-7 の右側）。

$$C_0 + \dfrac{C_1}{(1+k)} + \dfrac{C_2}{(1+k)^2} + \dfrac{C_3}{(1+k)^3}$$

　この 2 つの式を比較した上で，将来期待できるキャッシュ・フローの現在価値が，現在ある現金を上回り，預金するより有利な場合，その企業（あるいは投資計画）に投資すると考えられる。

（2）資本コスト

　企業価値や投資計画を評価する際に使用した割引率（k）は，**資本コスト**とよ

ばれる。

資本コスト（cost of capital）は，投資家が企業に期待する収益率であり，経営者にとっては投資決定の基準となるものである。ただし，会計処理上の原価概念ではなく他の収益を諦めた時に生じる**機会費用**（opportunity cost）を意味している。

たとえば，投資家が，銀行預金や社債購入などさまざまな投資機会のうち，それらを諦めて企業の株式を購入したとすると，その期待収益率は，銀行預金や社債からの利子（収益）に見合う機会費用となる。同様に，企業経営者も，いくつかある投資機会のうち，他の収益機会を諦めて投資決定を行なうわけで，こうした意思決定における機会費用を資本コストとよぶ。

この資本コストは，利子率のように確定したものではなく，一定のリスクを計算に入れたもので，そのリスク部分を**リスク・プレミアム**（risk premium）とよぶ。ファイナンスでは，これを確立変数とみなして数学や統計学を使って算出する。

以上は，ファイナンス理論のごく一部であるが，ファイナンスは，流動資産と流動負債の管理にあたる**ワーキング・キャピタル・マネジメント**（working capital management）や株式の分散投資理論である**ポートフォリオ理論**（portfolio theory）など幅広い分野に広がっている。

[演習問題]

[1] リスクには，企業独自のビジネス・リスク（business risk）と資本調達によるファイナンシャル・リスク（financial risk）がある。これらとオペレーティング・レバレッジおよびファイナンシャル・レバレッジの関係を整理しなさい。

[2] 日本企業の資本調達は，買掛金（企業間信用）や銀行からの借入金が多く自己資本比率が低いといわれている。このことが日本企業の経営にどのような影響を与えているかを第20章も参考にして考えなさい。

[参考文献]

小幡恭弘『ファイナンス教科書』PMC出版，1984年。
亀川雅人・鈴木秀一『入門・経営学』新世社，1997年。
上野一郎監修・浜田芳樹編『経営管理を学ぶ』産能大学出版部，1993年。
神戸大学経営学研究室編『経営学大辞典』中央経済社，1988年。
占部都美編『経営学辞典』中央経済社，1980年。

第20章 日本的経営論

1 日本的経営論とは

日本的経営論とは，日本企業（特に大企業）に共通した経営スタイルや経営システムに関する研究で，日本経済の急成長に注目した欧米の研究者やジャーナリストなどが，日本企業の経営風土や人事教育慣行を中心に「日本的経営（Japanese Management Style または，Japanese Management System）」とよんだことから始まった。

最初に日本的経営に着目した研究者の一人は，アベグレン（Abegglen, J. C.）である。彼は，文化人類学者であったが，数名の労働経済学者たちと戦後の日本企業を欧米の企業と比較して『日本の経営』（1956）を発表し，日本特有の長期雇用慣行を**終身雇用**（life-time employment）と命名した。

その後，1970年には，OECD（経済協力開発機構）の対日労働報告書が発表され，「終身雇用」に加えて，「年功序列」と「企業内労働組合」を日本的経営の柱として取り上げた。こうしたこともあって，これら3つの要素が，日本的経営を支える「三種の神器」として広く内外に知られるようになった。

さらに，1970年代後半には，二度にわたるオイルショックから日本企業がいち早く立ち直ったことで，「日本的経営」が一層注目されるようになり，イギリスの『エコノミスト』やアメリカの『ニューズ・ウィーク』など，経済・ビジネス誌にも特集記事として取り上げられるようになった。

さらに，ハーヴァード大学の社会学者ヴォーゲル（Vogel, E.）が『ジャパン・アズ・ナンバーワン』を通じて，日本的経営を高く評価し，その「ボトム・アップ」方式の経営をアメリカは学ぶべきだと強調した（ボトム・アップ経営については308ページ参照）。

ここにいたって，日本的経営は神話のようにもてはやされたが，それは日本経済が好調な時においてであり，バブル経済が崩壊すると，その評価も見直されるようになった。日本的経営にはメリットとともにデメリットも含まれており，条件が変わると強みが弱みに変化することがある。現在では，企業側も日本的な労働慣行を見直していることや，従業員側の労働観も変化していることから，日本的経営の基盤そのものも変質しつつある。

2 日本的経営の特徴

(1) 日本的経営を支える「三種の神器」
① 終身雇用

終身雇用とは，学校を卒業して最初に就職した企業に定年退職になるまで雇用される雇用慣行であり，正確には終身雇用的雇用慣行あるいは長期雇用慣行とよぶべきである。日本では，定年になるまで（終身に近い形で）同一企業に努める人が多いために，転職が多い欧米の慣行と比較して命名された。

これを「終身雇用制度」として「制度」のようにいう人もいるが，日本でも正式な雇用制度としては，欧米と同じ**契約雇用**であり，労働協約に基づいた解雇がないわけではない。つまり，雇用慣行として「長期雇用」が定着しているにすぎない。また，日本でも中小企業では，転職率が高いため終身雇用とはいえない現実もある。大企業を中心にした慣行である。

② 年功序列

年功序列とは「年功昇進制」および「年功賃金制」を含むもので，勤続年数に応じて年長者を高く評価する人事考課および給与算定のシステムあるいは慣行のことである。

年功昇進制：年功によって昇進を決定する仕組みあるいは慣行のこと。海外では，ビジネススクールなどを出た比較的若い経営者がトップに立つことが多いが，日本では，課長→部長→重役→社長と，地位が上がるごとに年齢も高くなる傾向がある。これは，地位が勤続年数によって評価されるからである。これも人事考課の評点に勤続年数を組み入れている企業と，慣例として年功を昇進に加味している企業とがあり，必ずしも「制度」とはよべない側面がある。

年功賃金：①属人給と②定期昇給制度で説明される。給与には勤続年数などに

応じた「属人給」と仕事の内容による「仕事給」があるが，日本企業の場合には属人給が相対的に高い。また，定期昇給制度とは，毎年，同じ時期（たとえば4月）に昇給する仕組みで，そのために，勤続年数が長くなると賃金も比例して高くなる（第16章246ページ参照）。

欧米でも経験や仕事の熟練度は，地位や賃金を評価する上で加味されるが，作業者レベルでは専門性が重視されるし，経営者レベルでは年俸契約などその人の実績や能力に応じて職位や賃金を決定することが多い。プロ野球の選手が「年俸」で契約するのと同じで，その年の実績で評価されるのである。

③ 企業内労働組合

企業内労働組合とは，特定の企業の従業員を職種や職員・工員の区別なく一括して組合員とする労働組合のことである。欧米では，職種によって複数の組合があり，職員と工員は別々の組合に参加する傾向があるので，日本的経営の特徴とされる。

この企業内労働組合は，原則として1企業に1組合が組織され，企業の中に組合があるようなので「企業内組合」とよばれるが，トヨタ労組，日産労組のように企業ごとに労働組合が組織されていることから，**企業別組合**ともよばれる。また，企業の正規従業員を組合員とする労働組合であるため，**従業員組合**ともよばれる。

従業員は，正規従業員となった段階で自動的に企業内組合の組合員となるが，このような「従業員＝組合員」とする組合保障制を**ユニオン・ショップ制**という。

これに対して，欧米では，企業の枠を越えてアメリカ自動車労働者組合（United Auto Workers Union = UAW）のような**産業別組合**や**職業別組合**を作ることが一般的である。

日本では，トヨタを解雇された場合には，トヨタ労組の組合員ではなくなるが，アメリカでは，GMやフォードという自動車会社を解雇されてもアメリカ自動車労働者組合（UAW）の組合員である。

日本にも，UAWにあたる金属労連があるが，このような産業別組織は，トヨタ労組，日産労組など個別の企業内組合が集まった労働組合連合であり，賃金交渉など団体交渉は個別の企業内組合が行なっている。

（2）その他の特徴
① 新卒者一括採用

日本的経営の「三種の神器」を裏返すと，日本企業独自の従業員採用方式が浮かび上がってくる。日本では，3月に卒業した大学生や高校生を，一括して新規採用する。新卒者は，「新入社員」として，4月に入社する。

ところが，欧米では，仕事の必要に応じて従業員を採用するため，日本のように4月に一括して新規卒業生が入社するようなことはない。年間を通じて採用する**通年採用制**が普通であり，転職率が高いこともあって，新規卒業者に限らず採用が行なわれる。

この**新卒者一括採用**は，転職による労働市場を狭め，終身雇用・年功序列・企業内組合の枠組を作っている。終身雇用の慣行は，一括して採用する新卒者を定年退職まで雇用することで，年功序列も，新規採用者を地位と賃金で最低ラインに置くことで成立している。また，企業内労働組合がユニオンショップ制をとるのも，一括して新卒者を採用することと結びついている。個別に従業員を勧誘することなく，一括して従業員を組合員とできるからである。

② 企業内教育

新卒者一括採用と直結しているものとして「企業内教育」があげられる。日本では大学教育とあまり関係なく人材を採用する傾向がある。たとえば，法学部の学生が必ずしも法律関係の部署に配属されるとは限らない。

新卒者は，新入社員研修という導入教育を受け各職場に配属されるが，各職場では，職場の特性や専門性に応じた**OJT**教育を受ける。また，必要に応じて技術・知識・管理手法などについても集合教育のようなかたちで**Off JT**教育をうける（第16章248ページ参照）。

こうした日本企業の長期にわたる人材育成は，未熟なヒナの段階から育てるやり方にたとえて**子飼いの教育**とよばれる。

これに対して，欧米では，教育は「個人で行なうべきもの」という考えが一般的で，企業も個人の専門知識に応じて採用する傾向がある。たとえば，法学部の大学院にあたるロースクールの卒業者は，法律の専門家として高く評価されるため，一度就職した企業を辞めてロースクールに再入学するケースが多い。高い報酬を求めて個人の負担で自分に教育投資するわけで，企業は，その成果を専門性として評価するのである。

③ ボトム・アップ経営

意思決定の流れが，上位の経営層から命令・指示の形で上意下達の方向に降りてくる場合を**トップ・ダウン方式の経営**（あるいは**トップ・ダウン経営**）とよび，下位の管理層から提案のかたちで下意上達の方向に向かう場合を**ボトム・アップ方式の経営**（あるいは**ボトム・アップ経営**）とよぶ。

日本企業では，部課長など下位の管理層から問題提起や解決方法の模索が行われることが多いのでボトム・アップ経営といわれる。最終的な決定はトップが行なうが，それは下位層の提案を受け容れる「承認」というかたちである。

これに対して，欧米は，**チーフ・エクゼクティブ・オフィサー**（Chief Executive Officer = CEO）とよばれる最高経営責任者が，独自の経営に基づいて意思決定を行なうので，トップダウン経営が一般的である。

日本企業のボトム・アップの流れは，稟議制度にも現われている。**稟議(りんぎ)制度**とは，幅広い部門の承認を得る必要がある懸案（稟議事項）を，直接担当あるいは実施する部署の下位管理層が，稟議書のかたちで提案し，それを関連部署とその所属長に回覧して，最終的に上層部の承認を得るものである。

また，**QC サークル**などの小集団活動や提案制度も，こうしたボトム・アップ経営を支えている。

小集団活動：作業者が数名から数十名の小集団（グループ）に集まり，自主的に職場の問題を自己点検し，品質改善や生産性向上のために改善活動を行なうこと。日本では，欧米と比較して職務が特殊化していないので，専門性の壁を越えて集団討議による職務改善が可能といわれている。

提案制度：従業員が提案用紙などに書いて出した改善策を企業が採用し，そのアイデアを表彰する制度である。

こうしたボトム・アップ経営は，下位の管理層や作業層の問題解決能力や創意工夫にトップの経営層が乗って経営しているようにも見えるので**おみこし経営**とよばれる。

④ 福利厚生の重視

日本的経営のもう一つの特徴として福利厚生の重視がある。たとえば，日本では企業が社宅を提供したり，家を建てる場合に住宅建設資金を援助したりする場合があるが，海外では「家は自分で建てるもの」という通念があるので「会社が家を用意する」ということは極めて日本的と考えられる。

図表 20 - 1　トップ・ダウンとボトム・アップ

トップ・ダウン　　　上位経営層　　　ボトム・アップ

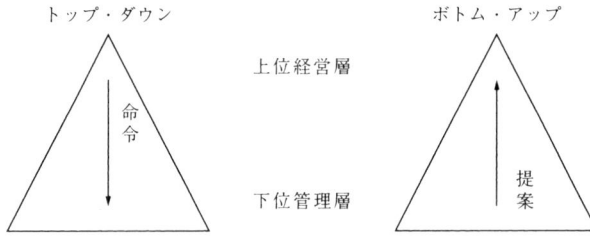

命令↓　　　　　　　　　　　　　　　　↑提案

下位管理層

　日本では，社宅以外でも，制服を支給されたり社員食堂で食事をするなど，衣食住の全般にわたって会社の補助を受ける。また，家族も会社の病院や指定医療機関で医療サービスを受けたり，託児施設に子供を預けたり，会社指定の保養施設（保養所やホテル）で休日を楽しむなど，生活全般にわたって企業の援助を受けることが多い。

　こうした福利厚生の重視は，住宅事情や社会保障制度の遅れなど，日本の特殊事情とも関連するが，終身雇用の枠組の中で，従業員を丸ごと抱え込んで面倒をみる独特の経営方法ともいえる。

⑤　**集団主義または家族主義的経営**

　日本的経営のバックグラウンドには，集団主義的や家族主義的なイデオロギーがある。ボトム・アップ経営で見たように，日本企業は，個人のリーダーシップよりも，全従業員の力を結集して成果を出そうとしている。そこには「会社は従業員のもの」という価値観や「和を重んじる」理念がある。

　そもそも，終身雇用・年功序列・企業内組合の「三種の神器」は，一括採用された新卒者が長期に同じ企業で働くことを前提としている。子飼いの社内教育や福利厚生に力を入れるのも，従業員と企業が一体となった運命共同体的な企業観がベースになっている。

（3）ワンセットとしての特徴

　日本的経営のもう一つの特徴は，それぞれの特徴がバラバラのかたちで個別に機能しているのではなく，相互に関連しているということである。

　ここでは，日本的経営の特色を「三種の神器」と「企業内教育」の4つの要素に単純化し，図式化して説明してみよう（図表 20 - 2）。

第4編　個別の管理論および経営論

図表20-2　日本的ダイヤモンドと欧米的ダイヤモンド

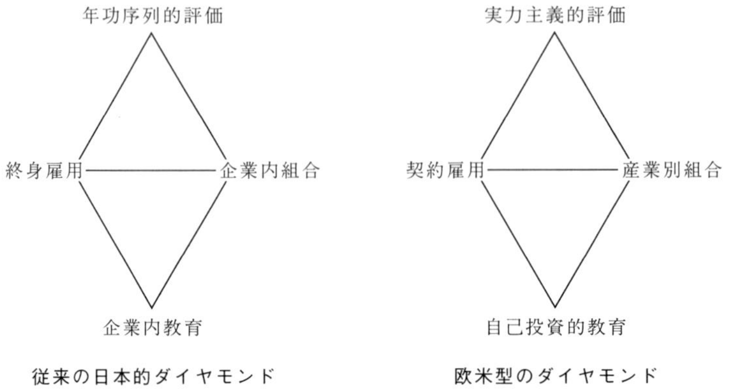

```
        年功序列的評価                    実力主義的評価

  終身雇用 ── 企業内組合          契約雇用 ── 産業別組合

        企業内教育                      自己投資的教育

    従来の日本的ダイヤモンド          欧米型のダイヤモンド
```

　左側の日本的経営は「企業＝従業員」の図式で，従業員は終身雇用の形で一生企業とともに生きる構図である。従業員は，企業の中で年功序列的な評価を受けて昇進し，子飼いの企業内教育を受けて成長する。労働組合も企業と一体となった企業内組合で，「従業員＝組合員」のユニオン・ショップ制である。こうした中で，従業員は，退職まで（あるいは退職後も）企業の中できめ細かいサービスを享受することになる。

　これに対して，右側の欧米の図式は「企業≠従業員」の構図で，個人が企業に対峙している。個人は，契約に基づいて企業に雇用され，教育にも自己投資するし，実力に基づいて評価される仕組みである。労働組合も，企業とはまったく関係のない産業別組織で，個人は労組を選ぶ自由もある。

　この4つの要素は，まさにダイヤモンドのように強固に相互の枠組を強化し合っている。逆に，このうち一つの要素が入れ替わっても，他の要素は機能しなくなる。たとえば，日本的経営の特徴として，終身雇用の慣行がなくなれば，明日にも従業員に辞められる恐れがあるので，企業は企業内教育で人材を長期間育成するようなことはしないであろうし，年長者を重んじる年功序列的な評価も必要なくなるであろう。

③ 日本的経営の長所と短所

（１）日本的経営の長所

　従業員と企業側の双方が享受できるメリットを3つあげたい。①，②，③の項目のうち，イコールの左側が従業員のメリットで，右側が企業側から見た長所である。

① 雇用の安定＝労働力の確保

　終身雇用の枠組みは，労働者にとっては「雇用の安定」につながる。一度，企業に採用され正社員となれば定年退職まで働けるわけで，従業員は不況期でも解雇されることなく安心して働けることになる。

　企業にとっては「労働力」の確保となる。転職による労働市場が十分でない日本では，労働力は新卒者を一括して確保してきたわけであるが，その従業員を長期に雇用することで，安定した労働力の確保が可能だったといえる。

　外部の労働市場が不十分な見返りとして，企業は，内部の労働力をフレキシブル（柔軟）に使って有効に利用してきた。欧米では専門技能に応じた採用を行い，細分化された特殊作業に従事させるスペシャリスト志向が強いが，日本ではオン・ザ・ジョブ・トレイニングを通じてある程度幅広い職務をこなすゼネラリスト養成を志向してきた。これは，融通の利く人材を育成することで内部労働力を有効に活用しようとしてきた結果である。

② 作業者層の動機づけ＝高い生産性

　終身雇用の枠組みは，従業員の企業への忠誠心を高め，企業と従業員の一体感を増す傾向がある。また，内部労働力をフレキシブルに活用しようとしてきた日本企業の努力は，特に現場作業者層の動機づけに成功している。

　従業員の立場からすれば狭い専門的職種や単純作業に固定されず，能力に応じて職務を拡大するチャンスがあり，小集団活動や提案制度を通じて「現場の声」を広く反映する機会もあるので，職場のモラールも高まり仕事にやりがいを見い出すことができる。

　企業側から見れば，従業員の高いモラールは高い生産性に通じる。日本的経営は，特に現場の作業者層の動機づけに成功し，製造業の生産現場で高い生産性を達成することができたといわれている。

また，こうした柔軟な職種間の移動は，技術革新の激しい業界でうまく機能してきた。新しい技術の導入に応じて作業工程を変える際に，作業者をフレキシブルに配置したり，再教育することが可能だったからである。

③　生活の向上＝安定した労使関係

終身雇用で雇用の安定している上に，年功序列によって勤続年数とともに地位も賃金もあがるため，「長く働けば，毎年徐々に生活が向上する」という意識が従業員に生まれやすい。また，日本企業がとってきた温情主義的かつ平等主義的な人事評価により，「会社が利益を上げれば従業員の生活も向上する」という考えも生まれやすい。従業員の立場からすれば，企業が成長している限り居心地の良い環境を享受できることになる。

企業側からすれば，こうした「企業成長＝生活向上」という意識は，労使関係の安定というメリットに結びついている。その背景には，一つの企業に一つの労働組合しかない企業内組合で，労働組合と企業との関係が良好に保ちやすいことがあげられる。

(2) 日本的経営の短所

長所はそのまま短所となる。ここでは，上記のメリットを別の面から見て，そのデメリットを考えてみたい。長所の項目と同様に，イコールの左側が従業員にとってのデメリットで，右側が企業にとっての短所である。

①　雇用のミスマッチ＝配置転換の難しさ

メリットとして「雇用の安定」をあげたが，雇用が安定しているということは，必ずしも望む職種を得るということとは一致しない。

企業に入社して，自分の生きがいや働きがいを見つけられなかった者は，終身雇用の枠組の中で一生その企業にいるということ自体が不幸である。自分のやりたいことと現実のギャップは，どの企業においても起こり得ることではあるが，転職の機会が少ないと雇用上のミスマッチが拡大する恐れがある。

企業側でも，「労働力を確保」できるということは，欲しい人材を確保できることには必ずしもつながらない。従業員が高齢化してくるとポスト不足が生じ，適材適所の人事が困難になる。

②　負の動機づけ＝創造性の欠如

長所の②の項目で「作業者層の動機づけ」に成功したと述べたが，それは，身

の回りの小さな改善活動に限ってのことである。小集団活動や提案制度を通じて，企業を丸ごと変えるような創造的革新的な提案はできない。

年功序列の中では，先輩を追い越すようなことは「出る杭」と考えられるし，「休まず，遅れず，働かず」のような凡庸な会社人間が再生産されやすい。退職時に「つつがなく定年を迎えました」といった口上を聞くことがあるが，それは「失敗なく」「功績もない」人生をいい換えているに過ぎない。

こうしたことは，従業員から見ても負の動機づけになるし，企業側から見れば，企業自体の創造性や革新性を損なう恐れがある。

③ **労働市場での価値低下＝労働力調整が困難**

オン・ザ・ジョブ・トレイニングによって企業内で教育された従業員は，その企業以外の労働市場での価値が低下する傾向にある。その企業だけで通じる特殊技能を身につけたベテランほど，他の企業からすると使いにくくなるので，再就職のチャンスが減るわけである。

他方，企業側からすると，重要な時期に労働力の調整ができずに変革のチャンスを逃すことがある。これまでも不況期にレイオフ（一時解雇）できない日本企業は，余剰人員を抱えながら不況を耐えてきたが，それは次の好況期に成長する見込みがあったからである。不況が長期化したり，市場が構造的に低迷した場合，企業は思いきった人員整理を迫られるが，終身雇用をベースとした日本的経営の枠組みの中では，そうした組織変革が実施しにくい。

4 日本的経営の成功と変質

日本的経営は，ある環境では相互に作用して，ワンセットとしてうまく機能する。しかし，条件が変化するとメリットはデメリットとなる。

（1）日本企業の成功

日本的経営の枠組みは，第一に高度成長期に有効に機能してきた。日本企業は，高度成長期に大量の新卒者を採用したが，低賃金の若年層の雇用を伸ばすことで平均賃金が抑えられた。また，成長に伴う組織拡大のおかげで（ピラミッド型の年功序列的な評価体系を保ちながら）ポストを増やすことができた。

成長期には企業業績が上がるので「生活の向上」とともに「会社は従業員のも

の」という運命共同体的な価値観が強く働いて，従業員の忠誠心がますます高まる結果になった。

　第二に，日本的経営は，大量生産型の製造業でうまく活用されてきた。製造業では生産現場のモラールをいかに高めるかが重要であるが，小集団活動や提案制度など，きめ細かい人事労務管理によって高い生産性が維持できた。

　また，1つの企業に1つの労働組合という企業内組合のおかげで，ストライキなどを回避でき，安定した労使関係を維持することができた。加えて，企業内教育（OJT）による従業員の再教育や配置転換によって積極的に技術を導入できた。

　第三には，日本的経営は，余裕のある大企業で成功してきた。すでに述べたように，日本的経営は，さまざまな要素をワンセットとして用意することで「強み」を発揮する。したがって，社内教育に時間と費用をかけられない企業や，福利厚生に力を入れるだけの余力のない企業は，日本的経営の特徴を十分生かしきれない。

　新卒者を大量に採用できるのは大企業であり，その新卒者を子飼いの教育で企業にメリットのあるかたちで育成できるのも大企業だったというわけである。

（2）日本的経営の変質

　しかし，最近は，さまざまな理由から日本的経営そのものが見直されつつある。その理由をいくつかあげてみよう。

① 長期にわたる不況や構造的な市場低迷

　企業のリストラ（リストラクチュアリング）が進められているが，その中で，余剰人員を削減する動きや労働力を柔軟に外部から導入する動きがあること。

② IT革命の影響

　情報技術（IT）の進歩によって，意思決定のスピード化，組織のフラット化・ネットワーク化が進み，「ゆっくりした昇進」やボトムアップ経営が見直されていること。

③ 業際化・国際化の進展

　ボーダーレス化（業界や国境の境がなくなる現象）が進む中で，欧米企業と対等に競争するために，実力主義的な評価制度を積極的に導入する企業が増えてきたこと。

④ 少子・高齢化

組織構成の見直しを行い，逆ピラミッド型になってポスト過剰になった組織を修正する企業が増えてきたこと。

⑤ 労働観の変化

従業員の方でも，若者を中心として，生涯同じ企業で働くのではなく自分の希望と適性に応じて転職したいという人々が増加し労働市場が流動化していること。また，会社主催の運動会や社員旅行など，プライベートな時間まで会社のために使われることを嫌う傾向が強くなっていること。

⑥ 自己実現

資格を取得しようとする人々が増加していることや生涯教育が注目されているように教育を自己投資の対象に考える人々が増える傾向にあること。

このような環境の変化の中で，一部の企業は従来の年功序列的な評価制度や終身雇用的な慣行を見直して新しい人事制度を導入している。たとえば，早期退職制度を導入し終身雇用の雇用慣行を積極的に崩したり，派遣社員やパートタイマーなど契約主義的な雇用を促進したり，年功序列的制度を修正して実力（能力）主義的制度を積極的に導入するようになっている。

従来の年功序列的制度と最近導入が目立つ実力（能力）主義的制度のどちらが優れているかは業界の特質など企業の置かれた環境にもよるが，大きな流れとしては，情報化・国際化・高齢化はますます進展するであろうし，労働市場はますます流動的・開放的になると考えられる。

しかし，「エクセレント・カンパニー」とよばれる優良企業は，欧米企業でも長期雇用の慣行を維持している。情報化や国際化の中で海外から批判が強まっているのは，「横並び体質」「談合体質」「密室性」など，閉鎖的な日本人の気質そのものである。

日本的経営は，従業員を大切にする「人間主義的な経営」や短期的利益よりマーケットを重視する「市場密着型の経営」に特徴がある。日本的経営という狭い見方にとらわれず，人間性重視や市場志向を生かした新しい経営スタイルが求められているといえよう。

第4編　個別の管理論および経営論

演習問題

[1]　すでに，第4章で「所有と経営の分離に関する日本的特徴」についてケーススタディのかたちで整理した。その問題を，本章で学んだ日本的経営の特徴と合わせて考えなさい。日本企業の「所有と経営」の関係が欧米企業のそれと異なるのはなぜだろうか。

[2]　日本企業で従業員に「同期」意識が強いのは，新卒者一括採用と年功序列制のせいといわれているが，日本的な文化とも深く関連している。「制度」としての影響と「文化」との関係を考慮して，日本的経営を海外で適用できるかどうか考えなさい。そして，その際の問題点を指摘しなさい。

[参考文献]

アベグレン／占部都美監訳『日本の経営』ダイヤモンド社，1958年（Abegglen, James C., *The Japanese Factory: aspects of as social organization*, Free Press, 1958)。

尾高邦雄『日本的経営』中公新書，中央公論社，1984年。

三戸公『日本人と会社』中央経済社，1981年。

中根千枝『タテ社会の人間関係』講談社現代新書，1967年。

第21章 現代社会と企業

1 企業の国際化と結合

(1) 国際貿易の理論

1817年，英国のリカード (Ricardo, D.) は，生産費が相対的に低い財が比較優位をもつという**比較生産費説** (theory of comparative costs) によって，国際分業 (国際貿易) の必然性を説いた。各国が比較優位のある製品に生産を特化して輸出をし，劣位の製品を輸入すれば，貿易によって世界中が豊かになるというのである。

しかし，リカードは生産費を労働生産性によっていたので，1919年に北欧のヘクシャーとオリーンは資本を生産要素に加え，資本が豊かな国は資本集約財に比較優位をもち，労働力の豊富な国は労働集約財に優位があるという生産要素賦与説を提示した。

これらの説は，産業革命後の**垂直貿易** (vertical trade)，すなわち天然資源 (一次産品) を原材料にした工業生産国と資源国の貿易を説明するのに適していた。ところが，**水平貿易** (horizontal trade)，すなわち生産段階的に同レベルの貿易が第二次世界大戦後に増大した。レオンチェフ (Leontiev, A. A.) が産業連関表 (inter-industry relations table) を使って検証したところ，資本の豊富なアメリカが労働集約財を輸出していたこともわかった。

このため，バーノン (Vernon, R.) の**プロダクト・ライフサイクル論** (Product Life Cycle Theory) が有力になった。これによれば，製品は導入期には研究開発力に優れた技術先進国から消費市場をもつ先進国へ水平貿易される。成熟期に入ると標準化が進んで発展途上国へも輸出されるようになり，技術移転や**直接投資**によって現地生産も増大する。やがて衰退期に入ると発展途上国が標準化され

た技術を模倣して労働コストの低い国から先進国に輸出がされる。

バーノンの理論は，水平貿易が生じる理由を明らかにしたばかりでなく，輸出→現地生産→**多国籍企業**という経営の国際化について論拠を与えた。

（2）国際化の発展段階理論

ロビンソン（Robinson, R. D.）は，組織構造の変化を中心に以下のような段階で企業が国際化するとした。

① 国内企業（Domestic）…国内市場との関連で海外との関係がある
② 輸出志向企業（Export-oriented）…輸出部門が強化される
③ 国際企業（International）…国内部門と同列に国際部門が強化され，外国企業との合弁や提携がさかんになる
④ 多国籍企業（Multinational）…海外子会社の事業展開が活発になるが，株式所有に基づく親会社の支配がある
⑤ 超多国籍企業（Transnational）…海外子会社の所有も国際化され，法律関係を除いて国籍の制限を越える
⑥ 超国家企業（Supra-international）…地球規模的な視点から国家を超えた活動をする

パールミュッター（Perlmutter, H. V.）は，トップの海外事業に関する基本姿勢を中心に以下のような EPRG モデルを示した。

① 国内志向型企業（**E**thnocentric）…本国にある本社を中心にした考え方。輸出志向の企業など
② 現地志向型企業（**P**olycentric）…「郷に入れば郷に従え」的な現地主義。海外生産における労務管理など
③ 地域志向型企業（**R**egiocentric）…欧米亜など類似した地域ごとに考える。地域本部制による権限委譲など
④ 世界志向型企業（**G**eocentric）…国境や地域を越えたグローバルな視点にたつ。

（3）企業の結合と集団化

　企業が連合を組んだり集団化して市場を支配しようという動きは19世紀後半にはじまった。ロックフェラーは1872年に石油精製者連合という**カルテル**（cartel＝企業連合*）を結成して価格を統制しようとしたが，カルテルに参加しなかったり協定違反をするアウトサイダー（outsider）が続出して解散した。ドイツでも1873年の恐慌後にカルテルが結成されたが，カルテルは参加企業が独立を保ったまま協定によって結ばれるので，1社でもアウトサイダーがいれば価格協定の維持は難かしい。

　ドイツでは，カルテルの結束を強めるために中央機関や販売組織を設ける**シンジケート**（syndicate＝企業組合）が生まれたが，アメリカでは**トラスト**（trust＝企業合同）が発達した（68ページ参照）。これは，参加企業が自社株式を共同受託者（trustee）に信託するもので，受託者は株主議決権を信託されているので参加企業の独立性は薄れ，高度な企業集中が進んだ。

　こうした市場独占を目的とした企業結合の動きは，自由競争を阻害し国民経済に弊害をもたらすとして，シャーマン法（1890年）やクレイトン法（1914年）などの**反トラスト法**（anti-trust laws）が成立した。

　その後は，各企業が法的に独立を保ちながら全体として同一系統の資本に結びつく**コンツェルン**（Konzern＝企業連携）がアメリカ，ドイツ，日本などで発達した。これは，株式保有や役員派遣や技術提携を通じて異業種の産業を合法的に支配するものである。

　アメリカでは1899年にニュージャージー州が**持株会社**（holding company）を合

　直接投資（direct investment）とは，工場を建設したり販売会社を買収するなど，企業を設立したり経営参加を目的として投資すること。これに対して，海外の株式や債権を買うなど，経営参加を目的としない証券投資を**間接投資**（indirect investment）という。

　多国籍企業（multinational corporation）の定義は複数あるが，バーノンを含むハーヴァードグループは，①大企業，②海外生産，③海外拠点の分散，④親会社による統括，⑤共通の経営資産などを基準に複数の国で事業を展開している企業としている。

　カルテル（cartel）は市場支配を目的とした企業連合で，価格協定を結ぶ価格カルテル以外にも，生産割当てをする生産カルテルなどがある。独占禁止法で禁止されているが，合理化努力によって業界を救済する不況カルテルは適用除外として認められている。アメリカでは**プール**（pool）という。

第4編　個別の管理論および経営論

図表 21 - 1　貿易や企業結合における水平・垂直の見方

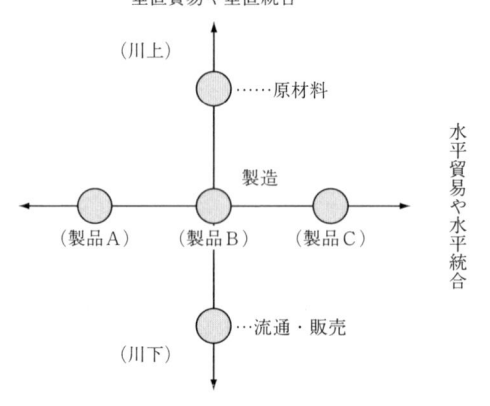

垂直貿易や垂直統合
（川上）
……原材料
製造
（製品A）　（製品B）　（製品C）　　水平貿易や水平統合
…流通・販売
（川下）

法化したので持株会社による企業支配が広がった。持株会社には，株式保有による他社支配だけを目的にする純粋持株会社（pure holding company）と，自らも事業を行なう事業持株会社（operating holding company）があるが，日本では1997年まで純粋持株会社が独占禁止法によって禁止されていたため，グループ内企業の株式持ち合い，銀行による融資や役員派遣，技術提携などによって企業集団が形成された（57ページ，第4章ケーススタディ参照）。

（4）国際的な企業結合

産業革命後イギリスは「世界の工場」として海外投資を行なったが，その大部分が**間接投資**だったため企業の国際化は進展しなかった。植民地とイギリスの間で**垂直貿易**が生じたため農業や鉱業への投資は行なわれたが，製造業における直接投資はあまりみられなかった。

本格的な国際企業は，第一次世界大戦後にアメリカ巨大企業の海外進出によってうまれた。1928年のアクナカリー協定によって成立した国際石油資本（Major International Oil Companies）は欧米の寡占企業が国際的に価格を統制しようとした**国際カルテル**（international cartel）である。

第二次世界大戦後はコングロマリット（conglomerate＝複合企業）が登場した。これは1950年にアメリカのクレイトン法が強化されて，水平的結合（同じ生産段階の同業者同士の結合）や垂直的統合（同じ製品の製造販売過程における川上か

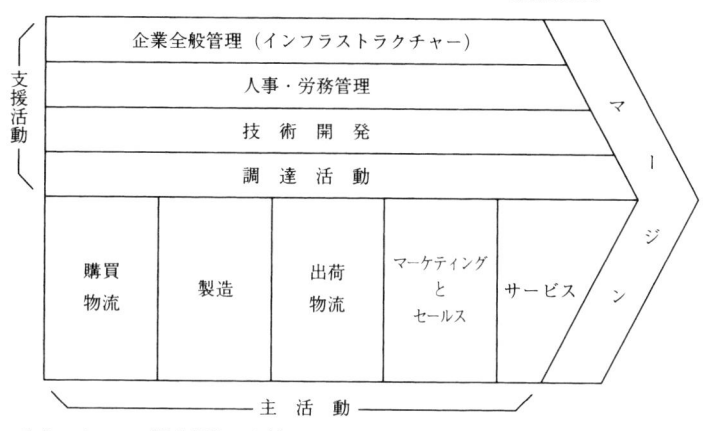

図表21-2　ポーターのバリュー・チェーン（価値連鎖）

支援活動	企業全般管理（インフラストラクチャー）					マージン
	人事・労務管理					
	技術開発					
	調達活動					
	購買物流	製造	出荷物流	マーケティングとセールス	サービス	
	主活動					

出典：ポーター『競争優位の戦略』ダイヤモンド社，1985年，49ページ。

ら川下までの統合）が制限されたために，異なった産業・業種の企業を **M&A**（買収や合併）して支配しようとしたものである。（M&Aは63ページ参照）

② 情報化と新しいビジネスモデル

　情報化により，国際企業＝巨大企業という常識はくずれ，企業規模にかかわらず特殊な技術や市場をもつ企業が国際化している。原材料（川上）から消費者（川下）へ続く垂直的な企業結合が開放的でゆるやかになってきたからである。従来なら系列を組むことによって外部企業を囲い込む傾向が強かったが，対等で開放的なネットワークが形成されつつある。また，企業内部もフラット化とネットワーク化が進み，柔軟で自律的な組織が形成され（221ページ参照），外部資源を活用した新しいビジネスモデル（ビジネスのやり方）が広がっている。

（1）ネットワーク化とサプライチェーン

　ポーターは，3つの基本的競争戦略（231ページ参照）をバリュー・チェーン（value chain＝価値連鎖）で説明している。価値とは顧客がすすんで支払う対価であり，総価値は総収入から総コストを引いた利潤（マージン）である。総コストは主活動（購買物流→製造→出荷物流→販売・マーケティング→サービス）と，

支援活動（全般管理，人事・労務管理，技術開発，調達活動）からなりたつ。

この主活動は，原材料の供給から製品が消費者に届くまでの供給活動の連鎖であり，IT技術を活用して，最大の価値を提供してキャッシュフローを最大化させる経営手法を**サプライチェーン・マネジメント**（supply chain management＝SCM）という。SCMを垂直統合的バリューチェーンとすると，水平展開的なバリューチェーンもある。

また，企業価値を最大化すべく外部の企業とネットワークを構築する**戦略的提携**（strategic alliances）が活発になっている。

（2）コア・コンピタンスとアウトソーシング

ハメル（Hamel, G.）とプラハラード（Prahalad, C. K.）は，独自の中核的な能力を**コア・コンピタンス**（core competence）とよび，その条件に①顧客に対する高い価値（高付加価値性），②他社との明確な違い（模倣の困難性），③市場開拓の可能性（適応範囲の広さ）をあげている（第15章 VRIOフレームワーク234ページ参照）。

コア・コンピタンスの育成は，それ以外の切り捨てに通じる。自社内にコストの高い二流の技術をかかえたり，他社に模倣されやすいものを温存したりするより，外部資源を利用した方が競争力を高めることができるからである。

アウトソーシング（out-sourcing＝外部委託）とは業務の一部を外部専門業者にまかせることだが，最近のアウトソーシングは周辺業務だけでなく経理や販売や技術開発なども外部化するところに特徴がある（223ページ参照）。

このうち，生産部門を外部委託して製品開発や企画に集中することを「工場を持たない」という意味で**ファブレス**（fabless）という。ファブレス企業は生産設備の変更などが不要なので費用と時間を節約できるが，フレンドリー企業（受託生産側）も設備稼働率が上がるなどのメリットがある。

（3）ベストプラクティスと継続的業務改革

コア・コンピタンスとアウトソーシングの共通項は内外の**ベストプラクティス**（best practice）の活用である。ベストプラクティスとは「最善のやり方」であり，これを測定して業務改革を継続する手段がある。

ハマー（Hammer, M.）とチャンピー（Champy, J.）は，企業業績を根本的に変

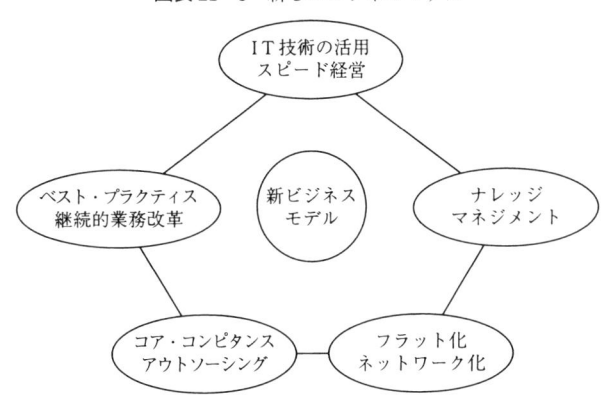

図表 21-3　新しいビジネスモデル

```
            IT技術の活用
            スピード経営

ベスト・プラクティス    新ビジネス    ナレッジ
継続的業務改革         モデル       マネジメント

   コア・コンピタンス   フラット化
   アウトソーシング    ネットワーク化
```

える業務革新をリエンジニアリング（Business Process Reengineering = **BPR**）とよんだ。これは現場で行なう小さな業務改善ではなく，トップダウンで **IT** 技術をフル活用して劇的に業務プロセスを再構築していくものである。

　ゼロックス社のカーンズ会長は，最高の競争相手や先進企業を基準に製品，サービス，プラクティスを継続的に測定する作業のことを**ベンチマーキング**（benchmarking）とよんだ。

　GE のウェルチ会長は，**シックスシグマ**（6σ）の全社的導入を行なった。これは製品やサービスの品質目標値を設定し，ミスの発生率を押え込む業務改革である。

（４）スピード経営とナレッジマネジメント

　情報化社会では競合他社より迅速に環境変化に対応し，少しでも早く新しいビジネスを確立した企業が生き残る。こうした**スピード経営**を志向する企業をゴールドマン（Goldman, S. L.）＝ネーゲル（Nagel, R. N.）＝プライス（Preiss, K.）は**アジル・カンパニー**（Agile Company）とよんでいる。

　他方，組織のフラット化・流動化・自律化が進み，中間層が蓄積していた知識が流出しがちなため，知識の創造や共有化をはかる必要が増大している。このため，暗黙知（概念化できない知識）や個人知（個人のもつ知識）を表出して形式知（形式化・言語化・概念化された知識）や組織知（組織が共有する知識）に転換していく**ナレッジ・マネジメント**（knowledge management）が注目されている。

第4編　個別の管理論および経営論

図表21-4　知の変換過程

	暗黙知	暗黙知	
暗黙知	共同化 (Socialization)	表出化 (Externalization)	形式知
暗黙知	内面化 (Internalization)	連結化 (Combination)	形式知
	形式知	形式知	

出典：野中郁次郎・竹内弘高『知識創造企業』東洋経済新報社，1996年，93ページ。

　ナレッジ・マネジメントには二つの流れがある。第一は，IT技術を利用して組織内の知的資産を共有化しようというもので，書類をデータベース化し，**イントラネット**（インターネットを活用した社内情報システム）や**グループウェア**（共同作業をするソフト，222ページ参照）などを通じて誰もが使えるようにする動きがある。こうした動きは，個人知を全社的に蓄積・共有化しコア・コンピタンスを高めようというもので，事務部門の単純な業務効率化を狙った**オフィス・オートメーション**とは異なる。

　第二は，組織論の流れである。たとえば，野中・竹内（1996）は，4つ知の変換過程（図表21-4）を通じて，暗黙知を表出させたり形式知を取り込んだり，相互に作用しながらスパイラルを形成することで組織的な知識創造が促進されるという。

① 共同化（暗黙知から暗黙知へ）：職人技術の伝授やOJT教育など経験により暗黙知を共有する過程
② 表出化（暗黙知から形式知へ）：対話を通じて製品コンセプトを創り出すなど暗黙知を概念化する過程
③ 連結化（形式知から形式知へ）：コンピュータデータベースのように形式知を整理・組み替える過程
④ 内面化（形式知から暗黙知へ）：マニュアルに基づく行動などで形式知を暗黙知へ体化する過程

図表 21 - 5　文化の三層構造

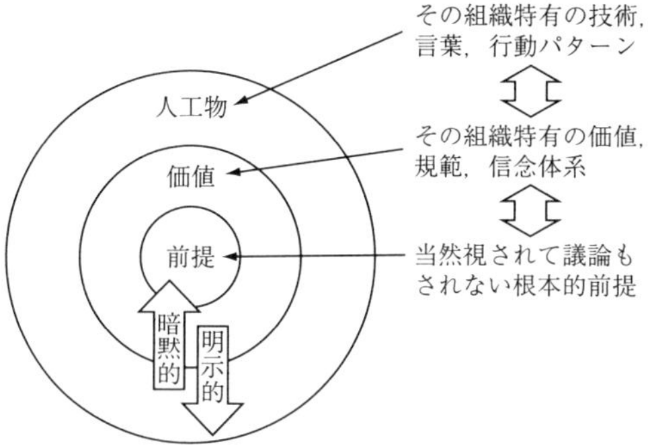

- 人工物 → その組織特有の技術，言葉，行動パターン
- 価値 → その組織特有の価値，規範，信念体系
- 前提 → 当然視されて議論もされない根本的前提

暗黙的／明示的

③　成熟社会と企業

　成熟化社会では，高度で複雑な企業内のシステムを維持しながら，リスクを回避し，内外の多様な要請や価値観に対処していかなければならない。

（1）組織文化の理論

　シャイン（Schein, E. H.）は，組織文化を，①人工物（artifacts）＝組織独特の技術や言葉や行動パターンなど目に見えるもの，②価値（values）＝善悪の判断基準になるもの，③根本的前提（basic assumption）＝当然視され議論もされないもの，の三層構造で示している（図表21 - 5）。

　ここでいう文化とは「集団が問題を解決する方法」である。組織は一定の行動パターンによって日常の問題を解決しているが，それが繰り返されると「良い方法」として定着する。それが価値であり，価値がさらに沈殿化すると「暗黙の了解事項」となって議論もされなくなる。あまりにも当然な解決方法は絶対的な「前提」になってしまうのである。

　逆に，根本的前提や経営者の信念から価値がうまれ，それが環境適応や内部統合の問題をうまく解決していく過程で組織文化が学習され機能するようになる。

　このような文化の影響を国際的に検討したのが，ホフステッド（Hofsted, G.）やトロンペナース（Tronpenarrs, F.）の**異文化経営論**である。彼らは国際企業の現地法人従業員を対象に権力格差や個人主義などの指標で調査し，地域別の類型を

行ない，国際経営の課題を異文化コミュニケーションの問題として提示した。ここでは，日本的経営やアメリカ的経営といった経営スタイルの優劣よりも異文化理解が重視される。

　ピーターズ（Peters, T. J.）とウォータマン（Waterman, R. H.）は，日米の優良企業（エクセレント・カンパニー）62社を調査して，①行動の重視，②顧客に密着する，③自主性や企業家精神，④人を通じての生産性向上，⑤価値観に基づく実践，⑥基軸から離れない，⑦単純な組織と小さな本社，⑧厳しさと緩やかさの両面をもつ，の8つの共通特徴をあげ，顧客や行動を重視する組織文化の重要性を示した。また，日本的経営の特徴とされていた「現場の知恵」や「文化的背景」を，エクセレンス（卓越性）という普遍性の中で論じた。

　センゲ（Senge, P. M.）は，無意識のうちに固定化されたイメージや概念をメンタル・モデル（mental model）とよび，組織文化の影響を強調したが，同時に①（個と全体を有機的関係で見る）システム思考，②自己マスタリー（自己実現的な職人気質），③メンタル・モデルの克服，④共有ビジョンの構築，⑤チーム学習によって，**学習する組織**（ラーニング・オーガニゼーション＝learning organization）をつくることができると主張した。

　これは，企業組織を**自己組織化**（self-organizing）あるいは自己創出（autopoiesis）する生命体と見る視点で，環境適応を変異・選択・維持などの進化過程で説明しようとする**進化論的アプローチ**（evolutionary approach）や，個の自発性を全体の革新につなげようという**創発型経営**（emergent management）とともに**複雑系**（complexity）のマネジメントとよばれる（第15章創発型戦略論237ページ参照）。

　このようなマネジメントは，①現場の知恵を重視し，（計画と執行を分離してきた）伝統的管理論に批判的であること，②効率主義によって排除されてきた「ゆらぎ」や「あそび」を積極的に評価すること，②多義的であいまいな文化的要素を重視することなどに特徴がある。また，最近は，IT技術の発達で，情報共有と組織文化の重要性が高まっている（224ページ参照）。

（2）リスク・マネジメント

　成熟社会は複雑な利害関係や高度技術に依存する不確実性社会でもある。国際化は**カントリーリスク**＊をともない，情報化は情報関連のリスクを増大する。**危機管理**（リスクマネジメント＝risk management）は，大別すると①保険型リスク

第21章 現代社会と企業

図表 21-6　リスクとハザード

```
        損害
         ╳        risk
       peril    （損害の可能性）
       （事故）
       hazard
    （perilを引き起こす状況）
```

マネジメントと②経営管理型リスクマネジメントがある。

　保険型リスクマネジメントは，純粋リスク（災害など損失のみを発生するリスク）を確率論や統計理論にもとづいて予測し保険をかけたり，投機的リスク（損失をこうむるか利益を生むかわからないリスク）に対してはデリバティブ（金融派生商品）でリスクヘッジ（危険回避）するもので，いずれも組織の外部で起きる災害や事故，経済的損害に有効である。

　経営管理型リスクマネジメントはリスクマネージャーをおくなどして通常から管理体制を整えるもので，内部から発生するリスクを減少するのに有効である。

　バグリーニ（Bagline, N. A.）はリスク（risk）を「損害（loss）の可能性」と定義している。損害は事故（peril）から生じるが，その背後には事故を引き起こす状況（ハザード＝hazard）が隠されている。ちょうど交通事故が，道路の凍結（物理的ハザード）や信号無視の繰り返し（精神的ハザード）に起因しているように，企業経営においても物理的・精神的なハザードを少なくするマネジメントが求められている。

　無責任な不良債権処理やリコール（欠陥製品の回収）隠しなど，倫理に反した企業行動が広がることを「モラルハザード（道徳的ハザード）の崩壊」というが，そのようなハザードがリスク増大につながる。組織道徳の創造こそが最高のリーダーシップである（188ページ参照）。

> **カントリーリスク**（country risk）とは，国家間で経済社会体制が異なるためにこうむる損失や危険のこと。海外取引や海外進出にともなうリスクには，戦争・テロ，政権・政策の変動，為替変動，インフレ，労働組合運動などがある。

（3）社会的責任と社会貢献

　企業の社会的責任（social responsibility of business）とは，企業を取り巻くステークホルダー（利害関係集団，23ページ参照）や社会や環境に対して企業が果たすべき責任のことで，その範囲や性格についていくつかの見方がある。

　第一に，企業は本業に専念し，本業を通じて社会的責任を果たすべきという考えがある。①良い製品やサービスを提供することで生活の向上に寄与する，②雇用の機会を増大することで社会に貢献する，③経済活動を通じて経済発展に貢献する，などである。

　第二に，本業や本業の延長で，社会にマイナスの影響を与えないのが企業の社会的責任という考えがある。①企業活動によって環境を汚染したり，資源を枯渇するようなことはしない，②欠陥商品や誇大広告などで消費者に迷惑をかけない，③工場（店舗）建設，新規事業展開，海外進出などで地域社会に迷惑をかけない，などである。

　第三は，本業以外でも社会に貢献するのが社会的責任という考え方である。たとえば，**企業市民**やフィランソロピー，企業メセナの考え方がある。

　企業市民とは，コーポレート・シチズンシップ（corporate citizenship）ともいわれ，企業も社会を構成する「市民」として社会貢献をすべきという考え方である。こうした考えをもつ企業は平素から地道な社会貢献をこころがける。

　フィランソロピー（philanthropy）とは，misanthropy（人間嫌い）に対する言葉で「人類愛」とも訳されるが，アメリカでは企業の慈善活動や寄付行為をさす。

　メセナ（Mecenat）は，フランス語で「文化の擁護」のことで，古代ローマ（アウグストゥス帝）時代に文化芸術を保護した大臣の名前に語源がある。**企業メセナ**とは，企業が積極的に研究活動やスポーツや芸術活動を支援していくことを意味する。欧米では，企業名で大学に寄付したり，研究支援基金を創設したり，芸術活動を支援する企業が多い。

　最近は「企業の社会的責任」を **CSR**（Corporate Social Responsibility）として再評価する動きがある。CSRとは，企業経営に社会的公正や環境への配慮を取り込む責任のことで，雇用，人権，法令順守，環境対策などについて，株主や従業員，消費者，地域社会への説明責任を負うことである。

　国際化や情報化は地球を一つの生活圏にした。国境や業界の枠を越えた「競争（competition）」が激化する一方で，地球レベルの環境問題や社会貢献への取り組

第21章　現代社会と企業

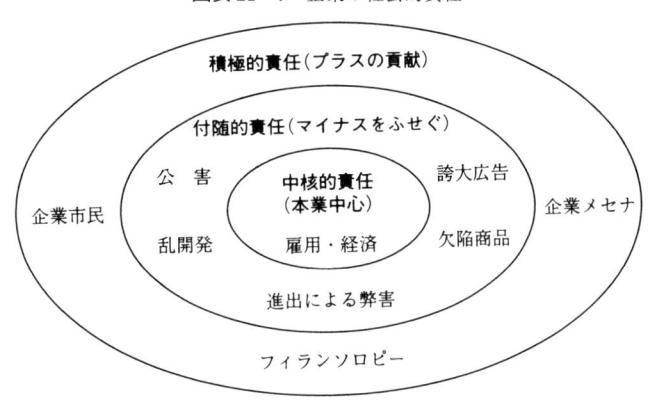

図表 21-7　企業の社会的責任

```
         積極的責任（プラスの貢献）
       付随的責任（マイナスをふせぐ）
   公　害    中核的責任     誇大広告
           （本業中心）
企業市民              　　　　　企業メセナ
   乱開発    雇用・経済    欠陥商品
         進出による弊害
            フィランソロピー
```

みでは周囲との「共生（symbiosis）」も求められている。

　共生とは種が助け合って共存している状況をさす生物用語で，企業を取り巻くステイクホルダー（利害関係集団）との共生では，①外部監査も含めた透明性，②企業倫理の確立，③ディスクロージャー（情報開示）とアカウンタビリティ（説明責任）などに基づく，広い意味での**コーポレート・ガバナンス（企業統治）**の確立が求められている。これは，企業の社会的責任を実現するための企業統治であり，株主に対する「狭義のコーポレート・ガバナンス（63ページ参照）」とは区別される。

　たとえば，株主総会に報告される財務諸表上の監査とは別に，**社会的監査**（social audit）をすべきという考えがある。ボーエン（Bowen, H. R.）やゴイダー（Goyder, G.）は，1953年と1961年に，企業活動を社会的視点から監査すべきと主張したが，1970年代以降に企業の社会的責任論が高まり，アメリカでは多くの企業が社会的活動に関する情報を開示している。

　また，最近では，企業の環境対策を外部機関がチェックする**環境監査**（environmental audit）や企業が自主的に環境保全への取り組みを評価する**環境管理**（environmental administration）が活発になっている。

　これに関連して，**ISO**（国際標準化機構＝International Organization for Standardization）の国際標準が注目を集めている。ISOは，1949年にジュネーブで設立された機関で，国際的な単位や用語などの標準化を推進している。ISOは産業関連ばかりでなく，環境・資源問題に強い影響力をもっており，幅広い分野で企

業活動の重要な基準となりつつある。

　企業は営利組織である。政府や家計が主に「消費する経済単位」であるのに対して，企業は事業活動を通じて社会に貢献する「唯一の生産単位」である（18ページ参照）。企業は効率を追求するが，それによって経済が発展し社会が活性化する。企業の創造的革新機能によって，私たちの生活は豊かになる。

　しかし，企業の効率は，従業員のやる気と密接につながっている。生産現場や顧客の要望を本当に知っているのは従業員であり，従業員の創意工夫なしに企業の革新的な活動は期待できない。第2編の「経営理論の流れ」でも，企業が従業員とともに成長し，「組織の目標」と「個人の目的」を同時に追求していかなければならないことを学んだ。

　企業の利益は，販売からしか得られない。国家は税金に依っているが，企業は販売しなければ生きていけない。販売は顧客からみれば購買である。顧客は自分の利益（満足）につながらないものは購買しない。つまり，企業の利益は，顧客の利益からしか得られないのである。

　もう一つ重要なことがある。企業の利益は，一回限りの商売や投機で得られるものではない。工場やオフィスをかまえて継続的に事業を行なう以上，繰り返し購買してもらえるような信用を得なければならない。信用は信頼できる関係からうまれる。企業は，永続事業体（ゴーイング・コンサーン）として利害関係集団（ステイクホルダー）との良好な関係を維持していかなければならないのである。

　その延長にあるのが社会的公器としての企業である。社会の一員として社会の発展や環境の保全に積極的に貢献していかなければ，企業の利益は保証されない。企業の社会的責任論に，①本業に限定した責任，②マイナス影響を出さない責任，③プラス貢献も含める責任がある，と述べたが，そのすべてが企業の責任である。本業に熱心に取り組みながら，広い責任を自覚しなければならない。企業は成長するものだからこそ，それに見合った責任をもつ。

　逆説的だが，企業は，利益を追求するからこそ，利益だけを追求してはならないのである。従業員の要望に応え，顧客に満足を与え，社会に貢献しなければならない。そこに経営の醍醐味がある。

第21章　現代社会と企業

[演習問題]

情報関連市場では「一人勝ち（Winner takes all）」になることがある。新しいビジネスモデルを参考にその理由を考えなさい。

[参 考 文 献]

キャンプ／田尻正滋訳『ベンチマーキング』PHP 研究所，1995年（Robert C. Camp, *Benchmarking : The Search for Industry Best Practices That Lead to Superior Performance*, ASQC Quality Press, 1989.）。

ハメル＆プラハラード／一條和生訳『コア・コンピタンス経営』日本経済新聞社，1995年（Gary Hamel & C. K. Prahalad, *Competing for the Future*, Harvard Business School Press, 1994.）。

ハマー＆チャンピー／野中郁次郎監訳『リエンジニアリング革命』日本経済新聞社，1993年（Michael Hammer and James Champy, *Reengineering the Corporation : A Manifesto for Business Revolution*, Linda Michaels Literary Agency, 1993.）。

野中郁次郎・竹内弘高『知識創造企業』東洋経済新報社，1996年。

南方哲也『リスクマネジメントの基礎理論』晃洋書房，1993年。

人名索引
(あいうえお順)

ア

アーウィック (Urwick, L. F.) 107, 110, 130, 175
アージリス (Argyris, C.) 133-137, 149, 184, 252
アベグレン (Abegglen, J. C.) 304
アーラン (Erlang, A. K.) 11
アルダーファー (Alderfer, C.) 141
アルフォード (Alford, L. P.) 110
アンソフ (Ansoff, H. I.) 227, 236
アンドリューズ (Andrews, K. R.) 228
ウェーバー (Weber, M.) 14, 77, 173
ヴォーゲル (Vogel, E.) 304
ウォータマン (Waterman, R. H.) 326
ウッドワード (Woodward, J.) 164
エヴァン (Evan, W. M,) 169
エマソン (Emerson, H.) 198, 385
オドンネル (O'Donnell, C.) 175, 176
オリーン (Ohlin, B. G.) 317

カ

加護野忠男 (Kagono, T.) 166, 167
ガルブレイス (Galbraith, J. K.) 4, 57
ガント (Gantt, H. L.) 79, 88, 281
キース (Keith, R. J.) 261
ギューリック (Gulick, L.) 107, 110
ギルブレイス (Gilbreth, F. B.) 85, 88, 281
クニュヨー (Cugnot, N. J.) 93
クラーク (Clark, C.) 27
クラーク (Clark, J. M.) 13
クーン (Kuhn, T.) 13
クーンツ (Koontz, H.) 6, 110, 175, 176
ゴイダー (Goyder, G.) 329
コトラー (Kotler, P.) 261
ゴールドマン (Goldman, S. L.) 323

サ

サイアート (Cyert, R. M.) 160-162
サイモン (Simon, H. A.) 157-159, 160, 184
サランシック (Salancik, G. R.) 168
シャイン (Schein, E. H.) 325
シューハート (Shewhart, W. A.) 285
ジュラン (Juran, J. M.) 285
シュンペーター (Schumpeter, J. A.) 24
ジンメル (Simmel, G.) 77
スティーブンソン (Stevenson, H. H.) 228
ストーカー (Stalker, G. M.) 163
ストックディル (Stogdill, R. M.) 251
スミス (Smith, A.) 66, 68, 69, 72-77
スローン (Sloan, A. P. Jr.) 103
センゲ (Senge, P. M.) 326

タ

ダイムラー (Daimler, G.) 93
タウン (Towne, H. R.) 70
竹内弘高 (Takeuchi, H.) 324
ダベンポート (Davenport, O.) 13
チャーチ (Church, A. H.) 110
チャンドラー (Chandler, Jr. A. D.) 14, 207, 226
チャンピー (Champy, J.) 322
ディクソン (Dickson, W. J.) 127
ティード (Tead, O) 119, 241, 242
テイラー (Taylor, F. W.) 7, 78-90, 113-117, 127, 145, 154, 172, 194, 277-278
デイル (E. Dale) 110
ディーン (Dean, J.) 13

デミング（Deming, W. E.） 285
デュルケム（Durkheim, E.） 14, 72-77
テンニース（Tonnies, F.） 72, 77
ドラッカー（Drucker, P. F.） 24, 145, 207
トロンペナース（Tronpenarrs, F.） 325

ナ

ニュートン（Newton, I.） 9, 93
ニューマン（Newman, W. H.） 110, 175
ネーゲル（Nagel, R. N.） 323
ネーダー（Nader, R.） 266
ノイマン（von Neumann, J. L.） 11
野中郁次郎（Nonaka, I.） 324

ハ

バグリーニ（Bagline, N. A.） 327
ハーシー（Hersey, P） 255
バース（Barth, C. G.） 79
ハーズバーグ（Herzberg, F.） 146-149, 249, 252
パーソンズ（Parsons, T） 155
ハーダー（Harder, D. S.） 281
バーテルズ（Bartels, R） 260
バートン（Barton） 234
バーナード（Barnard, C. I.） 22, 154-157, 158, 159, 160, 172, 184-189
バーナム（Burnham, J.） 56
バーニー（Barney, J. B.） 234
バーノン（Vernon, R.） 317
パブロフ（Pavlov, I. P.） 183
バベージ（Babbage, C.） 72-77
ハマー（Hammer, M.） 322
ハメル（Hamel, G.） 234, 322
バーリ（Berle, A. A.） 53-56
パールミュッター（Perlmutter, H. V.） 318
バーンズ（Burns, T.） 163
ピーターズ（Peters, T. J.） 326
ファイゲンバウム（Feigenbauum, A. V.） 285

ファヨール（Fayol, J. H.） 105-117, 154, 172, 175, 251
フィードラー（Fiedler, F. E.） 254
フェッファー（Pfeffer, J.） 168
フォード（Ford, H.） 88, 91-104, 127, 278-281
フォレット（Follett, M. P.） 119, 129-131, 149, 150
プアー（Poor, H. V.） 67
プライス（Preiss, K） 323
プラハラード（Prahalad, C. K.） 234, 322
ブラウン（Brown, A.） 175
フランスマン（Fransman, M.） 233
ブランチャード（Blanchard, K. H.） 255
ブリーフス（Briefs, G.） 14
ブレーク（Blame, R. R.） 253
フロイト（Freud, S.） 135, 137
ヘクシャー（Heckscher, E. F.） 317
ベル（Bell, D.） 4
ヘンダーソン（Henderson, B. D.） 229
ベンツ（Benz, C.） 103
ペンノック（Pennock, G. A.） 121
ボーエン（Bowen, H. R.） 329
ポーター（Poter, M. E.） 231, 321
ホフステッド（Hofsted, G.） 325
ボールディング（Boulding, K. E.） 173
ホワイト（White, M.） 79

マ

マグレガー（McGregor, D.） 142-146, 148, 149, 252
マーコヴィッツ（Markowitz, H.） 219
マズロー（Maslow, A. H.） 14, 137-141, 144, 149, 150, 151
マーチ（March, J. G.） 160-162
マッカーシー（MaCarthy, E. J.） 271
マッカラム（MaCallum, D. C.） 67
マルクス（Marx, K. H.） 77
マートン（Merton, R. K.） 17, 174

333

ミラー（Miller, J. G.） 129
ミラー（Miller, E. J.） 165
ミーンズ（Means, G. C.） 53-56
ミンツバーグ（Mintzberg, H.） 238
ムートン（Mouton, J. S.） 253
ムーニー（Mooney, J. D.） 175
メイヨー（Mayo, G. E.） 89, 118-128, 146, 154, 188
メトカーフ（Metcalf, H. C.） 119, 130, 241, 242
モルゲンシュテルン（Morgenstern, O.） 11

ラ

ライス（Rice, A. K.） 165
ラーナー（Larner, R. J.） 55
リカード（Ricardo, D.） 73, 317
リッカート（Likert, R.） 131-133, 149, 184, 250, 252

レイリー（Reiley, A. C.） 175
レヴィン（Lewin, K.） 133, 253
レオンチェフ（Leontiev, A. A.） 317
レーザー（Lazer, W.） 271
レスリスバーガー（Roethlisberger, F. J.） 121, 182
レーニン（Lenin, N.） 90
レビット（Levitt, T.） 231
ローシュ（Lorsch, J. W.） 165
ロックフェラー（Rockefeller, J. D.） 68, 319
ロストウ（Rostow, W. W.） 4
ロビンソン（Robinson, R. D.） 318
ローレンス（Lawrence, P. R.） 165

ワ

ワース（Wirth, L.） 77
ワトソン（Watson, J. B.） 137, 149

略 語 索 引 (アルファベット順)

BM (Brand Manager) 制 → ブランド・マネージャー制　212, 216
BPR (Business Process Reengineering) → リエンジニアリング　323
B/S (Balance Sheet) → 貸借対照表　290
CDP (Career Development Program) → キャリア・ディベロップメント・プログラム　257
CEO (Chief Executive Officer) → 最高経営責任者　180, 308
COO (Chief Operating Officer) → 最高執行責任者　180
CPM (Critical Path Method) 法 → クリティカル・パス・メソッド法　11, 288
CS (customer satisfaction) → 顧客満足度　259
CSR (Corporate Social Responsibility) → 328
ERG → ERG 理論　141
FMS (Flexible Manufacturing System) → エフ・エム・エス (フレキシブル生産システム)　283
GmbH (Gesellschaft mit beschrankter Hafung)　43
HR (Human Relations theory) → 人間関係論　14, 118, 119, 121, 126, 150
HRM (Human Resources Management) → 人的資源管理　242, 259
IE (Industrial Engineering) → インダストリアル・エンジニアリングまたは経営工学　88, 155, 281, 282
IR (Investor Relations) → インベスター・リレーションズ　23
ISO (International Organization for Standardization) → 国際標準化機構　329
JV (joint venture) → 共同企業体, 合弁企業　40, 63
LLC (limited liability company)　41, **43**
LP (Linear Programming) 法 → 線形計画法　11
M&A (merger and acquisition)　63, 311
MBO (Management by Objective) → 目標による管理　145
MIS (Management Information System) → 経営情報システム　282
MRP (Material Requirements Planning) → エム・アール・ピー (原材料所要量計画)　282, 283
NGO (non governmental organization) → 非政府組織　45
NPO (nonprofit organization) → 民間非営利組織　45
OD (Organization Development) → 組織開発　151, 242, 258-259
OffJT (Off the Job Training) → オフ・ザ・ジョブ・トレーニング　248, 249, 307
OJT (On the Job Training) → オン・ザ・ジョブ・トレーニング　248, 249, 307
OR (Operations Research) → オペレーションズ・リサーチ　11, 156, 159, 282
PERT (Program Evaluation and Review Technique) 法 → パート法　11, 287
PFI (Private Finance initiative)　32
P/L (Profit and Loss statement) → 損益計算書　292

PM（Product Manager）制　→　プロダクト・マネージャー制　　212, 214, 216
PPM（Product Portfolio Management）　→　プロダクト・ポートフォリオ・マネジメント　　229, 230
PR（Public Relations）　→　パブリック・リレーションズ　　23
ROA（Return on Assets）　→　総資産利益率　　294, 300
ROE（Return on Equity）　→　自己資本利益率　　300
ROI（Return on Investment）　→　投資利益率　　61, 300
SBU（Strategic Business Unit）　→　戦略的事業単位　　219-220, 230
SCM（supply chain management）　→　サプライチェーン・マネジメント　　223, 322
SCP モデル（SCP model）　　231
SL（Situational Leadership）理論　→　状況的リーダーシップ理論　　255
SOHO（small office home office）　→　ソーホー　　222
SQC（Statistical Quality Control）　→　統計的品質管理　　285
SWOT　→　スウォット　　228, 229, 268
TQC（Total Quality Control）　→　総合的品質管理　　285
TQM（Total Quality Management）　→　総合的品質経営（新定義）　　286
VA（Value Analysis）　→　価値分析　　282, 286
VE（Value Engineering）　→　価値工学　　282, 286
VRIO　→　VRIO フレームワーク　　234

事 項 索 引

(あいうえお順，太字はフットノートのあるページを含む)

ア

アウトソーシング (out-sourcing) 223, 322
アカウンタビリティ (accountability) **177**, 178, 329
アカウンティング (accounting) 289
アジル・カンパニー (Agile Company) 323
粗利 (gross income) →売上総利益 292
アントレプレナー (entrepreneur) 24
ERG 理論 (ERG theory) 141
意思決定論 (decision-making theory) 8
一次データ (primary data) 267
移動組立法 (moving assembly method) 98, 279
イノベーション (innovation) 24
インターディシプリナリー (interdisciplinary) アプローチ 10
インダストリアル・エンジニアリング (IE：Industrial Engineering) 88, 155, 281, 282
イントラネット (intranet) 324
インフォーマル組織 (informal organization) **125**, 127
ヴィジョン (vision) 235
VRIO フレームワーク (VRIO framework) 234
受取手形 (a bill receivable) **291**
烏合の衆仮説 (rabble hypothesis) 126
売上 (sales) 292
売上原価 (cost of sales または cost of goods sold) 292
売上総利益 (gross income) 292
売掛債権 (売掛金, 受取手形) (receivables) 290, **291**, 299
営業利益 (operating income) 292
衛生要因 (hygiene factor) 148
永続事業体 (going concern) 22

営利法人 (profit juristic person) 41
営利組織 (profit organization) 18
NPO 法人 (incorporated non profit organization) 45
エンパワーメント (empowerment) 224
大きな政府 (big government) 33
オートメーション (automation) **281**
オーバー・デリゲーション (over-delegation) 178
オーバーヘッド・コスト (overhead cost) **81**, 210, 219
オーバーローン (overloan) 59
オフィス・オートメーション (office automation) **281**, 324
オフ・ザ・ジョブ・トレイニング (Off JT：Off the Job Training) 248, 249, 307
オープン・システム (open system) 156, **157**, 162
オペレーションズ・リサーチ (OR：operations research) 11, 156, 159, 282
オペレーティング・リヴァレッジ (operating leverage) 298
オン・ザ・ジョブ・トレイニング (OJT：On the Job Training) 248, 249, 307

カ

買掛債務 (買掛金, 支払手形) (payables) 290, **291**
回帰分析 (regression analysis) 12
会計学 (accounting) 14, **15**
会計監査 (accounting audit) **51**
会社法 (corporate law) 36
階層化の原則 (principle of hierarchy) 177
階層短縮化の原則 (principle of delayering)

337

178, 184
開放体系（open system） 156, **157**, 162
買回品（かいまわりひん）（shopping goods） 274, **275**
カウンセリング（counseling） 127, 133
科学的管理法（Scientific Management） 81-90, 150, 173, 241
学際的研究→インターディシプリナリー・アプローチ（interdisciplinary approach） 10
課業管理（task management） 84-85, 277
学習する組織（learning organization）→ラーニング・オーガニゼーション 169, 238, 326
革新→イノベーション（innovation） 24
家計（household） 18, **19**
価値工学（VE：Value Engineering） 282, 286
価値前提（value premises） 158
価値分析（VA：Value Analysis） 282, 286
価値連鎖（value chain） 321
株式（stock, share） 49
株式会社（joint stock company） 43, 44, 48
株主代表訴訟（stockholders' representative action） 181
株の民主化（democratization of stock ownership） 59
株の持ち合い（cross sharing of stocks） 58
カリスマ的支配（charismatische Herrschaft） 173
カルテル（cartel） **319**
監査法人（audit corporation） **39**
監査役（auditor） **39**
間接投資（indirect investment） **319**, 320
官庁企業（public enterprise）→行政企業 29
監督範囲適正化の原則（principle of span of control） 175, 184
カントリーリスク（country risk） 326, **327**
カンパニー制（company system） 212
かんばん方式（kanban system）→ジャスト・イン・タイム方式 283
管理過程（management process） 21, 110

管理過程学派（management process school） 110
管理距離（administrative distance） 178
管理原則（principles of management） 111, 175
管理人（かんりじん）（administrative man）→経営人 158, 189
管理スタッフ（administrative staff） 200
官僚主義（bureaucratism） 174
官僚制（bureaucracy） 173
官僚制の逆機能（dysfunctions in bureaucracy） 174
機械的組織（mechanistic organization） 163
機会費用（opportunity cost） 303
規格化（共有化・規範化）→標準化 279
企画スタッフ（planning staff） 200
機関化現象（trends toward institutional ownership） 59
危機管理（risk management） 326
企業（corporation, enterprise） 18, **19**
企業間信用（trade credit） **291**, 299
企業形態論（business organization theory） 8, 28
企業市民（corporate citizenship） 328
企業者→アントレプレナー（entrepreneur） 24
企業提携（business tie-up） 63
企業内教育（in-house education） 248, 249
企業内労働組合（enterprise union） 306
企業の社会的責任（social responsibility of business） 188, 328
議決権株信託（voting trust） 54
議決特権株（voting stock） 54
記述的意思決定論（descriptive decision theory） 159, 160
基準外（所定外）賃金（allowances for overtime and special work） 245
基準内（所定内）賃金（base salary paid for normal working hours-conditions） 246
機能資本家（investor fulfilling management function） 42
規範的意思決定論（normative decision theory） 159

事項索引

規模の経済（economies of scale） 18, **19**
キャッシュ・フロー（cash flow） 301
キャリア（career） 250, **251**
キャリア開発（career development） 242
キャリア・ディベロップメント・プログラム（CDP：Career Development Program） 257
キャリア・パス（career pass） 257
キャリア・プラニング（career planning） 257
QC サークル（QC circle） 111, 285, 308
共益法人（mutual benefit corporation） 46
業際化（increasing interface between businesses） **63**
行政企業（public enterprise）→官庁企業 29
競争戦略（competitive strategy） 231
共同企業（jointly-owned company） 39
共同企業体（JV：joint venture）→合弁企業 40, **41**, 63
協同組合（cooperative corporation） 46
協働体系（cooperative system） 22, 155, 186-187
業務監査（operating audit） **51**
業務提携（business tie-up） **63**
均一価格（single pricing） 273
近代組織論（modern organization theory） 154, 172, 184-188
近代理論→近代組織論＝近代管理論 154
クリティカル・パス・メソッド（CPM：Critical Path Method） 11, 288
繰延資産（deferred charges） 290
グループウェア（Computer Supported Cooperative Work） 222, 324
グループ制組織（group working unit organization） 221
グループダイナミクス（group dynamics）→集団力学
クローズド・システム（closed system） 156, **157**

経営科学（management science） 11
経営管理論（management theory） 7, 8
経営経済学（Betriebswirstschaftslehre） 7
経営工学（インダストリアル・エンジニアリング） 88, 155, 281, 282
経営史（business history） 8, 16
経営資源（managerial resources） 20, **21**
経営システム論（theories of management system） 12
経営社会学（managerial sociology） 14
経営者革命（managerial revolution）論 53, 56, 57
経営者支配（management control）論 54, 56
経営情報システム（MIS：Management Information System） 282
経営人（administrative man）→管理人 158, 189
経営数学（managerial mathematics） 10
経営戦略論（theories of business strategies） 8, 156
経営組織論（business organization theory） 8, 172
経営統計学（managerial statistics） 12
経営分析（business analysis） 294, **295**
経営理念（managerial ideology） 235
計画型戦略論（planned strategic theory） 237
経験科学（empirical science） 9
経済人（economic man） 17, 126, 158, 168
形式科学（formal science） 9
経常利益（ordinary income） 293
ケースメソッド（case method） 119
欠乏動機（deficiency needs） 141
ゲームの理論（game theory） 11, 159
原価管理（cost control） 286
減価償却（depreciation または amortization） 290, **291**
権限（authority 権力，権威との違い） 176, **177**
権限委譲の原則（principle of delegation of authority） 178, 184

339

権限受容説（acceptance theory of authority）176
権限授与説（formal theory of authority）176
権限と責任の原則（principle of authority and responsibility）176, 184
権限能力説（functional theory of authority）177
権限法定説（legitimate theory of authority）176
現在価値（present value）301
現場管理者層（operation managers）181
権利能力（right capacity）41
権利能力のない社団（unincorporated association）41
コア・コンピタンス（core competence）234, 322
ゴーイング・コンサーン（going concern）22, 26, 330
公益事業会社（public utilities corporation）32
公益法人（public-interest corporation）32, 44
公開会社（company without restriction on share transfer）44, **45**
公企業（public enterprise）28-32
公共部門（public sector）28
貢献（contribution）→誘因（inducements）188
貢献意欲（willing to contribute）186
合資会社（limited partnership, company of both members with unlimited and limited liabilities）40, 42
公式組織→フォーマル組織（formal organization）19, **125**, 182
公私共同部門（mixed sector）28
公私合同企業（公私混合企業）（mixed enterprise）28
工数（man hour, man day）**287**
工程管理（Process Control）286
行動科学（behavioral science）**129**, 150, 155

合同会社（limited liability company）41-43
行動的基準（behavioral factor）270
合弁企業（JV：joint venture）63 →共同企業体 40
合法的支配（legale Herrschaft）174
合名会社（ordinary partnership, company of members with unlimited liability）42
合理化（rationalization）→防衛機構 135
顧客志向（customer-oriented）のマーケティング・コンセプト 263
顧客満足度（CS：customer satisfaction）259
国営企業（national public enterprise）30
国際カルテル（international cartel）320
国際標準化機構（ISO）329
個人企業（individually-owned company）39
個人企業（起業）家（private entrepreneur）40, **41**
コスト・センター（cost center）208, 209
コーチング（coaching）133
固定資産（fixed assets）48, **49**, 290
固定費（fixed cost）297
固定負債（non-current liabilities）290
古典的組織論（伝統的組織論）→古典理論 154, 172, 174-181
古典理論（classic theory）154
コーポレート・ガバナンス（corporate governance）63, 328
コーポレート・シチズンシップ（corporate citizenship）328
コメンダ（commenda）42
根拠法規（governing law）36
コングロマリット（conglomerate）320
混合モデル（mixed model）136
コンセプト（concept）→マーケティング・コンセプト 261
コンツェルン（Konzern）319
コンティンジェンシー理論（contingency theory）12, 13, 156, 162, 167

事項索引

コントローラー (controller) 289
コンピュータ・シミュレーション (computer simulation) 12, 160

【サ】

債権 (obligatory right) 38, **39**
最高経営責任者 (CEO：Chief Executive Officer) 180, 308
最高執行責任者 (COO：Chief Operating Officer) 180
財政 (public finance) 18, **19**
財団法人 (incorporated foundation) 45
サイバネティックス (cybernetics) 155
債務 (obligatory duty) 38, **39**
財務管理 (financial management または managerial finance) 289
財務諸表 (financial statements) 289
財務諸表分析 (financial statement analysis) 294
債務超過 (insolvency) 300
財務データ (financial data) 289
財政投融資 (government loan) 30
財務分析 (financial analysis) 294, **295**
作業研究 (work study) 85
指図票 (instruction card) 85
サービス・スタッフ (service staff) 200, 244
サービス・センター (service center) 208, 209
サプライチェーン・マネジメント (SCM：supply chain management) 223, 322
サーブリッグ (Therblig) **85**
産業革命 (industrial revolution) 1, 66
産業社会学 (industrial sociology) 14, 127
産業心理学 (industrial psychology) 14
産業組織論 (industrial organization theory) 231
産業別組合 (industrial union) 306
3C分析 (3C Analysis) 235
時間研究 (time study) **85**

私企業 (private enterprise) 28, 35-44
事業部制組織 (divisionalized organization) 207-212
事業本部制組織 (operational headquarters) 212
資源アプローチ→リソース・ベースト・ビュー 234
資源依存パースペクティブ (resource deqendence perspective) 168
資源ベース論 (RBV) 233
自己資本 (equity capital) 37, 291, 296, 300
自己資本比率 (株式資本比率) 296, 300
自己資本利益率 (ROE：return on equity) 300
自己組織化 (self-organizing) 326
仕事給 (pay by work) 246, **247**
資産 (assets) 290
事実前提 (factual premises) 158
資質論 (リーダーシップの資質論) 250-252
市場細分化 (market segmentation) 269
市場調査 (market research) 12
システム科学 (system science) 156
システム・フォー (system 4) 252
自然科学 (natural science) 9
自然人 (natural person) 30
シックスシグマ (6σ) 323
執行役員 (corporate officer) 180
シナジー効果 (synergy effect) 13, 22, **23**, 235
支払手形 (a bill payable) **291**
支弁責任→出資者責任 38
資本 (capital)(通常の「資本」) **291**
資本回転率 (activity ratio) 294
資本金 (equity capital) 35, 292
資本構成 (capital structure) 299
資本コスト (cost of capital) 300, 302-303
資本の証券化 (securitization of capital) 49
市民革命 (people's revolution) 1
社員 (商法上の社員：equity participant) 37
→保険会社の出資者として (investor) 47
社員総会 47

341

社会科学（social science） 9
社会―技術システム論（sociotechnical system theory） 165
社会志向（public-oriented）のマーケティング・コンセプト 266
社会人（social man）仮説 126
社会体（corps social） 108, **109**
社債（bond） 290, **291**
ジャスト・イン・タイム方式（just-in-time system） 283
社団（association） 45
社団法人（incorporated association） 45
社内振替価格（transfer price） **211**
収益性比率（profitability ratio） 294
従業員（employee） 37 →商法上の社員との比較
従業員組合→企業内労働組合（enterprise union） 306
集権化（centralization） **205**
集権的組織（centralized organization） 205
終身雇用（life-time employment） 304, 305
集団（group） 172
集団圧力（group pressure） 133
集団凝集性（group cohesiveness） 133
集団参加的リーダーシップ 132
集中戦略（focus strategy） 232
集団浅慮（group think） 133
集団力学（group dynamics） 133
受託管理者層（trusteeship function） 180
出資（equity participation） 37
出資と支配の分離（separation of ownership and management） →所有と経営の分離 53, 55
出資者（equity participant または capital investor） 37 →社員
出資者責任（liability of investor） 37
出資者持分（proprietary equity） 38
純資産（stockholders' equity）（貸借対照表上の「資本」） 291
準則主義（law-abiding principle） 37, 45
ジョイント・ベンチャー（joint venture）→合弁企業 40, **63**
常軌化（生産ラインの同期化 synchronizing） 279, 280
状況の法則（law of situation） 131
状況論（リーダーシップの状況論） 251, 254-256
条件理論（条件性の理論 contingency theory）→コンティンジェンシー理論 163
上場（listing） **33**
上場企業（listed company） 31
少数共同企業（closely-held company） 39
消費者行動（consumer behavior） 15
商法（business law） 36
情報科学（information science） 155
情報処理（information processing） 160
常務会（executive council） 52
照明実験（illimination tests：ホーソン実験と関係して） 120, **121**
賞与（ボーナス）（bonus） 247
職位（position） 176, 177
職能（function） **177**, 194, **195**
職能化の原則（principles of functionalization） 176, 177
職能組織（職能別組織あるいは職能的組織）（functional organization） 194-198
職能部門制組織（functionalized organization） 206-210
職能別事業部制組織（divisionalized organization by function） 207, 212
職能別職長制（functional foremanship） 86-87, 194-195, 278
職務（duty, job） **177**
職務拡大（job enlargement） 249, 258
職務充実（job enrichment） 249, 258
職務巡歴（職務遍歴）→ジョブ・ローテーショ

ン　249
ジョブ・ローテーション（job rotation）　249
所有と経営の分離（separation of ownership and management）　53, 55
進化論的アプローチ（evolutionary approach）　13, 326
人口統計的基準（demographic factor）　270
新古典的組織論（neo-classic organization theory）→新古典理論　154, 172, 181-184
シンジケート（syndicate）　319
人材開発（human resources development）　152, 257-259
人事管理（personnel administration）　240-248
人事考課（personnel appraisal, merit rating）　244
人的会社（Personalgesellschaft, personal company）　39
人的資源管理（HRM：human resources management）　242, 259
シンプレックス法（simplex method）　11
人文科学（cultural sciences, humanities）　9
心理的基準（psychographic factor）　270
垂直分化（組織の垂直分化　vertical diversification of organization）　202
垂直貿易（vertical trade）　317, 320
水平分化（組織の水平分化　horizontal diversification of organization）　202
水平貿易（horizontal trade）　317
スウォット（SWOT）　228, 229, 268
スキミング・プライス（skimming price）設定　273
スタッフ部門（staff department）　199
ステイクホルダー（stakeholder）　23, 223, 230, 330
成員（member）　173
生産管理（production management）　277-288
生産志向（production-oriented）のマーケティング・コンセプト　261

成績考課（performance appraisal）　245
成長動機（growth needs）　140, 141
成長ベクトル（growth vector）　228, 236
製品計画→プロダクト・プラニング（product planning）　272
製品差異化戦略（product differentiation strategy）　232
製品志向（product-oriented）のマーケティング・コンセプト　262
責任（組織上，法律上の責任 liability）　176, **177**
ゼネラル・スタッフ（general staff）　200
線形計画法（LP：Linear Programming）　11
全人仮説（total man hypothesis）　188
選択的チャネル政策（selective distribution policy）　274
専売的チャネル政策（exclusive distribution policy）　274
全般管理者層（general management function）　181
専門化の原則（principle of specialization）　175
専門経営者（professional manager）　55
専門スタッフ（special staff）　200
専門品（specialty goods）　274, **275**
戦略的経営（strategic management）　239
戦略的事業単位（SBU：strategic business unit）　219-220, 230
戦略的提携（strategic alliances）　322
戦略立案（strategic planning）　238
総合的品質管理（TQC：Total Quality Control）　285
総合的品質経営（TQM：Total Quality Management）　286
相互会社（mutual company）　46
総資産利益率（ROA：return on assets）　294, 300
総代　47
総代会　47
創発型経営（emergent management）　326

343

創発型戦略論（emergent strategic theory）
　　236-239
ソキエタス（societas）　37, 42, 43
属人給（年功給あるいは年齢給）　246, **247**
組織（organization）　172
組織開発（OD：Organization Development）
　　133, 152, 242, 258-259
組織間関係論（interorganizational relationship theory）　167
組織均衡論（theory of organization equilibrium）　187
組織原則→管理原則　175
組織セットパースペクティブ（organization set perspective）　169
組織的怠業（systematic soldering）　70, **71**, 83
組織文化論（organizational culture theory）
　　238, 325
ソフト・マネジメント（soft management）
　　146
損益計算書（income statement または P/L：profit and loss statement）　292
損益分岐点分析（break-even analysis）　296

タ

第一セクター（first sector）→公共部門　28
第一線管理者層→現場管理者層　181
第三セクター（third sector）→公私共同部門　28
貸借対照表（B/S：balance sheet）　289
退職金（retirement money）　248
態度考課（attitude appraisal）　245
第二セクター（second sector）→民間部門　28
大量消費社会（mass consumptive society）　2, **3**, 99
ダイレクト・マーケティング（direct marketing）　274
多国籍企業（multinational corporation）　318, **319**

多数共同体（openly-held company）　391
タスク・フォース（task force）　214
他人資本（borrowed capital）　37, 290
単純出来高払い（piece rate plan）　82, **83**
単独企業（sole proprietorship）　33
小さな政府（small government）　33
地方公営企業（local public enterprise）　30
チーム型組織（team-type organization）　221
中間法人（intermediate corporation）　46
中範囲の理論（theory of the middle range）　**17**
直系型組織（直系組織）→ライン組織　191-193
直系参謀組織→ライン・アンド・スタッフ組織
　　198-202
直接投資（direct investment）　317, **319**
地理的基準（geographic factor）　270
賃金管理（wage management）　245
賃金動機（wage motive）　96
賃率（wage rate）　82, **83**
定款（charter, articles of association）　50, **51**
定型的決定（programmed decision）　**161**
テイクオーバー（takeover）　64
低コスト戦略（low cost strategy）　231
テイラーの3S（Taylor's Three Ss）　278
テクノストラクチュア（technostructure）　57
デトロイト方式（Detroit production system）
　　281
デファクト・スタンダード（defacto standard）
　　223, 279
デミング賞（Deming Prize）　285
伝統的支配（traditionale Herrschaft）　173
伝統的組織論（traditional organization theory）
　　→古典的組織論　174, 184
投影（projection）　**135**
同期化（synchronization of production process）
　　279, 280
当期純利益（net income）　293
動機づけ要因（motivator）　148
統計的品質管理（SQC：Statistical Quality

事項索引

Control) 285
統合的マーケティング（integrated marketing）
　→トータル・マーケティング 264
動作研究（motion study） **85**
当座比率（quick ratio） 296
投資利益率（ROI: return on investment） 61, 300
特殊会社（special company） 31
特殊法人（government-affiliated public corporation） 30
特別損益（extraordinary profit and loss） 293
匿名組合（anonymous association, undisclosed association） 41
独立行政法人（独法）（independent administrative agency） 30
トータル・マーケティング（total marketing） 264
トップダウン経営（top-down management） 238, 308
ドミナント・デザイン（dominant design） **279**
ドメイン（domain） 235
トラスト（trust） 68, **69**, 319
トレジャラー（treasurer） 289

[ナ]

内部請負制（inside contract system） 76, **77**, 83, 241
内部留保（retained earnings） 292
成り行き経営（drifting management） 82
ナレッジ・マネジメント（knowledge management） 238, 259, 323
二次データ（secondary data） **267**
任意組合（partnership at will） 40
任意団体（private organization） 41
認可法人（authorized corporation） 31
人間関係論（human relations theory） 14, 118, **119**, 121, 126, 150
人間主義的心理学（humanistic psychology） 14, 137

ネットワーク組織（network organization） 221, 223
年功序列（seniority） 305
能率（efficiency）→バーナードの定義 **187**
能率給（incentive wage） 246
能率向上運動（efficiency movement） **71**
能力考課（potential appraisal） 245

[ハ]

配置転換（transfer） 249
ハーヴァード学派（Harvard School） 118
端数価格（odd pricing） 274
バーチャル・コーポレーション（virtual corporation） 223
パート法（PERT: Project Evaluation and Review Technique） 11, 287
ハード・マネジメント（hard management） 145
バーナード革命（Barnardian revolution） 154
バーナード＝サイモン理論 157
パススルー課税（pass-through tax treatment） 41
パブロフの犬（Pavlovian experiment's dog） 182, **183**
パラダイム（Paradigm） 13
バランス・シート（B/S: balance sheet）→貸借対照表 289, 290
バリュー・チェーン（value chain）→価値連鎖 321
範囲の経済（economies of scope） 18, **19**
反トラスト法（anti-trust laws） 70, 319
販売志向（selling-oriented）のマーケティング・コンセプト 263
非営利組織（non-profit institution） 7, 46
非営利法人（nonprofit juristic person） 41
比較生産費説（theory of comparative costs） 317
非公式組織（informal organization） 20, 124,

345

125, 182
ビジネス・シミュレーション・ゲーム（business simulation game）11
ビジネスモデル（business model）321
ビジョナリー・カンパニー（visionary company）224
非政府組織（NGO：non governmental organization）46
筆頭株主（largest shareholder）**53**
非定型的決定（unprogrammed decision）160, **161**
非法人企業（unincorporated enterprise）40
非誘導法（非指示的面接法）123
ヒューマン・リレーションズ・セオリー（human relations theory）→人間関係論 14, 118, **119**, 121, 126, 150
ヒューリスティック・プログラミング（heuristic programming）12
標準化（テイラーの標準化）（Taylor's standardization）278
標準化（フォードの標準化）（Ford's standardization）279
比率分析（ratio analysis）294
品質管理（Quality Control）285
ファイブフォース分析（five force analysis）231
ファイナンシャル・レバレッジ（financial leverage）300
ファイナンス（finance）289
ファブレス（fabless）322
ファヨールの渡し板（Fayol's passerelle）112, 113
ファンクショナル組織（functional organization）194-198
フィランソロピー（philanthropy）328
フォーディズム（Fordism）94, 95
フォード・システム（Ford System）94, 97
フォーマル組織（formal organization）**125**

複雑系（complexity）326
福利厚生（welfare expenses and programs）248, 308
負債（liabilities）290
負債依存比率（leverage ratio）294, 295
負債対資本比率（debt-equity ratio）296
負債比率（debt ratio）296, 300
普通株（common stock, ordinary stock）**55**
物的会社（Kapitalgesellschaft, capital company）39
部分的分化（組織の部分的分化）204
普遍学派（universal school）110
部門管理者層（divisional management function）181
部門ライン組織（departmental line organization）192
フラット組織（flat organization）221
ブランド・マネージャー（BM：brand manager）制 212, 216
プール（pool）→カルテル **319**
プレステージ価格（prestige price）273
プロジェクト（project）214, **215**
プロジェクト組織（project organization）214, 215
プロジェクト・チーム（project team）214
プロジェクト・マネージャー（project manager）制 215
プロシューマ（prosumer）223
プロダクトアウト（product-out）264
プロダクト・プラニング（product planning）272
プロダクト・ポートフォリオ・マネジメント（PPM：product portfolio management）229, 230
プロダクト・マネジメント組織（product management organization）213
プロダクト・マネージャー（PM：product manager）制 212, 214, 216

プロダクト・ライフサイクル（product life cycle）272
プロダクト・ライフサイクル論（Product Life Cycle Theory）317
プロフィット・センター（profit center）208
プロモーション・ミックス（promotion mix）275
分権化（decentralization）**205**
分権的組織（decentralized organization）206
分社化（spin-out）212
分社制度（A system of spinnig off business unit into independent companies）212
文鎮型組織（flat organization）→フラット組織 221
閉鎖体系（クローズド・システムclosed system）156, **157**
ベストプラクティス（best practice）322
ペネトレーション・プライス（penetration price）設定 273
ベルト・コンベア・システム（belt conveyor system）98, 282
ベンチマーキング（benchmarking）323
変動費（variable cost）297
防衛機構または防衛機制（defense mechanism）**135**
報酬管理（reward management）244
法人（juristic person）30, **31**
法人企業（incorporated enterprise）40
法人体企業（incorporated public enterprise）30
法定外福利（voluntary welfare）248
法定福利（statutory welfare）248
保険金（insurance benefit）**47**
保険料（insurance cost）**47**
募集設立（subscriptive formation）**45**
ポジショニング・アプローチ（positioning approach）231-233
ホーソン実験（Hawthorne experiments）14, 118-127, 182, 242
発起設立（promotive formation）**45**
発起人（promoter）44, **45**
ポートフォリオ（portfolio）**219**
ポートフォリオ理論（portfolio theory）303
ボトム・アップ経営（bottom-up management）238, 308
ボランタリー組織（voluntary organization）46
ホールディング・カンパニー（holding company）→持株会社 54, **55**, 59, 319

マ

マーケットイン（market-in）264
マーケット・シェア（market share）61, 62, **63**
マーケット・セグメンテーション（market segmentation）269
マーケット・チャレンジャー（market-challenger）232
マーケット・ニッチャー（market-nicher）232
マーケット・フォロアー（market-follower）232
マーケット・リーダー（market-leader）232
マーケティング（marketing）24, 261
マーケティング・コンセプト（marketing concept）261
マーケティング戦略（marketing strategy）266
マーケティング・ミックス（marketing mix）271
マーケティング論（marketing theory）8, 260-276
待ち行列モデル（queuing model）11
マーチャンダイジング（merchandising）272
マッカシーの4P（McCarthy's Four Ps）271
マトリックス組織（matrix organization）198, 216, 218
マネジメント・サイエンス（management science）11

マネジメント・サイクル（management cycle） 21, 285
マネジリアル・エコノミックス（managerial economics） 13
マネジリアル・グリッド（managerial grid） 253
マネジリアル・マーケティング（managerial marketing） 265
マルコフ連鎖（Markov chain） 11
マン・マシン・システム（Man-Machine System） 22, 277
見えざる手（invisible hand） 68, **69**
ミシガン学派（Michigan School） 132
ミッション（mission） 235
民営化（privatization） 32
民間非営利組織（NPO） 46
民間部門（private sector） 28
民法上の組合（association by civil code）→民法組合 40
無議決権株（non-voting stock） 54, **55**
無機能資本家（investor without fulfilling management function） 42
無限責任（unlimited liability） 38
無限責任社員（unlimited partner） 34
命令一元化の原則（principle of unity of command） 175, 184
命令の非人格化（depersonalizing of orders） 131
メガ・コンペティション（mega-competition） 63
メセナ（Mecenat） 328
目分量方式（rule of thumb method） 82
目標による管理（MBO：Management by Objective） 145
持株会社（holding company） 54, **55**, 59, 319
持ち株比率（stockholding ratio） **53**
持分（share） 38
持分譲渡（transfer of share） 38, 49

モチベーション（motivation） 174, 183
最寄品（もよりひん）（convenience goods） 274, **275**
モラール（morale） **123**, 183

ヤ

誘因（inducements） 188
有機的組織（organic organization） 163
有限会社（limited company） 43
有限責任（limited liability） 38, 49
有限責任事業組合（Limited Liability Partnership） 41
有効性（effectiveness） 187
融資（finance loan） 37
要素的分化（組織の要素的分化） 203
欲求段階説（need hierarchy theory） 138-140
4つのM（Four Ms for production） 284, **285**
余裕時間（spare time for contingencies） 287

ラ

ライフサイクル・ライン（life cycle line） 257
ライフスタイル（lifestyle） 99
ライン・アンド・スタッフ組織（line and staff organization） 198-202
ライン組織（line organization） 191
ライン・バランシング（line balancing） 281
ライン部門（line department） 199
ラーニング・オーガニゼーション（learning organization） 169, 238, 326
リエンジニアリング（BPR：Business Process Reengineering） 212, 323
リスク・プレミアム（risk premium） 303
リスクマネジメント（risk management） 326
リストラクチュアリング（restructuring） 212, 314
リスポンシビリティ（responsibility） **177**
リソース・ベースト・ビュー（RBV：resource-based view） 234

リーダーシップ（leadership）　250
率を異にした出来高払い（different piece rate system）　86, 277
流動資産（current assets）　290
流動性比率（liquidity ratio）　296
流動比率（current ratio）　296
流動負債（current liabilities）　290
リレーションシップ・マーケティング（relationship marketing）　276
稟議制度（Ringi system）　308
リーン・プロダクション（lean production）　283
類型論（リーダーシップの類型論）　251-254
例外の原則（principle of exception）　178, 184
レベニュー・センター（revenue center）　209
連結ピン（linking pin）←リッカートの連結ピン　132
労使関係（Labor Relations あるいは Industrial Relations）　242
労務管理（personnel management）　242
ロス・リーダー価格（loss leader price）　273
論理実証主義（logical positivism）　158

[ワ]
ワーキング・キャピタル・マネジメント（working capital management）　303
ワン・ツウ・ワン・マーケティング（one to one marketing）　275

《著者紹介》

井原久光（いはら・ひさみつ）

1952年　東京生まれ。
　　　　慶應義塾大学および早稲田大学を卒業。
　　　　米国インディアナ大学経営大学院修士課程修了（MBA）。
　　　　中央大学大学院総合政策研究科後期博士課程修了（博士）。
　　　　日産自動車株式会社勤務後，産能短期大学，長野大学，東洋学園大学教員，
　　　　東京富士大学学長を歴任，
　　　　現在，北海道武蔵女子大学経営学部教授
主な著書　『ケースで学ぶマーケティング』ミネルヴァ書房，2001年。
　　　　　『ケースで学ぶアカウンティング』（共著）ミネルヴァ書房，2005年。
　　　　　『社会人のための社会学入門』産業能率大学出版部，2012年。
　　　　　『経営学入門キーコンセプト』（編著）ミネルヴァ書房，2013年。　ほか

MINERVA TEXT LIBRARY ⑤
テキスト経営学［第3版］
——基礎から最新の理論まで——

1999年 5 月10日	初　版第 1 刷発行
2000年12月20日	増補版第 1 刷発行
2008年 3 月30日	第 3 版第 1 刷発行
2024年12月20日	第 3 版第18刷発行

〈検印省略〉

定価はカバーに
表示しています

著　者　　井　原　久　光
発行者　　杉　田　啓　三
印刷者　　坂　本　喜　杏
発行所　　株式会社　ミネルヴァ書房
　　　　　607-8494 京都市山科区日ノ岡堤谷町 1
　　　　　電話代表（075）581-5191番
　　　　　振替口座01020-0-8076番

©井原久光, 2008　　冨山房インターナショナル・吉田三誠堂製本

ISBN 978-4-623-05129-8
Printed in Japan

ケースで学ぶマーケティング〔第2版〕

井原久光著　A5判　320頁　本体3200円

本書はマーケティング関連の基礎的用語や概念・理論を簡潔に解説しながら「マーケティングのエッセンス」についてわかりやすく紹介。マーケティングの定義と変遷→核心的テーマ（戦略論）→新しい分野→個別マーケティング論という構成で、全体にストーリー性をもたせ、多くのケーススタディを盛り込み、読みやすく、わかりやすい。独学にも最適。

経営学入門キーコンセプト

井原久光編著，平野賢哉・菅野洋介・福地宏之著　A5判　296頁　本体2500円

88のキーコンセプトを図表入り、見開き2頁でわかりやすくていねいに解説。ベーシックなキーワード約900項目について、定説をしっかり説明。就活、公務員試験など各種試験の対策にも最適。学生、ビジネスマン必携、座右の一冊。

例解 AHP──基礎と応用

加藤　豊著　A5判　152頁　本体2500円

AHP（Analytic Hierarchy Process：階層化意思決定法）の入門書。様々な状況下での意思決定に広く適用可能な AHP は、統計学の TQC（全社的品質管理）と同様に社会に受け入れられうる頑強性のある手法で、すでに身近な問題に浸透している。本書では、比較的簡単な計算と、わかりやすい例題を通して AHP の理論的枠組みと手順を解説する。

先進事例で学ぶ地域経済論×中小企業論

長山宗広編著　A5判　314頁　本体2800円

地域と中小企業の重要性が叫ばれているいまだからこそ、地域経済論と中小企業論を統合的・発展的に学ぶ意義は大きい。本書では先進的な10の事例を分析するとともに、基礎理論の紹介、さらには専門的な領域に踏み込んだ試論も提示している。

──── ミネルヴァ書房 ────
https://www.minervashobo.co.jp/